人力资源管理文案

RENLI ZIYUAN GUANLI WENAN

⊙宋 湛/编著

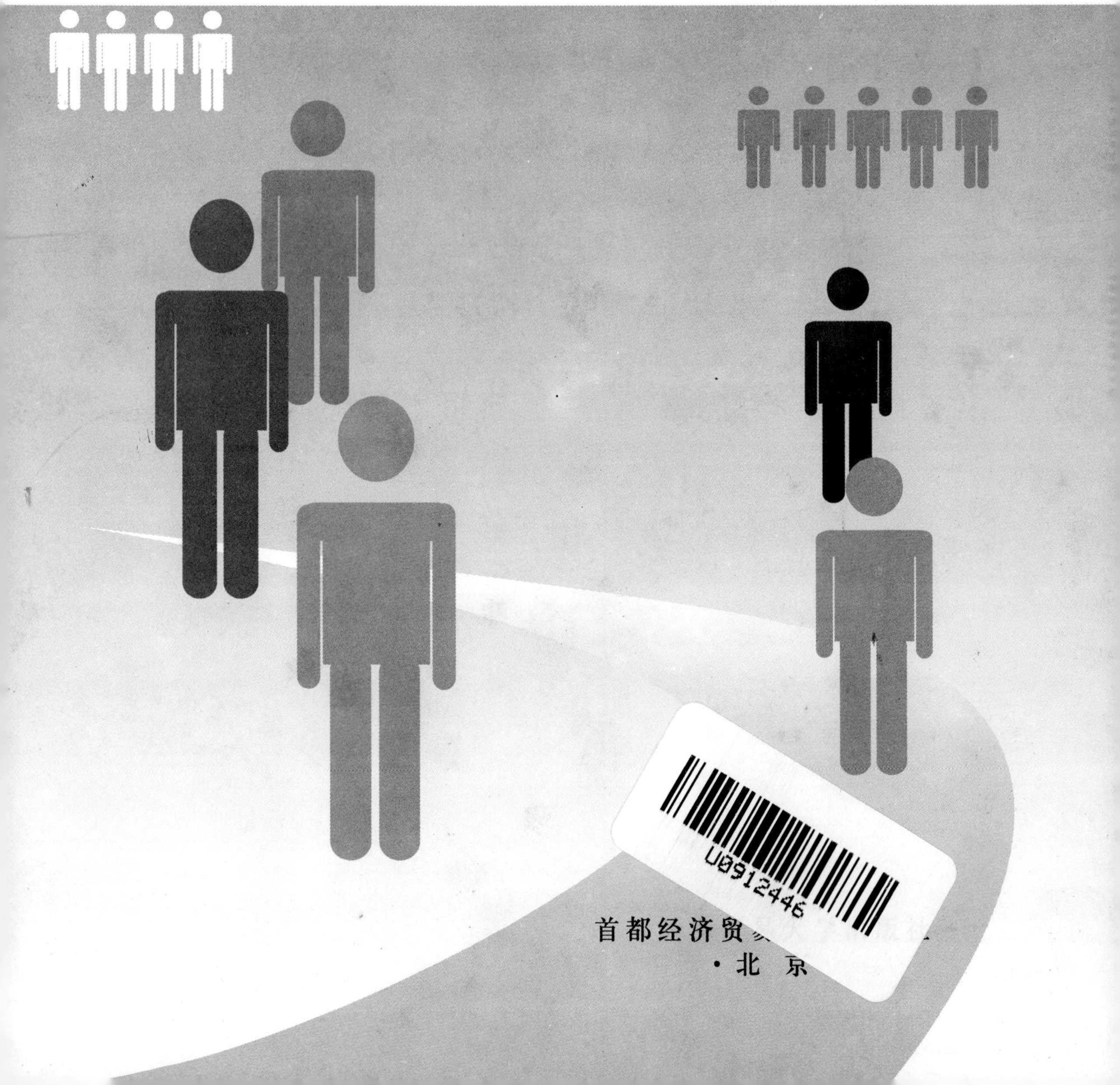

首都经济贸易大学出版社
·北 京

前言

FOREWORD

人力资源管理是一项系统工程，是由从战略到实际操作的多个层面构成的一个整体，其中，人力资源管理文案包括人力资源管理的各项规章、制度、流程、规范等内容，是人力资源管理的制度层面的重要组成部分。人力资源管理文案既要体现并落实人力资源管理的战略意图，同时也要反映企业文化、企业所在的行业规模、企业所有制等方面的特点。也就是说，人力资源管理文案要随时适应企业的人力资源管理战略思想、企业本身特点、企业所处环境的变化。因此，人力资源管理文案的制作过程从某种意义而言是一种制度创新的过程。另外，企业的人力资源管理的战略思想、人力资源管理制度框架以及人力资源管理文案都要根据其实施的结果——企业人力资源管理的绩效状况，适时地作出相应的调整，以争取最佳的绩效。因此，人力资源管理文案的各项规章、制度、流程、规范等内容也都要进行适时的修改完善，也即人力资源管理文案只能保持相对的稳定，而不能一劳永逸、一成不变。图1说明了人力资源管理文案在人力资源管理体系中的位置、作用和关系。

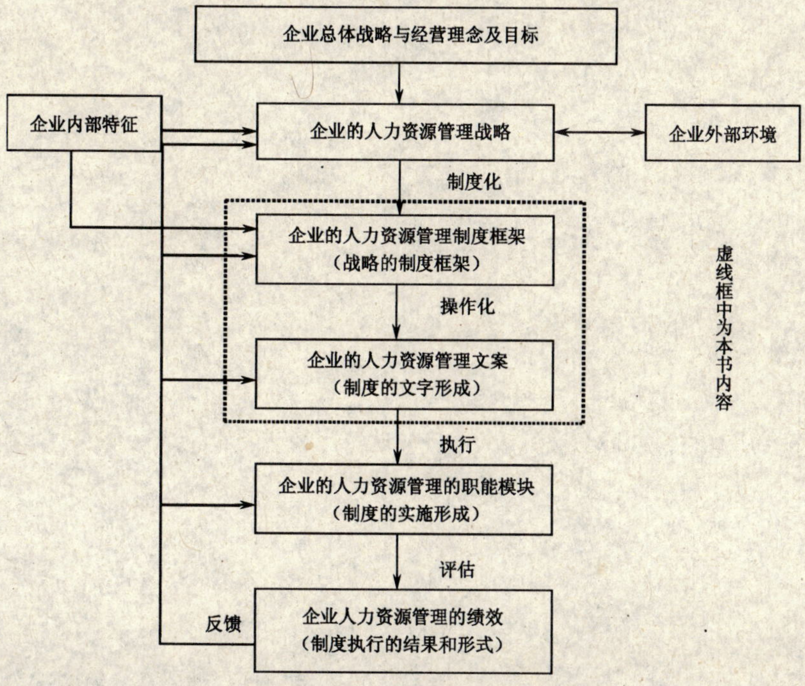

图1　人力资源管理文案在人力资源管理体系中的位置、作用和关系

人力资源管理文案的制作还有技术层面的内容。一套现代化的人力资源管理文案的各个文种的使用都必须符合一定的规范，每种文种的书写格式都有一定的要求，行文遣词必须遵守确定的标准，不能随心所欲，独出心裁。本书正是以人力资源管理文案的写作层面的基本要求和规范为主要内容，以大量的示例和案例为参照，辅助读者完成人力资源管理文案的写作。本书的文案示例的前后正文中往往都详述了示例各个部分的组成和意义及制作时的注意事项，读者可在示例的研究中掌握该文种的基本原则和基本要求。

由于人力资源管理是一门实践性很强的学科，其文案也会随着企业的不同而不同，因此，不会有适合一切企业或同一企业不同发展阶段的万能文案。但是，不管哪个企业或企业发展的哪个阶段的人力资源管理文案，都必须反映人力资源管理科学的基本规律。因此，文案的基础框架是基本相同的。读者在创作自己企业的人力资源管理文案时，在掌握了示例和文案的基本原则的基础上，把书中的示例进行合乎自己企业实际情况的增减替换修改后，作为自己的文案也是可以的，但切勿生搬硬套。

此外，本书中还列举了一些在人力资源管理工作中常用的表格，以便读者参考。

参加本书初稿编写的有：李佳、李佳砾、孙健、赵爽、梁辰，祝他们在人力资源管理工作中不断提高。感谢我的父亲宋常立教授对本书的整理。当然，文责自负。若有任何意见和建议，请与本人联系：emilyzhansong@ gmail. com.

目录

CONTENTS

第一章

人力资源管理文案与人力资源部

企业的人力资源管理战略和策略是针对本企业的具体情况，结合企业外部环境，在人力资源的层面上，为实现企业总体战略与经营理念及目标的基础上构建起来的。企业的人力资源部是企业为实施企业的人力资源管理战略和策略而组建的一个职能部门。这也就是说，企业的人力资源部是企业授权它实施整个企业的人力资源管理工作的机构。人力资源部依据什么对全企业的人力资源进行管理？人力资源部使用什么工具督导企业各个部门对分布在其部门内的人力资源进行管理呢？这是两个首先要弄清楚的问题。人力资源部进行人力资源管理的依据是有关的人力资源管理的规章制度的文件（称为工作规章公务文书）和上级（即企业的领导和领导机关）的指示、部署和决定等（称为往来公务文书）。人力资源部使用企业内部的公务文书向上级请示、汇报工作，接受上级的领导，向各部门传达有关人力资源管理的工作部署，并了解、汇总企业各部门的人力资源管理的情况，及时帮助他们解决在人力资源管理工作中遇到的问题。这也就是说，人力资源部依据往来公务文书来进行人力资源管理，也使用公务文书来进行人力资源管理。由此可见，人力资源部的管理工作是一刻也离不开公务文书的。人力资源部在进行人力资源管理中形成各种文字材料的工作过程及所形成的各种文字材料的总体，就是人力资源管理文案工作，或简称人力资源管理文案。而人力资源部制定或修订有关人力资源管理规章制度的规范性公务文书，以及书写与上下左右各部门联系的沟通性公务文书是人力资源管理文案工作中最为重要的核心工作，因此，在本章第一节中简单介绍有关文案工作的一些必备的知识，以保证文案的格式和用语的规范化和现代化；第二节主要介绍人力资源部的工作，即介绍人力资源管理工作规程的制度要领和几个不同风格的文案示例；第三节介绍人力资源部的组织系统与职位工作说明书；第四节简要介绍全程电子计算机处理的人力资源管理软件系统（e－HR）及使用这种系统的企业实例。

第一节　人力资源管理文案的基本知识

人力资源管理文案是人力资源部在进行人力资源管理中形成各种文字材料（也包

括其他各种记录介质上的材料)的工作过程及所形成的文字材料。在掌握人力资源管理文案基本知识时,应该首先了解以什么原则、什么格式来形成这些文字材料。

一、形成文案材料的四大原则

企业的人力资源管理的规章制度(称为工作规章性公务文书)和企业内部往来公文(称为沟通性公务文书)统称为公文,是人力资源管理操作的根据,即人力资源管理都必须依照这些公文来开展工作。那么,企业的人力资源管理的规章制度和企业内部的往来公文的制定、修订和撰写是否要依据什么原则呢?不管是国有企业、私有企业,还是中外合资企业,或者是外商独资企业,只要是在中华人民共和国境内兴办的企业,都必须遵守中华人民共和国和企业所在地的立法机关颁布的各种法律,都必须遵守和执行中央政府和所在地政府颁布的各种行政法规。因此,无论是哪种类型企业的人力资源管理的规章制度与具体的操作程序,首先都必须依照中国现行的法律、法规条文行事。制定人力资源管理的规章制度和企业内外的公文的第一个依据就是我国国家和地方的现行的各种法律、法规,如工会法、劳动合法,等等。第二个依据是党和各级政府公布的公文形式的行政法规。这些行政公文是党和政府根据国家法律,结合具体实际情况,传达贯彻党的路线、方针、政策,指导、布置和商洽工作,请示和答复问题、报告和交流情况的工具,它记载了党和政府所制定的政策法规及工作部署。依据这些政策法规和工作部署办事,是接受党的领导,服从国家管理的要求,也是企业行为活动的依据。第三个依据是企业的章程。一个企业的章程规定了该企业的业务性质、活动制度和行为规范,以保证企业的事业繁荣昌盛。企业的章程是规定该企业内部重要事物的一种纲领性文件,人力资源管理工作是企业的一项重要公务,当然要依据章程的规定行事。由于企业的章程是人力资源管理工作的依据,因此,撰写人力资源管理文案的工作人员,一定要仔细研究本公司的章程中涉及人力资源管理的条文,不仅要从字面上弄清楚其含义,还要把相关条文串联与并联起来考虑,理解其对人力资源管理的总体战略框架和策略的要求,贯彻公司对人力资源管理的意图和目的。鉴于章程的拟订和修改不属于人力资源管理文案的工作范畴,因此这里不作深入讨论,只在本章末尾给出了某个公司的章程示例作为参考,以便读者从示例中看到章程是如何就人力资源管理的原则作出怎样的规定,从而在人力资源管理的文案工作中,按照章程规定的原则开展工作。第四个依据是企业内部的公文。人力资源部通过企业内部公文接受公司的领导、指导,依据上级部门(如总经理办公室)的指示、决定、通知、批复等公文开展工作;而上级部门凭借人力资源部的报告、意见、请示等公文,有针对性地作出决定、回复、指示等公文,及时指导人力资源部的工作;人力资源部和其他平行部门及不相隶属的部门(如工会)凭借双方来往公文解决问题,答复问题。特别是当关系到人力资源部以外的其他部门的规章制度与工作部署时(人力资源部的大多数文案工作都是这种类型的),还必须请示公司上级核准、转发和协调。这也就是说,人力资源部不仅在制定、修订规章制度时需要依据企业内部的公文来开展工作,而且在开展工作时,也要利用公文来进行上下左右的信息沟通。因此，公文也是人力资源部实施职能的重要工具，因而也是人力资源文案工作的一个重要内容。

从以上叙述可以得出结论：要搞好人力资源管理，做好人力资源文案工作必须做到：①收集并学习好国家和公司所在地颁布的各种有关人力资源管理的法律；②收集并学习好中央政府和公司所在地政府颁布的各种有关人力资源管理的行政法规；③研究好所在公司的章程中有关人力资源管理的所有条文，并领会这些条文后面的、公司在人力资源管理方面的战略和策略思想；④掌握企业内部公文的基本知识，以便规范、有效、高速地利用企业内部公文开展人力资源的管理和文案工作。

以上四条就是做好人力资源管理和文案工作的四个必备条件。在有关法律、法规和章程这三个方面，因为有具体条文可供参考，所以较容易把握。但是，对于公文方面，由于它具有文种类别、规范的格式、行文关系、遣词用语等多方面的特点，因此，需要进行比较全面的学习和了解才能尽快地掌握与人力资源的管理文案工作相关的各种公文的规范格式、行文关系、遣词用语的特点等，规范、有效、高速地利用企业内部公文开展人力资源的管理和文案工作。

二、规范性公文的基本知识

规范性公务文书简称规范性公文，也称规章制度性公文或工作文书。它是由特定组织根据国家法律，结合各自的实际情况，对自己组织所辖范围内的人们行为的规范、准则作出的规定，并经一定的程序批注、颁布，一旦生效，便对一定范围内的人们具有强制性、约束力，相关人员必须遵照执行。这类文书具有较为突出的规范性、强制性、严密性和鲜明性四大特点。

所谓规范性，就是它既规定了允许做什么和怎样做，又规定了不允许做什么和不能怎样做，而且还阐明了具体的奖惩办法。它是一定范围内人们行动的依据和准则。

所谓强制性，就是指公文是特定组织依据国家法律政策和社会伦理道德规范制定的，对其成员有明确的约束力，每个成员必须遵守，不得有违，违者必罚。它的条款都须执行，不能有丝毫的马虎，也没有任何请求或商榷的余地。

所谓严密性，就是指制定文书时要使奉公守法者有章可循，行为不轨者无隙可乘。对文书实际文体的诸多方面，都要考虑得十分周密、全面，所订条款既有大原则，又有具体实施要求，准确地把握处理抽象与具体、原则与灵活的矛盾，使诸条款的内容没有疏漏和偏颇。另外，在语言表述方面要简明扼要，措辞准确，每一条款，每一句话以及每一个词语都有明确的含义。

所谓鲜明性，就是一份文书总是围绕一个中心，将一项工作分成若干方面，并按其内在联系依次说明。公文一般采用分条列款的结构，一条一款，纲目清楚，且多用单句、短句、直陈直述，直截了当。

规章制度文书一般可分为法律、行政法规、工作性规章和群众性制度四大类。在人力资源管理文案中主要涉及制定工作性规章这一大类，也就是企业的人力资源部，要根据有关法律和国家行政法规及公司上级部门的公务文书来制定实施人力资源管理方面的规章制度文书。

所谓工作性规章，是指由各种组织和机构，根据上级行政法规、相关法律所制定的管理所辖区域或组织的行政或某个方面的工作的规章。这些规章生效后，对一定区域、范围内的工作、活动作出明确的指导，提出具体规范，有利于工作健康有序地发展。

工作性规章主要包括以下几种文体。

（一）条例

条例是党的领导机关、国家行政机关及其职能部门为了实施有效管理，或对某个方面的工作，或对某个机构的组织职权，或对某类专门人员的任务权限等，作出全面系统的原则性规定。这些原则性的规定主要是用来指导国家某方面长期性工作、活动的正常开展，是进行长期的正常性工作的依据。

条例制定的依据是党的章程、纲领和国家的有关法令、政策，所规定的内容其实是对某一法令、重大决策的补充说明和辅助规定。因而它具有很强的政策性、法规性。由于条例制定的目的是维护党和国家的根本利益，所规定的条文的法规性、政策性很明显，而且要经会议讨论通过，报领导机关批准后才能颁布，因此，它具有很强的约束力和权威性。条例这个文种常用于党政领导机关及其职能部门。一般企事业部门都不常使用这种具有很强约束力和权威性的文种。

（二）章程

章程是政党、社会团体和企事业单位规定该组织内部重要事物的一种纲领性文书。它就该组织的性质、宗旨、任务、组织原则、成员条件、权利义务、机构设置、职权范围、活动规则和纪律措施等诸多方面作出规定，是该组织成员思想行为的根本准则。

企事业单位用章程规定该单位的性质、业务范围、机构、职责等内容。

章程具有以下几个特点。

1. 纲领性。章程是一个特定组织的纲领性文件，对该组织的诸多方面都要作出全面的原则性的规定。章程是该组织成员的共同行动纲领，因此，它必须在该组织成员的代表大会或筹备会议上表决通过。

2. 组织的局域性。章程只对该组织的成员，包括组织的领导人和领导机构，具有约束力。

3. 应用的广泛性。按照规范的做法，凡是一个组织都可以而且应该使用章程来制定该组织的纲领性文件。但是一个组织的隶属组织或职能部门不能再制定章程。

（三）规定

为了贯彻法令、条例中的原则性内容，或者解决工作中的某一事项、专门问题，而提出的具体的工作要求、执行意见和管理措施的法规性文书可以使用规定文种。实际工作中,更多的、常见的则是为了处理某一具体事项,解决某一专门问题而制定的规定。

规定有以下几个特点。

1. 现实针对性。规定大多数都是针对实际工作中发生的事情、出现的问题而提出的一些要求、意见和措施。

2. 相对的灵活性与时间性。条例、章程或是就某一方面长期性、经常性工作作出原则性的规定,或是对某一组织的产生、发展提出较为稳定、长期的原则性的规范。而规定则是对工作中实际发生的事情、存在的问题所提出的处理和解决的要求、意见及措施,相对来说,它更具体,更灵活,也受一定的时间限制。

3. 广泛的应用性。不仅国家行政机关及其职能部门都使用规定这一公文类型,许多企事业单位、社会团体也用规定来制定对内部的某些事项进行管理的工作性规章制度文书。

(四)规则

规则是国家行政机关、社会团体、企事业单位为了维护工作纪律和公共利益,保证学习、生活、工作等活动正常有序地进行,针对自己内部某类人员、某类工作活动作出具体的规定,提出具体要求和措施的一种规范性文书。规则的特点是:①很强的针对性。规则是仅针对内部的某类人员而制定的,其条款直接指向管理范围内的特定对象,不涉及其他人员。②很强的特指性。规则的内容是就某项工作或某项活动而制定的,因而约束和限制是特指开展所指定的工作或参与所指定的活动的人员的,不涉及其他人员。

制定规则应该注意以下一些事项。

1. 规则是维护劳动纪律、公共利益,保证学习、工作、生活等活动正常而有序地进行所制定的行为准则,因此,制定规则前必须考虑群众的正当要求、合理意见,切忌想当然。

2. 规则的内容要直指特定的对象,具体详细,有要求有办法,使用“应”、“须”从正面提出具体要求,使用“不该”、“不准”从反面作出规定。

3. 措辞要准确,态度要明确,语气要肯定。

(五)规程

规程是对某一事项或操作在一定范围内要求人们遵守的同意的要求和程序。制定规程的目的是规范人们的行动,以便有一个正常的生活、生产和活动的程序。

制定规程应该注意以下一些事项。

1. 各项要求和程序要以科学为依据,不能脱离实际。

2. 内容要具体、准确。要按逻辑顺序,分清条理。

3. 语言要通俗,文字要简洁,并且要易懂易记,便于操作。

(六)制度

制度是党政机关、社会团体和企事业单位对某项工作和某一方面的活动提出的要求,有关人员必须遵守和执行。

制定制度应该注意以下一些事项。

1. 这里指的制度只是一个规范性公务文书的文种,它比“社会主义制度”中的制度的内涵要狭窄。

2. 制度与规定有很多相似之处,但是在实际使用上,制度涉及的范围要比规定小,而且更单纯、更具体,可操作性更强。

3. 制度提出的要求或者是一般性的工作要求,如企业实施的《职务等级制度》,或者是周期性的工作要求,如《企业员工年终考核制度》,其中规定了每年什么时间进行何种考核,由什么人按什么方式对什么人进行考核等。所谓形成制度或制度化,就是指该项工作或事项启动后管理该项工作或事项的人员就要启动运行,而无须领导的指示或催促。

(七)办法

办法是国家行政机关、企事业单位为贯彻上级有关法令、条例,或者对某项工作、活动的处理所制定的具体处理原则、做法和实施要求。一般以拟定办法的方式对法规、原则性规定所需的具体措施、具体做法再作出进一步的明示,以指导和保证法规、规定的有效实施。

制定办法应该注意以下一些事项。

1. 下级在贯彻实施上级的原则性规定时,要根据所在环境的情况作出些具体规定和措施。在原则精神不变的条件下,不同组织和部门的具体做法和措施可以不同。因此,办法较之法令、条例就有一定程度的灵活性。

2. 办法规定的是对某项工作的具体措施、做法,对开展工作具有直接的重要指导作用,使执行者有章可循,其实用性相当明显。

(八)准则

准则是政党、社会团体、企事业单位为了严肃纪律、加强自身的活动能力,在组织内部对相关成员的言行提出的标准和规范。

制定准则应该注意以下一些事项。

1. 各种组织除了要制定该组织的纲领性文件——章程之外,还需要制定针对该组织成员的具体奋斗目标和要求,使其成为规范、约束成员言行举止的依据和标准,以达到协调组织成员的行动、维护其团体的正常秩序。

2. 一般情况下,国家行政机关很少用准则这种文书形式。只有一些社会团体、企事业单位和党派使用准则。

3. 准则应从正反两面明确而具体地对内部成员提出要求,规定其言论、行为。常常是先从正面提出要求,再从反面强调“不准(不得)”或“反对”的内容。

(九)守则

守则是党政机关、社会团体或企事业单位制发的,要求本单位、本部门或本系统人员共同遵守的道德规范与行为准则。守则还可以是单位根据其具体情况,对特定范围的人或特定工作制定的具体操作规范。前者称为制约性守则,后者称工作守则。

制定守则应该注意以下一些事项。

1. 制约性守则规定的是共同遵守的道德规范与行为规范。准则,是对相关成员的言行提出的标准和规范,两者的区别在于前提不同:准则是在于完成政党、团体的奋斗目标;而守则是在于完成某项具体工作或任务。这就是说,准则的正文中都要规划相关的具体奋斗目标,然后才提出实现该目标的必要性和总的要求;而在守则的正文中都要列出相关的工作或任务,至于特定的工作守则,就具有更浓的强制性色彩。

2. 在不影响理解的情况下,制定守则的目的也可省略。

(十)细则

细则是为贯彻执行行政法规中某一个或几个条规而制定的详细规则。上级机关在安排某项较大的活动,布置复杂的工作任务时,往往仅就原则性问题制定出诸如条例、规定、办法等行政法规。而为了保证法规的具体实施,负责实施该方面的业务的职能部门,根据上级法规,结合本地区、本部门的实际情况,制定出更为详细的实施规则。

制定细则应该注意以下一些事项。

1. 细则的一个显著特点就是它的细致性,即它对上级的有关原则性规定加以补充解释,使之具体化、细密化。

2. 使用细则这种文体的主要是一些业务主管部门,它们在自己的职权范围内,根据上级的有关原则性的规定,制定出具体详细的实施规则,经有关上级部门批准后,正式颁布施行。

(十一)公约

公约是指为了维持正常、高效的社会活动和工作秩序,由一定范围内的群众经过充分酝酿讨论,制定出的共同遵守的道德规范和行为准则的一种规范性文书。

制定公约应该注意以下一些事项。

1. 使用公约这种文体的只能是一定范围内的群众。公约一般是该范围内的群众或多个组织的领导人联合起来制定的,具有自我约束性的文书。这与其他由机关、单位、团体等组织制定的规章制度类文书有很大的不同。

2. 制定公约时必须广泛征求群众意见,做到所制定的条文反映群众心声,即群众自愿执行。

3. 力争使条文内容具体实在,以使群众有所适从。

4. 语言表述简洁通俗,上口易记。

5. 公约只是群众自行约定而进行自我约束的文件,其群众性特别强。违反公约者会受到群众的谴责,甚至会受到孤立和鄙视,但不会受到行政处罚。

三、公务文书的格式

公务文书或公文区别于其他文书的一个显著特点是它具有特定的格式。这种特定的格式是保证公文的合法性、有效性、正确性、完整性的重要条件,公务文书是绝不可以随意取舍、自行其是的。

规范的行政性公文格式一般由版头、标题、发文字号、签发人、秘密等级、紧急程度、主送机关、正文、附件、发文部门署名、成文日期、主题词、附注等15个项目构成的。各个项目要素的内涵和撰制要求都有明确要求,就连纸张大小、字号形状、标点、数字书写方式也有严格规定。其中大部分规定和标准,公司的文秘人员都熟悉。作为人力资源管理人员来说,认真考查一些公文样本,有些初步知识就可以了,应该把注意力集中到公文的标题、正文、落款或签署(和附件)这三项的格式和行文方面。

规范的规章性公文,或者由制作者直接颁布实施,或者通过行政性公文(如通知)颁布实施,因此一般只有标题、正文、签署三部分(有时也可能有附件),且这三项的要求与行政性公文的要求是一致的。下面对此三项进行简单介绍。

标题和落款要说明五个要素,即发文部门、制发程序、发文事由、公文的种类、发文部门。这五个要素是公文不可或缺的要素。由于公文所承载内容的重要性、权威性、广泛性的不同,或者发文者所强调的方面不同,这五个要素放置的位置也有所不同,这点在阅读撰制公文时是应该注意的。

发文部门是回答该公文的来源。这是收文者首先希望知道的。此外,发文部门也反映了该公文所适用的范围。例如,如果是国务院发的文,适用范围就是全国,而某个公司发的文,肯定就只能适用那个公司了。

制发程序是指该公文发出之前经过的各种手续。这些手续有:①经过该部门首长批准签发的,则使用在正文右下方落款该部门名称和日期的方式;②经过会议讨论通过而发布的,则要标明在什么日期,经什么会议通过;③经过上级部门批准的或强调该文的法规作用的,则要标明经过什么部门什么日期批准或是什么部门什么日期发布的。为了通过制发程序来强调该文的重要性,一般都应该把制发程序放在公文标题下面,并用单括号括起来,以示与标题的分离。例如:

××石化公司章程

(1998年7月公司筹备委员会第二次会议通过)

发文事由是对该公文主要内容的概括。

公文的种类一般借鉴行政公文如通知、命令等。

收文部门是该公文送往的部门。有些公文是发送给指定部门的,则在正文的最前面顶格列出各个收文部门的名称,中间以“、”(顿号)相隔,最后以“:”(冒号)结束。如果收文部门较多,可以换行接着列出。有些公文是需要广大人员知晓或遵照执行的,如规章制度类公文,则必须省略收文部门。公文一般不给某个个人发送,唯一例外的是函或信函。

（一）标题具体拟定方法

1. 规范的三要素标题。三要素标题是公文中常用的规范化的标题格式，它是由发文部门名称、发文事由和文体种类名称这三个要素组成的。例如，《人力资源部关于2006年员工年终考核情况报告》这一标题，表明了这份公文的发文机关是公司的人力资源部，发文事由是汇报2006年员工年终考核的情况，采用的公文种类是报告，是呈送隶属上级的。这是三要素齐全的规范化标题。收文者一眼便知该公文来自哪个部门，涉及什么事项，属于哪类公文，从而为公文处理工作提供了极大的方便，也能保证该公文能快速送到相应领导处，及时处理。发文部门的名称一般要写全称或众所周知的简称。在上面例子中，发文单位名称的全称应该是××公司人力资源部，但由于该文是在××公司内部运行，因此省略"××公司"不仅不会引起歧义，而且会使标题简洁明快，更加醒目。发文事由通常是由介词"关于"和一个能高度概括公文关涉事项或问题的词组共同组成一个介词结构来表述的，在公文标题的语言结构中充当文种的定语，要求概括得准确精练，一目了然，且无歧义。文种类型要根据公文的行文目的、行文关系和公文内容的需要，准确选用。有时还需要在文种类型的前面或后面（加括号）添加适当的限定词，如"试行办法"、"暂行规定"、"紧急通知"、"章程（草案）"等。有时属于两个以上发文者共同发送的文书，还应在文种名称之前冠以"联合"二字；但是，在像"联合紧急通知"这类文种限定词较多的情况下，为了使标题简明，则只选其中最重要的一个限定词，例如，把"联合紧急通知"改成"紧急通知"。

2. 简略式二要素标题。简略式二要素标题是省略发文部门的三要素标题。在公文的发文事由中已经暗喻了发文部门名称的情况下，为了突出发文事由，可以在标题中省略发文部门这个要素，而把它放到签署部分去。例如，《关于员工年终考核的制度》，一看标题，自然会想到这是公司颁布的制度，隐喻了发文部门，因而可以省略发文部门。有时为了简洁醒目，把介词"关于"和助词"的"也省略掉，直接写成《员工年终考核制度》。在简略式二要素标题中，发文事由和文种类型名称一样，可以在文种名称前、后添加需要的限定词。

有时，使用规范的三要素标题，不仅觉得烦琐，而且读起来还觉得别扭，这时就应该使用简略式二要素标题。例如，使用规范的三要素标题《人力资源部关于请求批准〈人力资源部工作规程〉的报告》，就不如使用简略式二要素标题《关于请求批准〈人力资源部工作规程〉的报告》来得明快爽口，因为在标题中已经暗示了发文部门是公司的人力资源部，也省得在一个标题中两次出现人力资源部的重复啰唆。

3. 无事由二要素标题。无事由二要素标题是在规范的三要素标题中省略发文事由，仅有发文部门和文种名称两个要素的标题。使用这种标题的公文大都是篇幅简短、文字不多的起知照作用的公文，例如，公司个别重要人事安排，个别重要事项的披露等。示例1－1就是这样的无事由二要素标题的公文。

[示例1－1]

人力资源部紧急通知

拟定于8月5日开始到年底结束的计算机管理软件业余学习班，尚有两名缺额，请愿意参加者速来人力资源部报名。

特此通知。

人力资源部

1999年8月2日

由示例1－1可以看到，一般无事由二要素标题公文的篇幅比较简短，内容也一目了然。

4.单要素标题。单要素标题是在无事由二要素标题的基础上，再省略发文部门，仅保留文种的一种标题。使用这种标题的公文应具有使用无事由二要素标题公文的知照作用公文的特征。

发文事由的表述在用词上要精心选择，细心推敲。特别是在关键性词条的选取上更要注意，因为关键性词条的微小差别都会引起收文者对公文的处理态度的不同。例如，《员工年终考核制度》如果写成《员工年终考勤制度》，虽然两者仅"核"与"勤"一字之差，但含义却相差甚远。前者包括出勤考核、工作态度考核、奖惩考核、与晋升降职相关的能力考核、业绩考核等诸多方面的考核；而后者可能被受文者理解为仅仅是出勤和工作态度的考核，从而减少了他们对此文书的关注程度。

（二）签署（或落款）的拟定方法

签署除了具有说明发文部门和成文日期作用之外，还有表明发文者对所发文书重要性、权威性的态度的作用。

对于一般性公文，如果在标题中已经明确说明了发文部门，则在正文下方签署日期即可；如果在标题中没有明确说明发文部门，则在正文右下方并列签署发文部门或联合发文部门和成文日期。

对于发文部门认为较为重要的公文，尽管在标题中明确说明了发文部门，特别是无事由二要素标题公文，仍然要在正文右下方签署发文部门和成文日期。

由高层部门发布的具有较强的原则性，并对较大范围进行管理的约束性文书（如条例、规定等）；或者经过会议通过的决策性文书（如决议等）和纲领性文件（如章程）以及经过上级部门批准的公文，都应在标题下签署公文的制发程序，并用单括号括起来。

（三）正文的拟定方法

正文是公文的主体，是容纳公文内容的地方，因而是公文最重要的部分。

正文内容要准确地遵守执行党和国家的有关方针、政策，贯彻公司的战略思想和经营理念，实事求是，有的放矢，明确具体；写作上要力求条理清楚、简洁规范，切忌杂乱分散、拖沓冗长。除综合性内容的公文之外,一般要求一文一事,以便于分送和处理。

正文的具体结构形式和写法因内容、文种、行文关系、发文目的的不同而有差异,应根据具体情况,结合各种因素恰当处理。具体写法,请仔细地琢磨本书中提供的大量示例。公文写作为处理公务,规范工作和活动行为的工具,其语言应具有准确、得体、简洁、质朴四大特点。

准确是要求把情况反映具体,把道理阐述清楚,把精神表述明晰,以做到材料确凿无误,判断符合实际、要求具体明确、措施切实可行。语言的准确具体表现为用词准确、语义确切、表述严谨、合乎语法和逻辑。对于在范围大小、程度深浅、分量轻重等方面存在差别的近义词,要精心辨析,细细斟酌;对于伸缩性较强的词语,要慎重处置,以免因含混不清,模棱两可,使受文者在领会时难明究竟,贯彻执行时无所适从;对涉及方针、政策、规定、要求、措施、步骤等关键性词语,要进行周密的限制与解释,以免受文者因主观或客观因素的影响形成理解上的歧义,或利用歧义搞"上有政策,下有对策",给工作带来损失。

得体是指公文在语言运用上要符合发文者自身的身份、地位,适应行文的特定目的、对象和内容,既能准确地反映客观现实,体现行文意图,达到预期的行文目的,又能促使有关受文对象产生与行文目的一致的心理效应。就公文的内容来说,凡颁布政策、法令的公文,语言要庄重严肃;指挥性、规范性公文,语言要严紧缜密;知照性、批转性公文,语言应当谨慎郑重;汇报、请示性公文,语言要谦恭礼貌;联系、商洽性公文,语言宜平和婉转。就公文的目的来说,要求贯彻执行的应严格、明确、毫不含糊,避免受文者依违两可;进行批评教育的要郑重严肃,有理有利,让受文者既感到温暖亲切,又受到政策震慑;请求批准协助的常用谦辞、敬辞,以示尊重;等等。公文不能使用过于通俗的、口语色彩很浓的词语,而适宜使用典雅、庄重的书面词语。

简洁是要求公文在语言上要言简意赅、辞约意丰,以求篇幅短小,节约阅读者的时间与精力,便于理解与执行,提高工作效率。要扫除一切套话、空话,力争在遣词造句上"厉行节约";在表述上要叙述平直不曲;在引用、转述上要做到可不引用就不引用,必须作为依据、原由的引用,也只做要点摘录;在修改公文稿时要字斟句酌。

质朴是要求在语言上体现为自然朴实而不堆砌矫饰,庄重严肃而不装腔作势,典雅朴素而不晦涩艰深,通俗平易而不流于低级油滑技巧。

依照上面列出的要领,认真研究一些公文的示例,经过实际的演练,就可以规范、有效、高速地掌握相关的公务文书写作技巧。

第二节　人力资源管理的基本规章

由于人力资源管理工作关系到企业是否能科学、合理地配置其全部人力资源,使每一个人在实现企业的发展目标中都能够做到各尽所能;关系到是否能使用各种激励手段使所有的员工都能以满腔热情去实现企业的目标,完成自己的任务,所以其重要性是不言而喻的。由于人力资源管理既要涉及整个企业的各个部门、各种职务、各个业务领域的员工,还要涉及企业高层领导、各部门经理、主管,甚至还要涉及企业的临时工,其工作的复杂性是可想而知的。人力资源管理工作既要关注在岗职工的现在工作,还要关注他们的职业生涯,促进他们的业务水平和工作能力的不断提高,而且还要关注他们的业余生活,其工作的琐碎性也是其他工作所少有的。因此,为了把这个既重要,又复杂,还琐碎的人力资源管理工作做好,首先就要提出对这项工作的具体要求、执行意见和管理措施,制定有关人力资源管理的规范性文件,即制定公司的人力资源管理工作的规定。它应该是公司人力资源管理的战略思想制度化的产物,是公司人力资源管理的最基本的规章。

人力资源管理工作规定是适用于整个公司的,发文单位是公司。作为公司人力资源管理的职能部门的人力资源部应该有责任,而且应该有能力承担这个规定的起草工作。人力资源部的经理(或主管)应该在深入学习法律、法规、公司章程的基础上,认真领会公司的总体战略、经营理念、发展目标与当前任务的同时,构筑出企业的人力资源管理战略框架。在得到总经理或主管领导认可的情况下,并在该主管的指导下,拟订规定的初稿。示例1-2给出了××公司的人力资源管理工作规定的示例。

[示例1-2]

××公司关于人力资源管理工作的规定

(××××年××月××日经公司办公会议通过)

第一条　公司的人力资源管理工作是利用公司全部的人力资源实现公司目标的工作,是公司所有层次员工,特别是负有管理责任的各个层次的员工,都必须关心和进行的工作。为了确保公司的人力资源管理工作科学有序地进行,制定本规定。

第二条　本规定是依据本公司的经营理念、发展目标和公司章程中有关人力资源管理的条文制定的。

第三条　公司要针对员工的实际情况,反复进行以公司的最高目标、公司的宗旨以及公司领导和员工共同信守的基本信念、价值标准、职业道德及精神风貌等为内容的企业文化教育,并在人力资源管理工作的所有环节中不断地强化这个教育,使公司的每名员工都把自己的理想与追求融入公司的目标和任务中,使公司的每名员工都按照公司确定的基本信念、价值标准、职业道德及精神风貌行事,使公司形成一个追求崇高目标,遵守共同行为规范,有着强烈荣誉感、凝聚力与创新力的,员工间相互激励的组织。

第四条　公司要逐步地从目前实行的由总经理根据公司的业务总量和利润总量

动态地确定人力资源成本总量，向由人力物力经常性保持最佳比例来确定人力资源管理成本的过渡。

第五条　公司应该在人力资源管理成本总量控制下，适时制订最佳的科学高效的人力资源配置。

第六条　要及时检查公司人力资源当前的配置与最科学高效的配置之间的差距，经过对公司人力资源的供给和需求的预测，制订出缩小这种差距的切合公司实际的吐故纳新的人才流动的长期计划与短期安排，要在公司内部定期张榜公布公司缺少人才的数量和质量，鼓励在岗员工应聘更高级的岗位，号召全体员工引荐公司稀缺人才。

第七条　人才招聘是引进公司所需员工，优化公司人力资源结构，树立公司良好形象的工作，公司全体员工都要关心和支持；招聘必须按照因事择人，公开公正，平等竞争，用人所长的原则，依照有关招聘和测评程度进行，而且只能录用测评合格的人员。

第八条　员工使用和调配是公司生存和发展的重要工作，必须依照人适其事、事得其人、人尽其才、整体优化、人事相宜等原则，使用和调配公司员工，建立和完善人员流动的内部机制和外部环境。

第九条　绩效考核是人力资源管理的核心职能之一，要建立一套切合实际的完整的绩效考核制度，从“德”、“能”、“勤”、“绩”四个方面对员工的工作业绩进行严肃认真、实事求是、公平公正的考核，并把考核的结果作为制订人力资源计划、人力资源开发计划、员工流动计划、人力资源激励机制等人力资源管理工作文件的基本依据；特别是要把考核的结果作为发掘员工潜能，提高员工工作绩效，制订员工职业发展计划的依据；要不断完善公司的绩效考核程序和方法，要把各种因素对考核准确性影响的作用降低到最小。

第十条　公司实行挑战性和激励性的薪酬制度，目标是：

(1)吸引和留住公司所需的优秀员工；

(2)鼓励员工积极提高工作所需的技能和能力；

(3)鼓励员工高效率地工作；

(4)创造公司所倡导的文化氛围；

(5)控制公司运营成本。

公司基本上实行由基础工资、职务工资和年功工资构成的结构工资制度，少数部门和人员也可以采用有利于实现公司薪酬制度目标的其他工资制度。公司的奖金、津贴和补贴发放规则，福利制度以及奖惩制度都要紧密围绕实现上述目标来进行。公司必须执行员工所在地政府规定的各项劳保福利政策和工资不低于当地的最低工资标准的规定。

第十一条　公司各级主管都要积极地帮助每位员工设计并实施与公司目标一致的个人职业计划，使公司能最大限度利用员工的能力的同时，又为员工提供不断成长、及时显示个人最大潜力、建立成功的职业生涯的各种机会。

第十二条　公司重视人力资源管理的开发与培训，它是多快好省造就人才，调动员工积极性，建立企业文化，增强企业竞争力，促进企业人事和谐的必要措施。公司必须本着学用一致，知识技能培训与组织文化培训兼顾，全员培训与重点提高结合，严格考核，奖勤罚懒的原则制订长远计划，采取多种切合实际、行之有效的方式，开展公司的人力资源培训与开发，使公司成为一个学习型组织。

第十三条　建立和谐的劳动关系，这不仅仅是建设社会主义和谐社会所必需，也是保证公司不断发展、繁荣昌盛的重要条件，因此，公司全体员工都要为在公司内部建立和维护和谐的劳动关系努力。公司要建立并不断健全完善各种沟通对话制度和劳动争议处理机制，及时消除误会，化解冲突。

第十四条　公司人力资源部是督导公司有关人力资源管理工作的职能部门，应根据本规定的精神和条文，制订实施人力资源管理的各种具体的规章制度、实施细则、处理办法和操作程序，报请总经理批准后颁布，督导公司各部门执行，并负责处理在具体执行中出现的各种问题以及协调各部门间的有关人力资源管理方面的工作。

第十五条　本规定具体实行中出现的问题由人力资源部负责解释。

第十六条　本规定自颁布之日起执行。

××公司

××××年××月××日

示例点评：

1. 该示例使用的标题含有制发机构（表示规定的适用范围）、发文事由（内容）、文种名称三要素齐全的标题。之所以这样做，一是表示该规定的重要性，二是强调该规定适用于公司全体员工，以引起所有员工的注意。因此，没有使用无制发机构的简化的二要素标题。

2. 这个规定是由公司最高层管理机构发布的，具有较强的原则性，并对公司的所有有关人力资源管理的工作进行管理约束，因此，要把制发程序，即经过公司的办公会议慎重讨论通过的这个程序，标注于标题下。对于只需主管领导审查发布的规定，则不需这样签署，只需将制发单位名称和发文时间并列置于正文文末右下方即可。

3. 规定的正文可包括序言、规定事项和施行说明三部分。示例所示的规定是条贯式的结构。第一条与第二条简要地交代了制定该规定的目的、依据、缘由等内容，相当于序言；第三条到第十三条是该规定的主体，是该规定所规定的事项，对人力资源管理的十一项重要方面，具体地提出了处理每一事项的原则性要求和约束措施，做到了有规有定；最后的三条中指出了公司的人力资源部是公司实施人力资源管理工作的职能部门，督导公司各部门实施人力资源管理，负责该规定的进一步细化和解释工作。同时还提出了对该规定的施行要求及开始施行日期等内容，是该规定的结尾说明。因此，该规定的正文写作格式是符合规范的。

从格式和规范上来讲，这个示例是符合标准的。从内容上来讲，它也有其优点。首先，它把公司的人力资源管理工作的各个方面都做了原则上的规定，完整地反映出了公司的人力资源管理的战略思想，让全体员工对公司的人力资源管理工作有了一个全面而简明的了解；其次，由于只有原则性的规定，为具体执行时在不违反原则的前提下选择更切合实际情况的实施办法留下了更多的空间，同时也增加了该规定的稳定性。而且这种稳定性在规模比较大的企业是相当重要的。其缺点是还要对这个规定再做进一步的细密化、具体化。

人力资源部撰制完成"××公司关于人力资源管理工作的规定"后，应送交总经理审核发布。按照规范的做法，人力资源部应该向总经理办公室发出正式公文，请求总经理审核发布。这样做，首先是表示郑重，人力资源部已正式完成了该规定的编撰工作。其次是作为工作过程的依据和历史凭证，总经理办公室人员接到公文后，要进行登记，并依据公文的要求呈送总经理审核；人力资源部发文时也要进行登记。因此，以公文形式呈送，出现问题，都有据可查，避免追究责任时相互推诿。下面给出了这种请示报告公文的示例，见示例1－3。

[示例1－3]

人力资源部关于请求审核、发布"××公司关于人力资源管理工作的规定"的请示

公司总经理办公室：

根据总经理指示，人力资源部撰制的公司人力资源管理工作规定已经完稿，现呈请总经理审核。该规定如无不妥，请总经理以公司名义发布。

附件：××公司关于人力资源管理工作的规定

人力资源部

××××年××月××日

示例点评：

1. 规范的公文只能一文一事。示例的请示中请求了两件事，一为请求总经理审核规定，另一为请求总经理办公室发布。但因为这两件事是有关联的，所以可以在一文中提出。

2. 在请求批转的请示中，要求批转的内容是下级在现行政策和职权范围内不能解决的涉及全局的工作，在未得到上级明确批准前，下级机关不能自行处理或组织实施的工作。人力资源管理工作规定是公司正式授权人力资源部推动、督导、组织全公司员工实施人力资源管理工作的涉及全局工作的基本法规文件，必须由公司发布施行。因此，示例选用请示文种是符合规范的。

3. 作为规范的请示公文，是不应请求总经理以公司名义发布的，这有出言不恭之嫌。但是提醒一下也好，避免出现用办公室或其他名义发布而降低了这个规定的权威性。

公司的人力资源部是公司人力资源管理的最重要的主体，也是人力资源管理活动的组织者、推动者和督导者。这些已在公司的人力资源管理工作规定中有了明确的规定。为了保证人力资源部工作顺利展开，达到公司人力资源管理的目标，必须对人力资源部工作人员进行人力资源管理的工作提出统一的要求和程序，以规范人力资源部的行动，以便使人力资源管理工作正规化、制度化。这种在一定范围内要求人们在进行某项工作时必须遵守的统一要求和程序的规章称为规程。因此，在撰制人力资源部工作规程时，除了像人力资源管理工作规定那样，对人力资源管理工作的各个方面都要作出规定之外，还要对各方面的操作程序作出规定。这是规定与规程的重大区别。针对这一点，在制定人力资源管理工作规程时，要注意以下三点：

第一，在工作规程中对要求和工作程序都不能规定得太死板，具有原则性、指导性即可，以便实施时根据当时的实际情况采取合适的办法处理。

第二，在工作规程中所提出的各项要求和工作程序，要以科学理论为依据，不能脱离实际。

第三，工作规程的内容要具体、准确，要按逻辑顺序，分清条理。

下面给出了某个公司的人力资源部工作规程的示例，见示例 1－4。

[示例 1－4]

××公司关于人力资源部工作的规程

总　则

第一条　为了使公司人力资源能够持续、高效率地服务于公司的发展战略和经营理念及各阶段的具体目标；为了使人力资源部的工作正规化、制度化地有序进行，在有章可循的情况下，做到分工合作，步调一致；为了增进公司其他各部门和全体员工对人力资源部的工作职责和工作程序的了解，以便密切配合、相互支持、提高效率，把公司的人力资源管理工作及时高效地做好，特制定本规程。

第二条　本规程是依据本公司的章程和有关规章制度制定的。

第三条　本规程中的人力资源系指本公司雇用的所有各类从业人员及其所具有的各种能力和潜力。

第四条　本公司的人力资源部是公司授权组织、督导、实施本公司人力资源管理工作的职能部门，隶属总经理办公室，向总经理请示汇报工作。本公司所有各个部门和员工都应该受人力资源部的组织、督导，依照本规程的规定，做好本部门的人力资源管理工作。

基本职责

第五条　人力资源部的基本职责是：在本公司的战略思想和经营理念指导下，在成本控制的前提下，最科学、最高效地配置公司的全部人力资源，最大限度地激发全体员工为实现公司的当前任务和长远发展目标努力工作的热情，巩固和提升劳动者与管理层间的和谐关系。

第六条　人力资源部依据公司的“人力资源管理工作规定”及其他相关规章制度和总经理的指示，负责下列全部业务：

（一）依据公司业务需要，研究公司的组织及权责划分的改进方案和建议。

（二）配合公司的经营目标，依据人力资源分析及预测的结果，拟订人力资源发展计划和人员编制数目，并根据人力资源发展计划，筹划各项教育及培训。

（三）设计、推行及改进人力资源管理的各项制度及其作业流程，并确保其有效实施。

（四）经与各部门主管会商，拟订每一职位的工作标准及任职资格、条件，以求适才适所。

（五）依公司所在地区生活水平、薪资市场情况及公司政策，制订合理的员工薪酬待遇的标准。

（六）制订并实施员工的福利、安全与劳保的规定，以维持员工与公司间的和谐关系。

组织系统与员工配置

第七条　人力资源部应根据本公司的任务和目标，将所有的应处理的工作，统筹规划、科学划分权责，制定本公司的“组织系统表”，以使公司成为一个信息保真、畅通，调控灵活，反应迅速的有机整体。随着市场变化和公司的任务与目标的发展，应及时地检查、修订“组织系统表”，以确保公司的组织系统能适应变化了的目标和环境。至少每年要检查修订一次。

第八条　人力资源部根据“组织系统表”中的纵向性质和横向联系及其交错的结构与权责划分，制订本公司的“职位及职位等级配置表”。

第九条　人力资源部应会同公司各部门主管根据“职位及职位等级配置表”，依据每个职位的权责，进行职位工作分析（简称工作分析），明确每个职位应该完成的工作数量和质量，即将各项工作职责的任务，以及工作人员必备的条件予以分析研究，做成“职位工作说明书”。该说明书将作为人力资源配置的依据。

第十条　本公司推行业务量与人力资源成本预算控制制度。由第五条、第六条和第七条得到的人力资源配置，必须进行全员薪酬概算，保证符合公司制定的业务量与人力资源成本预算控制的规定。否则，必须在总经理的指导下重新研究，修订第七条、第八条和第九条的表格内容，以符合公司的成本预算。

分层负责制

第十一条　为明确划分各层人员的人事权责，拟订“人事权限划分表”，表中所列的权责，各层人员均应确实负责办理，不得借词推诿，实施时如遇到困难或发生特别事情，应向上一级人员请示后予以处理。

员额编制

第十二条　本公司实行业务量与人力资源预算控制制度，对各部门可设的职称及可服务的员额予以规定,制定各部门的“员额编制表”。各部门均应严格按该表配置人员,不得突破。如果业务量发生增减,人力资源部必须与该部门主管一起重新检查修订“员额编制表”,经上级批准后,按新修订的“员额编制表”实行。

人力资源控制

第十三条　根据“员额编制表”,公司定期或不定期召开人力资源配置检查会议,就现有人员适职与否、流动状况、缺勤情况、应储备的人力资源和下一阶段业务发展所要增加的人力资源等情况,进行讨论研究,对当前需要增减调整的人力资源作出正确、客观的检查和建议,作为人力资源部制订人力资源计划,开拓人力资源的来源的参考依据。

第十四条　人员拨补程序:

(一)各部门如需增补人员,先至人力资源部领取“人员拨补申请表”,填妥后交人力资源部。

(二)人力资源部接到申请表后,应调查所申请的拨补人员是否为该部门“员额编制表”中所需求的,其职位薪资预算是否在控制内,其需要时机是否恰当,拨补人员来源是部门或公司内部调剂还是招聘解决等问题。调查中如有不同意见,应与申请拨补部门的主管磋商,达成一致。

(三)人力资源部经调查确认需要拨补后,立即就申请人员的来源作出正确的拟办建议,按公司规定的人事权限,将人员拨补表和人力资源部的建议一并呈有关上级核准后,根据批示办理调剂工作或招聘的预备工作。

(四)人员拨补申请表经批示完毕后,均应转回原申请部门。人力资源部凭副本办理拨补工作。

新员工招聘和录用

第十五条　新员工是指第一次来本公司工作的员工。除总经理特批的新员工外,所有新员工必须履行招聘和录用程序。

第十六条　新员工招聘和录用程序包括:诉求(公布招聘信息)、应征信处理(是否发给初试通知信函)、甄选(笔试、面试、背景调查、评定)、任用、对保、试用、签订劳动合同、新员工培训等程序。上述程序必须按照本公司颁布的相关细则实施。

第十七条　新员工招聘工作由人力资源部牵头,各部门配合,全体员工支持实施。当需要有关专长的员工参与时,不得借故推诿。招聘工作按下述要求进行:

(一)拟订招聘计划:人力资源部应根据收集的人员拨补申请单和人员入职的时间,适时地拟订招聘计划,报上级审批。计划内容包括:

1. 招聘职位名称及名额;
2. 资格条件限制;
3. 职位预算薪金;
4. 任用日期;
5. 具体诉求方式和诉求稿(通报稿或登报稿等);

6. 资料审核方式及办理日期(截止日期);

7. 甄选方式及时间安排(包括面谈的主管或专家安排);

8. 场地安排;

9. 应聘者能力测试安排;

10. 其他准备事项(通知单、海报、公司宣传资料和活动费用)。

计划得到批准后,人力资源部应该立即以公函形式知照相关部门主管,请求参与招聘工作。

(二)诉求:将招募消息告诉大众及求职人。其具体方式如下:

1. 登报征求:先拟广告稿,估计刊登费,决定刊登何报、何时,然后联络报社。

2. 同人推荐:以海报或公告方式进行。

(三)应征信处理:

1. 诉求消息发出后,会收到应征资料,经人力资源部审核后,对合格应征者发出"初试通知单"及"甄选报名单",通知其前来本公司接受面试。

2. 不合格的应征资料,归档一个月后销毁,但有要求退件者,应予退件。为了给社会大众留下一个好的印象,对所有未录取者应有礼貌地发出"谢函"。

(四)甄选:新进人员甄选考试分笔试和面试。

1. 笔试包括下列内容:

(1)专业测验(由申请单位拟订试题);

(2)定向测验;

(3)领导能力测验(适合干部级);

(4)智力测验。

2. 面谈:由申请部门主管、人力资源部主管、核定权限主管分别或共同面谈,面谈时应注意:

(1)要尽量使应征人员感到亲切、自然、轻松;

(2)要了解自己所要获知的答案及问题点;

(3)要了解自己要告诉对方的问题;

(4)要尊重对方的人格;

(5)将面试结果随时记录于"面谈记录表"。

如果初次面谈不够周详,无法做有效参考,可再发出"复谈通知单",再次安排约谈。

(五)背景调查:

经甄选合格,初步决定的人选,视情况人力资源部应进行有效的背景调查。

(六)结果评定:

经评定未录取人员,先发出谢函通知,将其资料归入储备人才档案中,以备不时之需;经评定录取人员,由人力资源部主管及用人部门主管会商入职日期后发给"报到通知单",并安排职前训练等有关准备工作。

（七）注意事项：

对应征资料的处理及在背景调查时应尊重应征者的个人隐私权，注意保密工作。

任　用

第十八条　经核定录用人员，由人力资源部依据甄选报名单发给“报到通知单”，应聘者于报到时携带下列资料：

（一）保证书；

（二）服务自愿书；

（三）员工资料卡；

（四）相片六张；

（五）户籍；

（六）身份证复印件；

（七）体检表；

（八）抚养亲属申报表；

（九）学历证件复印件。

第十九条　干部人员任用，视情况可发给“聘任书”。

第二十条　新进人员报到时，人力资源部即发给“报到程序单”，并核收其应缴资料，如果资料不全，应限期补办，否则首月薪资可暂扣发。

第二十一条　人力资源部随后亲切有礼地引导新进人员依报到程序单上的顺序逐项协助办理下列事项：

（一）领取员工手册及识别证；

（二）制作考勤卡并解释使用；

（三）领工作服及工作服卡（总务科办）；

（四）领储物柜钥匙（总务科办）；

（五）若有需要，填“住宿申请单”；

（六）登记参加劳保及参加工会；

（七）视情况引导参观各部门及安排职前训练。

第二十二条　前条逐项办理完毕后，人力资源部即填制“新进人员简介及到职通知”，引导新进人员向部门主管报到，由人力资源部主管收存到职通知后依“职前介绍表”逐项给予说明，并在报到程序单上签章交回人力资源部，表示人员报到完毕。

第二十三条　人力资源部收到返回的报到程序单后，应办理下列事项：

（一）填“人员变动记录簿”；

（二）登记人力资源部用的“人员状况表”；

（三）干部人员发布“干部到职通报”；

（四）登记对保名册，安排对保；

（五）填制“薪资通知单”，办理核薪；

（六）收齐报到应缴资料（抚养亲属申报转给财务部门）连同甄选报名单建立个人

资料档案,编号保管。

对 保

第二十四条　有关对保作业,应参照人力资源管理规章中有关规定办理。

第二十五条　人力资源部新进人员报到上班后,应实施第一次对保,以后每年度视情况复对一次,并予记录。

第二十六条　对保分亲自对保及通信对保。

第二十七条　被保人如无故离职,移交不清,本公司应发出"保证责任催告函"。

试 用

第二十八条　新进人员试用期为三个月(作业人员为40天),届满前一周人力资源部提供"考核表",分甲(干部人员)、乙(一般人员)两种,并登记被考核人试用期间出勤资料,依人事权限划分表顺序,逐级考核。

第二十九条　人力资源部根据考核表发给"试用期满通知"。

第三十条　人力资源部发出试用期满通知后,并依不同的批示,分别办理下列事项:

(一)试用不合格者,发给试用不合格通知单。

(二)调(升)职者,由人力资源部办理变动作业。

(三)薪资变更者,由人力资源部填制"薪资通知单"送交财务部门办理调薪。

第三十一条　前条办理完毕后,考核表应归入个人资料袋中。

第三十二条　新进人员在试用期中,表现不合要求,部门主管认为有必要停止试用时,可立即提前办理考核,并签署人事变动申请单,报请权限主管核定停止试用。

变 动

第三十三条　晋升(升职、升等、升级)及降级由申请人填写"人事变动申请单"及办理临时考核,转人力资源部签注意见后,呈权限主管批示。

第三十四条　调职由申请人填写"人事变动申请单"送调职部门会签,转人力资源部签注意见后,呈权限主管核定。

第三十五条　未批准升、降、调的申请单退回申请部门。经批准的申请单由人力资源部依据发布"人事变动通知"副本转送申请部门及本人,并限期办理业务移交手续,履任新职。若职称变动或部门变动,副本应抄送财务部门,通知变更薪资名册。

第三十六条　经批准变动案件,涉及调整薪资者,人力资源部就根据人事变动申请单批示,填制"薪资通知单"办理调薪,核实后转财务部门作业。

第三十七条　资遣。资遣作业应参照人力资源管理规章中有关规定办理。凡符合资遣规定者,由人力资源部主管与部门主管商定后填写人事变动申请单签注原因转呈总经理核准,然后发给"资遣通知单"(副本抄送给财务部门核发资遣费)。

第三十八条　留职停薪。留职停薪作业应参照人力资源管理规章中有关规定办理。

(一)人员有留职停薪需要时,可由申请人填写人事变动申请单并交人力资源部主管调查,符合留职停薪申请规定后,转呈总经理核准发给"留职停薪通知单"及离职通知单,通知办理离职手续。

(二)留职停薪期满时,当事人应到公司填写人事变动申请单申请复职或延长期限,凡未经办理者,视同免职。

(三)留职停薪人员,概不保留底缺,申请复职时,如原服务部门无缺额或业务上已无需要时,则不准复职,视同免职。

第三十九条　免职。免职处理应按照人力资源管理规章中有关规定办理。凡合于免职规定者,可由部门主管或人力资源部填写变动申请单会签意见后,呈总经理核准发给离职通知单,办理离职手续并核发薪资。

第四十条　经批准离职案件,人力资源部应填制通知单办理停薪,转财务部门作业。

第四十一条　人力资源部应根据"岗位变动通知"办理下列工作:

(一)填入人员变动记录内;

(二)登记于个人资料卡内(离职人员,其资料应予归档另行保管);

(三)修正于公司员工状况表。

请　假

第四十二条　员工因故请假,应至人力资源部领取个人专用请假卡,依人事权限划分表逐级呈核,再转回人力资源部登记于考勤表上。

第四十三条　休假作业应另参照休假办法有关规定办理。

第四十四条　本公司除总经理批准的特定人员外,均需于考勤打卡机上打卡上班、下班。

第四十五条　各部门主管应于月终前将下月份部门工作时间表送人力资源部备查;人力资源部收集各单位一级主管干部人员出勤时间表呈总经理核阅(如非轮班人员,每月工作时间固定者不必再安排时间)。

第四十六条　如需变更出勤与轮休时间,或补充新进人员出勤时间,应填"出勤时间调整单",经权限主管核准后,转人力资源部登记备查。

第四十七条　员工因故延长上班时间或于假日出勤,须至人力资源部领取"加班报告单",经权限主管核准后转人力资源部查核并登记于考勤表上。

第四十八条　员工因公于上班中外出,应填写"公出单"送部门主管核准后,警卫室登记。

第四十九条　一级主管因公外出免填公出单,但应向上级主管报备,或于办公室交代去处,联络方法,并于警卫室登记,未赶回公司打卡下班,则由人力资源部依据警卫室出入登记簿记录给予签证。

第五十条　上班忘记打卡,应报备人力资源部领取"未打卡证明单",填写并经一级主管签证后转人力资源部登记于考勤表上加盖公章。

第五十一条　下班忘记打卡,可由本人填写未打卡证明单呈一级主管签字,若举证有据,部门主管得予签字,视早退一次处分,若无法举证非因早退未打卡则视未打卡一次处分,未填送未打卡证明单者一律按旷工论。

第五十二条　人力资源部应于每日检视考勤表,遇异常状况或违规事情,应立即主动签办,并与部门主管联络。

第五十三条　员工出勤情况,人力资源部应于每月终了编制下面四种统计表各两份,一份送财务部门核计薪资,一份公布,限三日内接受正式申请。

(一)缺勤统计表。

(二)全勤人员名单。

(三)加班(勤)统计表。

(四)值夜人员统计表。

第五十四条　人力资源部应为每一员工建立一份年度考勤统计表(印于个人资料卡中),逐月依据考勤表予以登录,经登录后考勤表即可作废销毁。

第五十五条　每一年度终了,人力资源部应即依据年度考勤统计表,统计是否有未休完特别假的人员,予以计入12月份加班统计表内,换发薪金。

第五十六条　每一年度终了后人力资源部应即调查编制翌年度享有特别假人员名单,予以造册呈准后公布实施。

第五十七条　有关考勤作业,请参照"出勤"有关规定办理。

出　差

第五十八条　出差作业,应按照"出差办法"规定办理。

第五十九条　员工因公出差,应至人力资源部领取"出差申请单",经呈送总经理核准后(得向财务部门申请预支差旅费)并转人力资源部备查。出差完毕三天内,须据实填写"差旅费报告表",连同各项单据一并呈报核销。

奖　惩

第六十条　奖惩作业应按照"奖惩办法"规定办理。

第六十一条　员工遇有功过奖惩时,可由建议人填报"奖惩建议申请单",先由人力资源部签注意见后,呈总经理核定。

第六十二条　人力资源部根据核准"奖惩建议申请单"发布"奖惩通知"公文副本抄送本人部门及本人知照,另一份送财务部门加扣薪资。

第六十三条　人力资源部应按月将奖惩通知登录于个人资料卡内。

考　绩

第六十四条　考绩作业应另参照"考绩办法"规定办理。

第六十五条　考绩分年度考绩与临时考绩两种,其处理程序如下:

(一)年度考绩,每年度终了人力资源部提供考核表,并在考核表中登记年度出勤资料、奖惩资料然后按人事权限划分表,逐级考评核定等级,作为年终奖金发放及定期晋级的参考依据。

(二)临时考绩,当员工申请升降职时,应由人力资源部会同员工所在部门主管进行临时考绩,填写临时考绩表,并以此作为上级批示决策的参考依据。

第六十六条　考绩表办理完毕，存于个人资料袋内，并予以登录。

薪　资

第六十七条　薪资作业应按照职薪办法中职薪等级表及有关规定办理。

第六十八条　人力资源部应于每月 25 日整理上月 26 日以后到职的新进人员甄选报名单，据此填制“薪资通知单”办理核薪，并由部门主管签署，转呈总经理核定，再登录于“薪资名册”后，再转财务部门作业。

第六十九条　人力资源部应于每月 25 日整理本月涉及调薪的人事变动申请及考核表，据此填制薪资通知单办理调薪，由人力资源部审核签章后与部门主管会签，登记于薪资名册，转财务部门作业。

第七十条　经批准离职案件，人力资源部应据此填制薪资通知单办理停薪，由人力资源部主管审核签章，登录于薪资名册后转财务部门作业。

第七十一条　核薪与调薪案件于归档前，应登录于个人资料卡内。

第七十二条　除人力资源部应备一份全公司人员薪资名册外，各一级部门亦应备一份所属人员薪资名册。

训　练

第七十三条　训练作业应按照“训练办法”规定办理。

第七十四条　职前训练。新进人员报到后，人力资源部应办理以下职前教育：

(一)介绍公司沿革、企业文化概要、经营方针、工作环境；

(二)简介各部门组织、职责、作业状况；

(三)介绍出勤规定和公司规章制度概要及注意事项；

(四)介绍有关部门、办公室及主管。

第七十五条　在职训练：

(一)人力资源部于年度开始，依所需训练目标、对象、课程、预算，拟订训练计划。

(二)人力资源部于训练期中，应严格考核。

(三)员工于接受训练后，视需要提出心得报告，成绩优劣列入考核依据。

第七十六条　专业训练：

(一)专业知识，势必要程度可办理专案训练。

(二)搜集专业报导或讲座教材，印发给每位员工。

(三)各一级主管可自行申请或由公司指派参加国内外各种训练机构举办的讲座、观摩、训练。

辞　职

第七十七条　正式任用员工如感觉工作不适或其他原因想辞职，应在辞职前 15 天提出辞职申请书，由部门主管及人力资源部主管签署意见后，呈总经理核准，再转回人力资源部，人力资源部据此填制薪资通知单办理停薪，转财务部门作业。

第七十八条　人力资源部依据辞职申请书发给“离职通知单”，通知本人于奉准离职日当天下班前依离职通知单上应办理事项，逐项移交，办理完毕后，由人力资源部主管审核无误后,签章转财务部门核计当月薪资。

第七十九条 人力资源部各级离职通知单于当日即行办理下列事项:

(一)登记于人员变动记录簿内;

(二)注销人力资源部控制的人员状况表内的登记;

(三)登记个人资料卡,注销个人资料档案;

第八十条 人力资源部视情况应约谈离职人员,并将面谈结果填入离职人员面谈记录档案,以作为人力资源部检查参考。

退 休

第八十一条 人员退休,应依照"退休办法"规定办理。

第八十二条 人员到退休年限,由人力资源部填写"退休申请单"公文,详细填写理由及会签部门主管意见后,呈总经理核准,发给"退休通知单",副本转财务部门核发退休金。

第八十三条 人力资源部门收到退休通知单及离职通知单,应办理事项参照第七十九条办理。

第八十四条 经核准退休人员,于奉准退休日,应领取"离职通知单",逐项办妥离职手续后,始发退休金。

抚 恤

第八十五条 人员因公死亡者,由人力资源部填写"抚恤申请单"公文,呈总经理核准,副本抄送财务部门核发抚恤金。

第八十六条 死亡员工家属由人力资源部会同办理离职手续,并填具"申请抚恤金保证书"后,始得领取抚恤金,人力资源部参照第七十九条办理有关事宜。

移 交

第八十七条 各级主管人员及业务移交徑办人员因故离职时,应将所负责的公务及经办事务逐件列出清单,在监交人监督下点交接任的人员,并会同接任人员提出移交报告书。

第八十八条 移交时应造清名册如下:

(一)印章戳记清册。

(二)所属人员薪资单册。

(三)未办或未了重要案件目录。

(四)保管文卷目录。

(五)职责事务与公物目录。

(六)上级指定专案移交事项清册。

(七)保管图书清册。

附 则

第八十九条 本规程发布后,公司原有人力资源部的工作规程随即废止。

第九十条 本规程在其实施中出现的问题由总经理办公室负责解释。

第九十一条　本规程经总经理审核发布，自发布日起实施。

××公司

××××年××月××日

示例点评：

1. 该规程对人力资源部各个方面的工作都做了比较具体的规定，同时对这些的流程和操作步骤也做了具体的规定，使人力资源部和公司相关部门在处理人力资源管理工作时有章可循，即知道做这些时，依据什么，按什么顺序，如何进行，如何相互衔接，相互支持，所以这是一个比较好的规程示例。

2. 由于该规程是对人力资源部所有工作的全面规定，因此选用了非常严肃的三要素齐全的标题和完整的签署。正文中也包括了序言（总则）、规定事项和结尾（附则）完整的三部分。这是非常正规的规程格式，借以表明此项规程的重要性和严肃性。这是不同于一般的某个小范围使用的操作规程或活动规程。通常后者只用简化的无制发单位的二要素标题，省略签署，而正文则只有简单的规定事项。

3. 该规程很细很长，多达九十一条。其优点是全面规定了人力资源部的工作事项和工作流程。阅读并记住这些条文，就知道了人力资源部要做哪些工作，以及某项工作应该如何做。这看起来解决了问题。可是，实际上，没有人愿意一口气背熟这九十一条条文，甚至也不愿意一口气阅读完这些条文，特别是对人力资源部以外的其他部门的员工来说，更不情愿花那么多的时间去阅读那些枯燥的条文。因此，该规程很难起到"为了增进公司其他部门和全体员工对人力资源部的工作职责和工作程序的了解，以使密切配合、相互支持、提高效率"的作用。有人认为，在规程中只对人力资源部的各项工作和每项工作的流程做一些原则性、概要性的规定即可，形成简短的十多个条文，使公司员工清楚知道哪些事情应找人力资源部处理即可，至于某种事情应该如何操作，在某个专门事项的实施办法或实施细则中规定即可。也有人反驳说，尽管员工们没有一口气阅读完这个规程，但员工有事情需要办理时，翻阅这个详细而全面的规程，比去一个一个地找细则、办法要省事得多。一句话，对这个规程是详是略各有道理。

4. 该规程所有的流程都规定得过于具体，在当前的条件下是合理的。但是，企业所处的环境是瞬息万变的，条件变化后，有的流程应该跟着变化。这样哪怕只有某项流程要稍作修改，规程也要跟着修订。然而，修订一个这样庞大而严肃的规程，手续是比较烦琐的，而且这样的规程也不应该经常修订。因此，流程还应该定得原则一些，十分具体的流程可以单个的实施办法公布，这样既保持规程的相对稳定性，也给具体执行人有相对的灵活性。需要修改时，也只需修改单个实施办法，手续也简单得多，而且可由人力资源部直接修改，报请总经理办公室发布施行即可。

规程应由人力资源部撰制，由总经理审核发布。因此，人力资源部撰制好规程后，还要给总经理办公室呈送审核、发布规程的请示。该请示的示例如示例1－5所示。

[示例1-5]

关于请求审核、发布《××公司关于人力资源部工作的规程》的请示

总经理办公室：

我部依据总经理指示，已拟订了《××公司关于人力资源部工作的规程》，今呈送，请总经理审核批准。由于人力资源部的职责是组织、推动、督导全公司各个部门的人力资源管理工作实施，因此，该工作规程中关涉了公司各个部门和全体员工。为了增进公司其他部门和全体员工对人力资源部的工作职责和工作程序的了解，以使大家密切配合、相互支持，使全公司的人力资源管理工作有序健康高效地进行，我们请求将呈送的《××公司关于人力资源管理部工作的规程》经总经理审核批准后，由总经理办公室发布实施，以使公司其他部门和全体员工知晓、配合。不知妥否，请指示。

附件：××公司关于人力资源部工作的规程

人力资源部

××××年××月××日

示例点评：

人力资源部请求总经理办公室发布人力资源部工作规程使用了请示公文文种，是合乎规范的。公文规范中的请求批准的请示文种规定，这种公文是在下级机关需要办理、解决而自己无权无力办理、解决的事项和问题，请求上级批准办理或授权解决时所使用的。因为人力资源部和公司的其他部门是平级管理而不是隶属关系，所以无权向他们发布规定、规程，只能请求公司其他部门的上级机关——总经理办公室来发布。

公文规范规定，除了信函外，一般公文只发送给部门而不直接发送给个人，所以示例的收文单位是总经理办公室，是符合规范的。收文单位放在标题空行下面，顶格书写，以冒号结束的格式，也是公文格式规范要求的。

公文的标题使用的是省略发文部门的完整的二要素标题。只是因为在标题中已经出现了发文部门名称“××公司人力资源部”，如果使用三要素标题，再加上发文部门名称就出现重复，显得啰唆，不如省略发文部门来得简练上口。这也是公文规范所要求的。

公文规范要求一文一事。示例的正文中提到了两件事，一是请求总经理审批规程，二是请求总经理办公室发布规程，这两件事是密不可分的，而且决策人和经办人都是同一人，因此，这种情况公文规范也是允许的。

在这个示例中出现了附件，请注意附件的书写格式，附件名称不用双引号。

第三节 人力资源部的岗位及其职责

一、人力资源部的岗位设置及其结构

人力资源部要完成公司授权的,组织、推动、督导整个公司的人力资源管理这项既重要、又复杂、还烦琐的工作,就必须有一定的人员配备去完成人力资源部工作规程规定的工作。人力资源部应该配备的人员数量和质量应与公司的规模大小和经营的项目性质相适应,也要符合公司人力资源成本控制的策略。但是不管公司规模的大小,经营项目的性质如何,公司计划在人力资源管理的投入多少,人力资源管理关涉的各项工作都需要安排人员去做。因此,下面按最完善、最理想的方式设置岗位和确定岗位的职责。如果公司规模小,每个岗位的工作量少,则可以将几个岗位合并为一个岗位,减少人员的配备;反之,如果公司规模大或由于经营项目的特殊使得公司某些岗位的工作量大,则可增加这个岗位的人员配备。图 1 - 1 给出了某个公司的人力资源部的岗位结构。

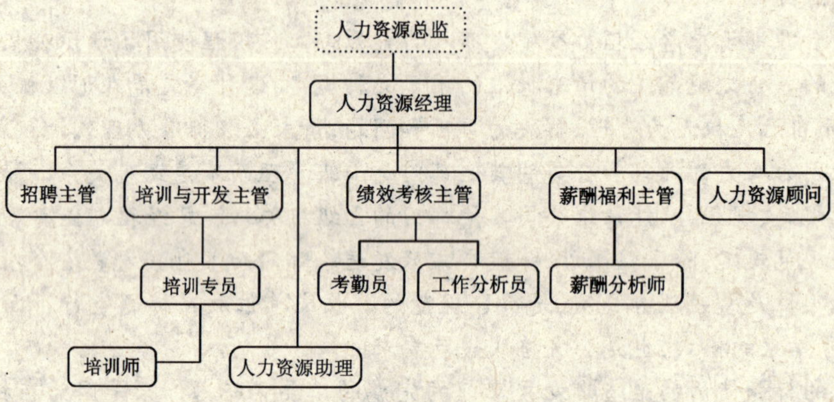

图 1 - 1　× × 公司人力资源部岗位结构

说明:用虚线框的岗位不属人力资源部,而属公司最高管理层,图中标明为人力资源总监,但也可能是由总经理委托分管人力资源管理工作的副总经理或别的最高层管理人员。他代表总经理对人力资源部的工作进行具体领导。这个岗位在职务说明书中会详细说明。

二、人力资源部各岗位的职责

人力资源部各岗位的职责应在各个岗位的工作(或职务)说明书中明确书写出来,本书第二章将详细讨论工作说明书的制作方法,这里只列出人力资源部各岗位的工作说明书。

(一)人力资源总监职位说明书

人力资源总监职位说明书如表 1 - 1 所示。

表 1-1　××公司人力资源总监职务说明书

职位名称	人力资源总监	职位代码		所属部门	
职系		职等职级		直属上级	公司总经理
薪金标准		填写日期		核准人	

职位概要：

规划、指导、协调公司的人力资源管理与组织建设，最大限度地开发人力资源，促进公司经营目标的实现和长远发展。

工作内容：

- 全面统筹规划公司的人力资源战略；
- 建立并完善人力资源管理体系，研究、设计人力资源管理模式（包含招聘、绩效、培训、薪酬及员工发展等体系的全面建设），制定和完善人力资源管理制度；
- 向公司高层决策者提供有关人力资源战略、组织建设等方面的建议，并致力于提高公司的综合管理水平；
- 塑造、维护、发展和传播企业文化；
- 组织制定公司人力资源发展的各种规划，并监督其实施；
- 为公司主管以上的管理者进行职业生涯规划设计；
- 及时处理公司管理过程中的重大人力资源问题；
- 完成公司总经理临时交办的各项工作任务。

任职资格：

教育背景：

- 人力资源管理、行政管理或相关专业本科以上学历。

培训经历：

- 受过公司战略管理、战略人力资源管理、组织变革管理、管理能力开发等方面的培训。

经验：

- 8 年以上相关工作经验，3 年以上人力资源总监或人力资源部经理工作经验。

技能技巧：

- 对现代企业人力资源管理模式有系统的了解和实践经验积累，对人力资源管理各个职能模块均有较深入的认识，能够指导各个职能模块的工作；
- 具备现代人力资源管理理念和扎实的理论基础；
- 熟悉国家、地区及企业关于合同管理、薪金制度、用人机制、保险福利待遇、培训等方面的法律法规及政策；
- 熟悉办公软件及相关的人事管理软件；
- 较好的英文听、说、读、写能力。

态度：

- 具有战略、策略化思维，有能力建立、整合不同的工作团队；
- 具有解决复杂问题的能力；
- 很强的计划性和实施执行的能力；
- 很强的激励、沟通、协调、团队领导能力，责任心、事业心强。

工作条件：

工作场所：办公室。

环境状况：舒适。

危险性：基本无危险，无职业病危险。

（二）人力资源部经理职位说明书

人力资源部经理职位说明书如表1-2所示。

表1-2 ××公司人力资源部经理职位说明书

职位名称	人力资源经理	职位代码	所属部门	人力资源部
职系		职等职级	直属上级	人力资源总监
薪金标准		填写日期	核准人	

职位概要：

协助制定、组织实施公司人力资源战略，建设发展人力资源各项构成体系，最大限度地开发人力资源，为实现公司经营发展战略目标提供人力保障。

工作内容：

- 参与制订人力资源战略规划，为众多人事决策提供建议和信息支持；
- 组织制订、执行、监督公司人事管理制度；
- 协助人力资源总监制订相应的职位说明书，并根据公司职位调整需要进行相应的变更，保证职位说明书与实际相符；
- 根据部门人员需求情况，提出内部人员调配方案（包括人员内部调入和调出），经上级领导审批后实施，促进人员的优化配置；
- 积极与员工进行沟通；
- 制订招聘计划、招聘程序，进行初步的面试与筛选，做好各部门间的协调工作等；
- 根据公司对绩效管理的要求，制订评级政策，组织实施绩效管理，并对各部门绩效评价过程进行监督控制，及时解决其中出现的问题，使绩效评价体系能够落到实处，并不断完善绩效管理体系；
- 制订薪酬政策和晋升政策，组织提薪评审和晋升评审，指导公司福利政策，办理社会保障福利；
- 组织员工岗前培训，协助办理培训进修手续；
- 配合人力资源总监做好各种职系人员发展体系的建立，做好人员发展的日常管理工作；
- 完成人力资源总监交办的其他工作。

任职资格：

教育背景：

- 人力资源管理、行政管理或相关专业大学本科以上学历。

培训经历：

- 受过现代人力资源管理技术、劳动法规、财务会计知识和管理能力开发等方面的培训。

经验：

- 5年以上人力资源管理相关工作经验。

技能技巧：

- 对现代企业人力资源管理模式有系统的了解和实践经验积累，对人力资源战略规划、人才的发现与引进、薪酬设计、绩效考核、岗位培训、福利待遇、公司制度建设、组织与人员调整、员工职业生涯设计等具有丰富的实践经验；
- 对人力资源管理事务性的工作有娴熟的处理技巧，熟悉人事工作流程；
- 熟悉国家、地区及企业关于合同管理、薪金制度、用人机制、保险福利待遇和培训等方面的法律法规及政策；
- 熟练使用办公软件及相关的人力资源管理软件；
- 较好的英文听、说、读、写能力。

态度：

- 对人及组织变化敏感，具有很强的沟通、协调和推进能力；
- 高度的敬业精神及高昂的工作热情，能接受高强度的工作，工作态度积极乐观；
- 善于与各类性格的人交往，待人公平。

工作条件：

工作场所：办公室。

环境状况：舒适。

危险性：基本无危险，无职业病危险。

（三）人力资源部经理助理职位说明书

人力资源部经理助理职位说明书如表1-3所示。

表1-3 ××公司人力资源部经理助理职位说明书

职位名称	人力资源助理	职位代码	所属部门	人力资源部
职系		职等职级	直属上级	人力资源部经理
薪金标准		填写日期	核准人	

职位概要：

执行人力资源管理日常事务性工作，辅助人力资源部经理完成人力资源目标规划。

工作内容：

- 协助上级执行公司的培训和绩效评价的组织、后勤保障工作，例如，收集审核各类表格、表单；
- 协助做好招聘与任用的具体事务性工作，包括发放招聘启事、收集和汇总应聘资料、安排面试人员、跟踪落实面试人员的情况等；
- 协助计算员工薪资、福利，参与薪酬与福利调查；
- 管理员工信息资料及各类人事资料；
- 办理人员招聘、人才引进、内部调动、解聘、退休、接纳和转移保险、公积金缴纳的相关手续；
- 办理各类职称评定；
- 办理劳动年检；
- 执行各项公司规章制度，处理员工奖惩事宜。

任职资格：

教育背景：

- 人力资源管理、劳动经济、心理学、管理学等相关专业本科以上学历。

培训经历：

- 受过现代人力资源管理技术、劳动法律法规等方面的培训。

经验：

- 2年以上人力资源管理工作经验。

技能技巧：

- 熟悉国家相关法律法规；
- 熟悉人力资源管理各项实务的操作流程；
- 人力资源管理理论基础扎实；
- 熟练使用相关办公软件。

态度：

- 办事沉稳、细致，思维活跃，有创新精神和良好的团队合作意识；
- 有较强的学习能力和责任心，能自我激励，具备较强的独立处理事务的能力。

工作条件：

工作场所：办公室

环境状况：舒适

危险性：基本无危险，无职业病危险。

（四）招聘主管职位说明书

招聘主管职位说明书如表 1－4 所示。

表 1－4　××公司招聘主管职位说明书

职位名称	招聘主管	职位代码	所属部门	人力资源部
职系		职等职级	直属上级	人力资源部经理
薪金标准		填写日期	核准人	

职位概要：

制定并实施公司各项招聘计划，完成招聘目标。

工作内容：

- 根据现有编制及业务发展需求，协调、统计各部门的招聘需求，编制年度人员招聘计划；
- 建立和完善公司的招聘流程和招聘体系；
- 利用各种招聘渠道发布招聘广告、寻求招聘机构；
- 执行招聘、甄选、面试、选择、安置工作；
- 进行聘前测试和简历甄别工作；
- 充分利用各种招聘渠道满足公司的人才需求；
- 建立后备人才选拔方案和人才储备机制。

任职资格：

教育背景：

- 人力资源管理、行政管理或相关专业大学本科以上学历。

培训经历：

- 受过现代人力资源管理技术、劳动法律法规、财务会计基本知识等方面的培训。

经验：

- 3 年以上企业招聘工作经验。

技能技巧：

- 在人才的发现与引进、组织与人员调整、员工职业生涯设计等方面具有丰富的实践经验；
- 对人力资源管理事务性工作有娴熟的处理技巧；
- 熟悉企业的招聘流程及各种招聘渠道；
- 熟悉计算机办公软件及相关的人力资源管理软件的操作；
- 具有较好的英文听、说、读、写能力。

态度：

- 人际关系良好，具有很强的责任感和事业心；
- 具有较高敏感度及一定的判断能力；
- 性格外向，有良好的职业道德和职业操守，善于沟通与协调，具有良好的团队合作意识。

工作条件：

工作场所：办公室

环境状况：舒适

危险性：基本无危险，无职业病危险。

（五）培训与开发主管职位说明书

培训与开发主管职位说明书如表1－5所示。

表1－5　××公司员工培训与开发主管职位说明书

职位名称	培训与开发主管	职位代码	所属部门	人力资源部
职系		职等职级	直属上级	人力资源部经理
薪金标准		填写日期	核准人	

职位概要：

制订实施员工培训与开发计划，实现公司人力资源培训目标。

工作内容：

- 制订公司及各个部门的培训计划和培训大纲，经批准后实施；
- 编制、修订、完善员工培训手册，建立岗位职业发展方向，完善培训体系；
- 建立和实施群组培训体系，并指导各部门的落实；
- 按照ISO系列等管理体系的要求，做好培训记录、培训考核的管理工作；
- 拓展培训渠道和培训资源，积累培训经验和资料，并指导在各部门的落实；
- 掌握需接受培训的人数和培训种类；
- 与外部培训机构保持良好关系，并从中选择高质量的培训机构为公司提供培训；
- 为内部培训师提供咨询和指导，提高培训质量及效果；
- 统一安排和办理培训实习人员的工作。

任职资格：

教育背景：

- 人力资源管理、行政管理或相关专业大学本科以上学历。

培训经历：

- 受过现代人力资源管理技术、雇员培训与开发、教育学、劳动法律法规等方面的培训。

经验：

- 3年以上人力资源管理相关工作经验。

技能技巧：

- 熟悉培训市场，能与培训供应商保持联系及合作关系；
- 熟悉内部培训及外部培训组织作业流程，对年度培训规划有一定经验；
- 对人力资源管理事务性的工作有娴熟的处理技巧，熟悉人力资源工作流程，尤其是岗位培训流程；
- 熟练使用办公软件，熟悉人力资源管理软件。

态度：

- 具有敬业精神和拼搏精神，能够带领团队开展日常培训工作；
- 具有优秀的表达能力、沟通能力、规划能力、思维敏捷。

工作条件：

工作场所：办公室

环境状况：舒适

危险性：基本无危险，无职业病危险。

（六）绩效考核主管职位说明书

绩效考核主管职位说明书如表1－6所示。

表1－6　××公司绩效考核主管职位说明书

职位名称	绩效考核主管	职位代码	所属部门	人力资源部
职系		职等职级	直属上级	人力资源部经理
薪金标准		填写日期	核准人	

职位概要：

组织实施公司全员绩效评价制度及年度评价工作，保证评价工作的及时性和质量。

工作内容：

- 协调组织完成公司绩效评价标准的调整，使其更符合不同阶段的要求；
- 调查评价制度实施中出现的问题和效果，提高建议解决方案；
- 建立公司职位流动和晋升体系；
- 协助修订政策指南和员工手册，提供政策支持；
- 改进、完善并监督执行公司考核体系和规范；
- 指导各部门主管开展评价工作，向员工解释各种相关制度性问题；
- 根据绩效评价结果实施对员工的奖惩工作；
- 组织实施绩效评价面谈；
- 协助上级完成其他相关绩效管理工作。

任职资格：

教育背景：

- 人力资源管理、劳动经济、心理学、管理学等相关专业本科以上学历。

培训经历：

- 受过现代人力资源管理技术、劳动法律法规和基本财会知识等方面的培训。

经验：

- 3年以上绩效管理工作经验。

技能技巧：

- 熟悉国家人事政策；
- 熟悉各种绩效评价方法；
- 熟悉绩效管理流程；
- 人力资源管理理论基础扎实；
- 熟练使用相关办公软件。

态度：

- 具有良好的职业操守，细致、耐心、谨慎、踏实、稳重；
- 具有强烈的敬业精神与责任感，工作原则性强；
- 人际沟通、协调能力强，具有良好的团队合作意识。

工作条件：

工作场所：办公室

环境状况：舒适

危险性：基本无危险，无职业病危险。

（七）薪资福利主管职位说明书

薪资福利主管职位说明书如表1－7所示。

表1－7　××公司薪资福利主管职位说明书

职位名称	薪资福利主管	职位代码	所属部门	人力资源部
职系		职等职级	直属上级	人力资源部经理
薪金标准		填写日期	核准人	

职位概要：

协助上级完成薪酬、福利的各项日常工作。

工作内容：

- 起草公司年度薪酬规划及福利计划；
- 参与制订、调整薪酬福利政策；
- 定期收集市场薪酬信息和数据；
- 根据公司业务发展情况和市场水平，制订合理的薪酬调整实施办法；
- 按时完成人工成本、人工费用的分析报告并及时更新维护员工资料库；
- 制作公司每月的工资报表，按时发放工资；
- 办理医疗保险、养老保险、失业保险、工伤保险、住房公积金等社会保险和基金；
- 考勤、管理休假；
- 其他与薪酬相关的工作。

任职资格：

教育背景：

- 人力资源管理、劳动经济、心理学、管理学等相关专业本科以上学历。

培训经历：

- 受过现代人力资源管理技术、劳动法律法规和基本财会知识等方面的培训。

经验：

- 2年以上绩效管理工作经验。

技能技巧：

- 熟悉国家人事政策、法律和法规；
- 熟悉与薪酬相关的法律、法规；
- 熟悉薪酬福利管理流程；
- 人力资源管理理论知识扎实；
- 熟练使用相关办公软件。

态度：

- 具有良好的职业操守，细致、耐心、谨慎、踏实、稳重；
- 具有强烈的敬业精神与责任感，工作原则性强，人际沟通、协调能力强。

工作条件：

工作场所：办公室

环境状况：舒适

危险性：基本无危险，无职业病危险。

（八）人力资源顾问职位说明书

人力资源顾问职位说明书如表1－8所示。

表1－8　××公司人力资源顾问职位说明书

职位名称	人力资源顾问	职位代码	所属部门	人力资源部
职系		职等职级	直属上级	人力资源部经理
薪金标准		填写日期	核准人	

职位概要：

针对客户人力资源状况及相关业务流程提供管理咨询方案，并提供各种人力资源相关服务。

工作内容：

- 通过与客户进行深度洽谈与沟通，达成项目合作意向，为公司开拓人力资源咨询项目业务；
- 领导人力资源咨询项目团队，分配、指导并评估项目团队成员的阶段性工作成果，并对项目整体工作质量负全责；
- 在项目实施过程中，与客户保持有效的沟通，在解决项目异议上，提出可行性方案，并通过论证、沟通，与客户达成一致；
- 开发人力资源管理领域的培训课程，撰写培训文档，并实施培训；
- 对人力资源顾问咨询市场进行研究，提出公司人力资源顾问咨询业务发展的规划性意见；
- 对公司员工进行人力资源管理的专业性培训，不断提升整个公司人力资源管理的专业水平。

任职资格：

教育背景：

- 人力资源管理、行政管理或相关专业大学本科以上学历。

经验：

- 5年以上从事企业人力资源管理或咨询培训的工作经验。

技能技巧：

- 对现代企业人力资源管理模式有系统的了解，对人力资源战略规划、人才的发现与引进、薪酬设计、绩效评价、岗位培训、福利待遇、公司制度建设、组织与人员调整、员工职业生涯设计等具有丰富的实践经验；
- 具备专业、全面的人力资源管理知识，能够独立承担大型人力资源整合项目；
- 熟练使用办公软件、项目管理软件及相关的人力资源管理软件；
- 具有较好的英文听、说、读、写能力。

态度：

- 进取心强，追求有挑战性的工作；
- 有较强的团队意识和沟通能力，能承受工作的压力，善于自我激励；
- 学习能力和适应能力强。

工作条件：

工作场所：办公室

环境状况：舒适

危险性：基本无危险，无职业病危险。

上面只列出了8个职位说明书,岗位结构图中尚有工作分析员和考勤员的职位说明书没有列出。这是因为工作分析员的职责在第二章中还要讨论,而考勤员的职责在人力资源部工作规程的考勤条款中已做了详细的规定,因此,这里不再重复。

第四节 电子计算机人力资源管理系统

电子计算机问世不久后,人们就开始尝试其在管理方面的应用。电子计算机首先在财务管理和人事管理方面应用取得的成功,进一步激发了人们在各种管理领域应用电子计算机的兴趣,也激发了人们在人事管理基础上,向人力资源管理方面扩展的愿望。随着电子计算机硬件水平的提高,存储容量海量式的增大,运算速度指数式的加快,特别是计算机决策理论、数据库理论、自动化理论、流程化理论等的软件化、网络化,在人力资源管理中使用计算机进行录入、输出、整理人力资源的资料来代替人们的手工操作,转变成用电子计算机对人力资源的资料进行统计、分析、决策来代替很多需要用人脑思考的操作,形成了有智能的电子计算机人力资源管理系统(Electronic Computer Human Resource management,e-HR)

一、e-HR视角

e-HR本来是全程电子计算机处理的人力资源管理系统的英文名的简称,但由于这个系统的功能远远超出了原来手工操作或部分计算机操作的人力资源管理系统的功能,不仅为人力资源管理人员快速、方便、及时进行管理创造了条件,而且对员工及时了解企业给予他们的薪酬福利和评价提供了方便,更主要的是使企业的决策者能够及时、准确、全面、方便地掌握公司的人力资源的信息,能对公司及时下达调控指令,而且公司的职能部门会及时地作出反应,以适应变化快速的市场,使企业得到更大的发展。因此,全程电子计算机处理的人力资源管理系统(e-HR)的概念已经渗入企业,渗入人力资源管理者的全部工作中,也渗入企业的每个员工的日常工作中。有些人为了突出e-HR的功能,把字母"e"还作了更多得解释。例如,布赖恩特(Kathy Brayant)就说"e"意味着更强的功能(enabling)、更有能力(empowering)和HR功能的扩展(extending)。也就是说,由于这个人力资源管理系统数据处理自动化,管理工作流程化,员工信息获取自助化,从而大大加强了这个系统的人力资源的管理能力。

e-HR通过对日常的人力资源管理工作流程进行调整和整合,可以帮助企业实时更新和发布重要数据。强大的中央数据库系统便于数据维护,能够为决策者提供便捷地获取信息的渠道。

e-HR技术可以让在全球范围内的员工管理变得更加容易。新的系统能够在不同国家、不同的规章制度、不同的货币、不同的语言环境下精确地进行人力资源管理操作。

那么,e-HR可以给员工带来什么?

通过员工自助工具,员工们可以精确地在线查询关于他们的各种记录,进行费用申请,查询现行的政策,甚至可以不面见经理直接通过计算机网络请假休息。这将使员工们更加富有激情、更加自觉、更加有效地工作。

二、我国 e－HR 的发展

e－HR 在中国的发展,经历了一个快速成长、快速发展的过程,从无到有,是一种跨越式的发展。从最初只有计税、薪酬模块,到今天的员工自助、经理自助模块,已经从很单一的或几个孤立模块发展到多模块多功能、可支持多部门协同操作的互动式软件。由于 e－HR 的出现,在很大程度上缩小了中国人力资源管理与国际人力资源管理之间的水平差距。

从 2000 年到现在,e－HR 的发展已经进入一个激烈竞争的网络版时代。从时髦的通信工具到互联网,再到 HR 管理工具,网络的不断成熟升级以及随之而来的 B/S 架构和员工自助系统(ESS),使烦琐的人力资源管理工作变得简单和更为有效。一般的e－HR系统里边包含员工信息管理、薪酬福利管理、组织架构、考勤管理、培训晋升等多个模块,而且这些模块还在不断地更新换代。

一批专门从事 e－HR 研究开发的人员队伍正在壮大,一批生产、销售 e－HR 产品的企业已初具规模。许多安装调试和售后服务人员,正活跃在广大的企业中。

三、自助研发的 e－HR 系统案例

我国自助研发的 e－HR 系统的产品很多。下面仅以“前程无忧(51job)”为例,作一简单介绍。

(一)系统简介

前程无忧公司 e－HR 软件系统将现有的人力资源管理日常工作分为几大模块,包括组织管理、员工管理、考勤管理、薪资管理、培训管理、绩效管理、报表管理、系统工具、员工自助、经理自助等部分,如图 1－2 所示。这些部分的设置可以根据企业的需求,先设置 HR 项目和规则,然后将 HR 信息初始化,再利用系统功能得到 HR 数据结果,便于查看和分析。

(二)组织管理模块

e－HR 可以提供科学有效的管理工具来掌握组织层面的信息,例如,现代组织矩阵式结构的人员切换、职位管理、组织结构树及详细到每个人的汇报关系图,等等,并且嵌入员工、薪酬等各个功能模块中,使管理者能直观快捷地观察企业或某部门是否正常地运行,进而制定或采取更具有竞争力的组织模式及其政策,以及设计员工职业发展道路等。

图 1－3 给出了该系统组织管理模块的界面。

图 1－4 给出了使用该系统的一个公司的各层组织界面示例。

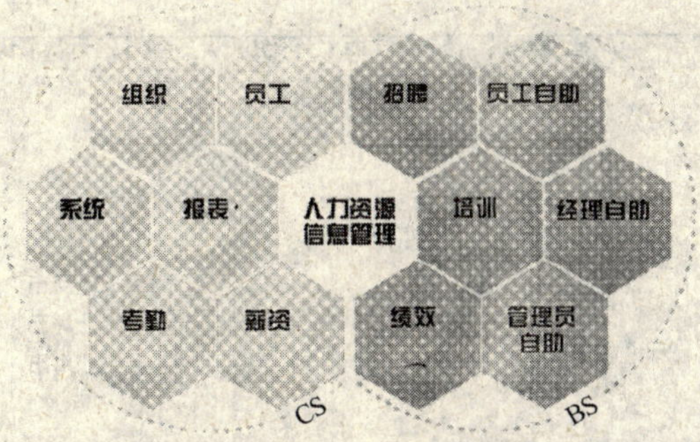

图1-2　e-HR(51job)模块

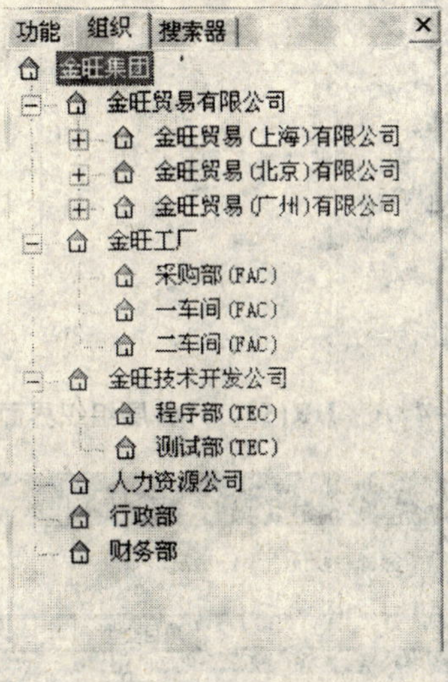

图1-3　e-HR(51job)组织模块界面

(三)员工管理模块

对于员工管理,e-HR系统提供了一个高效整合的系统来掌握所有与员工相关的信息,方便的网上自助和强大的分析工具,可以实时查询、编辑、更新和分析员工信息。每位员工的相关信息集中显示在个人文件夹中,便于人力资源管理部门全面地掌握员工最新状态。

图1-5为该系统的员工项目设置界面,图1-6为员工基本信息编辑界面。

(四)考勤管理

e-HR系统可以根据企业需求,灵活设置各种考勤、假期和排班规则,密切跟踪每位员工的考勤情况并详细记录,以便基于真实数据来奖励表现出众的员工、激励落后的员工;更进一步地分析这些数据还可以进行预测,用以决定未来有关出考勤,假期的福利政策等。

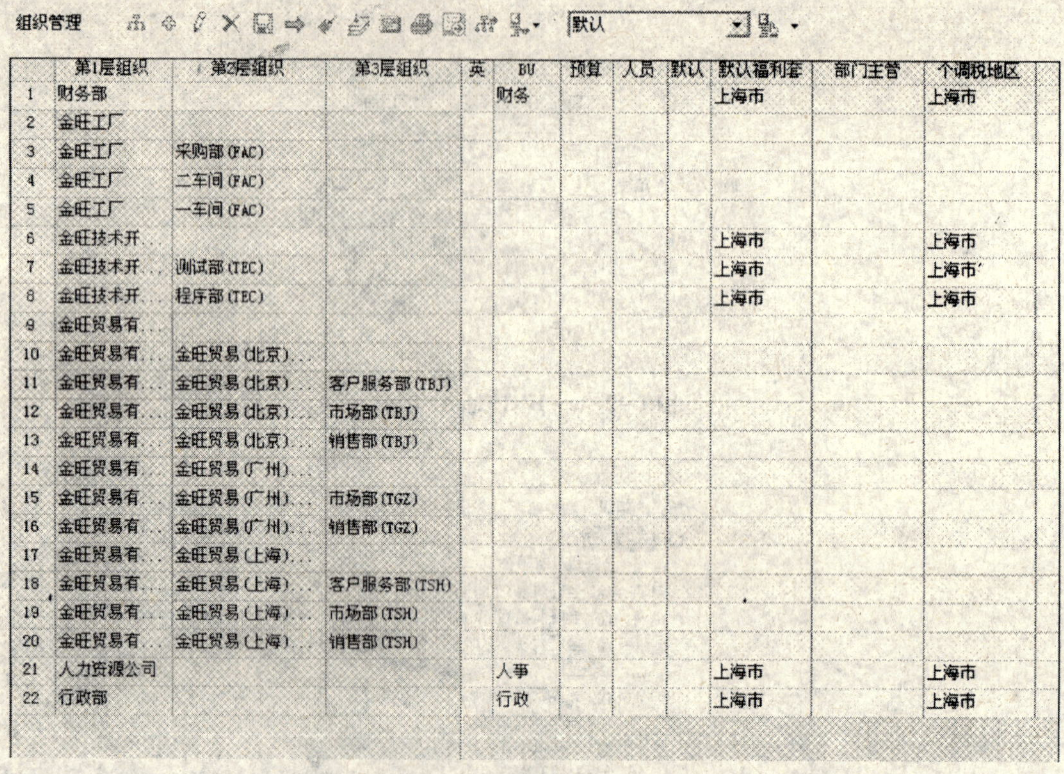

组织管理 默认

	第1层组织	第2层组织	第3层组织	英	BU	预算	人员	默认	默认福利套	部门主管	个调税地区
1	财务部				财务				上海市		上海市
2	金旺工厂										
3	金旺工厂	采购部(FAC)									
4	金旺工厂	二车间(FAC)									
5	金旺工厂	一车间(FAC)									
6	金旺技术开...								上海市		上海市
7	金旺技术开...	测试部(TEC)							上海市		上海市
8	金旺技术开...	程序部(TEC)							上海市		上海市
9	金旺贸易有...										
10	金旺贸易有...	金旺贸易(北京)...									
11	金旺贸易有...	金旺贸易(北京)...	客户服务部(TBJ)								
12	金旺贸易有...	金旺贸易(北京)...	市场部(TBJ)								
13	金旺贸易有...	金旺贸易(北京)...	销售部(TBJ)								
14	金旺贸易有...	金旺贸易(广州)...									
15	金旺贸易有...	金旺贸易(广州)...	市场部(TGZ)								
16	金旺贸易有...	金旺贸易(广州)...	销售部(TGZ)								
17	金旺贸易有...	金旺贸易(上海)...									
18	金旺贸易有...	金旺贸易(上海)...	客户服务部(TSH)								
19	金旺贸易有...	金旺贸易(上海)...	市场部(TSH)								
20	金旺贸易有...	金旺贸易(上海)...	销售部(TSH)								
21	人力资源公司				人事				上海市		上海市
22	行政部				行政				上海市		上海市

图 1－4　e－HR(51job)各层组织界面示例

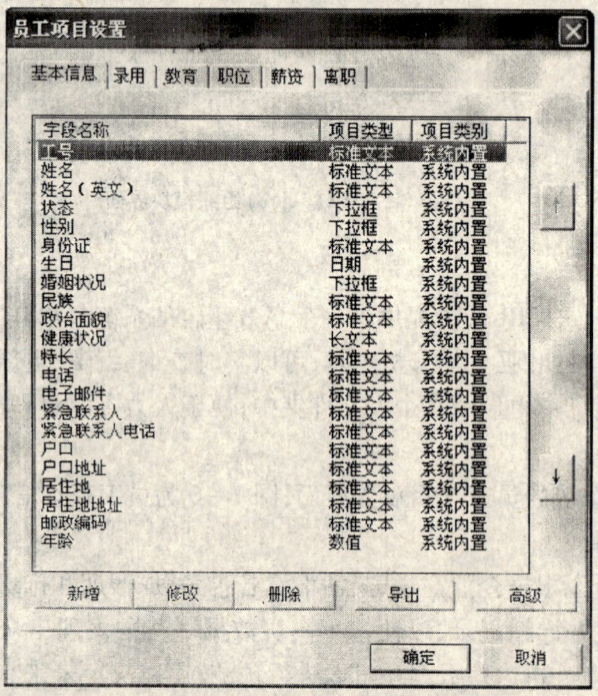

图 1－5　e－HR(51job)员工项目设置界面

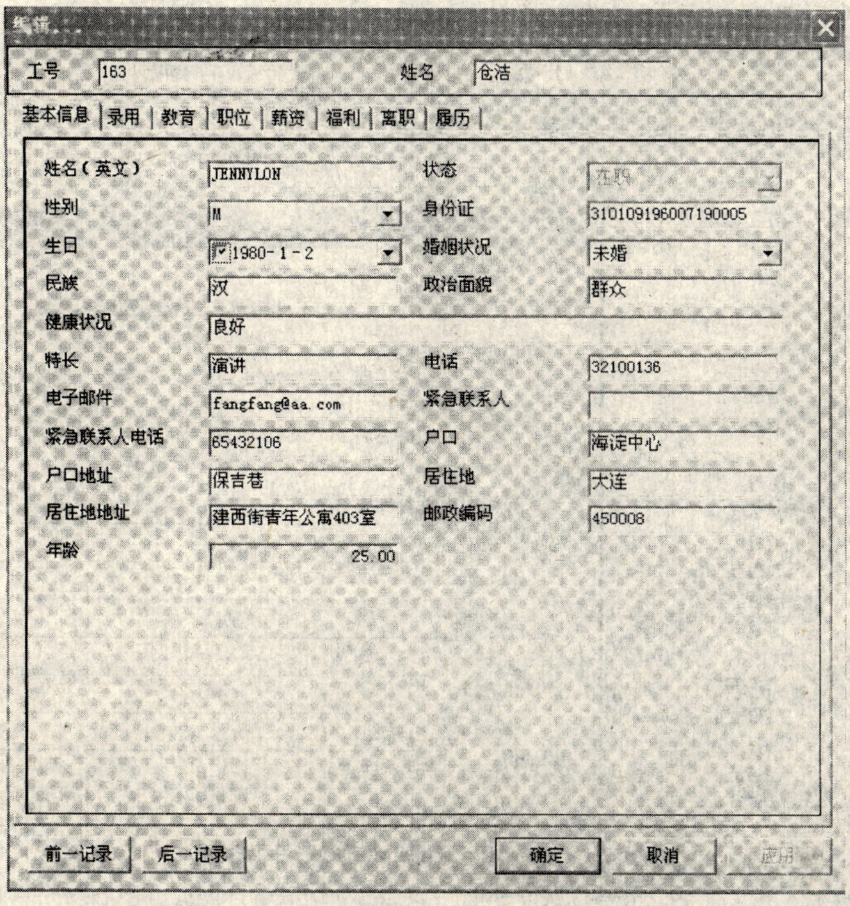

图 1－6　e－HR(51job)员工基本信息编辑界面

图 1－7 为该系统的考勤规则的设置界面的示例。

（五）薪资福利管理

e－HR 系统的综合功能，不仅可以轻松地处理复杂多变的薪资计算，精确完整、及时快捷、简单直观地处理员工的薪酬，还能从多角度、多层次地分析薪资各部分的组成对整体薪酬的比例和影响，帮助管理层观察、分析和决策在人力资本上的明智投资和充分利用，而且可以通过网上自助方式让员工对自己每一期的薪资细节一目了然。

图 1－8 为该系统的福利规则设置界面的示例。

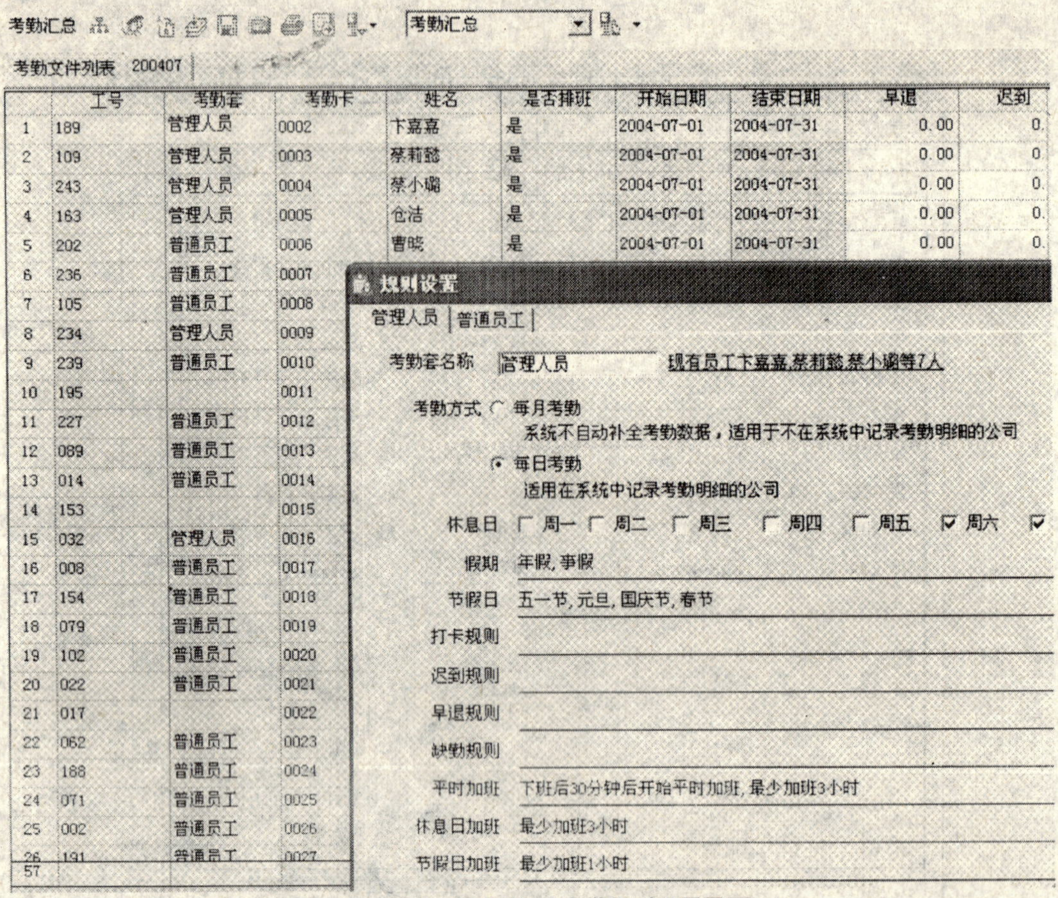

图 1-7　e-HR(51job)考勤规则设置界面

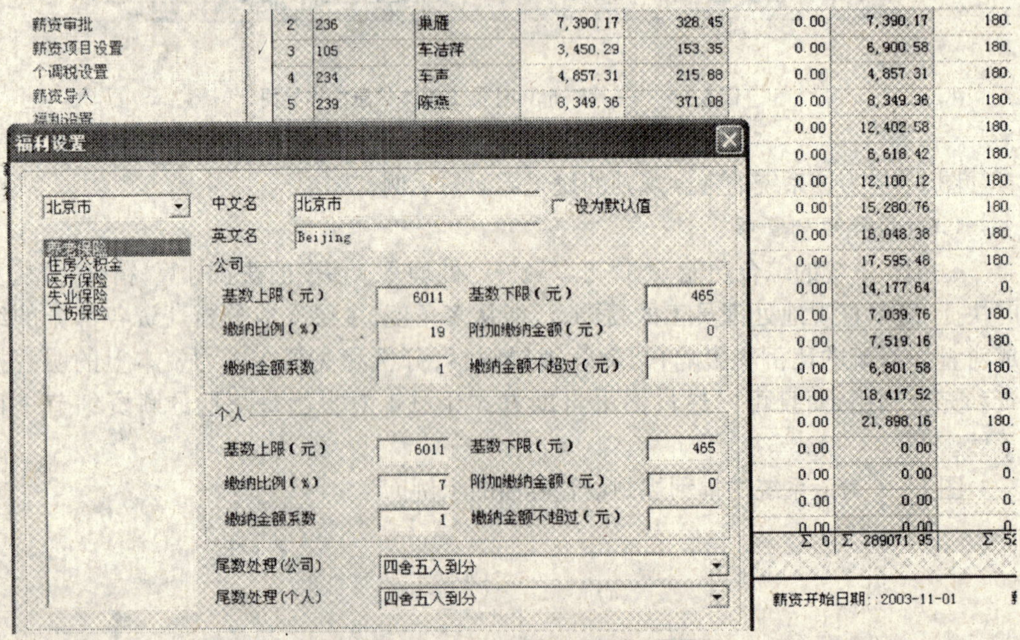

图 1-8　e-HR(51job)福利规则设置界面

四、使用 e－HR 的案例

以下是已经使用了全程电子计算机处理的人力资源管理系统的几个案例。

（一）××管道涂敷公司案例

[示例 1－6]

××管道涂敷公司案例

背景：

一家有近 10 年历史的管道涂敷公司，在国内外拥有八条防腐作业线和两条混凝土配重管生产线，到 2004 年 9 月，已向国内外客户累计提供了各类涂敷管达 6 000 多公里。

目前公司内使用前程 e－HR 软件的分公司共有 8 家，人员规模 300 余人。

客户需求：

总部人力资源部的管理人员控制整个系统的规则设置权限。各办事处人事专员负责人事信息更新、休假处理、福利缴纳、薪资发放、考勤记录等日常工作。部门经理可通过 e－HR 系统查看下属员工情况，并通过不同的权限设置实现多级审批流程。

实施过程：

在北京总部服务器安装系统，建立完全集中化的数据库，存放公司全体员工的人力资源数据。总部人力资源管理人员和各分支机构的人事专员通过 VPN 方式进入人力资源管理系统实现人力资源管理的所有日常管理工作。

客户收益：

解决了以前因大量手工操作造成的工作量大、数据不及时、统一性差等问题。

通过在全国范围内引进 e－HR 系统，使企业拥有了一个及时、准确、完整的企业人力资源数据库和完全的网络化和流程化管理。

在系统的实施过程中对其管理制度及流程进行了完善和优化，提高了整个公司的管理效率，增强了企业内部的沟通能力和企业凝聚力。

（二）××医药公司案例

[示例 1－7]

××医药公司案例

背景：

一家由国内军事医学科学院的附属实验药厂发展起来的医药公司。经过5年发展,员工队伍达到500余人。

客户需求:

通过e-HR系统实现人力资源管理的网络化和流程化,并通过此次实施工作将管理制度完善、流程优化,提高整个公司的管理效率,增强企业内部的及时沟通、提高企业的凝聚力。

客户效益:

此次实施在完成客户需求的基础上,还满足了该公司人力资源部门工作细致性的需要,给人力资源部管理人员提供了更多便利。

e-HR系统提供了一些人性化的功能,如雇员生日、试用期满、合同到期、培训合同到期等,系统可以自动提醒相关人员处理,并自动发送e-mail提示员工。对许多重要事件,如员工的部门调动、职位升迁、加薪等系统自动保留历史记录。

（三）××网络公司案例

[示例1-8]

××网络公司案例

背景:

一家拥有雄厚技术和资本实力的高科技企业,专注于为宽带网络运营商提供先进的宽带网络增值业务应用软件、系统以及完整解决方案。凭借强大的研发实力,目前拥有自主知识产权的软件产品已经超过15项。公司已经通过了ISO 9001:2000国际标准体系的认证,从而确保为运营商提供高品质的产品和技术服务。

公司总部位于上海,在美国硅谷和中国杭州设有研发中心,在全国共有6家分公司及办事处,拥有一支近200人的技术团队。

客户需求:

由于公司员工和业务分散,而人力资源信息管理需要集中到总部处理。原来的工作人工干预环节多,例如,每期薪资报表需各地员工送交数据,处理并生成报表打印后送到人力资源总监和财务部签审,人工检查和复制,费时、易出错。

需要自动处理事务性工作;需要引进流程管理,及时提交、申请、审批和发送信息;需要专业的报表,综合而灵活地分析人力资源的各种信息。

实施结果:

仅以薪资处理为例,现在公司每月只需1天就可以完成下面工作:

集中生成薪资文件、银行报盘文件;邮件加密给每一位员工发送工资单;制作报表,直接在B/S中审阅或用邮件发送到人力资源总监和财务部签审。

总体效果：

简化工作，减少人力资源管理部门的工作量。

保证各地各部门和总部能畅通、准确和安全地进行信息管理，提高管理者和员工的满意度。

报表提供管理支持。

示例1－9为某公司的公司章程，内容比较完整，在此列出，以资参考。

［示例1－9］

××企业（集团）股份有限公司章程

（××××年×月公司筹办委员会第四次会议通过）

第一章　总则
第二章　经营范围和经营方式
第三章　股份
第四章　股东和股东代表大会
第五章　董事局
第六章　经营管理
第七章　财务会计
第八章　利润分配
第九章　劳动人事制度
第十章　终止和清算
第十一章　章程修改
第十二章　附则

第一章　总　则

第一条　为完善企业体制，规范公司行为准则，使公司在自我发展、自我约束的良好机制中运行，根据国家有关法律、法规，特制定本章程。

第二条　本公司中文名称为：××企业（集团）股份有限公司。英文名称为：××ENTERPRISES（GROUP）CO.，LTD.

第三条　本公司注册资本为人民币16 503万元。本公司法定地址为××市××路73号××大厦二楼。

第四条　本公司是经××市人民政府批准，在××市工商行政管理局登记注册的股份有限公司，具有独立法人资格，其行为受国家法律约束，其经济活动及合法权益，受国家法律保护。

第五条　本公司以其实有资本向债权人负责，股东的权力责任以其认缴的股份额为限。

第六条　本公司宗旨是：使企业稳步而迅速地发展，使全体股东获得良好的经济效益；为××地区的经济建设，为全社会的繁荣和人类的进步事业而尽企业责任。

第七条　本公司为永久性股份有限公司。

第二章　经营范围和经营方式

第八条　本公司主要经营范围：兴办工业、引进三来一补、房地产业务。贸易主营：五金交电、日用百货、金属材料、建材、针织纺织品、化工产品、土特产品、汽车零配件、食品、棉、麻、粮油、罐头、矿产品、机械、轻工产品、医疗器械、电子产品、保健用品、家具、水产品、珠宝玉石、日用杂物;兼营糖、烟、酒、饮料、农机具。

第九条　经营方式:生产、批发、零售、投资、开发、租赁、服务。

第十条　本公司经营方针:依法经营、平等竞争。走科工贸相结合,产供销相结合,内外贸相结合,工业、商业、进出口贸易、服务业、房地产业一体化的道路。

第十一条　本公司根据业务发展需要,经批准可在世界各地设立分公司和办事机构,逐步把本公司建成跨国企业集团。

第三章　股　份

第十二条　本公司全部资本划分为等额股份,本公司股份采取股票形式,股票是本公司签发的有价证券。

第十三条　本公司实收股本为公司的注册资本。

本公司实收股本为16 503万元,其中:

国有股本:5 425万元,占总股份的32.87%;

法人股本:1 952万元,占总股份的11.83%;

社会个人股本:8 841万元,占总股份的51.15%;

内部职工股本:685万元,占总股份的4.15%。

第十四条　本公司发行的股票,为记名式普通股票,每股面值1元。每一手为100股,票面记股。

第十五条　本公司股票可用人民币或外币购买。用外币购买时,按收款当日中国银行公布的外汇买入牌价折合外汇人民币(外汇人民币1元等于人民币1元)计算。

第十六条　用人民币购买的股票,以人民币记录,其红利用人民币支付。

用外汇购买的股票,以外汇人民币记录,其红利按外汇人民币计算。在支付红利时,按当日中国银行公布的外汇卖出牌价将外汇人民币兑换成外汇支付。股息红利可汇出境外。根据公司外汇收支情况经董事会决定,也可用人民币付息。

第十七条　本公司的股票可用国内外的机器设备、厂房或工业产权、专有技术等作价认购,但必须符合下列各项条件:

(一)本公司所必需的;

(二)必须是先进的,并具有中国或外国著名技术权威机构、注册会计师事务所、资产评估所等出具技术评价资料(包括专利证书或商标注册证书,有效状况及其技术性能、使用价值等资料)、资产评估报告;

(三)作价低于当时国际市场价格,并应有价格评定所依据的资料;

(四)经董事局批准认可的。

以工业产权、专有技术作价所折股份,其金额不得超过本公司注册资本总额的20%。

第十八条　每一自然人股东持有的本公司普通股股票,不得超过公司普通股股票总额的5%,对于突破以上限额的普通股股票,本公司有权不予承认。

第十九条　本公司董事、经理等高级管理人员所持有本公司股票、新股认购权证等有价证券在任期内不得转让。本公司内部职工的股票，在认购后一年内不得转让，一年后每半年转让的股份不得超过其持有的10%。

第二十条　本公司发行的股票必须由本公司加盖股票专用章和董事局主席签字方为有效。

第二十一条　经××市人民政府、中国人民银行××分行批准，本公司股票采取记名方式在中国××市公开发行，并挂牌买卖。

第二十二条　本公司售出的股票不能退股，可以买卖、赠与、继承和抵押。

股票持有人的变更应按有关规定办理登记过户手续。

本公司股票的承押人，在抵押人到期不能赎回股票时，应遵照本规定持有抵押合同办理登记过户手续。

在本公司股东代表大会召开前五天至闭幕之日止，暂停办理股票的登记过户和其他变更手续，在本公司清算之日起不得办理登记过户和其他变更手续。

第二十三条　本公司股票的买卖、转让在金融管理机构监督下进行。股票价格可以高于、等于或低于股票面值。股票不得进行期货交易。禁止一切非法交易。

第二十四条　根据本公司的发展需要，经董事局及股东代表大会决议，报送主管机关确认或批准增资扩股。其发行方式如下：

(一)派发红利股份；

(二)原有股东内部扩股；

(三)向社会公开发行新股；

(四)公积金转增资本。

本公司发行新股时，原股东有优先认股权。

本公司连续两年亏损时，不得发行新股。

第二十五条　本公司发行的股票如有遗失、被盗或损毁，持股股东应即时以书面形式报告本公司股票登记机构，并在指定的报刊上连续登载声明三天，如果声明后90天内无人提出异议，经审核批准，可补发新股票并办理补发登记手续。

第二十六条　本公司只承认已登记的股东(留有印鉴或签字式样)，为股票的绝对所有人，拒绝其他一切争议。

第四章　股东和股东代表大会

第二十七条　法人、自然人都可以认购本公司股票。经登记签名的本公司股票持有人为本公司股东。股东是本公司的所有者，按其所持有股份的种类和股额享有权利、承担义务。

第二十八条　本公司普通股股东享有下列权利：

(一)按其股份领取红利；

(二)按规定出席或委托代理人出席股东代表大会并行使选举权、表决权和享有被选举权；

(三)对本公司的生产、经营和财务活动等管理工作进行监督，提出建议或质询；

（四）有达到全部股份 10% 以上的股东联名要求，通过股东代表大会可聘请会计师事务所对本公司的经营和财务进行审计，其审计费用由联合提名的股东承担；

（五）有达到全部股份 10% 以上的股东联名要求，通过股东代表大会授权代表本公司对侵犯本公司利益及股东合法权益的董事或高级职员的起诉；

（六）在本公司解散或清算时，有权按股份比例分享剩余资产；

（七）按其股份比例优先购买新股，其优先购买权可以转让或放弃。

第二十九条　本公司股东应履行下列义务：

（一）遵守本章程；

（二）依其所认股权缴纳股金，并依其所持股份承担本公司的亏损及债务，但以其所认购的股金为限；

（三）服从执行股东代表大会和董事局决议；

（四）维护本公司利益，反对和抵制有损本公司利益的行为；

（五）积极支持本公司改善经营管理，提出合理化建议，促进本公司业务发展；

（六）向本公司提交本人印鉴和签字，并如实提供本人身份和住址资料，如有变动应及时告知本公司。

第三十条　股东代表大会是本公司最高权力机构，也是股东表达其意志、要求的主要场所。

第三十一条　本公司股东代表大会分为例会和特别会议。股东例会每年举行一次，两次例会之间最长不得超过 15 个月。

股东代表大会由董事局召集。在举行例会的 15 天前（特别会议举行 10 天前）应将会议时间、地点和议题通知有资格出席会议的股东代表并发公告。

股东代表大会由董事局主席主持，如董事局主席因故不能履行时可委托其他董事主持。

第三十二条　股东代表大会由本公司股东名册已登记，拥有或代表普通股 30 000 股以上的股东组成。

第三十三条　股东出席股东代表大会，应持有本公司当届股东代表大会的出席证书。出席证书应写明股东姓名、拥有股数、大会时间、公司印鉴、签发人和签发日期。

第三十四条　股东可书面委托自己的代表（以第三十二条为限）出席股东代表大会并代行权利。受委托的股东代表出席股东代表大会，持股东的出席证书、委托书和本人身份证明。

第三十五条　有下列情形之一时，董事局应召开特别会议：

（一）董事局认为必要时；

（二）本公司亏损达实有资本总额 1/3 时；

（三）达到股份总额 1/3 以上股东联名提议并书面说明理由时。

第三十六条　股东代表大会进行表决时，每一普通股拥有一票表决权。

第三十七条　股东代表大会拥有下列职权：

（一）听取并审议董事局的工作报告、年度财务预决算报告、资产负债表、损益表和本公司的发展规划、经营方向及执行结果；

（二）审查批准董事局提出的年度利润分配和弥补亏损的方案；

（三）审定公司增资或减资，收购或拍卖及有价证券的发行；

（四）对本公司合并、分立、转让、终止和清算等重大事项作出决议；

（五）修订本公司章程；

（六）选举或罢免董事成员，决定其报酬及支付方式；

（七）对本公司其他重要事项作出决议。

第三十八条　股东代表大会作出的普通决议，其出席股东持有（和代表）的股份应达到本公司股份总额的一半以上，并取得出席股东表决权的半数以上同意方为有效。

第三十九条　股东代表大会作出的特别决议，其出席持有（和代表）的股份必须达到本公司股份总额的2/3以上，并取得出席股东表决权2/3以上同意方为有效。

上款所谓特别决议，是指就本章程第三十七条第（三）（四）（五）款所列事项作出决议。

第四十条　出席股东代表大会的股东所持有（和代表）的股份达不到第三十八条、第三十九条规定的数额时，会议延期15天举行，并向未出席的股东再次发出书面通知。

延期后召开的股东代表大会，出席的股东仍达不到法定人数，则视为已达法定人数，大会决议有效。

第四十一条　在股东代表大会上，对持有（和代表）本公司总额20%以上普通股股份的股东联名提出的符合本章程的议案，董事局应列入会议议程提交会议表决。

第四十二条　股东代表大会会议纪要、决议由到会董事签名，10年之内不得销毁。

第四十三条　股东代表大会的决议内容，不得违反中国法律、法规和本章程。

第五章　董事局

第四十四条　本公司董事局是股东代表大会的常设机构，在股东代表大会闭会期间，负责本公司的重大决策，并向股东代表大会负责。

第四十五条　本公司董事局采用单数制，由7名董事组成，设董事局主席、副主席，董事和董事局秘书。

第四十六条　董事由股东代表大会选举产生。每届董事任期三年，董事局主席、副主席的任期为三年，连选可连任。董事在任期内经股东代表大会决议可罢免。从法人股东选出的董事，因该法人内部的原因需要易人时，可以改派。

第四十七条　董事候选人，由上届董事局提名，有达到本公司普通股股份总额10%以上的股东联合提名的人士，亦可作为候选人提交会议选举。

第四十八条　选举董事采用累积投票制，所得选票较多者当选为董事。

第四十九条　董事局主席和副主席由董事局选举产生，董事局秘书由董事局任命。

第五十条　董事局主席是本公司的法定代表人。董事可兼任本公司的高级职员。

第五十一条　董事局会议至少每半年召开一次,会议至少有2/3的董事出席方为有效。董事因故不能出席会议时,可书面委托他人代为出席会议并进行表决。董事局主席认为有必要或有半数以上董事提议时,可召集董事局临时会议。

第五十二条　董事局会议实行一人一票的表决制度和少数服从多数的组织原则。决议以出席董事过半数通过即为有效。当赞成和反对的票数相等时,董事局主席有权多投一票。在表决与某董事利益有关系的事项时,该董事无权投票。

第五十三条　董事局行使下列职权:

(一)决定召开股东代表大会并向股东汇报工作;

(二)执行股东代表大会决议;

(三)选举董事局主席、副主席;

(四)审定本公司发展规划和经营方针,批准本公司的机构设置;

(五)审议本公司的年度财务预、决算报告,红利分配方案及弥补亏损的方案;

(六)审议公司增减资本及发行有价证券的方案;

(七)审定公司资产收购、拍卖方案;

(八)制定本公司分立、合并、终止和清算的方案;

(九)任免本公司正副总经理、子公司经理、合资公司董事及其他高级职员;

(十)确定职工工资标准及职工奖励办法;

(十一)审批本公司的行政、财务、人事、劳资、福利等各项重要管理制度和规定;

(十二)监督、协调、指导本公司的经营管理工作;

(十三)聘请本公司的名誉董事及各种顾问;

(十四)其他应由董事局决定的重大事项。

第五十四条　董事局主席行使下列职权:

(一)召集和主持股东代表大会;

(二)领导董事局工作,召集和主持董事局会议;

(三)签署本公司的股票、债券、重要合同及其他重要文件;

(四)提名总经理人选,供董事局会议讨论和表决;

(五)在董事局会议闭会期间执行董事局决议,处理董事局权限内的事务,重要问题应向下次董事局会议报告;

(六)在发生战争、特大自然灾害等重大事件时,可对一切事务行使特别裁决权和处置权,但这种裁决和处置必须符合本公司利益,并在事后向董事局会议报告;

(七)指导本公司的重大业务活动;

(八)董事局主席因故不能履行职务时,可授权副主席或其他董事负责。

第五十五条　董事局副主席协助主席工作。

第五十六条　董事局每次会议纪要,由到会董事签名保存,指定专人保管,10年内不得销毁。

第五十七条　本公司董事局设发展委员会、证券委员会、监察委员会和秘书处。

第五十八条　董事局发展委员会的主要职责：

(一)负责本公司的发展战略、方针、政策、规划和布局，报董事局会议通过；

(二)对本公司的投资项目进行决策研究；

(三)负责对重要情报、信息的收集、整理、汇编和发送工作。

第五十九条　董事局监察委员会的主要职责：

(一)对本公司及下属公司、企业实施制度监督、财务监督、纪律监督和法律监督；

(二)对本公司及下属公司、企业执行股东代表大会和董事局决议实行监督，对本公司由董事局任命的人员进行监督和对其所出现重大的违法违纪问题进行审查，并向董事局报告。

第六十条　董事局证券委员会的主要职责：

(一)联系安排本公司的股票发行和办理股东登记等有关事宜；

(二)掌握、研究有关股票市场运作的情况；

(三)负责股东有关股票问题的咨询工作。

第六十一条　董事局秘书处的主要职责：

(一)负责董事局日常事务，承办董事局交办的工作；

(二)起草董事局的报告书、决议、纪要、通知等文件；

(三)调查研究，掌握情况，向董事局主席、副主席和董事通报本公司的经营情况；

(四)负责董事局召开的各种会议的安排组织工作；

(五)负责处理董事局的公共关系事务；

(六)主持本公司周年报告书的编制、出版。

第六章　经营管理

第六十二条　本公司实行董事局领导下的总经理责任制。本公司设总经理、副总经理、总会计师、总工程师、总经济师、法律顾问。

第六十三条　总经理主要职责：

(一)执行本章程，对董事局负责并报告工作；

(二)全面负责本公司的经营管理工作；

(三)组织和制订本公司年度生产、经营、发展、财务、人事、劳资、福利等计划，报董事局批准实行，主持制订本公司年度预、决算报告；

(四)根据董事局主席的授权，代表本公司对外签署合同和协议；

(五)定期向董事局提交经营计划、工作报告、财务报表等；

(六)向董事局提名任免本公司高级职员、部门经理(主任)及子公司、企业的经理；

(七)任免和调配下属公司、企业副经理以及管理人员、财务人员、业务人员等；

(八)决定本公司职工的奖惩、升级、加薪、招工、调(干)、雇用或解雇辞退；

(九)提出聘用专业顾问人选，报董事局批准；

（十）提出机构设置、调整或撤销的意见，报董事局批准；

（十一）签发日常行政、业务和财务等文件；

（十二）由董事局或董事局主席授权处理的其他有关事宜。

有权拒绝非经董事局授权的任何董事对企业经营管理工作的干预。

第六十四条　副总经理主要职责：

（一）协助总经理工作，并对总经理负责；

（二）负责分管部门工作；

（三）总经理不在时，受总经理委托代总经理行使职权。

第六十五条　董事、经理的报酬总额必须在年度报告中予以说明并公告。

第六十六条　董事、经理以及本公司高级职员因违反法律、本公司章程、徇私舞弊或失职造成本公司重大经济损失时，根据不同情况，经股东代表大会或董事局决议可给予下列处罚：

（一）限制权力；

（二）免除现任职务；

（三）负责经济赔偿。

触犯刑律的，送交有关部门追究法律责任。

第七章　财务会计

第六十七条　本公司的财务会计制度在遵照国家会计法规的前提下，按照《深圳经济特区会计改革方案（试行）》执行。

第六十八条　本公司会计制度采取公历年制，自公历1月1日至12月31日。

第六十九条　本公司的一切凭证、账簿、报表中用中文书写。

第七十条　本公司采用人民币为记账本位币。

第七十一条　本公司采用国际通行的权责发生制和借贷复式记账法记账。

第七十二条　本公司财务部门应在第一个会计年度的头两个月内编制上一个会计年度的资产负债表和损益表，提交董事局会议通过。

第七十三条　本公司经注册会计师事务所审核后的资产负债表、损益表、年度会计报表、红利分配方式，按规定送达政府有关部门，并公告全体股东。

第七十四条　本公司固定资产的折旧，按有关规定由董事局决定。

第七十五条　本公司执行国家有关税收制度，依法向政府缴纳税收。

第七十六条　为促使公司的发展，维护股东权益，根据国家有关规定，本公司税后利润分配比例如下：

（一）公积金35%～50%。

（二）公益金、奖励基金10%～20%。

（三）分红基金35%～50%。

以上具体比例由董事局会议根据本公司经营状况和发展需要拟订，报股东代表大会审定。

第七十七条　公积金按照政府有关规定经董事局审定使用。

第七十八条　本公司红利每年支付一次,按股份比例进行分配,在公司年终决算后执行。董事局有特别决议除外。

第七十九条　公司派息与分红可采用下列形式:

(一)现金股利;

(二)股票股利;

(三)财产股利,即以公司所持有的各种证券派发股利。

第九章　劳动人事制度

第八十条　本公司执行国家有关劳动保护法规。在劳动人事部门规定的范围内有权自行招收职工,全权实行劳动工资和人事管理制度。

第八十一条　本公司有权对不合格员工进行行政处分直至辞退和开除。辞退员工必须提前一个月通知被辞退者。

第八十二条　本公司招聘的员工有辞职的自由,但必须按公司人事管理规定程序履行手续,未经批准擅自离职者,需赔偿由此造成的损失。

第八十三条　本公司职工按国家法定节、假日休息。

第八十四条　本公司按照有关规定提取职工退休、失业保险基金上缴劳动保险部门。职工享有相应保险待遇。

第十章　终止和清算

第八十五条　本公司有下列情况之一,应予终止并清算:

(一)因出现特大自然灾害、战争等不可抗力的因素而受到严重损失,无法继续经营;

(二)经营失误,导致严重亏损或破产;

(三)严重违反国家法律、法规、危害社会公共利益被依法撤销;

(四)股东代表大会决议终止。

第八十六条　本公司终止时的清算,按照国家法律、法规和××市的有关规定办理。

第十一章　章程修改

第八十七条　公司可根据需要修改章程。

第八十八条　公司如作下述变动,就构成公司章程的修改:

(一)更改公司名称;

(二)更改、扩大或缩小公司的经营范围;

(三)增加或减小公司发行的任何类别股份的总量;

(四)更改公司全部或部分股份之类称,以及更改全部或任何部分之优先权;

(五)增设新的股份类别;

(六)改变股票面额;

(七)其他公司章程条款的变更。

第八十九条　公司减资变更章程时，须于变更章程的决议中规定减资方法；

第九十条　公司变更章程时，如变更名称、住所、经营范围及资本条款，应变更注册登记并公告。

第九十一条　修改公司章程，应经由下列程序：

（一）由公司董事局会议通过修改章程决议，提出修改条款；

（二）按规定把上述修改条款通知股东，召开股东代表大会进行表决；

（三）股东代表大会对修改条款进行表决，获得本章程所规定的同意股权数，即行通过；

（四）将股东代表大会批准了的修改条款和未作修改的其他原条款构成的重审章程，报由政府有关部门审批，待批准后重审章程方为有效。

第十二章　附　则

第九十二条　本公司不接受任何破产股东因债权而提出接管本公司的财产及其他权益的要求。但破产股东在本公司的股份和权益，可根据有关法规和本章程，由破产股东与债权人办理转让手续。

第九十三条　本章程的未尽事宜，由股东代表大会决议解决。本章程用中文和英文书写。

第九十四条　本章程经股东代表大会通过，报政府批准之日起生效。

第九十五条　本章程的解释权归本公司董事局。

××××年××月××日

第二章

人力资源计划文案

在第一章中,我们介绍了进行人力资源管理工作的基本法规依据——人力资源管理工作规定和人力资源部工作规程。这是否就可以开始工作了呢? 我们前面讲过,人力资源管理工作是一项既重要,又复杂,还琐碎的工作。对我们来说,在开展工作之前,就必须首先制订人力资源计划。人力资源计划在企业运营过程中所起的作用如图2-1 人力资源计划流程图所示。

从图2-1中可以看出,无论企业的经营策略还是经营计划发生变化或者两者都发生变化时,为了进行人力资源控制,使企业得到最大效益,都要制订或重新制订人力资源计划。所以制订或重新制订人力资源计划是人力资源管理文案工作中必须经常进行的重要工作之一,为了保证所制订的计划是成功有效的,就必须对制订人力资源计划工作进行规范,即制定编制人力资源计划的制度。本章将通过案例讨论制定编制人力资源计划的制度的一些问题,然后给出一些人力资源计划的示例作为参考。

第一节　编制人力资源计划的制度

制定编制人力资源计划的制度,其目的是要对编制人力资源计划这项工作进行规范,使这项工作有章可循,编制出的计划切实可行,以保证公司的人力资源开发与管理工作能够有序、高效地进行。

编制人力资源计划的制度是在编制各种具体的人力资源计划时必须遵守的法规。因此,在制定编制人力资源计划的制度时,只应对编制人力资源计划的各项原则作出全面而明确的规定,而不应对具体细节作出强制性的具体规定。由于人力资源管理工作种类繁多,而且每类工作的重要性区别很大,处理难度相差很远,涉及广度各不相同,因此,针对不同工作的计划都应有各自的特色,对细节作出强制性的具体规定是不切合实际的。

示例2-1给出了××公司的编制人力资源计划的制度实例。读者可以从这个实例中得到有关制定编制人力资源计划的制度方面的很多启发。

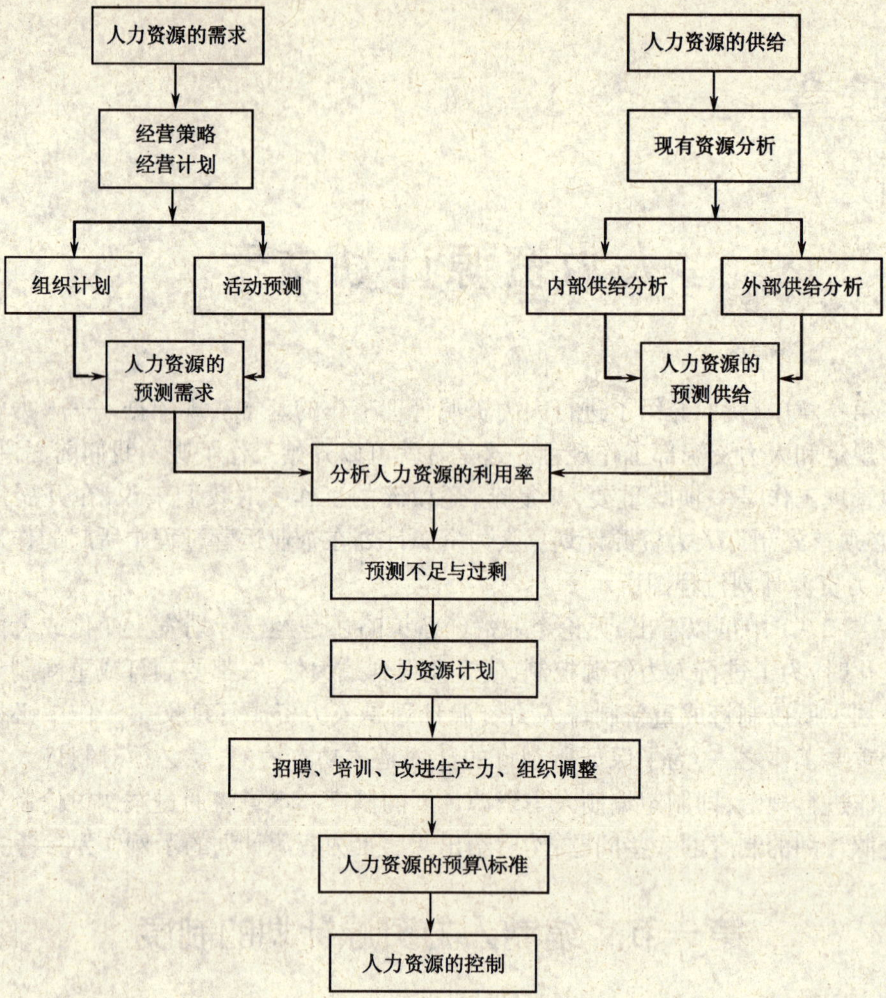

图2-1　人力资源计划流程图

[示例2-1]

编制人力资源计划的制度

（人力资源部　××××年××月××日发布）

第一条　为使公司能成功有效地进行人力资源开发与管理，适时制订切实可行的规范化的人力资源计划，特制定本制度。

第二条　本制度所指的计划是指对将要进行的工作的内容、指标，采取的措施和步骤等作出规定的书面文件。所以计划的类型除一般的计划文件外，还包括规划、方案、安排、部署、预测报告等，即本制度也适用于人力资源管理工作中的规划、方案、安排、部署、预测报告等文件的编制。

第三条 计划文件必须有简明的标题。标题应由计划文件制订部门名称、计划有效期限、计划内容高度提炼的多项名称和计划文件类型名称四要素组成。未经正式批准或会议通过的计划，还应在标题后用括号标记草稿、讨论稿、报批稿等，已明确表示其约束力或法定效力。

第四条 人力资源计划的任务大多数都涉及整个公司的很多部门或大多数员工，或者需要除人力资源部以外的其他部门及该部门员工必须完成或配合人力资源部完成，或者计划任务的完成与否会使其他部门及员工们的权益发生变化。因此，这类计划必须得到总经理的批准后才能执行。甚至有的计划还必须得到总经理办公会议或公司董事会通过以后才能执行。为了明显彰示计划的关涉范围、计划的严肃性和约束力，凡经过会议通过的计划，必须在标题下一行，用括号标注“××年××月××日经××会议通过”字样；凡经领导人批准执行的计划，必须在计划文件最后一段中说明该计划是经何种职位的领导人批准执行的，并在计划的文末右方分两行签署领导人所管辖的部门名称和批准执行的日期。

第五条 为了保证计划能够高效有序地执行，按时保质保量地完成计划规定的各项任务，在计划文件的结尾部分，必须明确说明由什么部门或什么人负责检查督促、指导实施整个计划，以便解释和处理执行计划时出现的各种问题。

第六条 任务和目标是计划的核心内容，任务是回答“做什么”，而目标是回答“做到什么程度”。因此，每份计划必须有一项或多项明确的任务和相应的目标。

第七条 为了保证计划提出的任务和目标的针对性和目的性，必须对公司人力资源相关部分的历史发展和现状进行分析、研究。对公司的未来需求作出实事求是的、科学的分析和正确估计，提出经过努力能够完成，公司又急需完成的任务和恰如其分的目标。因此，在确定重大任务及其目标时，必须提出与任务相关的历史发展和现状分析研究报告和公司未来发展需求报告，用以证明计划提出的任务。对于一般任务，应在计划文件对各项任务的阐述中简练地说明提出该项任务和确定如此目标的理由。对于提出该任务和目标的理由是一目了然的计划，也可以省略理由部分。

第八条 为了证明计划提出的任务和目标的前瞻性，在计划文件对各项任务的阐述中必须简练地说明该项任务完成并达到目的时，公司人力资源状况有何改善以及这种改善对公司运营影响的评估。这个评估将作为对计划执行人员，特别是计划编制负责人和执行负责人的考绩依据。

第九条 措施是为完成计划提出的任务和目标而准备采取的办法，步骤则是从时间上分段安排工作进程，是计划的保证条件。因此，在计划文件对各项任务的阐述中必须简练地说明该项任务的措施和步骤。对于重要的执行起来对环境因素有较强依赖性的任务，要进行措施可行性论证，甚至要提出一种或多种备用措施，以确保任务能如期完成。

第十条　一切工作都需要人来完成，因此，在计划文件对各项任务的阐述中，应该明确参与完成该项任务的人员，至少必须明确完成该项任务的责任人。对于多任务的计划，在计划的结尾部分还应该指定整个计划的负责人，否则编制计划的部门负责人就是整个计划的负责人。

第十一条　企业发生下列事件中的一项或多项事件时均涉及公司人力资源数量、质量和结构的变动，因此，必须在变动前编制或修改相应的人力资源计划，以开展相应的人力资源管理工作。这些事件是：

(1)公司编制了长期发展计划或中长期发展规划。为配合企业业务的发展，对未来所需人力资源必须事前妥善规划并制订长期或中期人力资源计划，以免因人力不足或剩余而影响企业的发展和效益。

(2)企业内的从业人员因年龄届满退休或其他原因离职。由退休或离职产生的职位空缺必须有人补充。

(3)企业因业务的发展或新技术的引进而引进新人员，此类人员不能通过临时向外招聘得到，必须事前规划，寻找人才渠道或进行培训才能及时得到所需人才。

(4)由于企业经营的多元化或国际化，原有人力资源已不能满足业务发展的需要，必须对已有人力资源加以调整或补充。

(5)由于组织的变更或设备的更新，部分人力资源出现剩余，应加以调整以降低成本。

(6)公司的基本经营政策发生调整时，要编制修改人力资源政策的工作计划，修订相关的各项人力资源管理规章制度以及相应的实施办法和流程。

(7)人力资源部按照人力资源管理的科学理论对公司的人力资源状况进行分析、检查、诊断，发现有较大或较多需要改进的地方时，应提出诊断报告，并编制方案，向公司总经理请示。

第十二条　人力资源计划按其任务的性质可以分为以下几种类型：

(1)规章型：编制修改或制订与公司经营政策密切相关的人力资源管理规章制度的计划。

(2)调整型：编制仅仅改变公司人力资源的数量、质量、结构和配置的计划。

(3)预测型：根据公司历史经验、目前现状、未来发展，编制某个时段公司对人力资源数量和质量的预算；也包含进行某项人力资源管理工作中某个时段的人员、经费、物质的预算。

(4)综合型：包含上述各项的计划，例如，人力资源部的年度工作计划。

第十三条　计划的正文是计划的主体，正文的结构形式有条文式和表格式。

(1)条文式：即把计划的内容一项一项加上小标题划分为几个部分或条款进行阐述的结构形式。对于多任务计划，要以任务为纲划分部分。在每部分内，先叙述一项任务，再将任务分解成具体指标，然后提出完成该项任务的措施和步骤。各部分之间是一种并列的关系。

(2)表格式:把计划的内容一项一项用表格的形式加以罗列,并辅以简要的文字说明。表格式结构形式最适用于定期的、以具体数据为任务目标的计划。因此,在人力资源计划中除预测型计划以外,其他计划必须使用条纹式结构形式。

第十四条　本制度在其实施中的问题由人力资源部负责解释。

第十五条　本制度经人力资源部经理审核发布,修改时亦同。

示例点评:

制度是组织对其所管辖范围内的人员就某项工作或某一方面的活动提出规定性的要求,有关人员必须遵守和执行的法规。示例2-1是××公司的人力资源部这个组织对其内部工作人员就编制人力资源计划这一工作提出了规定性的要求。因此,选用制度这个规范性公文文种是合乎规范的。标题格式按规范要用制发机关、发文事项和文种类别三要素组成,但由于制度文种要求把适用范围(也就是发文机关)和发布日期必须以加括号的形式写在标题之下,以突出制度的适用范围和开始施行的日期,所以在标题中必须省略发文机关,以免重复。第一条写的是制发编制人力资源计划的制度的缘由,并用"特制定本制度"一语承上启下,合乎制度正文第一部分格式要求。第二条到第十一条分条写明了编制人力资源计划时必须遵守和执行的各项规定,符合制度对正文第二部分的要求。第十四条和第十五条写出了该制度的修订权、解释权等正文第三部分所要求的内容。所以,从格式和体例上看,示例是合乎规范的。

从示例具体内容来看,第二条首先指定了制度适用范围。第三、四条规定了计划标题和签署的格式。第五条规定了计划结尾部分应该写明计划的负责人和他的职责。第六条到第十条规定了计划的任务、目标、措施、步骤以及负责人的编写原则要求。第十一条规定了何时必须编制计划。第十二条和第十三条规定了计划的几种类型和正文的两种格式。总之,示例回答了为什么要编制人力资源计划,什么时候必须开始编制什么样的计划,计划必须遵从的格式,内容必须有哪些要素等。这样按照这个制度的规定行事,就能有序地开展人力资源计划的编制工作,从而保证编制出的计划是成功高效、合乎规范的计划。因此,本示例是可供参考的编制人力资源计划的制度。

由于编制人力资源计划的工作是由人力资源部的工作人员完成,因此,该制度可由人力资源部发布、施行。可以不呈请总经理审批。不过,为了使总经理和上级部门了解情况,便于指导,将该制度呈送上级审阅、备案还是必要的。

将该制度呈送上级审阅、备案的公文,属于报文送物报告。报文送物报告是用于向上级机关报送文件、报表及有关物品时使用的公文文种。这类报告的写法最为简单,正文中只需将报送对象的名称、件数写清,提出审阅或查收愿望即可。这种报告不能要求上级审批或回复。在正文后,根据报送对象情况,列入附件栏。

将该制度呈送上级审阅、备案的报告示例如示例2-2所示。

[示例2-2]

关于报送《编制人力资源计划的制度》的报告

总经理办公室：

现将我部制定的编制人力资源计划的制度报上，请审阅、备案。

附件：编制人力资源计划的制度

××公司人力资源部

××××年××月××日

示例点评：

上面示例符合规范。该制度是否会、何时会呈送总经理审阅，这是总经理办公室根据当时的情况来决定的。但作为公文，皆应进行登记备案，而且还会根据总经理办公室的档案制度，决定是否存档。

第二节　人力资源部的年度工作计划

人力资源部为了完成未来一定时期内的某项工作，需要预先根据国家的有关方针政策、公司的规章制度、有关指示精神及安排部署，结合本部门的实际情况，规定明确目标，提出具体要求，作出安排部署，制定相应措施，并把这些目标、任务、要求、安排、措施等写成书面材料，送公司领导请求指导，函发公司其他部门知晓并作为本部门开展工作的依据。这种书面材料就是人力资源部的工作计划。在编制计划时要特别注意计划的目的性、针对性、超前性、预见性、规范性和约束性。制订计划的作用在于建立正常工作秩序、提高工作效率；在于预防偏差，争取主动；在于便于监督，利于检查。人力资源部的工作计划的种类很多，有全面的综合计划，也有单项工作的计划。

本节先讨论编制全面的人力资源计划的文案，而人力资源部各项工作的单项计划的文案，将在随后各节中讨论。

人力资源部的年度工作计划是一个涵盖人力资源部各项工作的综合性计划。因为它要涉及整个公司的人力资源管理的方方面面，所以最好是采用"编制人力资源计划的制度"中规定的条文式结构，即以任务为纲划分部分，每部分内先叙述一项任务，再将任务分解成具体指标，然后提出完成该项任务的措施和步骤，各部分之间是一种并列关系的条文式结构。

一份详尽的部门工作计划会使部门的工作更加顺畅有序，从而大大提升工作绩效。所以，人力资源部在新的一年开始之前，在总结即将过去的一年的工作基础上，制订好下一年的年度工作计划是人力资源部非常重要的工作。示例2-3给出了××公司人力资源部××××年度工作计划的实例。

[示例2-3]

××公司人力资源部××××年度工作计划

根据公司目前人力资源管理的现状与公司最近几年发展目标对人力资源管理的要求和目前人力资源市场特点，考虑到人力资源部当前人员配备的数量和质量情况，人力资源部在完成公司日常人力资源管理工作的组织、推动、督导的基础上，计划在公司的人力资源管理的基础工作方面完成下列8项任务。

一、完成新定的人力资源招聘与配置

(一)目标概述

基于公司正处在调整组织架构和完善各部门职责、职位划分的后期人员重新调整配备阶段，除了有日常的招聘与配置任务外，还有由于重新调整配置带来的特殊人才的招聘与配置任务。人力资源部计划在本年度内按公司需要和各部门要求的数量和质量完成人力资源的招聘工作。

尽可能地节约人力资源成本，尽可能地使人尽其才，并保证组织高效运转是人力资源的配置原则。人力资源部一定按此原则，按照新确定的组织架构和各职位工作说明书的需求来招聘人才，以满足公司运营需要。

考虑到公司目前正处在发展阶段和变革时期，人力资源部将对各部门的人力需求进行必要的分析与控制，使招聘与配置工作符合满足要求、保证储备、谨慎招聘三原则。

(二)具体实施方案

1. 计划采取的招聘方式：以人才中介与学校合作为主，现场招聘会为辅，兼顾网络、报刊、猎头、推荐等。

参会招聘：继续参加××市各人才市场的××专业招聘专场、××市本地人才招聘市场。计划开辟××市、××市人才市场渠道。并预计在2~3月份参加相关专业的大型人才招聘会。参与各院校举办的应届生见面会等。

网络招聘：继续沿用××人才网、××行业人才网，计划再行开辟1~2家知名人才网等(具体视情况另定)。

报刊招聘：主要以专业媒体和有针对性媒体为主。

猎头荐才：针对重要的中高层职位进行。

熟人荐才：视具体需求和情况确定。

2. 具体招聘时间安排：每月参加一场××行业专场的现场招聘会；根据实际情况变化，人力资源部在平时还将不定期参加各类招聘会。

5月份前完成定向学校学生实习合同。平时保持与相关院校学生就业部门的联系，以备所需。

长期保持2~3家人才网的网上招聘，以储备可能需要的人才。其他收费网站，可根据需求和网站招聘效果临时决定发布招聘信息。

在3月份前落实一家合作的猎头公司。

报刊招聘暂不作具体时间安排。猎头、熟人推荐暂不列入时间安排。

3. 为规范人力资源招聘与配置，人力资源部1月31日前起草完成《公司人力资源招聘与配置规定》。请公司领导审批后下发各部门。

4. 计划发生招聘费用：详见表2－1。

表2－1 招聘费用计划表

费用项目	费用(元)	说明
现场招聘费	6 000	预计每月参加一场，按平均每场500元计算
猎头费用	30 000	预计猎取两名以上经理职务人员
网站招聘	10 000	继续保持现有“××人才网”、“××人才网”并计划发展一家××市本地人才网
学校招聘费用	4 000	
招聘宣传材料	5 000	公司形象宣传，派发宣传资料
合计费用	55 000	
费用未计车旅费与人工费用		

（三）实施目标注意事项

1. 招聘前应做好准备工作：与用人部门沟通，了解特定需求；招聘广告（招聘职位与要求）的撰写；公司宣传品；一些必需的文具；招聘用表单；招聘人员的形象。

2. 安排面试应注意：面试方法的选定；面试官的选定；面试题的拟定；面试表单的填写；面试官的形象；面试结果的反馈。

（四）目标负责人

第一责任人：人力资源部经理。

协同责任人：人力资源招聘主管、招聘专员。

（五）目标实施需支持与配合的事项和部门

1. 各部门应及时将本部门人力需求预测表格报人力资源部，以便合理安排招聘时间。

2. 后勤部应根据公司××××年人力需求预测数量做好后勤保障的准备。

二、修订公司薪酬管理制度

（一）目标概述

根据公司现状和未来发展趋势，目前的薪酬管理制度将有可能制约公司的人才队伍建设，从而对公司的长远发展带来一定的影响。目前公司的工资结构简单，只要上司感觉不错即可调薪。容易使员工形成不是向工作要工资而是向上级要工资的不正确思想。依据总经理的指示，人力资源部把规范公司薪酬管理、修订公司薪酬管理制度作为本部门乃至公司××××年度的重要目标之一。本着“对内体现公平性，对外具有竞争力”的原则，人力资源部将在××××年度完成公司薪酬设计和薪酬管理的规范化工作，修订完善公司薪酬管理制度。

（二）具体实施方案

1. ××××年3月底前人力资源部完成公司现有薪酬状况分析，结合公司组织架构设置和各职位工作分析，提交公司薪酬设计草案。该草案包括公司员工薪资等级、薪资结构（基本薪资、绩效薪资、工龄津贴、学历津贴、职务津贴、技术津贴、特殊岗位津贴及年终花红等）、薪资调整标准等方案。

2. ××××年4月底前人力资源部根据已初步完成的职位分析资料，结合所掌握的本地区同行业薪资状况、公司现有各职位薪资人员状况，提交《公司薪酬等级表》，报请各部门经理审议修改后，呈报公司董事会审核通过。

3. ××××年5月完成《公司薪酬管理制度》，并报请董事会通过。

（三）实施目标注意事项

改革后的薪酬体系和管理制度，应以能激励员工、留住人才为支点。要充分体现按劳取酬、按贡献取酬的公平原则。所以前期工作要做扎实。确定职位工资，要对职位进行评估；确定技能工资，需要对个人资历进行评估；确定绩效工资，需要对工作表现进行评估；确定公司整体工资水平，还需要对本地区本行业的薪资水平和公司赢利情况、支付能力进行评估。每一种评估都需要一套程序和方法，因此，薪酬体系的设计和薪酬管理制度的制定是一个系统工程。完成此项工作，必须端正态度，确保体系的科学性与合理性。

（四）目标责任人

第一责任人：人力资源部经理。

协同责任人：薪酬福利主管。

（五）目标实施需支持与配合的事项和部门

《薪酬等级表》和公司《薪酬管理制度》需经公司董事会确认方可生效。现有员工薪资的最终确定需请董事会决定。

三、进一步改善员工福利项目和员工激励政策

（一）目标概述

员工福利是与薪酬管理相配套的增强企业凝聚力的方法之一。而与薪酬政策不同的是，薪酬仅是短期内对人力资源市场竞争形势和人才供求关系的体现，所以在各种因素影响下，薪酬是在动态中不断变化的。而员工的福利则是企业对雇员的长期承诺，也是企业更具吸引力的必备条件。人力资源部根据公司目前状况，在××××年，计划对公司福利政策进行适当调整，使公司“以人为本”的经营理念得到充分体现，使公司在人才竞争中处于优势地位。

员工激励是福利政策的延伸与补充，福利政策事实上仅是员工激励的组成部分。其物质激励落实到具体政策上即成为员工福利，而员工激励则涵盖了物质激励和精神激励两大部分。做好员工激励工作，有助于从根本上解决企业员工工作积极性、主动

性、稳定性、向心力、凝聚力、对企业的忠诚度、荣誉感等问题。人力资源部在××××年度全年工作中必须一贯地做好员工激励工作，确保公司内部士气高昂，工作氛围良好。

（二）具体实施方案

1. 计划设立福利项目：员工食宿补贴、加班补贴（上述两项进行完善）、满勤奖、节假日补贴、社会医疗保险、社会养老保险、住房公积金、员工生日庆生会、每季度管理职员聚餐会、婚嫁礼金、厂庆礼金、年终（春节）礼金等。以上各项目将具体设定享受条件。

2. 计划制订激励政策：月（季度）优秀员工评选与表彰、年度优秀员工评选表彰、内部升迁和调薪调级制度建立、员工合理化建议（提案）奖、对部门设立年度团队精神奖、建立内部竞争机制（如末位淘汰制）等。

3. ××××年第二季度内（6月31日前）完成福利项目与激励政策的具体制订，并报公司董事会审批，通过后进行有组织的宣传执行。

4. 自7月份起，人力资源部将严格按照既定的目标、政策、制度进行落实。此项工作为持续性工作。并在运行后一个季度内（9月30日前）进行一次员工满意度调查。通过调查信息向公司反馈，根据调查结果和公司领导的答复对公司福利政策、激励制度再行调整和完善。

（三）实施目标注意事项

员工福利和激励是相辅相成的关系，员工工作认真与否直接影响到公司的士气、人才流动率、企业凝聚力和吸引力、公司整体人才层次、企业运作效率和公司的长期发展方向。人力资源部应站在公司长远利益的立场上，做好员工福利与激励工作。

（四）目标负责人

第一责任人：人力资源部经理。

协同责任人：薪酬福利主管。

（五）目标实施需支持与配合的事项与部门

1. 因每一项福利和激励政策的制定都需要公司提供相应的物质资源，所以具体的福利激励项目都需要公司董事会最终裁定。人力资源部有建议的权利和义务。

2. 福利与激励政策一旦确定，公司人力资源部应做好此项工作的后勤保障。

3. 各部门经理、主管同样肩负本部门员工的激励责任。日常工作中，对员工的关心和精神激励需各主管以上管理人员配合共同做好。

四、完善绩效评价体系

（一）目标概述

1. 自2002年公司试行目标管理与绩效考核以来，已经取得一定成效，也从中积累了一定的经验。但在具体操作中，还有许多地方急需完善。××××年，人力资源部将此目标列为本年度的重要工作任务之一，其目的就是通过完善绩效评价体系，达到绩效考核应有的效果，实现绩效考核的根本目的。

2. 绩效考核工作的根本目的不是为了处罚未完成工作指标和不尽职尽责的员工，而是有效激励员工不断改善工作方法和工作品质，建立公平的竞争机制，持续不断地提高组织的工作效率，培养员工工作的计划性和责任心，及时查找工作中的不足并加以调整改善，从而推进企业的发展。

（二）具体实施方案

1. ××××年3月31日前完成对《公司绩效考核制度》和配套方案的修订与撰写，提交公司总经理办公会（或部门经理会议）审议通过。

2. 自××××年5月，按修订完善后的绩效考核制度全面实施绩效考核。

3. 主要工作内容：结合上一年度绩效考核工作中存在的不足，对现行《绩效考核规则》和《绩效考核具体要求》及所使用相关表单进行修改，建议将考核形式、考核项目、考核办法、考核结果反馈与改进情况跟踪、考核结果与薪酬体系的连接等多方面进行大幅度修改，保证绩效考核工作的良性运行。

（三）实施目标注意事项

1. 绩效考核工作牵涉到各部门各职员的切身利益，因此，人力资源部在保证绩效考核与薪酬体系连接的基础上要做好对绩效考核根本意义的宣传和释疑，从正面引导员工用积极的心态对待绩效考核，以期达到通过绩效考核改善工作、校正目标的目的。

2. 绩效评价体系作为人力资源开发的新生事物，在操作过程中难免会出现一些意想不到的困难和问题，人力资源部在操作过程中将注重听取各方面各层次人员的意见和建议，及时调整和改进工作方法。

3. 绩效考核工作本身就是一个沟通的工作，也是一个持续改善的过程。人力资源部在操作过程中要注意纵向与横向的沟通，确保绩效考核工作的顺利进行。

（四）目标责任人

第一责任人：人力资源部经理。

协同责任人：绩效考核主管。

（五）实施目标需支持与配合的事项和部门

1. 修订后的各项绩效考核制度、方案、表单等文本需经公司各部门和董事会共同审议。

2. 建议公司成立绩效考核推行委员会对绩效考核工作的推行、实施负责。公司至少应有一名高层领导参加，人力资源部作为具体承办部门将承担方案起草、方法制定、协调组织与记录核查、汇总统计并与薪酬连接的职责。

五、员工培训与开发

（一）目标概述

员工培训与开发是公司着眼于长期发展战略必须进行的工作之一，也是培养员工忠诚度、凝聚力的方法之一。通过对员工的培训与开发，员工的工作技能、知识层次和工作效率、工作品质都将进一步加强，从而全面提高公司的整体人才结构构成，增强企业的综合竞争力。对员工培训与开发的投资不是无偿的投入，而是回报颇丰的长期投资。

（二）具体实施方案

1. 根据公司整体需要和各部门××××年培训需求编制××××年度公司员工培训计划。

2. 采用培训的形式：外聘讲师到企业授课；派出需要培训的人员到外面学习；选拔一批内部讲师进行内部管理和工作技能培训；购买先进管理VCD、软件包、书籍等资料组织内部培训；争取对有培养前途的职员进行轮岗培训；以老带新培训；员工自我培训（读书、工作总结等方式）等。

3. 计划培训内容：根据各部门需求和公司发展需要而定。主要应重点培训以下几个方面内容：营销管理、服务意识与技巧、人力资源管理、财务管理、计算机知识、着装与化妆知识、心灵激励、新进员工的公司企业文化和制度培训等。

4. 培训时间安排：外聘讲师到公司授课和内部讲师授课，根据公司生产营销的进度适时安排培训。外派人员走出去参加学习根据业务需要和本部门工作计划安排；组织内部VCD教学原则上一个月不得少于一次。

5. 所有培训讲师的聘请、培训课目的开发均由人力资源部全部负责。

6. 针对培训工作的细节，人力资源部在××××年2月28日前完成《公司培训制度》的拟定。并报总经理批准后下发各部门进行宣传。××××年的员工培训工作将严格按制度执行。

7. 培训费用预算：培训费用预算详见表2-2。

表2-2 培训费用预算表

费用项目	费用(元)	说明
外聘讲师费用	10 000	聘请外部讲师进行酒店礼仪礼节、服务意识等培训
内部讲师费用	5 000	
外部培训费用	20 000	部门经理以上人员参加培训讲座及职能部门主管的强制培训（如消防安全、卫生等）
培训VCD光碟/教材	3 000	
合计费用	38 000	

（三）目标实施注意事项

1. 人力资源部平时要注意培训课题的研究与开发，及时搜集国内知名顾问咨询和培训公司的讲师资料、培训科目资料，结合公司需要和部门要求，不定期地向有关部门推荐相关培训课题信息。

2. 培训不能形式化，要做到有培训、有考核、有提高。外派培训人员归来后必须进行培训总结和内容传达宣传，并将有关资料交人力资源部。人力资源部应注意培训后的考核和工作绩效观察。其结果存入员工个人培训档案，作为员工绩效考核、升迁和调薪、解聘的依据之一。

（四）目标责任人

第一责任人：人力资源部经理。

协同责任人：人力资源部培训专员。

（五）实施目标需支持与配合的事项和部门

1. 各部门应在综合本部门工作和职员素质的基础上编制××××年工作目标时将本部门培训需求报人力资源部。

2. 鉴于各部门专业技术性质的不同，人力资源部建议各部门均应挑选一名以上的内部培训讲师。

六、协调劳资关系，合理控制流动率

（一）目标概述

1. 协调处理好劳资双方关系，合理控制企业人员流动比率，是人力资源部的基础性工作之一。××××年，人力资源部将把此工作作为考核本部门工作是否达到工作质量标准的项目之一。

人员流动控制年度目标：正式员工（不含试用期内因试用不合格或不适应工作而离职人员）年流动率争取控制在10%以内，保证不超过15%。

2. 劳资关系的协调处理目标：完善公司合同体系，除《劳动合同》外，与相关部门一些职位职员签订配套的《保密合同》《廉洁合同》《培训合同》等，熟悉劳动法规，尽可能避免劳资关系纠纷。争取做到每一个离职员工没有较大怨言和遗憾。树立公司良好的形象。

（二）具体实施方案

1. ××××年3月31日前完成《劳动合同》、《保密合同》、《廉洁合同》、《培训合同》的起草工作。

2. ××××年全年度保证与涉及相关工作的每一位员工签订上述合同。并严格按合同执行。

3. 为有效控制人员流动，只有首先严把用人关。人力资源部在××××年将对人员招聘工作进行进一步规范管理。一是严格审查预聘人员的资历，不仅对个人工作能力进行测评，还要对忠诚度、诚信资质、品行进行综合考查。二是任何部门需要人员都必须经人力资源部面试和审查。人力资源部还会及时地掌握员工思想动态，做好员工思想工作，有效预防员工的不正常流动。

（三）实施目标需注意事项

劳资关系的处理是一个比较敏感的工作，它既牵涉到企业的整体利益，也关系到每个员工的切身利益。劳资双方是相辅相成的关系，既有共同利益，又有相互需求的差距。人力资源部必须从公司根本利益出发，尽可能为员工争取合理合法的权益。只有站在一个客观公正的立场上，才能协调好劳资双方的关系。避免因过多考虑公司方利益而导致员工的不满，也不能因迁就员工的要求让公司利益受损。

（四）目标责任人

第一责任人:人力资源部经理。

协同责任人:人力资源部经理助理。

(五)实施目标需支持与配合的事项和部门

1. 完善合同体系需请公司法律顾问予以协助。

2. 控制人员流动率的工作,需要各部门主管配合做好员工思想工作、员工思想动态反馈工作。人员招聘过程中请各部门务必按工作流程办理。

七、本部门自身建设

(一)目标概述

1. 随着公司领导对人力资源部建设的高度关注,人力资源部的自身建设正在逐步走向规范,××××年应重点突出人力资源部职能作用的建设。

2. 人力资源管理工作作为企业未来发展的动力源,自身的正规化建设十分重要。因此,人力资源部在××××年将大力加强本部门的内部管理和规范,严格按照现代化企业人力资源管理工作要求,将人力资源工作从简单的人事管理提升到战略性人力资源管理的层次,使人力资源工作成为公司高层决策的参考依据之一。

3. 人力资源部××××年度自身建设目标为:完善部门组织职能;完成部门人员配备;提升人力资源部从业人员专业技能和业务素质;提高部门工作质量要求;圆满完成本部门年度目标和公司交给的各项任务。

(二)具体实施方案

1. 完成部门人员配备:在××××年2月28日前将人力资源部顾问、检查人员配置到位(可兼、代)。

2. 完善部门职能:人力资源部在××××年的所有目标,必须对本部门的职能、职责进行界定。对招人、用人、育人、留人与员工激励、潜能开发等各大功能进行部门内部详细分工。人力资源部经理负责全面工作,对本部门所有工作项目负全责,并负责公司整体人力资源战略规划、公司人力资源开发和各项人力资源工作的统筹、计划、安排、组织。

3. 建立详细的公司人力资源档案。此档案的建立应在动态下保持良好使用功能。通过人力资源档案能够随时反映公司人力资源状况,包括学历层次、服务年限、薪资水平、业绩情况、培训情况、奖惩情况、培养和发展方向等各项指标。此工作应在××××年第一季度(3月31日)前完成基础档案,并随时更新。

4. 提升本部门作业人员专业水平。人力资源部在安排各部门培训的同时,应着力提升本部门人员的素质,人力资源部经理肩负对下属的培训、管理和工作指导职责。所以,人力资源部计划××××年对全部门人员进行工作培训,从而使部门的综合能力得到提高。

5. 实施部门目标责任制。人力资源部××××年将本部门目标分解到部门每个职员。做到对每项工作的跟踪落实和结果反馈,及时调整工作目标,不断改进工作方法,确保年度目标的完成。

(三)注意的事项

1. 人力资源部的自身建设关系到公司人力资源工作的成败,人力资源工作做得是否成功也关系到企业长远发展的方向。因此,人力资源部必须着眼于未来发展,尽可能地将本部门建设做到公司发展的前面。只有充分超前才能有准备地应对未来公司人力资源工作的战略需要。本部门人员必须树立危机意识,把工作做细做实。

2. 人力资源部的人员配置要考虑公司目前所处的发展阶段。能"兼并代和"的要"兼并代和"。

3. 本部门的业务培训以传帮带为主,有条件、有时间时可考虑参加国内较高层次的人力资源管理培训课程。

(四)目标责任人

第一责任人:人力资源部经理。

协同责任人:部门所有成员。

(五)实施目标需支持与配合的事项和部门

1. 部门人员编制配置需经公司批准后方可实施。

2. 人力资源档案的整理需各部门配合。

八、其他工作目标

(一)目标概述

人力资源部的工作涉及各个部门和公司的各个层面,日常工作中还有许多不可预见的工作任务。此处所指的其他目标是部门工作中比较重要的部分。包括:建立公司内部沟通机制;企业文化的塑造和宣传执行;办公室管理等三部分。

建立公司内部沟通机制,可以促进公司部门之间、上下级之间、劳资双方的了解与合作,建立健康、和谐的内部关系,避免因沟通障碍而导致的人际关系紧张、工作配合度低、缺乏互信等不良倾向。企业文化的塑造与宣传执行。企业文化的形成是一个不断积累、不断继承、不断发扬光大的过程,在一个拥有良好企业文化的企业,员工的向心力和凝聚力会不断增强,企业的团队精神和拼搏精神也非常明显。办公室的管理工作既是日常工作,也是人力资源部工作的难点之一。

××××年人力资源部将有针对性地加强此三项工作。

(二)具体实施方案

1. 建立内部沟通机制。

(1)人力资源部在××××年将加强人力资源部员工晤谈的力度。员工晤谈主要在员工升迁、调动、离职、学习、调薪、绩效考核或其他因公因私出现思想波动时进行,平时人力资源部也可以有针对性地与员工进行工作晤谈。目标标准为:每月晤谈员工不少于5人次,并对每次晤谈进行文字记录,晤谈掌握的信息必要时应及时向员工所在部门经理或总经理反馈,以便于根据员工思想状况有针对性地做好工作。

(2)继续保持总经理信箱功能。人力资源部应保证此信箱的安全保密程度,取得员工信任,保证此信箱除总经理外其他人无权开启。员工可对公司建设各个方面、公司内部每个工作环节提出个人意见和建议。总经理每周开箱一次,收取员工的信件,对投入信箱的员工信件不做特殊要求,提倡署名但不反对匿名(投诉不允许匿名)。对总经理根据员工反映的问题和意见交人力资源部处理的,应做到处理及时,反馈及时。

(3)建立民主评议机制。人力资源部计划在××××年对公司部门经理、公司领导进行民主评议。原则上计划半年一次。对部门经理和公司领导的工作作风、工作能力、工作效率、工作成绩、模范作用、员工信任度等德、智、勤方面进行综合评议。评议结果作为年度部门经理绩效评价参考依据之一。通过评议建立一个对部门经理的监督机制,也可以避免公司对部门经理评价的主观性。

(4)规范使用工作联络单。公司一直有《内部联络单》,但在具体使用中有较大随意性,甚至根本不使用内部联络单。长此以往,部门间的信息传递多用口头传达,容易造成因一方忘记而导致工作疏忽和责任不清,从而造成个人误会与矛盾,不利于工作的开展。人力资源部在××××年1月31日前完成对使用内部联络单的规范。

(5)其他沟通机制的完善。包括员工满意度调查、部门经理会议等人力资源部将继续保持和完善。

2. 企业文化塑造与实施。人力资源部对公司的企业文化建设有不可推卸的义务和责任。

(1)××××年,人力资源部计划办好《××报》,全力塑造公司独具特色的企业文化。

(2)修改《员工手册》,并在第一季度内完成此项工作,保证每位员工人手一本。

(3)加强对优秀员工、好人好事的宣传力度,弘扬正气。

(4)对所有新进员工,在正式上班前,不仅要做好人事培训和工作培训,还要做好企业文化的培训。做到让每一个本公司的人都热爱本公司,非本公司人都热爱本公司。

3. 办公室管理。人力资源部计划在××××年加强对办公室管理的力度。办公室管理的难点主要是中层管理的模范作用不佳,各部门只注重工作任务的管理,未进行部门职员的内部办公秩序和遵守纪律的管理。人力资源部××××年重点抓好以下几个方面工作:

(1)考勤管理。人力资源部在××××年将严格考勤制度。

(2)办公纪律管理。针对吃零食、扎堆聊天、上网做与工作无关的事项、打游戏、串岗等突出现象重点整治。

(3)办公室的"5S"管理。目前公司办公室的"5S"管理工作比较薄弱,××××年,人力资源部将把每个职员的"5S"工作作为绩效评价的项目之一。

(4)对公司职员的着装、工作卡的佩戴、礼节礼貌的规范,人力资源部都将在日常工作中加强监督检查。

(5)对办公室工作保密制度进行督促。对员工因公、因私会客,员工对自己负责工作文件的保管应用,包括复印机、传真机等可能涉及企业机密文件的工具使用,人力资源部将进行规范管理。

（三）实施目标注意事项

1. 实施内部沟通机制时，应注意所有沟通机制应以发现问题、解决问题为原则，注意操作方式的可行性，不能因设置的沟通方法导致新问题。人力资源部应多观察、多聆听、多思考，找出合理有效的沟通方法。对员工的思想工作，应把握原则，不能徇私，不能解决的必须及时向相关部门或上级反馈。

2. 企业文化塑造不只是文字工作或文体活动。人力资源部在操作中应抓住关键工作，确定工作目的。旨在利用一切可以利用的媒介，团结广大员工，将每个员工的思想和观念统一到公司的精神、宗旨、理念上来。使组织内所有人员共同认同公司的价值观，统一全体员工的行为模式是人力资源部做好此项工作的标准。

3. 办公室管理工作必须坚持宽严相济的原则。既要一丝不苟地坚持原则，又要体现公司的人性化管理。不能因办公室管理导致员工的抵触情绪。要虚心听取员工的意见，不断修正工作方法，建立公司和谐、宽容、团结、自觉的办公室气氛。

（四）目标责任人

第一责任人：人力资源部经理。

协同责任人：人力资源部经理助理。

（五）目标实施需支持与配合的事项和部门

1. 沟通机制的建立需要公司领导和其他部门的通力配合；

2. 企业文化塑造与实施是全体员工共同努力的结果。需要公司领导的大力支持。

本计划经总经理批准已纳入公司年度计划。由公司人力资源总监负责监督，指导实施。各项目标责任人必须组织人力，作出详细安排。人力资源部全体员工需密切协同、配合，更需要与相关部门的主管和员工多多沟通，取得他们的信任和支持，确保本计划的圆满实施。

××公司

××××年××月××日

示例点评：

这个示例虽是人力资源部编制的年度工作计划，按“编制人力资源计划的制度”规定，标题按四要素要求，应是“人力资源部××××年度工作计划”，但示例的标题却不是这样。把它发制单位从人力资源部改换成了××公司，提升了一级。这是因为示例的年度计划中涉及要重新配置公司的人力资源，可能要调整公司的一些中层管理干部，甚至有个别高层管理干部，作为组织、监督、推动人力资源管理工作的人力资源部是无权这样做的。如果这个计划的发制单位是公司，那么公司就有这个权利了。所以示例为了便于人力资源部的工作开展，把这个计划纳入公司的年度工作计划，人力资源部执行公司计划，依据这个具有公司级权威的计划，配置某些部门的主管就顺理成章了。当然，在实际配置干部时，人力资源部只有建议权力，真正任免权仍属总经理。这个问题在下一个示例中还将讨论。

示例的正文采用了编制人力资源计划的制度中规定了条文式结构。第一段是整个计划的引言部分,简要地说明了制订该计划的缘由、根据,对完成任务的主客观条件作出了简要分析,说明了完成该任务的必要与可能性。这些也是指出所提出的8项任务共同的指导思想,然后转入正文部分分别说明各项任务。这是一般综合性计划常用的引言格式。在每一项(即每一部分)中,又按目标概述、具体实施方案、实施目标注意事项、目标责任人、目标实施时需支持与配合的部门等5个方面把任务分解成具体指标、完成该项任务的措施和步骤。特别强调的是,每项任务都明确了责任人,使任务有人负责,更有利于计划实施的督促检查。最后一段是整个计划的结尾部分,在说明了该计划的严肃性和法规性,并对人力资源部的员工提出了相应要求。全文内容完备,结构完整,条理清楚,措施明确。达到了综合计划的基本要求。当然该示例也还有可以改进的地方,例如,在语言简洁、措施的表达技巧等方面,都有改进的空间。综上所述,示例还是可供参考的。

既然示例标题中的制发单位是公司,而实际的制发单位是公司的一个职能部门人力资源部,因此人力资源部就应该向上级行文,请求上级发布该计划。这就像人力资源部编撰了公司的人力资源管理规定(见第一章第二节),要求上级发布一样。可以按那个格式编撰"人力资源部关于请求审核、发布《××公司人力资源管理××××年度工作计划》的请示"文书。

由于人力资源管理工作的年度计划是一个每年都要编制的计划,关系到人力资源部一年的工作是否能有序进行的问题。因此下面再来研究这种计划的实例,详见示例2-4。

[示例2-4]

××公司2003年度人力资源管理计划

一、职务设置与人员配置计划

根据公司2003年度发展计划和经营目标,人力资源部协同各部门制订了公司2003年度的职务设置与人员配置计划。在2003年,公司将划分为8个部门,其中行政副总负责行政部和人力资源部,财务总监负责财务部,营销总监负责销售一部、销售二部和产品部,技术总监负责开发一部和开发二部。具体职务设置与人员配置如下。

1. 决策层(5人)

总经理1名,行政副总1名,财务总监1名,营销总监1名,技术总监1名。

2. 行政部(8人)

行政部经理1名,行政助理2名,行政文员2名,司机2名,接线员1名。

3. 财务部(4人)

财务部经理1名,会计1名,出纳1名,财务文员1名。

4. 人力资源部(4人)

人力资源部经理1名,薪酬专员1名,招聘专员1名,培训专员1名。

5. 销售一部(19人)

销售一部经理1名,销售组长3名,销售代表12名,销售助理3名。

6. 销售二部(13人)

销售二部经理1名,销售组长2名,销售代表8名,销售助理2名。

7. 开发一部(19人)

开发一部经理1名,开发组长3名,开发工程师12名,技术助理3名。

8. 开发二部(19人)

开发二部经理1名,开发组长3名,开发工程师12名,技术助理3名。

9. 产品部(5人)

产品部经理1名,营销策划1名,公共关系2名,产品助理1名。

二、人员招聘计划

1. 招聘需求

根据2003年度职务设置与人员配置计划,公司人员数量应为96人,到目前为止公司只有83人,还需要补充13人,具体职务和数量是:开发组长2名、开发工程师7名、销售代表4名。

2. 招聘方式

开发组长:社会招聘和校园招聘;开发工程师:校园招聘;销售代表:社会招聘。

3. 招聘策略

校园招聘主要通过参加应届毕业生洽谈会、在学校举办招聘讲座、发布招聘广告、网上招聘等四种形式;社会招聘主要通过参加人才交流会、刊登招聘广告、网上招聘等三种形式。

4. 招聘人事政策

(1)本科生:

① 待遇:转正后待遇2 000元,其中基本工资1 500元、住房补助200元、社会保障金300元左右(养老保险、失业保险、医疗保险等)。试用期基本工资1 000元,满半月有住房补助。

② 考上研究生后协议书自动解除。

③ 试用期3个月。

④ 签订3年劳动合同。

(2)研究生:

① 待遇:转正后5 000元,其中基本工资4 500元、住房补助200元、社会保障金300元左右(养老保险、失业保险、医疗保险等)。试用期基本工资3 000元,满半月有住房补助。

② 考上博士后协议自动解除。

③ 试用期3个月。

④ 公司资助员工攻读在职博士。

⑤ 签订不定期劳动合同,员工来去自由。

⑥ 成为公司骨干员工后,可享有公司股份。

5. 风险预测

(1)由于今年本市应届毕业生就业政策有所变动,可能会增加本科生招聘难度,但因为公司待遇高并且属于高新技术企业,可以基本回避该风险。另外,优秀的本科生考研的比例很大,所以在招聘时,应该留有候选人员。

(2)由于计算机专业研究生愿意留在本市的较少,所以招聘将比较困难,因此,应重点通过社会招聘来填补“开发组长”空缺。

三、选择方式调整计划

2002年对开发人员的选择实行面试和笔试相结合的考察方法,取得了较理想的结果。在2003年首先要完善非开发人员的选择程序,并且加强非智力因素的考察,另外,在招聘集中期,可以采用“合议制面试”,即总经理、主管副总、部门经理共同参与面试,以提高面试效率。

四、绩效考评政策调整计划

2002年已经开始对公司员工进行了绩效考评,每位员工都有了考评记录。另外,在2002年对开发部进行了标准化的定量考评。在今年,绩效考评政策将作以下调整:

(1)建立考评沟通制度,由直接上级在每月考评结束时进行考评沟通。

(2)建立总经理季度书面评语制度,让员工及时了解公司对他的评价,感受到公司对员工的关心。

(3)在开发部试行“标准量度平均分布考核方法”。使开发人员更加明确自己在开发团队中的位置。

(4)加强考评培训,减少考评误差,提高考评的可靠性和有效性。

五、培训政策调整计划

公司培训分为岗前培训、管理培训、技能培训三部分。岗前培训在2002年已经开始进行,管理培训和技能培训从2003年开始由人力资源部负责。

培训政策将作以下调整:

(1)加强岗前培训。

(2)管理培训与公司专职管理人员合作开展,不聘请外面的专业培训人员。该培训分成管理层和普通员工层两个部分,重点对公司现有的管理模式、管理思路进行培训。

(3)技能培训根据相关人员申请进行。采取公司内部人员讲座和聘请培训教师两种形式进行。

六、人力资源部经费预算

1. 招聘费用预算

(1)招聘讲座费用:计划本科生和研究生各4个学校,共8次。每次费用300元,预算2 400元。

(2)交流会费用:参加交流会4次,每次平均400元,共计1 600元。

(3)宣传材料费:2 000元。

(4)报纸广告费:6 000元。

2. 培训费用

2002年实际培训费用35 000元,按20%递增,预计今年培训费用约为42 000元。

3. 社会保障金

2002年社会保障金__________元,按20%递增,预计今年社会保障金总额__________元。

附件:招聘计划

人力资源部

××年××月××日

示例点评:

该示例是某公司人力资源部编写的一个真实的人力资源计划。该计划主要分为六个部分,它们是职务设置与人员配置计划、人员招聘计划、选择方式调整计划、绩效考评政策调整计划和人力资源经费预测。

由于人力资源管理计划只是人力资源部门一个年度工作计划,所以对每一项工作只能言简意赅地进行描述,不可能非常详尽。不过人员招聘是人力资源部新年度的工作重点,所以计划中的"人员招聘计划"部分最为详细。

这个计划基本上涵盖了2003年度人力资源部要完成的工作。但是却给人一种含混不清的印象,这主要是因为没有完全按照"编制人力资源计划的制度"的规定来编制,或者说没有完全按照计划公文的规范来编写。

公文规范要求标题应由制发部门名称、计划时限、计划事由和计划文种类型四部分组成。该示例在形式上是符合这个规范的。公文规范要求签署是公文的制发部门的名称。该示例形式上也是符合规范的。可是仔细一看,标题的制发部门是××公司,而签署部是人力资源部,是××公司的职能部门。这就让人弄不清楚制发部门到底是哪一级。又因为制发部门代表该公文内容的适用范围,因此,制发部门的不清楚,使得这个计划的适用范围,以及与此相关的计划的约束范围也就不清楚了。所以,该示例必须把制发部门统一起来,或者用××公司,或者用人力资源部。

如果制发部门是人力资源部,那么公司其他部门就可以不理睬这个计划,例如,人力资源部并不能将此计划要求财务部把计划中人力资源部经费预算纳入财务部的公司经费预算中,而是要另向总经理打报告批准。如果制发部门是公司,则该计划将会发送到它的所有职能部门,财务部是公司的职能部门,属于该计划的管辖范围,自然必须遵照执行,自动会把计划中罗列的经费预期列入公司经费预算中。否则,就是他们的失职。当然,如果制发部门都改为公司,人力资源部就像上一示例那样,向总经理办公室发出请求审批,发布请示公文。如果制发部门还用人力资源部,但又希望该计划的约束力能扩大到全公司,那么人力资源部就应该向总经理办公室发送请求转批该计划的建议报告。

建议报告规范规定:建议报告的制发机关多数是业务主管部门。这些业务主管部门根据分工,提示处理业务工作,解决业务问题的办法措施,需要一定范围内的平行机关、不相隶属机关的协同办理,但按职权划分又不能向这些机关发送指令性文件,于是向上级领导机关或上一级综合部门作出报告,提示开展工作,解决问题的意见、建议,请上级机关决策。这类报告一经上级批转便具有指示和决定性质,有关机关、部门必须按需要办理或执行。

下面假定把计划的标题改为"人力资源部2003年度人力资源管理工作计划",那么可按示例2-5的样式书写向总经理办公室呈送的建议报告。

[示例2-5]

人力资源部关于批转《人力资源部2003年度人力资源管理工作计划》的建议报告

总经理办公室:

根据公司2003年度总体目标,人力资源部已编制了2003年度人力资源管理工作计划。由于该计划涉及公司组织职务设置、人员设置等六项任务,这些任务的完成不仅直接保证公司年度总体目标的实现,还对公司长远发展起着积极的推动作用。因此,该计划如无不妥,建议将该计划批转公司各个部门协助执行。

××公司人力资源部

××××年××月××日

总经理如果认为计划可行,接受建议报告,就会发出如下通知,见示例2-6。

[示例2-6]

××公司关于批转人力资源部2003年度人力资源管理工作计划的通知

企发[2002]×号

公司各部门:

公司已经批准了人力资源部呈送的《人力资源部2003年度人力资源管理工作计划》。该计划是公司2003年度工作计划的一个重要部分,涉及完成公司2003年发展目标的计划。现将该计划批转各部门,请各部门认真研究计划中需要配合完成的工作,并组织人力物力按时保质保量地完成。

附件:人力资源部2003年度人力资源管理工作计划

××公司

××××年××月××日

示例点评:

公文规范规定:批示性通知是用于转发上级机关、同级机关和不相隶属机关的公文时使用的通知。标题一般采用三要素齐全的规范形式。正文要求明确写明批示或批转的对象和批注意见。

从公司的批注意见中可以看出,经过公司的转批,人力资源部的计划管辖范围和约束力已经从人力资源部扩展到了全公司,与公司作为制发单位起到同样的作用。

在结束本小节时,要强调一下,在编制综合性人力资源计划时,除了要注意标题和签署的制发部门名称必须相同以外,还要认识到制发部门的不同,其计划的约束范围是不同的。编制综合性计划时,正文一定要采用条文式结构,首先阐述整个计划的引言,即制订整个计划的指导思想和基本情况,回答为什么做和能不能做的问题。最后是结尾部分,即明确各部门贯彻执行计划的具体责任,并提出相应要求。中间是一项一项任务的并列的阐述。而每一项任务都要分解成具体指标,然后提出完成该项任务的措施和步骤及负责人。作为人力资源计划都要写请示公司发布或写建议公司批转的报告。当然对小企业可以直接送去发布或批转,但是如果当时领导没空,过后又忘了,出现延误,不仅影响工作,而且责任也难以说清楚。如果有请示公文或建议报告公文的收发登记,就不会遗忘,就是忘了,也能分清责任。因此费点事,写个公文既符合规范,又不会误事担责任,何乐而不为呢?

第三节 员工需求预测和员工需求计划

员工需求和过剩的预测是公司编制人力资源计划的核心和前提条件。

影响公司对员工的需求和过剩的因素有:①公司年度预算变化和公司发展规划;②劳动生产率的提高;③机械化、自动化生产水平的提高;④工作方法的改进;⑤其他原因。

因此,企业的人力资源部必须经常对公司的员工供给和需求进行动态的预测,及时补充需要的劳动力,及时消化或处理过剩的劳动力,以达到人力资源效率最大化,人力资源成本最小化的目的。为此,企业必须制定一套行之有效的符合公司实际的科学的办法来规范员工的需求和过剩的预测。

如果把过剩的员工看成是负的需求员工,那么员工需求预测也就包含了员工过剩的预测了。

这里的需求包括公司对员工的增补和削减。其目的是使员工的数量和质量最大限度地适合公司经营目标的需求,少了要增补,多了要削减。所以员工需求预测首先是对公司内部的分析,其次是对公司周边地区的分析和国家状况的分析。在这些分析的基础上建立预测方法，最后才能得到预测结果，编制员工需求计划。

一、对公司内部的分析

分析公司目前职工状况。例如，公司职工的部门分布、技术知识水平、工种、年龄构成等，了解公司职工的现状。

分析目前公司职工流动的情况及其原因，预测将来职工流动的态势，以便采取相应的措施避免不必要的流动或及时给予替补。

掌握公司职工提拔和内部调动的情况，保证工作和职工的连续性。

分析工作条件（如作息制度、轮班制度等）的改变和出勤率的变动对职工供给的影响。

掌握公司职工的供给来源和渠道。职工可以来源于公司内部（如富余职工的安排，职工潜力的发挥等），也可来自于公司外部。

二、对地区性因素的分析

- 公司所在地和附近地区的人口密度。
- 其他公司对劳动力的需求状况。
- 公司当地的就业水平、就业观念。
- 公司当地的科技文化教育水平。
- 公司所在地对人们的吸引力。
- 公司本身对人们的吸引力。
- 公司当地临时工人的供给状况。
- 公司当地的住房、交通、生活条件。

三、对全国性因素的分析

- 全国劳动人口的增长趋势。
- 全国对各类人员的需求程度。
- 各学校的毕业生规模与结构。
- 教育制度变革所产生的影响，如延长学制、改革教学内容等对职工供给的影响。
- 国家就业法规、政策的影响。

四、员工需求预测方法

● 经验估计法。利用现有的情报和资料，根据有关人员的经验，结合本公司的特点，对公司职工需求加以预测。

● 统计预测法。运用数理统计理论，依据公司目前和预测期的经济指标及若干相关因素，做数学计算，得出职工需求量。

五、人力资源部的操作方法

在实际操作中，人力资源部不可能对每个部门的人力资源的需求，用上述方法进行预测。因为各个部门有各个部门的具体特点和专业知识,所以只有各部门的主管和专家才能根据员工需求的研究和理论预测出本部门人力资源数量和质量。也只有部门主管和专家们一起研究才能确定该部门将需要什么规格的人才,各需要多少。当然人力资源部也可以根据企业的一般规律,预测出整个公司所需各个级别人才的数量和质量。但更细致的预测,例如,是机械工程师还是电器工程师,就需要由各部门自己来确定了。因此,员工需求预测,首先需要各部门按照预测规律,预测出每个具体职位的增补或过剩员工的数量和质量,再汇集到人力资源部,核对是否与人力资源部根据企业规律预测出的增补人数相符,如果不符,人力资源部应和各部门协商,一方或双方进行分析调整,达到一致或相近。人力资源部应根据公司的业务量与人力资源成本预算控制制度,核算人力资源成本确实在该制度规定的范围内,或相差不多,这样就可以正式填写人员需求预测表或人员需求计划表,并呈送总经理审批;可先不呈送审批,放入人力资源计划或招聘计划中一起审批。如果人力资源成本超出较多,则应向总经理请示。如果总经理不同意,人力资源部和各部门主管或者进一步调整各部门人员增减数目,或者用充分理由说服总经理,或者两者并用,直到总经理同意为止才可以正式填写需求计划表。

为了得到各部门预测出的增补或过剩人员数量和质量的完整规范的数据,人力资源部必须精心设计一些相关人力资源调查表格,请各部门主管填制,收回后再进行统计、分析、协调、商议,最后作出整个公司员工需求(包括过剩)的预测结果。这些表格主要有:

- 单个职位的人员增减申请表(见表2-3);

表2-3 单个职位的人员增减申请表

需求部门________　　　　　　　　　　　　　　______年_____月_____日

<table>
<tr><td>职位名称</td><td></td><td>人员类型</td><td></td><td>人 数</td><td></td></tr>
<tr><td rowspan="3">任职条件</td><td>学历要求</td><td></td><td>证书要求</td><td colspan="2"></td></tr>
<tr><td>工作经历要求</td><td></td><td>外语要求</td><td colspan="2"></td></tr>
<tr><td>工作年限要求</td><td></td><td>福利待遇</td><td colspan="2"></td></tr>
<tr><td>到岗或离岗日期</td><td colspan="2"></td><td>工资金额</td><td colspan="2"></td></tr>
<tr><td>增减的原因</td><td colspan="2"></td><td></td><td colspan="2"></td></tr>
<tr><td>推荐意见</td><td colspan="2"></td><td></td><td colspan="2"></td></tr>
<tr><td>备注</td><td colspan="2"></td><td></td><td colspan="2"></td></tr>
</table>

部门主管:

填写说明:此表由各部门领导填写,突出了对所需人员的聘用条件,若人数为正值表示需求的人数,人力资源部会依据此表进行相应的人员招聘;若人数为负值,人力资源部会依据此表进行公司内部调动或解聘。人员类型包括:①正管理师,正工程师;②管理师,工程师;③副管理师,副工程师;④助理管理师,助理工程师;⑤一级办事员,一级业务员;⑥业务员,技术员;⑦技术工人;⑧普通工人。

- 多个职位的人员需求申请表(见表2-4);
- 部门申请增补人员数目总表(见表2-5);

表2-4 多个职位的人员需求申请表

<table>
<tr><td>申请部门</td><td colspan="4"></td><td>合计</td></tr>
<tr><td>申请职位</td><td></td><td></td><td></td><td></td><td></td></tr>
<tr><td>申请人数</td><td></td><td></td><td></td><td></td><td></td></tr>
<tr><td>总　计</td><td></td><td></td><td></td><td></td><td></td></tr>
<tr><td>申请原因</td><td colspan="5">□部门目前编制
□增加人员原因
A. 调动　B. 提升　C. 解雇　D. 业务增加　E. 其他(请注明)________
□填补空缺职位的缘由(请详列):</td></tr>
<tr><td colspan="6">□本部门横向调动的可能性　　□是　　□否</td></tr>
<tr><td colspan="6">□推荐候选人:A.　　B.　　C.
□其他须说明情况:</td></tr>
<tr><td colspan="6">□要求新人必须于_____年______月________日到岗。</td></tr>
<tr><td colspan="6">申请部门负责人签字:
申请日期:</td></tr>
<tr><td colspan="6">人力资源部意见:
签名:</td></tr>
<tr><td colspan="6">总经理意见:
签名:</td></tr>
</table>

填写说明:此表是用于部门准备增加人员时填写的表格,需要部门提供适当的候选人。

表2-5 部门申请增补人员数目总表

<table>
<tr><td>申请部门</td><td></td><td>编制定额</td><td>职员____
作业员____</td><td>现有人数</td><td>职员____
作业员____</td></tr>
<tr><td>拟增加人数</td><td colspan="5">职员______名
作业员______名</td></tr>
<tr><td>原报到日期</td><td>月
日</td><td>报到单位</td><td rowspan="2">增加人员经办的工作项目</td><td colspan="2" rowspan="2"></td></tr>
<tr><td>增加人员理由</td><td colspan="2"></td></tr>
<tr><td colspan="3">人力资源部意见

签章</td><td colspan="3">总经理批示:

签章</td></tr>
</table>

- 部门人员增减申请分级统计表(见表2-6);
- 部门人员增减申请统计表(见表2-7);

表2-6 部门人员增减申请分级统计表

需要理由		管理人员				研发人员					操作人员					合计
项目	说明	高层	中层	基层	小计	电机	机械	…	…	小计	电工	机工	…	…	小计	
因业务扩展																
因补充离职																
因组织变更																
因技术改变																
合计																

填写说明:减少者用减号"-"表示。

此表将各部门不同等级的人员需求,按申请的原因做了划分,便于人力资源部分析总体需求的原因。

表2-7 部门人员增减申请统计表

申请部门:______　　______年______月______日　　编号:________

所需职位	编制人数	现有人数	拟增减人数	工作内容	建议招聘渠道	所需条件			增减理由
						年龄	性别	学历	
用人部门意见: 年 月 日		人力资源部意见: 年 月 日			总经理意见: 年 月 日				

填写说明:此表由需要增减的部门填写,须填写清楚对需求人员基本要求及招聘渠道的建议,最后由用人部门、人力资源部和总经理共同审议。

- 各部门人力资源需求计划表（见表2－8）；
- 各部门人力资源需求统计表（见表2－9）。

表2－8　各部门人力资源需求计划表

日期：____________

提出：____________

部门	计划需求时间	需求理由					需求人员			合计	备注
		A	B	C	D	E	主管	职工	工人		
合计人数											

核准________主管________填表________

需求理由：A. 增补，B. 业务增加，C. 新增业务，D. 储备人才，E. 其他。

填写说明：1. 由人力资源部提出。

2. 权责主管核准。

3. 尽量定期（月度）办理。

此表用于掌握各部门预计人员需求的时间、职务及需求的理由。

表2－9　各部门人力资源需求统计表

日期：____________

部门	需求人员	现有人员	差数	处理

填写说明：1. 本表由人力资源部提出。

2. 经各部门确认。

3. 过剩数前面加负号“－”。

4. 过剩或不足先经协商调整，再确认需求人数。

此表用于人力资源部粗略统计各部门的人员需求状况。

六、表格的发送程序

表格的发送就是把人力资源部精心设计的有关人力资源预测的表格送到各部门的经理，请他们填写。不规范的做法是派工作人员直接送到经理们手中，或把经理们叫到一起，开个会，把填写方法和要求讲清楚，再把表格发下去。这种不规范的程序可能带来一些麻烦。首先，人力资源部门没有权力召集其他部门经理们开会。其次，假设越权召集开会，有的经理有事找别人代替到会，这些人虽然领走了表格，但不一定能把填写方法和要求完整地转达给他们的经理。还可能忘了把表格交给经理。如果公司较大，部门较多，地域分散，上述不规范的做法不仅耗费人力，出现问题的几率更大，所以更不可取。规范的方法是把预测表格填写注意事项编写成公文，向各部门发送。这种公文的类型就是函。

函是用于商洽工作，询问和答复问题，向有关主管部门请求批准某些事项的带有明显的泛行性的商洽性的公务文书。所谓泛行性是指函的制发不受行文关系的严格约束限制，只要公务活动需要，可以向上级、下级、平级和不相隶属的部门发出。商洽性函的正文一般包括商洽缘由、商洽内容、意愿要求等三个方面内容。商洽缘由，即为什么要提出商洽，一般写出某些事实或引述上级文件精神作为提出商洽的依据。商洽内容，即商洽的具体事项，包括需对方给予什么协助，或双方应共同办理的事情等。意愿要求既包括对受文者具体要求及对受文者态度的征询，还包括对要求的补充说明等。商洽性函行文语气平和礼貌。由于人力资源部是向上级（总经理办公室）、平级（公司各个部门）请求填写预测表格并共同完成公司人力资源的预测，正需要使用这种商洽性函，示例2-7是为此而制发的函的示例。

[示例2-7]

人力资源部关于进行员工需求预测的函

人力函[××]××号

产品开发一部：

根据总经理指示，明年公司人力资源预测工作安排如下：

(1)11月底前，各部门根据明年技改方案和退休、离职、晋升等情况由部门主管会同本部门骨干确定出明年部门需增补与调出人员的职位及各职位的人数，并填写"单个职位的人员增减申请表"和"部门人员增减申请分级统计表"，交人力资源部。

(2)12月15日前，人力资源部会同财务部指派的工作人员核算汇总各部门人员增减产生的人力资源成本增减量，并检验该增减量是否符合公司的人力资源成本应与公司业务量相适应的政策。如果不符，人力资源部或者再与各部门协商调整增减职位与人员；或在调整增减人员实在有困难的情况下，请求总经理修改人力资源成本占业务量的比例。直到得到公司和各部门都认为切实可行的人员增减方案为止。

(3)12 月 20 日前,人力资源部整理材料提出公司明年的人力资源需求计划表,报总经理审批。

以上安排如无不妥,请给予大力协助,在 11 月底之前,将所需表格送交人力资源部,以保证公司的人力资源预测工作按时完成。

附件:1. 单个职位的人员增减申请表

2. 部门人员增减申请分级统计表

××公司人力资源部

××××年 10 月 11 日

示例点评:

1. 示例使用了规范的有"关于……的"介词结构的三要素标题,符合规范。

2. 落款中用了签发单位的全称,而标题中用了签发单位不会引起歧义的习惯简称都是符合规范的。

3. 除了上级向各下属部门发出询问性函外,其余的函都只有一个主送机关。因此示例中只写了一个部门的名称,其他各部门还要分别另写受函部门和分别发函。

4. 示例用"根据总经理指示"说明了商洽缘由,也显示了所商洽事项的重要性,简单明了。用预测工作安排作为商洽内容,不仅清楚地说明了商洽内容,还给出了时限要求,是可以借鉴的方法。最后用了"如无不妥"谦虚地提出了要求,这是大多数平级间函的结尾用语。

5. 对财务部,还应在"将所需表格送交人力资源部"之后加上"同时,请于 12 月 1 日派一名熟悉人力资源成本核算的财务人员前来我部指导协助进行人力资源成本核算"。

在计算机局域网上,向各部门发送这样一个公函,是轻松而方便的。过几天还可以发送询问函催促办理。

七、人员需求计划

人员需求计划是一个以具体数据为任务指标的计划,最适宜使用表格形式,它是把计划的内容一项一项用表格的形式加以罗列,并以简要的文字说明,其优点是非常便于对照检查,一目了然。示例 2-8 给出了一种人员需求计划的表格示例。

[示例 2-8]

表 2-10 是一个公司的年度人员需求计划表。

表 2-10　××公司 2003 年度人员需求计划

填表日期________

人员类型	正管理师	正工程师	管理师	工程师	副管理师	副工程师	助理管理师	助理工程师	一级办事员	一级技术员	业务代表	办事员	技术员	业务员	技术工人	普通工人	其他人员	合计
需求人数																		
人均工资																		
需求日期																		
同级人数																		
备注																		

审批人________　审核人________（人力资源部经理）　填表人__________

填表说明：需求人数为正数表示需要引进的人员数，负数表示需裁减的人员数。填表人应是预测计划工作的主持人，审核人应是人力资源部经理，审批人应是总经理或其委托人。

示例点评：

1. 示例计划用制定机关（管辖范围），计划时限，计划事项，问题名称四要素齐全的标题，符合规范。

2. 示例表中分别按级别顺序把公司需求的各类人员数量，工资水平，需求日期等事项都表述清楚了，还进行了各级别人数和总人数的统计，构成了完整的需求数据。

3. 填表说明中，对具体项目进行了补充说明。

4. 在表格末端的审核人和制表人指出了计划的负责人和具体主持人，这是计划的签署，在表格顶端填写填表日期，是计划的签署日期，都符合计划的规范。

综上所述，示例是规范的，可以借鉴。

第四节　员工招聘工作计划

完整而详细的招聘工作计划有利于企业顺利地开展招聘工作。

在填写招聘工作计划书时，除了严格按照《编制人力资源计划的制度》的规定编写外，还要注意以下两点：

第一，对各项内容的描述力求具体、明确。

第二，对时间及资金的安排要充分考虑本公司的实际情况。

示例 2－9 给出了一个员工招聘工作计划的示例。

[示例2－9]

××公司2003年度员工招聘工作计划

为了适应公司扩大业务的需要，根据公司员工招聘工作规程，特制订本计划。

一、招聘目标（人员要求，见表 2－11）

表 2－11　招聘目标

职务名称	人员数量	其他要求
软件工程师	8	本科以上学历，35 岁以下
销售代表	10	大专以上学历，相关工作经验 3 年以上
行政文员	3	专科以上学历，女性，30 岁以下

二、招聘小组成员名单

组长：××（人力资源部经理）对招聘活动全面负责。

成员：××（人力资源招聘专员）具体负责招聘信息发布、面试、笔试安排。

××（人力资源薪酬专员）具体负责应聘人员接待，应聘资料整理等工作。

三、信息发布时间和渠道

1. ××日报　　3 月 18 日
2. ××招聘网站　　3 月 18 日

四、选拔方案及时间安排

1. 软件工程师：

资料筛选　　开发部经理　　截至 3 月 25 日

初试（面试）　　开发部经理　　3 月 27 日

复试（笔试）　　开发部命题小组　　3 月 29 日

2. 销售代表：

资料筛选　　销售部经理　　截至3月25日
初试(面试)　　销售部经理　　3月27日
复试(笔试)　　销售副总经理　　3月29日

3. 行政文员

资料筛选　　行政部经理　　截至3月25日
面试　　行政部经理　　3月27日

五、新员工的上岗时间

新员工的上岗时间预计在4月10日左右。

六、招聘费用预算

《××日报》广告刊登费:4 000元;××招聘网站信息刊登费:800元;合计:4 800元。

七、招聘工作时间表

3月11日:撰写招聘广告;

3月12~13日:进行招聘广告版面设计;

3月14日:与报社和网站进行联系;

3月18日:在目标报社和网站刊登广告;

3月19~23日:接待应聘者,整理应聘资料,对资料进行筛选;

3月24日:通知应聘者面试;

3月27日:进行面试;

3月29日:进行软件工程师笔试(复试),销售代表面试(复试);

4月1日:向通过复试的人员发录用通知;

4月10日:新员工上班。

本计划已经列入2003年度公司工作计划,公司已责成人力资源部组织、督导实施;公司各部门要密切协同、配合,确保本计划的圆满实现。

××公司
2002年××月××日

示例点评:

这是一份企业内部的专项工作计划。由四个要素组合而成的标题,鲜明地揭示了计划的制订单位,计划时限和计划事项,简洁醒目。正文采用条文式结构,引言部分用一句话概括了该计划的指导思想和重要性。正文部分分条陈述了计划的具体指标,工作人员和各项措施与步骤。结尾部分指出该计划是公司工作计划的一部分,从另一角度强调了它的重要性。明确了各部门贯彻执行计划的具体责任,并提出了相应要求。全文内容完备,结构完整,条理清楚,可作参考借鉴。

第三章

工作分析与职位评价

工作分析，又叫职务分析、岗位分析，是全面了解组织工作，收集、分析和综合有关工作信息的基础性管理活动，通过对工作规范、工作内容、任职资格和目标等进行分析和研究，制定工作说明书、工作描述和工作规范等书面材料，用以指导组织的各项工作。工作分析不仅是人力资源管理工作的核心，也是人本管理的基础。

职位评价，是以工作分析的结果为基础，通过一些方法来确定企业内部不同职位之间的相对价值。

工作分析的流程如图 3－1 所示：

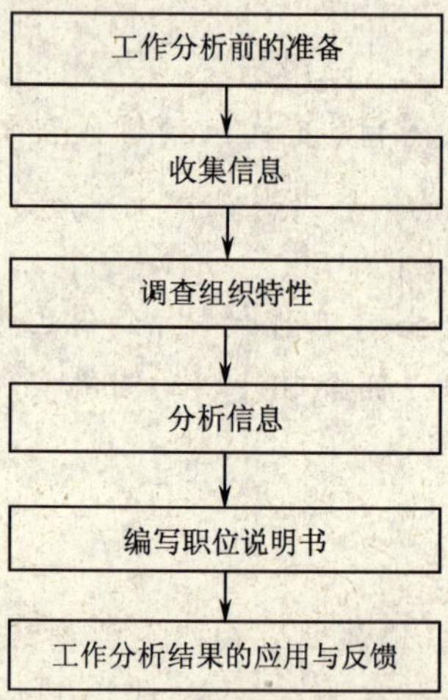

图 3－1　工作分析的流程

第一节　工作分析前的准备

在实施工作分析之前，必须制订一个总体实施方案，这是工作分析准备工作中的最主要工作（参见表 3－1 和表 3－2）。

一、在设计工作分析的总体实施方案时应写明的问题

- 工作分析的目的和意义；
- 工作分析所需收集的信息；
- 工作分析项目的组织形式与实施者；
- 工作分析实施的过程或步骤；
- 工作分析实施的时间和活动安排；
- 工作分析的方法；
- 待分析的工作样本；
- 所需的背景资料和配合工作；
- 工作分析必须提供的结果形式。

二、确定本次工作分析与岗位研究计划

工作分析与岗位研究计划将作为实施工作分析的总体指导。在实施工作分析前由工作分析小组负责人制订工作分析计划或填写如表 3－1 所示的工作分析与岗位研究计划表。

表 3－1　工作分析与岗位研究计划表

填表日期：　　年　月　日

<table>
<tr><td>研究目标</td><td colspan="2"></td></tr>
<tr><td>负责部门</td><td colspan="2"></td></tr>
<tr><td>研究前估测
（根据现有资料、经验）</td><td colspan="2"></td></tr>
<tr><td rowspan="5">研究步骤</td><td colspan="2">1.</td></tr>
<tr><td colspan="2">2.</td></tr>
<tr><td colspan="2">3.</td></tr>
<tr><td colspan="2">4.</td></tr>
<tr><td colspan="2">5.</td></tr>
<tr><td rowspan="5">拟采用的
研究手段</td><td>1.</td><td>主要手段</td></tr>
<tr><td>2.</td><td rowspan="2">1.</td></tr>
<tr><td>3.</td></tr>
<tr><td>4.</td><td rowspan="2">2.</td></tr>
<tr><td>5.</td></tr>
<tr><td>研究进度安排</td><td colspan="2"></td></tr>
<tr><td>备注</td><td colspan="2"></td></tr>
</table>

填表部门：　　　　填表人：　　　　审核人：

三、建立工作分析小组

建立工作分析小组要做到以下5点基本要求：

- 确定工作分析的操作程序；
- 确定整个工作分析小组的责任和目标；
- 帮助工作分析人员充分理解调查问题的具体含义；
- 明确工作分析的调查对工作说明书的相应功能；
- 完善工作分析过程中采用的方法。

为保证分析结果的质量，应选择有代表性、典型的工作：

- 分析关键岗位；
- 分析那些难以完成的、必须经常雇用新员工、需要进行大量培训的工作；
- 其他需要分析的工作包括：新出现的工作、需要调整的工作等。

四、确定本次工作分析的程序

确定本次工作分析的程序，可以用条文格式，也可用表格格式。表格格式的优点是程序简单明了，重点突出，整齐划一。如表3－2所示格式。工作分析程序表由工作分析小组的负责人员指导调查人员在实施工作分析之前填写。

表3－2　工作分析流程表

填表日期：　　年　月　日

<table>
<tr><td>工作分析总目标</td><td colspan="2"></td></tr>
<tr><td>企业各类岗位的现状</td><td colspan="2"></td></tr>
<tr><td>研究前估测（根据现有资料、经验）</td><td colspan="2"></td></tr>
<tr><td rowspan="5">调查方案</td><td colspan="2">调查目的：</td></tr>
<tr><td colspan="2">调查对象：</td></tr>
<tr><td colspan="2">调查项目：
1.
2.
3.
4.</td></tr>
<tr><td colspan="2">方案1</td></tr>
<tr><td colspan="2">方案2</td></tr>
<tr><td>调查时间</td><td colspan="2"></td></tr>
<tr><td>调查地点</td><td colspan="2"></td></tr>
<tr><td>调查人员</td><td colspan="2"></td></tr>
<tr><td rowspan="3">调查方式</td><td>1.</td><td rowspan="3">重点调查方式：</td></tr>
<tr><td>2.</td></tr>
<tr><td>3.</td></tr>
<tr><td colspan="3">分析总结结果：</td></tr>
<tr><td colspan="3">备注：</td></tr>
</table>

填表部门：　　　　填表人：　　　　审核人：

五、工作分析的其他准备工作

第一，做好员工的动员工作，使员工对工作分析有良好的心理准备，配合工作分析小组的调查工作。

第二，根据工作分析的任务、程序，将其分解成若干工作单元和环节，以便逐项完成。

第三，组织小组成员先行一步，学习掌握岗位调查的内容，熟悉具体的实施步骤和方法。

第二节　工作分析的信息收集

一、收集信息的步骤

收集信息应遵循以下的步骤，如图 3－2 所示。

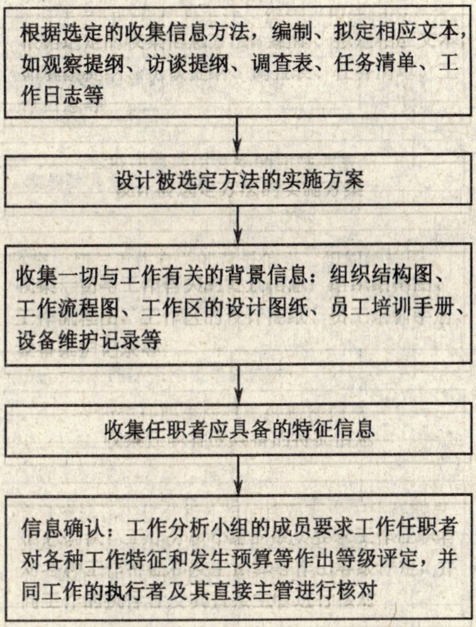

图 3－2　收集信息的步骤

二、收集信息的来源

收集信息应尽量采用最直接的来源、最新的资料，尽量拓宽信息来源渠道，确保信息的代表性、客观性、公正性和透明性（参见表 3－3）。

三、收集信息的方法

收集信息一般采取以下几种方法。

表 3－3　收集信息的来源

与人有关的信息来源	与人无关的信息来源
工作执行者	现有的工作说明书
工作分析专家	工作手册
工作小组或团队	培训手册及其他培训材料
主管人员	
其他部门人员	

（一）观察法

1. 观察法的操作步骤，如图 3－3 所示。

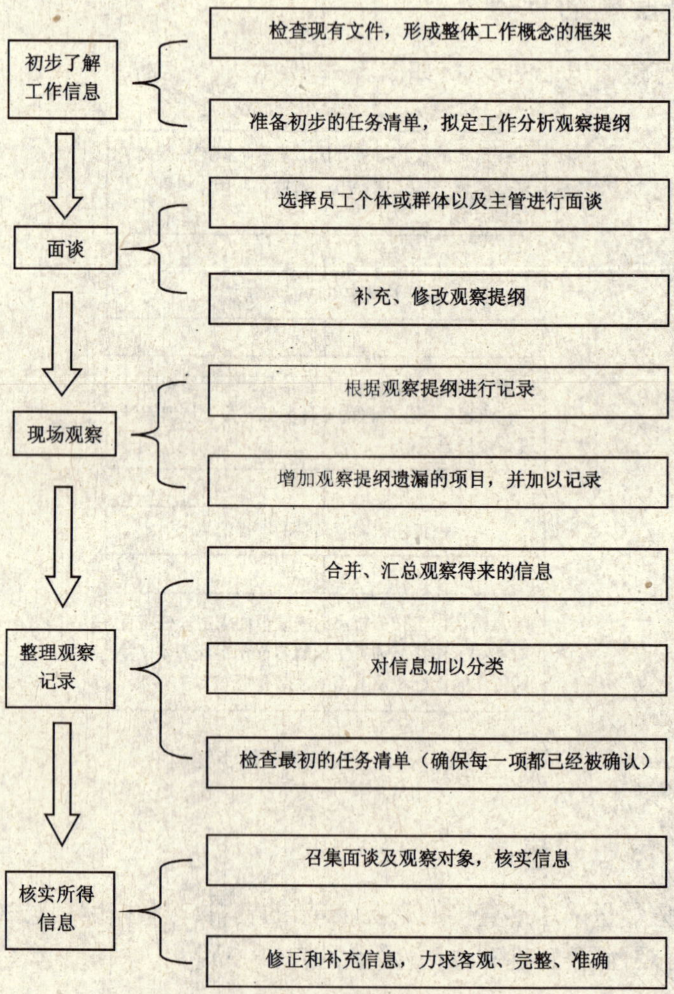

图 3－3　运用观察法收集工作信息的步骤

2. 观察法的适用范围：

- 适用于：容易观察到的、周期短的、大量标准化的、以体力活动为主的工作。
- 不适用于：无法衡量的脑力劳动、非常重要的或特殊的工作（如抢救、保密、外出等）。

3. 注意事项：

- 应选择有代表性的工作样本观察。
- 不应介入所观察的工作。
- 虽然观察法具有可掌握工时利用情况（制定和修订定额），资料数据全面、翔实、准确，可改进工作方法、可了解设备故障率的优点，但是使用观察法收集工作分析信息时，也可能会引起被测人员的反感，造成被观察者的工作不自然，从而影响所收集信息的可靠性。
- 观察前应准备详细的提纲和行为标准，如表 3－4 所示。

表 3－4 观察法提纲举例

被观察者姓名：	日期：
观察者姓名：	观察时间：
工作类型：	工作部门：
观察内容： • 何时开始正式工作？________ • 上午工作多长时间？________ • 上午休息多少次？____第一次休息时间从____到____，第二次休息时间从____到____ • 上午完成多少件产品？____平均多少时间完成一件产品？____ • 与同事交谈多少次？____每次交谈约多长时间？____ • 室内温度是多少度？____ • 抽了几支香烟？________ • 喝了几次水？________ • 什么时候开始午休？________ • 环境噪音是多少分贝？________	

说明：该提纲适合对实际操作工作的分析。

4. 观察提纲的使用方法：工作分析人员到工作现场，根据调查提纲，运用感觉器官或工具对员工的工作情况进行观察和测定，把工作的内容、原因、方法、程度、目的等信息记录下来，最后整理成文字材料。

（二）面谈法

面谈法是指工作分析人员通过与相关人员面对面地交谈来收集信息的方法，面谈前应根据面谈对象的职位准备相应的面谈提纲，如表 3－5，表 3－6 所示。

表 3-5　一般员工的工作分析面谈提纲

部门名称：　　　　　　　　　　　　　　　　　　　　　　填表日期：　　年　　月　　日

面谈人		面谈对象	
面谈时间		面谈地点	
岗位目标	这个工作岗位的工作目标是什么？ 这个岗位最终要取得怎样的结果？ 从公司角度来看，这个岗位具有哪些重要意义？ 公司为什么要设置这一工作岗位？ 为这项工作投入经费会有多少收益？		
工作意义	工作的意义何在？ 计算用于这个岗位的一年经费，比如：经营预算、销售额、用于员工本身的开销。 此岗位主管能否为部门或公司节省大笔开支？且能否保持岗位的业绩？		
岗位地位	公司上级对这个岗位的作用评价如何？ 你认为在公司中这个岗位的位置如何？ 这个岗位直接为哪个部门或哪个人效力？ 哪些职位与这个岗位同属一个部门？		
内外关系	这个岗位最频繁的对内联系有哪些？ 这个岗位最频繁的对外联系有哪些？ 这个岗位是你在公司的委员会/机构/部门/兼职？ 这个岗位需要出差吗？去何处？因何故？		
岗位要求	这个岗位的基本要求是什么？ 这个岗位需要哪些专业技术，按重要程度列出，并举出工作中的实例来说明。 这个岗位如何掌握技术知识，需要脱产培训还是在职培训？ 公司是否有其他渠道提供类似的技术知识？你能否有机会接受这些知识？		
上下级关系	这个岗位的行为和决策受哪个部门或人控制？ 你依据怎样的原则、规章制度、先例和人事制度办事？ 你是否经常会见上司？ 你与上司讨论什么问题？ 你有下属吗？若有，有多少？是谁？		
工作中的问题	工作中需要解决的关键问题是什么？涉及哪些方面？ 你认为工作中最大的挑战是什么？ 工作中，你最满意和最不满意的地方是什么？ 工作中，你最关注或最谨慎的问题是什么？ 在处理这些棘手或重要问题时，以什么为依据？ 你的上司采用什么方式进行指导？ 你是否经常请求上司的帮助，或者上司是否经常检查或知道你的工作？ 你对哪类问题有自主权？ 哪类问题你需要提交上级处理？ 解决问题时，你如何依据政策或先例？ 你面临的问题是否各不相同？具体有哪些不同？ 你在工作中遇到的问题，在多大程度上是可测的？ 处理问题时有无指导或先例可参照？		

续表

	以先例为依据和对先例进行分析解释是不是解决问题的唯一途径？ 你能否有机会采取全新的方法解决问题？ 你是否能解决交给上司的问题，或者说你是否知道该如何解决这些问题？ 着手解决问题之前对问题所作的分析工作是由你本人还是你的上司来完成？
工作成果	你在工作中最重视取得什么重要成果？ 你用什么标准衡量自己工作的结果？ 你由上司来确定任务还是由他（她）来组织完成任务？ 上司对事情的成败是否有决定性作用？

制表人：　　　　　　　　　　　　　　审核人：

表3－5一般员工的工作分析面谈提纲适用于一般职位；面谈法的使用最为普遍，通常在被调查者很忙而不能面对面提问时才采取书面形式。

表3－6　管理人员的工作分析面谈提纲

部门名称：　　　　　　　　　　　　　　填表日期：　　年　　月　　日

面谈人		面谈对象	
面谈时间		面谈地点	
职位目标	这个职位的目标是什么？ 这个职位最终要取得怎样的结果？ 从公司角度来看，这个职位具有哪些重要意义？ 公司为什么要设置这一职位？ 公司为设置这一职位投入的经费会有何收益？		
职位意义	这个职位工作的意义何在？ 公司为这个职位每年需要支付多大开支？ 这个职位在公司中的位置及地位如何？ 这个职位直接为谁效力？向谁负责？		
内外关系	这个职位最频繁的对内联系有哪些？ 这个职位最频繁的对外联系有哪些？		
职位要求	这个职位的基本要求是什么？ 这个职位在专业技术方面的要求是什么？ 这个职位对管理才能的要求是什么？ 这个职位需要哪些内容的培训？这些内容是通过脱产培训还是在职培训获得？		
上下级关系	下属是否拥护你的管理和领导，是否需要他们的配合？ 你在说服别人（上级或是下级）时是否颇费口舌？ 工作中遇到困难，通常你向谁寻求帮助？ 你的自主权限有多大？ 你向哪级部门或领导人负责？		

续表

工作中的问题	你的大部分时间在做什么？ 日常工作中，与技术知识相比，处理人际关系的技巧重要程度如何？ 你认为工作中最大的挑战是什么？ 你对工作中最满意和最不满意的地方是什么？ 你在工作中最关注或最谨慎的问题是什么？ 你在处理那些棘手或重要问题时以什么为依据？ 你的上司采用什么方式进行指导？ 你是否经常请求上司的帮助，或者上司是否经常检查或知道你的工作？ 你对哪类问题有自主权？哪些没有？ 解决问题时，你如何依据政策或先例？ 你面临的问题是否各不相同？具体有哪些不同？ 你在工作中遇到的问题，在多大程度上是可预测的？ 你在处理问题时有无指导或先例可参照？ 你是不是将先例作为解决问题的唯一途径？ 你能否有机会采取全新的方法解决问题？ 你是否能解决交给上司的问题，或者说你是否知道该如何解决这些问题？ 着手解决问题之前对问题所作的分析工作是由你本人还是你的上司来完成？

制表人：　　　　　　　　　　审核人：

管理人员的工作分析面谈提纲的适用对象是管理人员。

1. 面谈提纲使用方法：工作分析小组成员与职位承担人直接交流，根据访谈提纲中已列好的问题提问，收集信息。

2. 访谈提纲内容：工作目标、工作内容、工作性质和范围、责任。

3. 注意事项：

- 在面谈前要事先准备提纲，面谈的问题应与分析目的相关；
- 问题不超出对方的知识、信息范围，不诱导对方，不涉及个人题材；
- 用词清楚准确、不模棱两可、不含蓄；
- 面谈时尽量保持融洽气氛，尽量使任职者和主管都在场以保持面谈的客观性；
- 面谈结束后要与被访者核对纪录的信息；
- 虽然使用面谈法可以简单、快速地收集工作分析的信息，但是不要单独使用这种方法收集信息，因为提问者固有的观念会影响被访者回答及判断，信息易失真（例如，出于自身利益考虑而夸大事实）。

（三）调查表法（问卷法）

调查表法是通过结构化的调查表或问卷形式，如表 3－7，3－8，3－9，3－10 所示，要求被调查者根据实际情况填写，回收整理统计处理后获取工作信息。

表 3－7　工作分析调查表

<table>
<tr><td colspan="2">基本信息</td></tr>
<tr><td>姓名：</td><td>填写日期：　　年　　月　　日</td></tr>
<tr><td>职务名称：</td><td>职务编号：</td></tr>
<tr><td>所属部门：</td><td>部门经理姓名：</td></tr>
<tr><td colspan="2">调查信息：</td></tr>
<tr><td colspan="2">1. 请准确、简洁地列举出你的主要工作内容（若多于 8 项可以附纸填写，下同）。</td></tr>
<tr><td>(1)______
(2)______
(3)______
(4)______</td><td>(5)______
(6)______
(7)______
(8)______</td></tr>
<tr><td colspan="2">2. 请认真、详尽地描述你的日常性工作（如果有工作日志，请附后）。</td></tr>
<tr><td colspan="2">3. 请详尽地列举你有决策权的工作项目。</td></tr>
<tr><td colspan="2">4. 请详尽地列举你没有决策权的工作项目。</td></tr>
<tr><td colspan="2">5. 请简明地描述你的上级是如何监督你的工作的。</td></tr>
<tr><td colspan="2">6. 请简明地描述你的哪些工作是不被上级监督的。</td></tr>
<tr><td colspan="2">7. 请详细描述你在工作中需要接触到哪些职务的员工，并请讲明接触的原因。</td></tr>
<tr><td colspan="2">8. 请简明地列举你编写的需要作为档案留存的文件名称和内容提要。</td></tr>
<tr><td colspan="2">9. 请列举工作中需要用到的主要办公设备和用品。</td></tr>
<tr><td colspan="2">10. 请描述你在人事和财务方面的权限范围。</td></tr>
<tr><td colspan="2">11. 你认为胜任这个职务需要几年的相关工作经验？
□不需要　□1 年　□2 年　□3 年　□4 年　□5 年及以上　□不好估计</td></tr>
<tr><td colspan="2">12. 你认为胜任这个职务需要什么样的文化程度？
□初中　□高中　□大专　□本科　□硕士及以上　□不好估计</td></tr>
<tr><td colspan="2">13. 你认为一位没有相关工作经验的大专学历的人员，需要多长时间培训可以胜任此工作？
□不需要培训　□3 天以内　□15 天以内　□1 个月以内
□3 个月以内　□半年以内　□半年以上　□不好估计</td></tr>
<tr><td colspan="2">14. 你认为什么样性格、能力的人能更好地胜任该职务？</td></tr>
<tr><td colspan="2">15. 你认为什么样心理素质的人员能更好地胜任该职务？</td></tr>
<tr><td colspan="2">16. 你认为什么样知识范围的人能更好地胜任该职务？</td></tr>
<tr><td colspan="2">17. 请描述该职务的工作环境，你认为什么样的工作环境更适合工作？</td></tr>
<tr><td colspan="2">18. 请列举你直接领导的下属的职务、姓名和工作内容。</td></tr>
<tr><td colspan="2">19. 你对该职务的评价。</td></tr>
<tr><td colspan="2">20. 你认为如何才能更好地完成工作？</td></tr>
<tr><td colspan="2">21. 请将该表中没有列出的但你认为有必要强调的内容写出来。</td></tr>
<tr><td colspan="2">注意事项
1. 填写人应保证以上填写的内容真实、客观，并且没有故意的隐瞒。
2. 该问卷的内容作为工作分析的重要依据，如果填写人发现有遗漏、错误，或其他需要说明的情况，请立即与人力资源部工作分析小组联系。
3. 答 11,12,13 题时请在合适的选项内打“√”。
填写人签字：
工作分析负责人签字：</td></tr>
</table>

表3-8　工作调查表(适合工作分析人员填写)

工作调查表
部门：
科室：
工作名称：
工作地点：
直接上级姓名：
直接下属人数：
工作的目的与目标：
工作的职权、任务、责任：
与其他职位的关系：
工作环境：
工作标准与绩效考核： 任职资格要求： (1)学历要求 (2)工作经验要求 (3)专业技术要求 (4)其他的任职资格要求
工作前景展望：
备注项：
填表人:(签名)
职务：
填表日期：

表3-9　工作调查表(适合实际工作人员填写)

工作调查表
部门：
科室：
工作名称：
工作地点：
你向谁汇报工作：
你负责管理的下属人数：
你认为这项工作的目的是：
你认为这项工作在整个组织结构中的位置是：
你定期、不定期和偶尔与哪些人交往(请详细说明所接触人员的部门、姓名)：
请详细描述你目前所处的工作环境(主要是物理环境)：
你目前工作的权力是：
这项工作包含哪些任务和职责(请详细说明)：
你认为应当如何执行这些任务和职责：
你认为这项工作需要达到什么样的工作标准：
在这项工作中,目前是如何进行监督、测量和评价的：
你认为从事这项工作需要何种的技能、知识和经验：
填表人:(签名)
职务：
填表日期：

表 3－10　工作分析问卷

姓　　名＿＿＿＿＿＿＿＿　　工作名称＿＿＿＿＿＿＿＿ 部　　门＿＿＿＿＿＿＿＿　　工　　号＿＿＿＿＿＿＿＿ 主管姓名＿＿＿＿＿＿＿＿　　主管职位＿＿＿＿＿＿＿＿
1. 人物综合：用个人语言简要叙述自己的主要工作任务
2. 特定资格要求：列举为完成职位应当承担的某项任务，需要具有哪些证书、文凭或许可证。
3. 设备：请列举为了完成职位要求的工作，通常使用的所有设备、机器、工具（如打字机、计算机、汽车、车床、叉车、钻机等） 机器名称：　　　　平均每周使用的次数：
4. 常规工作任务：
5. 工作接触：你所从事的工作需要与哪些部门进行工作接触 部门名称：　　　　每周次数：
6. 决策：解释你在完成常规工作过程中所要作出的决策有哪些。 （1）如果你所作出的判断或决定的质量不高，那么可能会带来什么后果？ （2）如果你所采取的行为不恰当，那么可能会带来什么后果？
7. 文件记录责任：请列出需要由你准备的报告或保存的文件资料有哪些，并请概括说明每份报告都是递交给谁的。 （1）报告＿＿＿＿＿＿＿＿　　递交给＿＿＿＿＿＿＿＿ （2）保存的资料＿＿＿＿＿＿＿＿＿＿＿＿＿＿＿＿
8. 监督的频率：为进行决策或决定采取某种正确的行动程序，你必须以一种怎样的频率同你的主管或其他人协商？ （　）经常　（　）偶尔　（　）很少　（　）从来不
9. 工作条件：请描述你是在一种什么样的条件下进行工作的，包括内部条件、外部条件、空调办公区域等。请一定将所有令人不满意或非常规的工作条件记述下来。
10. 资历要求：请指出为令人满意地完成职位工作，工作承担者需要达到的最低要求是什么？ （1）教育： ①最低学历＿＿＿＿＿＿＿＿＿＿＿＿＿＿＿＿ ②受教育年限＿＿＿＿＿＿＿＿＿＿＿＿＿＿＿＿ ③专业或专长＿＿＿＿＿＿＿＿＿＿＿＿＿＿＿＿ （2）工作经验： ①工作经验的类型＿＿＿＿＿＿＿＿＿＿＿＿＿＿＿＿ ②工作经验的年限＿＿＿＿＿＿＿＿＿＿＿＿＿＿＿＿ （3）特殊培训： ①特殊培训的类型＿＿＿＿＿＿＿＿＿＿＿＿＿＿＿＿ ②特殊培训的年限＿＿＿＿＿＿＿＿＿＿＿＿＿＿＿＿ （4）特殊技能： 打字＿＿＿＿＿＿＿＿字/分钟　　速记＿＿＿＿＿＿＿＿字/分钟 其他＿＿＿＿＿＿＿＿＿＿＿＿＿＿＿＿
11. 其他信息：请提供前面各项目中所未能包括，但你认为对你的职位来说是十分重要的其他信息。
员工签名：＿＿＿＿＿＿＿＿　　日期：＿＿＿＿＿＿＿＿

1. 工作调查表包含的要素：

- 基本资料：姓名、性别、年龄、学历、职称、上级主管等；

- 工作时间：正常的工作的时间、休息时间、加班、出差等；
- 工作内容：工作目标、工作程序、各工作事项占全部工作时间的百分比等；
- 工作责任：工作风险责任、成本控制责任、协调责任等；
- 所需知识技能：学历、工作经验、反应能力、判断能力；
- 工作的劳动强度：精力集中程度、工作压力、疲劳程度等；
- 工作环境：工作环境安全性、卫生条件等。

2. 调查表的设计方式：

选择式。例如，给出 A，B，C，D，E 五个答案，画"√"就行了，被调查者感觉很简洁方便，不需要花费很多时间。该设计方式的优点：答案标准化，便于分析、统计、比较研究；回答较为准确，回收率高、准确率高。缺点是易造成盲目猜答；回答若不详细、全面，回答者无法阐明观点；篇幅长，回答不便。

开放式。其优点是快速、高效；调查成本低（相对于其他方法）；应用面广；可不占用工作时间。缺点是：表格设计费时、设计成本高；一些问题的表格受局限；不利于亲密合作。

3. 使用范围：几乎所有性质的工作（除非任职者文化素质较低）；相对于其他收集信息的方法，它更适合问难度较大和较为复杂的问题。

4. 注意事项：

- 调查项目与调查目的应一致；
- 问题的阐述应简明并易于回答；
- 防止诱导，不要提诱导式问题；
- 对被调查者进行事前培训，力求将主观干扰降到较低程度；
- 虽然使用问卷法可收集一些不可预料的其他信息，回答者可畅所欲言、全面清楚地表明自己的观点，给回答者较多的创造性和自我表现机会，但是可能会收集到无价值的信息，答案的比较、统计困难，要求填写者花费的时间长，可能使填写者怯于执笔。

（四）工作丰富化诊断调查问卷法

工作丰富化诊断调查问卷法是在上述调查表的基础上发展起来的，只是使内容更丰富一些，它包括工作内容、职业发展、员工适应性和相关问题等部分。它可以用问卷的方式，如示例 3－1 所示，也可以用表格的形式，如表 3－11 所示。在工作丰富化诊断调查数据的基础上，需要进行工作状况评价，可用表格的形式，如表 3－12 所示。

[示例 3－1]

××公司工作丰富化诊断调查问卷

为了完善公司的职务设计工作，望各位员工认真填写如下的工作诊断调查问卷，填完后交给本部门经理。

一、工作内容调查

1. 请准确、简洁地列举出你的主要工作内容：

上述内容，与职务描述中的内容是否有差异？如果有，有哪些？产生的原因是什么？

2. 请列举你有决策权的工作项目：

上述内容，与职务描述中的内容是否有差异？如果有，有哪些？产生的原因是什么？

二、职业发展调查

1. 请描述你为自己设定的职业发展目标：

2. 你认为这个目标和企业为你制定的发展目标一致吗？如果不一致，差别在什么地方？

3. 为了达成你个人的职业发展目标，你认为企业应该为你做些什么？

4. 在当前的职务情况下，你是如何向你的职业发展目标迈进的？

三、适应性调查

1. 你是否还具有工作的热情？如果没有，原因是什么？

2. 你是否对现在的状况感到满意？如果不满意，你希望达到什么样的状态？

3. 你是否能在没有工作热情时，同样做好自己的工作？

4. 你是否认为工作和兴趣相结合很重要?

四、相关问题调查

1. 你在工作中遇到的最大的困难和苦恼是什么?

2. 你是否喜欢为自己制订计划?

3. 你认为直接上级应该再给你哪些方面的权力?

4. 你对目前的职务描述和职务资格要求有什么看法?

6. 你对职务资格要求有哪些建议和意见?.

7. 请对你目前的工作进行评价。

表 3-11 企业工作内容丰富化调查表

部门名称: 填表日期: 年 月 日

姓名		岗位名称	
上岗时间		直接主管	
部门经理		调查目的	
工作内容丰富化情况调查			
1. 你认为你的工作量是否饱和? 如果不饱和,你认为原因是什么?			
2. 你每天的工作时间有多长?			
3. 完成你目前的工作量,每天需要多少时间?			
4. 一个月你需要加班几次,一般每次加班多长时间?			
5. 与周围同事相比,你的工作量算多的,还是算少的?			
6. 在你的部门里,你的工作量是最大的吗? 如果不是,你认为哪个岗位是?			
7. 你是否喜欢为自己的工作制订计划?			
8. 请对你目前的工作量作出评价。			
9. 对于调整你的工作量,你有何建议?			
10. 请将你认为有必要说、但此表中未列出的内容写在下面:			

访谈人: 审核人:

1. 工作丰富化诊断调查问卷是针对工作丰富化所设计的调查问卷。

2. 填写方法：由被调查者在工作分析小组成员的指导下填写。

3. 注意事项：

- 问题的设计应科学合理；
- 问题的阐述应简明并易于回答。

表 3－12　工作状况评价表

部门名称：　　　　　　　　　　　　　　　　　　填表日期：　　　年　　月　　日

<table>
<tr><td colspan="2">项目组/工作小组</td><td colspan="2"></td><td colspan="2">岗位需要人数/实际人数</td><td></td></tr>
<tr><td rowspan="2">工作项目</td><td colspan="5">工作情况评价表</td><td rowspan="2">改进措施建议</td></tr>
<tr><td>饱和性</td><td>协调性</td><td>困难度</td><td>艰苦性</td><td>（其他）</td></tr>
<tr><td></td><td></td><td></td><td></td><td></td><td></td><td></td></tr>
<tr><td></td><td></td><td></td><td></td><td></td><td></td><td></td></tr>
<tr><td></td><td></td><td></td><td></td><td></td><td></td><td></td></tr>
<tr><td></td><td></td><td></td><td></td><td></td><td></td><td></td></tr>
<tr><td></td><td></td><td></td><td></td><td></td><td></td><td></td></tr>
<tr><td></td><td></td><td></td><td></td><td></td><td></td><td></td></tr>
<tr><td></td><td></td><td></td><td></td><td></td><td></td><td></td></tr>
<tr><td>工作中存在的主要问题</td><td colspan="6"></td></tr>
<tr><td>工作总体评价</td><td colspan="6"></td></tr>
</table>

填表人：　　　　　　　　　　　　　　　　　　　　　　审核人：

（五）实验法

实验法是指对欲分析的工作进行有针对性的改变某些工作条件，观察这种改变对工作结果的影响来获取该项工作信息的方法。换句话说，就是通过人为地控制一些变量（大都与工作条件有关），观察它引起其他相应变量（大都是工作的结果指标）的变化来收集信息。实验法包括实验室实验法和现场试验法。在企业中，一般采用现场试验法。

现场试验法举例：对装卸货物的工作进行现场试验。装卸货车上的货物，一般由 4 人合作，30 分钟装满载重 10 吨的货车。现假设合作人数是自变量，装卸时间是因变量。实验中，先由 2 人合作，再由 3 人合作，最后由 5 人合作，任务都是装满一辆载重 10 吨的货车。通过合作人数的变化，测定各用了多少时间，从而可得到装卸货物这一工作的相关信息。

实验法注意事项：

- 尽可能取得实验参与者最大限度的配合；
- 严格控制各种变量；
- 实验设计要严密、谨慎；

- 变量的变化要符合实际情况；
- 保障实验参与者的人身安全。

（六）日志法

日志法就是指员工本人通过记录每天工作的内容、程序、方法和时间等来收集信息的方法。表3－13是工作日志的例子。

表3－13　工作日志

填写日期：　　年　　月　　日

工作日志基本信息
姓名：
年龄：
部门：
职务名称：
直接上级：
填写日期：从　　年　　月　　日 　　　　　至　　年　　月　　日
工作日志填写说明 1. 请你在每天工作开始前将工作日志放在手边，按工作活动发生的顺序及时填写，切勿在一天工作结束后一并填写。 2. 要严格按照表格要求进行填写，不要遗漏那些细小的工作活动，以保证信息的完整性。 3. 请你提供真实的信息，以免损害自身的利益。 4. 请你注意保管，防止文件的遗失。 感谢你的真诚合作！

工作日志内容

____年____月____日　　　　工作开始时间____　　　　工作结束时间____

工作序号	工作活动名称	工作活动内容	工作活动结束	时间消耗	备注

工作写实汇总表

工作活动类别		该项工作活动花费的总时间		该项工作活动发生的次数	

填写人：　　　　　　　　　　　　　　　　审核人：

1. 适用范围:需经常外出的较特殊的工作、工作循环周期较短、工作状态比较稳定的情况。

2. 填写方法:由任职者自己记录工作情况。

3. 记录必须持续一定时间以保证信息的可靠性和完整性。

4. 虽然工作日志法成本低,可以作为了解工作内容、流程的间接依据,也可以作为其他方法的补充,但是信息易失真、夸大,填写工作日志以及整理信息比较耗时费力。

(七)工作实践法

工作实践法就是工作分析人员亲自实际从事所研究的工作,在工作中掌握第一手资料,收集信息。

1. 适用范围:适用于可很快学会的工作;不适用于危险性高、要求智力水平较高、专业性的工作。

2. 优缺点:

(1)优点:

- 可了解实际工作任务在体力、环境及社会方面的要求;
- 可加强沟通,互相信任,消除抵触;
- 可了解广泛的信息(正式和非正式的,如士气、价值观),信息准确、客观。

(2)缺点:

- 对于脑力劳动和工作周期较长的工作无法使用;
- 若在工作中犯了错误易造成损失。

(八)功能工作分析法(FJA)

功能工作分析法是指以员工所需发挥的功能与应尽的职责为核心,列出需收集的信息的类别,从而从员工那里获取信息的方法,如表 3-14 所示。

表 3-14 功能工作分析法

<table>
<tr><td colspan="6">任务代表:GR-08</td><td colspan="4"></td></tr>
<tr><td colspan="6">工作承担者的功能及定位</td><td rowspan="2">需要得到的指导</td><td colspan="3">总体教育开发</td></tr>
<tr><td>物</td><td>%</td><td>资料</td><td>%</td><td>人</td><td>%</td><td>逻辑推理</td><td>数学</td><td>语言</td></tr>
<tr><td>3</td><td>65</td><td>3</td><td>35</td><td>1</td><td>10</td><td>3</td><td>2</td><td>1</td><td>3</td></tr>
<tr><td colspan="6">目标:
操作平路机</td><td colspan="4">工作中心:
覆土、翻松路面、铺平、构筑防火隔离带、维修运输路面、清除路面积雪</td></tr>
<tr><td colspan="10">任务:为了完成平路机的日常工作任务,如回填土方、路面维护、路面积雪清除等,操作平路机的控制系统,将定位轮和机片置于正确的角度,前后、上下、左右 移动机片;按照工作程序,借助知识和经验,监督设备的运行,根据情况的变化不断地作出调整,时刻注意其他工人和设备的位置及安全。
(要完成这些任务)</td></tr>
<tr><td colspan="6">绩效标准</td><td colspan="4">培训内容</td></tr>
</table>

续表

描述性标准： • 正确操作设备 • 警觉、留心 数据性标准： • 所有工作都符合程序要求 • 没有出现因技术上误操作而造成的事故或损害 （要达到这些绩效标准）	功能培训： • 如何操作平路机 • 如何完成常规的平路机工作，例如，回填土方，弄松路面，构筑防火隔离带、维护运输路面、清除路面积雪等 特殊培训： • 特定的平路机知识 • 工作要求方面的知识 • 特殊的工作场位知识（如土层、土壤状况、环境等） （工人需要这类培训）

1. 操作步骤：

• 工作分析人员和企业领导决定 FJA 项目的目的、目标和意图。

• 工作分析人员通过信息、人、物三个基本因素进一步对工作作出分析。这三个要素反映了完成一项工作花费的时间比例。例如，某项工作，要求员工将 70% 的时间用于与人沟通，20% 的时间用于处理事务，10% 的时间用于处理信息。

• 工作分析人员规定工作标准，用来描述员工应当的工作表现。例如，规定打印员的工作标准之一是"每页打印不超过一个错误"。

• 工作分析人员判断完成工作所需的培训。培训内容包括完成工作必需的技能、具体内容以及适应性技巧等。

2. 以员工所要发挥的功能与应尽的职责为核心，列出需要收集的类别从而从员工那里获取信息。该方法在人、信息、物三方面进行比较、评价与分类，参见表 3－15。

表 3－15　人、信息、物三方面内容

资料	人员	事务
比较 抄写 计划、编辑 分析 创新、协调 综合	接受帮助、命令、服务 信息交换 教导、劝导、转向 商量、指导、处理 管理 谈判 顾问	处理、进给、移去、照管 操纵、操作、控制 精确工作、装配
运用智力资源	运用人际资源	运用物质资源

3. 该方法除了考虑人、信息、物三方面因素外，还考虑其他因素：

• 在执行任务时需要多大程度的指导；

• 需要多大程度的推理和推断能力；

• 具备多大程度的数学能力；

• 要求的口头及语言表达能力如何。

（九）关键因素技术法（CIT）

关键因素技术法是指通过描述对工作绩效非常重要的关键因素来收集信息的方法。

1. 操作步骤：可按图 3－4 进行。

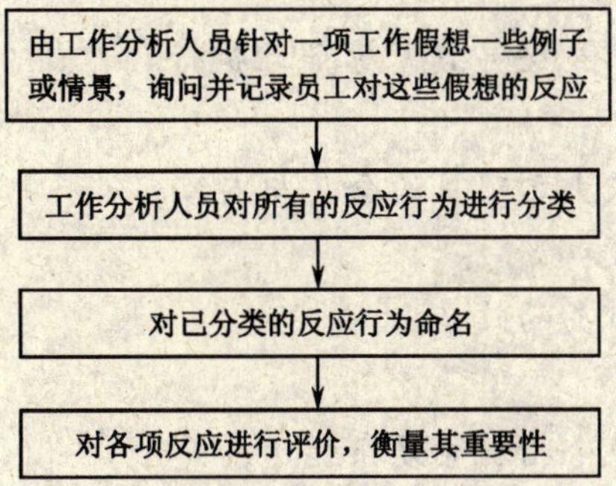

图 3－4　关键因素技术方法的操作步骤

2. 优点：有助于发现对工作绩效有重要影响的行为、有助于开发绩效评估系统和培训系统。

3. 缺点：忽略了一般日常性工作。

（十）关键事件法

关键事件法是指对实际工作中具有代表性的员工的工作行为进行分析，将许多关键示例收集起来，进行归纳分类，分析发生的频率、重要性、对任职者的能力要求等相关信息。

1. 适用范围：适用于大多数工作。

2. 优缺点：能够反映工作的动态特征；但是耗费大量时间和精力；一般描述的是特别有效或特别无效的工作，容易漏掉处于中间状态的工作行为。

（十一）工作分析记录法

工作分析记录法是指从记录现职人员的工作情况中收集信息的方法。要记录工作内容，完成工作内容的各项任务的必备知识、必备能力、体能要求、工作环境等。示例 3－2 中给出了一个福利专员的工作分析记录。

［示例 3－2］

××公司福利专员工作分析记录

一、职别资料

姓名：张文　　职务：福利专员　　所属部门：人力资源部

日期：11/29/2001　　约谈者：李武

二、工作内容简述

主持面谈工作,填写申请表;决定受检部门措施是否合格;整理搜集社会各界有关资料;将不合格的厂家公布给其他相关单位。

三、任务

1. 首要任务已于前面简述。

2. 确定申请合格的标准,使申请厂家照此执行。

(1)必备知识:

① 写于标准申请格式上之项目的含义与内容;

② 食品安全法规政策;

③ 其他与上述法规有关的政令。

(2)必备能力:

① 能够读懂并理解政令措施等复杂指示;

② 能够读懂并了解各种手续中口头与书面的指示,同时将之转为合适的行动;

③ 能将申请要件清楚地告诉外行人。

(3)体能要求:惯于久坐。

(4)环境条件:无。

(5)额外工作:除下达或接受指示外,善于和同事相处。

(6)兴趣范围:①传递资料;②开拓新业务;③替所谓的好人工作。

3. 为询问者(Client)介绍其他可以帮上忙的有关机构,并将适合询问者或便于获得作业常识的社会团体推荐给询问者。

(1)必备知识:①各个协助部门单位的功能;②其他可资推介的社会团体及其地址;③引介手续。

(2)必备能力:①能从口头交谈中发觉客户需要;②有下达简单口头和书面指示给他人的能力。

(3)体能状况:耐于久坐。

4. 应申请人所求解释政令规定,以确定其案件的合格性。

(1)必备知识:上级颁行的合格标准要点、规定与政策。

(2)必备能力:能解说、应用各项有关的政令措施。

1. 对工作分析记录法的说明:工作分析记录是为了完善职务再设计工作而对现有职务的工作内容、任务等方面进行的调查记录。

2. 注意事项:工作分析记录是对现有职务的情况进行的真实记录,因而在记录过程中一定要针对实际情况如实进行记录填写,叙述力求简洁明了。

第三节 组织特性调查

为了保证信息分析结果的客观性和准确性,在对收集来的信息进行分析之前,必须优先考虑所分析职位的特性。只有这样,工作分析所涉及的各个职位才能有机联系起来。这种职位间的有机的联系就是组织特性调查。组织特性调查的具体内容列于表3－16中。

表3－16 组织特性调查的具体内容

名称	内容
组织活动	对组织所经历的重要发展阶段的简短概括说明
主要活动	对组织所从事的活动和组织宗旨的描述及概括
组织结构	组织结构图及各个部门的职责和人物。提供如下信息:管理工作名称、各部门负责人、每个部门或个人应对谁负责、组织的命令链、各工作的名称、各工作在组织中的位置
主要产品和市场	组织的主要产品或服务、所采用的技术、对生产线的介绍、目前及未来的市场份额、主要顾客预期的增长率、主要竞争者、其他外部环境因素
生产过程	系统地描述组织生产经营活动的流水过程
组织的战略	对组织目前的战略计划进行总结
组织中各部门的目标	以此来了解各部门相关职能的合理性
各部门的组织结构	包括部门内的组织结构图、各部门职能、每一职能相应的工作人数
其他特殊信息	

第四节 信息分析

信息分析就是把前两节中介绍的收集来的工作分析信息和组织特性调查得到的信息进行综合分析,为下一步编写工作说明书做好资料准备。这一步要分析:①工作名称;②工作规范;③工作环境;④工作执行人员必备的条件。信息分析的内容及步骤如图3－5所示。

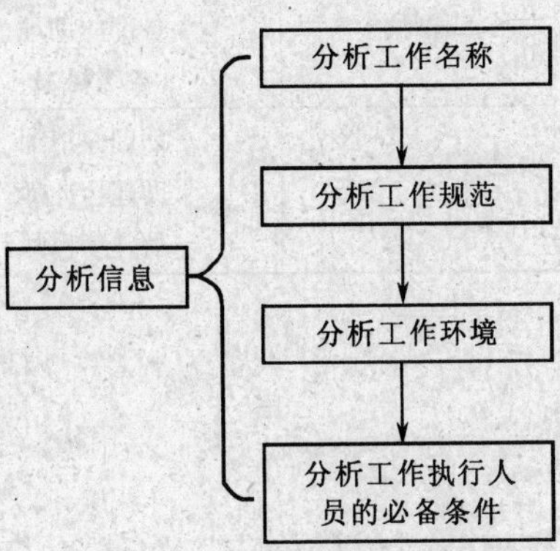

图3－5 信息分析的内容及步骤

一、分析工作名称

工作分析，就是确定岗位或者职务的名称、等级和类别。注意事项：工作名称要规范、准确、优美，保证人们从名称上就能对工作的性质和内容有大致的了解。同一职务，由于承担的责任不同，可以有不同的等级。表3－17列出了某个企业工作名称分析的结果。

表3－17

职务类别 职务等级	一	二	三
1	总经理		
2	副总经理 总经理助理		
3	总工程师 厂长	副总经理	
4	经理	总工程师 厂长	
5	副经理 高级研究员	副厂长 各部门经理	
6	行政主管 工程师 经济师 会计师 研究员	副经理 高级工程师 高级研究员 总经理助理	
7	行政助理 各部门助理 各级秘书	行政主管 工程师 研究员	
8	助理工程师	行政助理 各部门助理 各级秘书	行政主管 工程师 研究员
9	项目负责人 职员	助理经济师 助理会计师 助理工程师	行政助理 各部门助理 各级秘书

二、分析工作规范

（一）工作规范的内容

工作规范，也称工作职能规范。包括确定工作任务、工作责任、工作关系（即此项工作和其他工作间的关系）和劳动强度四个方面，更细的分解如图3－6所示。

（二）工作规范分析举例

分析工作规范时要形成文字材料备用，这种文字材料也称工作职能书。示例3－3

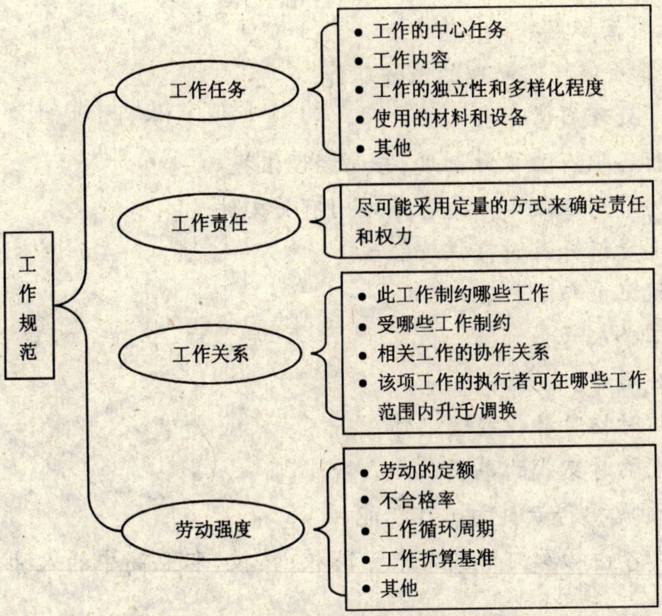

图3-6　工作规范分析的内容

是××公司人力资源部经理、经理助理、招聘专员和规划专员的工作职能书。

[示例3-3]

××公司人力资源部工作职能书

（一）人力资源部经理的工作职能

1. 依照公司策略，规划人力资源部门的工作执行方案及执行进度，并主导实施。

2. 制定与审核人力资源管理制度、作业办法。

3. 检查、监督公司各项人力资源制度的执行以及各项工作计划的进展情况，并采取必要的对策，保证各项工作计划的进度和顺利完成。

4. 核查人力资源部员工的工作情况，并负责所属人员薪资、职位变动的初核。

5. 依照人力需求，主持招聘、到职准备、职前及在职培训等工作。

6. 主持企业员工薪资审核以及配置管理。

7. 编制部门预算并控制费用。

8. 为各部门提供人力资源的良好服务，以协助提高各部门专业工作效率。

9. 签发人力资源部文件。

10. 对外建立与发展良好的公共关系。

11. 了解并掌握员工的思想状况。

12. 办理员工各类保险、福利及出国手续。

13. 处理人员离职解聘。

(二)人力资源部经理助理的工作职能

1. 协助主管处理日常事务。

2. 监督执行各项人力资源制度,并向经理汇报。

3. 指导人力计划组起草人力资源部门有关文件。

4. 收集各类资讯并及时提供给经理。

5. 整理会议记录与资料。

6. 建立员工个人资料

7. 采购办公用品。

8. 经理缺席时临时替代经理工作。

9. 承办经理临时交代的事项。

(三)人力资源招聘专员的工作职能

1. 联系各人才市场及对一些大中专院校、技校、职业高中的人才渠道的联系以及公共关系。

2. 搜集各类人才信息情报。

3. 了解公司各部门储备人员的情况。

4. 汇集与整理招聘资料。

5. 执行招聘的笔试和初试工作并评判笔试客观题。

6. 核实招聘之后应聘人员的经历及证件。

7. 统计招聘工作中的各类报表。

8. 收集每月企业中人员流动情况以及分析流失原因。

9. 办理经理临时交代的事项。

(四)人力资源规划专员的工作职能

1. 规划与修订公司人事规章制度、福利、户籍政策等。

2. 规划与修订公司的员工考核、激励制度。

3. 规划人力资源的补充、培训、晋升、配备工作。

4. 制定、修订及审核人事表单流程。

5. 规划与执行各种活动。

6. 收集、整理及归档相关资料。

7. 办理经理临时交代的事项。

(三)填写工作内容描述表

为了对各种职务的各项工作进行横向和纵向的对比分析,应将工作职能书进行整理提炼列成表格。表格的形式应根据工作的性质(如操作工、管理员等)不同分别设计,下面列出了四种工作内容描述表。根据所要获得的信息的不同,可以从表3-18,3-19,3-20,3-21中任选一种填写。

表 3－18　工作内容描述表(一)

部门名称：　　　　　　　　　　　　　　　　　　　　　　填表日期：　年　月　日

<table>
<tr><td>职称</td><td></td><td>职务</td><td></td><td>姓名</td><td></td></tr>
<tr><td>类别</td><td colspan="2">工作内容说明</td><td>关联单位/部门</td><td colspan="2">估计工作量</td></tr>
<tr><td rowspan="4">日常性工作</td><td colspan="2"></td><td></td><td colspan="2"></td></tr>
<tr><td colspan="2"></td><td></td><td colspan="2"></td></tr>
<tr><td colspan="2"></td><td></td><td colspan="2"></td></tr>
<tr><td colspan="2"></td><td></td><td colspan="2"></td></tr>
<tr><td rowspan="4">周期性工作</td><td colspan="2"></td><td></td><td colspan="2"></td></tr>
<tr><td colspan="2"></td><td></td><td colspan="2"></td></tr>
<tr><td colspan="2"></td><td></td><td colspan="2"></td></tr>
<tr><td colspan="2"></td><td></td><td colspan="2"></td></tr>
<tr><td rowspan="4">偶发性工作</td><td colspan="2"></td><td></td><td colspan="2"></td></tr>
<tr><td colspan="2"></td><td></td><td colspan="2"></td></tr>
<tr><td colspan="2"></td><td></td><td colspan="2"></td></tr>
<tr><td colspan="2"></td><td></td><td colspan="2"></td></tr>
<tr><td rowspan="4">临时或代理工作</td><td colspan="2"></td><td></td><td colspan="2"></td></tr>
<tr><td colspan="2"></td><td></td><td colspan="2"></td></tr>
<tr><td colspan="2"></td><td></td><td colspan="2"></td></tr>
<tr><td colspan="2"></td><td></td><td colspan="2"></td></tr>
<tr><td rowspan="4">特别工作</td><td colspan="2"></td><td></td><td colspan="2"></td></tr>
<tr><td colspan="2"></td><td></td><td colspan="2"></td></tr>
<tr><td colspan="2"></td><td></td><td colspan="2"></td></tr>
<tr><td colspan="2"></td><td></td><td colspan="2"></td></tr>
<tr><td rowspan="4">其他工作</td><td colspan="2"></td><td></td><td colspan="2"></td></tr>
<tr><td colspan="2"></td><td></td><td colspan="2"></td></tr>
<tr><td colspan="2"></td><td></td><td colspan="2"></td></tr>
<tr><td colspan="2"></td><td></td><td colspan="2"></td></tr>
</table>

填写人：　　　　　　　　　　　主管：　　　　　　　　　　　部门经理：

表 3－19　工作内容描述表(二)

部门名称：　　　　　　　　　　　　　　　　　　　　　　填表日期：　年　月　日

<table>
<tr><td>部门</td><td></td><td>岗位名称</td><td></td><td>岗位人数</td><td></td></tr>
<tr><td>工作项目</td><td colspan="2">工作内容</td><td colspan="2">平均每日工作时间</td><td>备注</td></tr>
<tr><td>1</td><td colspan="2"></td><td colspan="2"></td><td></td></tr>
<tr><td>2</td><td colspan="2"></td><td colspan="2"></td><td></td></tr>
<tr><td>3</td><td colspan="2"></td><td colspan="2"></td><td></td></tr>
<tr><td>4</td><td colspan="2"></td><td colspan="2"></td><td></td></tr>
<tr><td>5</td><td colspan="2"></td><td colspan="2"></td><td></td></tr>
<tr><td>6</td><td colspan="2"></td><td colspan="2"></td><td></td></tr>
<tr><td>7</td><td colspan="2"></td><td colspan="2"></td><td></td></tr>
<tr><td>8</td><td colspan="2"></td><td colspan="2"></td><td></td></tr>
</table>

填表人：　　　　　　　　　　　　　　　　　　　　　　审核人：

表 3－20 工作内容描述表(三)

部门名称：　　　　　　　　　　　　　　　　　　　　填表日期：　年　月　日

部门名称		岗位名称	
上级部门		下级部门	
直接上级		直接下属	
工作目的			
工作目标			
工作内容			
工作责任			
工作标准			
工作交往			
备注			

填表人：　　　　　　　　　　　　　　　　　　　　审核人：

表 3－21 工作内容描述(四)

部门名称：

职务名称	负责工作			保管档案填写报表等工作	具备条件
	日常工作	周期性工作	临时或代理工作		

三、分析工作环境

工作环境的分析按图 3－7 进行，可仿照上节那样制作环境分析表。但因只有较少的职务是在特殊关注的环境下工作的，因此，可把这项分析的内容与下节任职资格分析放在同一张表中。

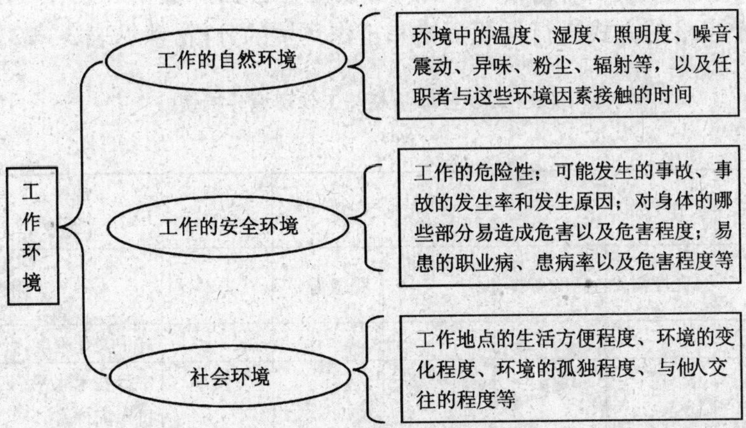

图3－7　工作环境分析的内容

四、分析工作执行人员必备条件

工作执行人员的必备条件分析，也就是通常所说的任职资格的分析。分析包括对担任该项工作的人员在知识、经验、操作能力、身体素质和心理素质等方面必备的条件。具体内容如图3－8所示。

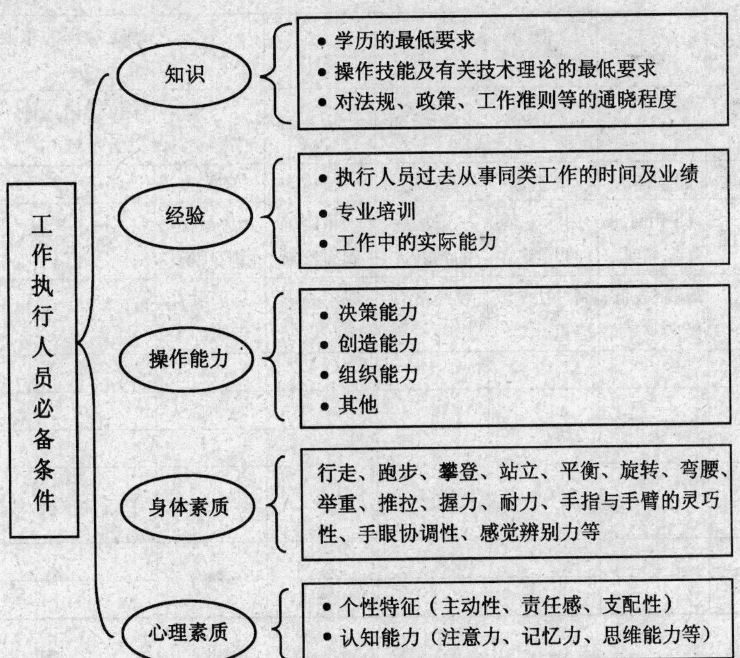

图3－8　任职资格分析的内容

在实际操作中往往是按图 3－8 的内容制定一套任职资格和工作环境分析表格，通过填写这个表格的方式进行任职资格和工作环境的分析，参见表 3－22。

表 3－22　任职资格与工作环境分析表

填表日期：　　年　　月　　日

工作分析编号：		工作名称：	填写人：（盖章）			审核人（盖章）	
履行职务所需要的条件		最高度需要	高度需要	普通程度需要	稍微需要	几乎不要	附注
智力条件	基础知识						高中文化程度，看懂一般图纸
	作业专门知识						中等技术水平（四级以上），熟悉机车配件
	规划能力						
	注意力						确定修理的重要依据之一，必须认真
	判断能力						要有较敏锐的判断力
	协调能力						
	领导能力						
身体条件	体力						
	运动能力						
	感觉能力						
其他条件	责任感						确定修理的重要依据之一，责任重大
	熟练期	2 年以上	1～2 年	半年～1 年	3～6 个月	1～3 个月	多位转化工种，一般工人需 2 年以上工龄
	身体疲劳程度	超重体力	重体力	稍重体力	一般体力	轻体力	
	精神疲劳程度	高度用脑，极复杂、精细	用脑复杂的判断	一般用脑的判断	少量用脑偶需判断	几乎不需要用脑判断	
工作环境条件	程度	极高/极低、极严重	高/低或较严重	较经常有影响	偶尔有影响	几乎没有影响	
	温度						
	噪音						
	粉尘						
	异味、刺激性、有害气体						临近冲洗机，常有火碱蒸汽刺激
	污秽						
	危险程度						

将每个职务的任职资格分析完成之后，也即各个职位的任职资格与工作环境分析表都填写完成之后，就应该把这些调查分析资料进行提炼、统计，制成一个各种职务工作能力或任职资格的总表。在调查分析中，可能会发现某些职务的某些资格要求过

高，浪费了人力资源，那么，就应该把他们调低一些；也可能会发现相反的情况，某些项资格要求过低，影响了该项工作的质量效率，那么，就应该再调高一些，提高该项工作的质量和效率。总之，在制作这个总表时，必须做些调整，使得人力资源得到最合理的配置。因此，常把这个总表称为"各职务工作能力规定表"。表3－23就是这种表的一个示例。这个各职务工作能力规定表规定了各种职务的任职资格必须符合它的规定。因此，填写各职务工作能力规定表必须严肃认真，应该由工作分析小组主管亲自填写。

表3－23　各职务工作能力规定表

填表日期：　年　月　日

职别	主要负责工作	应具备条件		
		工作技能	分析能力	管理能力
总经理	业务拓展	销售或市场调查	企划分析	销售管理
副总经理	产销配合	生产或销售经验	产销配合	产销管理
厂长	生产管理		生产管理	现场管理
……				
……				
……				
……				
……				
……				

第五节　编写工作说明书

工作分析的结果一般用工作说明书的形式表达，包括工作描述和工作规范两部分。有时候，工作说明书也可以分成工作描述和工作规范两份文件来写。

一、工作描述

（一）工作描述包含的要素

1. 基本资料：工作名称、编号、对应岗位等级、工作性质、工资水平、所属部门、直接上级职位、所辖人员、定员人数等。

2. 工作详细说明：该职位设置的目的（即该职位的必要性和所起的作用）、工作概述、工作活动内容、工作职责（全部责任、部分责任、支持责任）、权限、考核评价（考核的内容、方式、工作完成情况）、所使用的原材料和机器设备、工作流程、工作结果、工作联系（内部沟通、外部沟通、直接领导和间接领导的下级人数）等。

3. 组织提供的聘用条件：该工作在组织中的正式位置、享受的晋升、培训和进修的机会、工作时数、工资福利水平、工资结构、工资支付方法等。

4. 工作环境：工作场所、工作的危险性、均衡性、舒适性等。

（二）在编写过程中的注意事项

1. 工作描述，区分于工作规范，是对有关工作职责、工作活动、工作条件以及工作对人身安全危害程度等工作特性方面的信息所进行的书面描述。

2. 注意要阐明职务、所属部门、直接上级。

3. 工作要点、难点、要求、禁忌等各项内容要具体、清楚。

（三）编写人员

工作描述由工作分析小组编写。

下面给出了三个工作描述的示例，参见示例3－4，3－5，3－6。

[示例3－4]

某企业就业助理的工作描述

一、工作身份

- 工作名称：就业助理
- 工作代码（工号）：××××
- 区域：南方地区
- 工资：略
- 工作分析人员：×××
- 分析日期：××××年××月××日
- 上报：人力资源部经理
- 核实日期：××××年××月××日

二、主要工作的简单描述

从事专门人力资源管理工作，包括人员招聘、挑选、测试、情况介绍、调动、保管员工档案。可能要处理平等就业机会/就业歧视补救行动、员工不满情绪、培训或者分类和报酬等特别任务及项目。从事初级工作。任职者在执行分配的任务中行使主动权和独立的判断。

三、基本职能和责任

1. 准备招聘传单和工作广告。

2. 安排和主持面试，确定合适的人选。包括查看申请信和履历。

3. 监督测试项目，负责发展和完善测试工具和程序。

4. 向新员工介绍情况，为介绍完善而收集材料和完善程序。

5. 负责审议调动申请、安排调动面试和确定调动生效日期。

6. 就人力资源问题，包括招聘、保留和解聘试用员工，以及处分或开除员工等，与区域经理保持正常的工作关系。

7. 通过布告栏、会议、备忘录和/或个人接触，向所有员工和经理发布新的或修改过的人力资源政策。

8. 完成人力资源部经理安排的相关工作。

四、资格要求

1. 4年制大学学历，主修人力资源管理、工商管理或心理学，或者在人力资源管理方面具备相当于4年大学学历的实际教育。

2. 对招聘员工和人事安排有深刻的认识。

3. 清晰的书面和口头表达能力。

4. 独立计划和组织活动的能力。

5. 人力资源知识在计算机上的应用。

[示例3-5]

××公司人力资源部经理职务描述

职务名称：人力资源部经理　所属部门：人力资源部　直接上级职务：行政副总经理

工作目的：负责本公司人力资源管理工作　工作要求：工作细致、服务意识强

一、工作责任

1. 编写、执行公司人力资源规划。

2. 招聘。制定招聘程序，组织社会招聘和学校招聘，安排面试、综合素质测试。

3. 绩效考核。制定考核政策、考核文件管理、考核沟通、不合格员工辞退。

4. 激励与报酬。制定薪酬/晋升政策、组织提薪/晋升评审。

5. 福利。制定福利政策、办理社会保险福利。

6. 人力资源管理关系。办理员工各种人力资源管理关系转移、办理职称评定手续。

7. 培训。组织员工岗前培训、协助办理培训进修手续。

8. 与员工进行积极沟通，了解员工工作、生活情况。

二、衡量标准

1. 工作报告的完整性。2. 公司其他员工对人力资源部工作的反馈意见。

三、工作难点

如何更好地为员工服务。

四、工作禁忌

服务意识差，行动缓慢。

五、职业发展道路

行政副总经理。

六、任职资格

1. 工作经验：3年以上管理类工作经验。

2. 专业背景要求：曾从事人力资源管理工作2年以上。

3. 学历要求：大专以上。

4. 年龄要求：30 岁以上。

5. 个人素质：积极热情、善于与人交往、待人公正、公平。

［示例 3－6］

××公司人力资源部培训专员工作描述

职务名称：培训专员　所属部门：人力资源部　直接上级职务：人力资源部经理

职务代码：XL－HR－018

工作目的：为企业培训优秀、合适的人才

一、工作要点

1. 制订和执行企业的培训计划；

2. 制订、完善和监督执行企业的培训制度；

3. 安排具体培训工作。

二、工作要求

组织性强，认真负责，热情周到。

三、工作责任

1. 根据企业发展情况，制订人员培训计划；

2. 执行企业培训计划；

3 制订、完善和监督执行企业的培训制度；

4. 制订培训工作流程；

5. 具体组织员工培训；

6. 培训人员材料管理；

7. 主讲专家的邀请与储备；

8. 负责建立企业人才库；

9. 协助人力资源部经理完成相关工作任务。

四、衡量标准

1. 上交的报表及报告的时效性和建设性；

2. 培训的效果；

3. 培训组织的严密周到程度。

五、工作难点

如何制订合适的计划并完成培训工作。

六、工作禁忌

好大喜功，工作粗心，不能有效地实施培训。

七、职业发展道路

培训经理、人力资源部经理。

从上述三个工作描述的示例可以看出，三个工作描述的格式虽然不同，但他们都包含了前面提出的工作描述应包含的内容。

二、工作规范

（一）工作规范（即任职资格）包含的要素

1. 资历要求：所需的性别、年龄规定，培训的内容和时间，最低学历要求（学位要求、技能职称），知识（专业知识、相关知识），经验（要求相关行业、有本行业从业经历、在本岗位工作年限）。

2. 生理要求：健康状况、体能要求、运动的灵活性、感觉器官的灵敏度等。

3. 心理要求：学习与观察能力、精力集中能力、记忆与理解能力、解决问题的能力、创造与合作能力、数学计算能力、语言表达能力、决策能力、性格、气质、兴趣爱好、态度、事业心等。

（二）注意事项

工作规范是全面反映工作对从业人员的品质、特点、技能以及工作背景或经历等方面的要求的文件。针对人而非对工作。

工作规范可以按示例3－7和3－8的格式书写（着重应用专业职位），用表3－24、3－25的表格方式书写（着重于应用岗位人数较多的一般职位）。

[示例3－7]

某企业人力资源部人员素质要求

（一）人力资源部经理的素质要求：

1. 年龄30～45岁。

2. 人力资源、公共关系、心理学或其他管理类相关专业本科以上学历，英语六级以上，口语流利。

3. 3年以上人力资源管理经验，其中2年以上经理经验。

4. 对人力资源开发、规划、培训、考核及薪酬体系非常熟悉、有丰富的招聘经验。

5. 电脑操作熟练，文笔、口才和气质一流。

6. 精通劳动法律法规，精通ISO 9001、ISO 14000文件编写和培训工作。

7. 具备公关能力和独立的事务处理能力，沟通能力极强。

（二）人力资源部经理助理的素质要求

1. 年龄25～35岁。

2. 本科以上学历，英语四级以上，口语流利。

3. 2年人力资源管理工作经验。

4. 熟悉科学的人力资源管理知识。

5. 懂劳动法律法规，对ISO 9001、ISO 14000文件编写及培训工作比较熟悉。

6. 电脑操作熟练，文笔好。

（三）人力资源开发专员的素质要求

1. 年龄23～30岁。
2. 大专以上学历，英语四级，口语流利。
3. 2年以上人力资源管理工作经验，熟悉人力资源管理的开发、储备及规划工作。
4. 能独立开拓良好的人才输送渠道，有丰富的招聘经验。
5. 电脑操作熟练，文笔好。

（四）人力资源规划专员的素质要求

1. 年龄23～30岁。
2. 大专以上学历，英语四级，人力资源或中文专业优先。
3. 2年以上人力资源管理工作经验，懂人事制度、政策、激励机制方面的文件起草。
4. 熟悉考勤、绩效考核、福利、薪酬体系的整体作业。
5. 电脑操作熟练。

[示例3-8]

××公司"招聘专员"职务资格要求

职务名称：招聘专员　所属部门：人力资源部　直接上级职务：人力资源部经理

职务代码：XL-HR-021　　工资等级：9～13

一、生理要求

1. 年龄：23～35岁。
2. 性别：不限。
3. 体重：与身高成比例，在合理的范围内均可。
4. 听力：正常。
5. 视力：矫正视力正常。
6. 健康状况：无残疾、无传染病。
7. 外貌：无畸形，出众更加。
8. 声音：普通话发音标准、语音和语速正常。

二、知识和技能要求

1. 学历要求：本科，大专以上需从事专业招聘工作3年以上。
2. 工作经验：3年以上大型企业工作经验，曾从事人力资源招聘工作2年以上。
3. 专业背景要求：大专以上学历，人力资源管理或心理学专业优先。
4. 英文水平：国家四级水平。
5. 计算机：熟练使用Windows和MS office系列软件。

三、特殊才能要求

1. 语言表达能力：能够准确、清晰、生动地向应聘者介绍企业情况，并准确、巧妙地解答应聘者提出的各种问题。

2. 文字表达能力：能够准确、快速地将希望表达的内容用文字表述出来，对文字描述很敏感。

3. 观察能力：能够很快地把握应聘者的心理。

4. 逻辑处理能力：能够将多项并行的事务安排得井井有条。

四、综合素质要求

1. 有良好的职业道德，能够保守企业人事秘密。

2. 独立工作能力强，能够独立完成布置招聘会场、接待应聘人员、应聘者非智力因素评价等工作。

3. 工作认真细心，能够认真保管好各类招聘相关材料。

4. 有较好的公关能力，能准确地把握同行业的招聘情况。

五、其他情况

1. 能够随时准备出差。

2. 不可请一个月以上的假期。

表3-24 任职资格要求说明表(一)

部门名称：　　　　　　　　　　　　　　　　填表日期：　年　月　日

工作岗位		岗位人数	
任职资格要求说明			备注
个人条件	性别		
	年龄		
	最低学历		
	相关履历年限		
业务技能	外语水平	□极需要　□需要　□不需要	
	计算机水平		
	专业化程度		
	资格证书		
	其他要求		
智能要求	领导力		
	控制力		
	判断力		
	应变力		
	计划力		
	创造力		
体能要求	健康水平		
	恶劣工作环境/条件适应能力		
其他			

填表人：　　　　　　　　　　　　　　　　　　　　审核人：

表 3－25 任职资格要求说明表

部门名称： 填表日期： 年 月 日

<table>
<tr><td>所属部门</td><td></td><td>工作内容</td><td></td></tr>
<tr><td>工作地点</td><td></td><td>年龄要求</td><td></td></tr>
<tr><td colspan="4">任职资格要求说明</td></tr>
<tr><td>工作经验</td><td colspan="3"></td></tr>
<tr><td>技能与知识</td><td colspan="3"></td></tr>
<tr><td>个性特征</td><td colspan="3"></td></tr>
<tr><td>外在气质</td><td colspan="3"></td></tr>
<tr><td>兴趣爱好</td><td colspan="3"></td></tr>
<tr><td>教育/资格/证书/培训</td><td colspan="3"></td></tr>
</table>

填表人： 审核人：

三、工作说明书

（一）工作说明书的要素

工作说明书的要素参见前面工作描述和工作规范的要素。

（二）工作说明书的编写步骤

工作说明的编写步骤按图 3－9 进行。

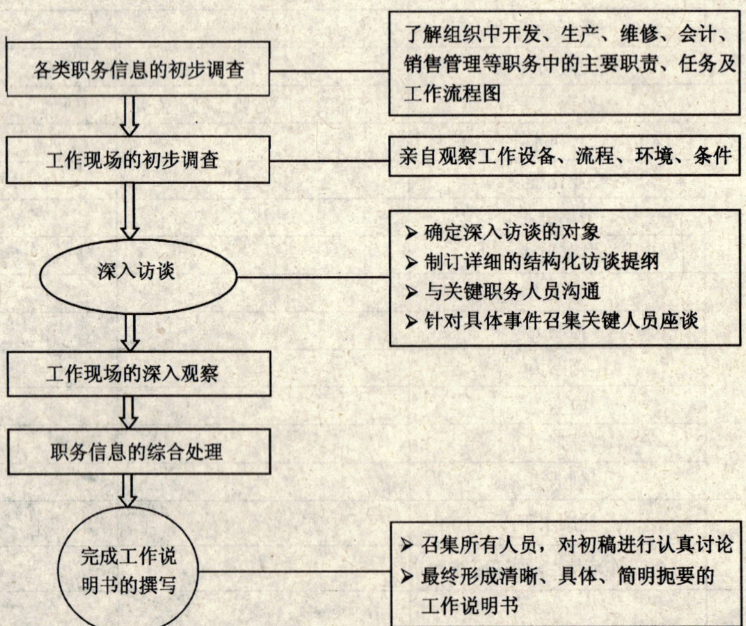

图 3－9

（三）编写工作说明书的注意事项

1. 工作说明书应该成为劳动合同文本的附件，是劳动合同文本的重要组成部分，具有法律作用。因此，语句、用词都要经得起推敲，不能有丝毫的歧义性。

2. 工作说明书的编写最好由高层主管、典型任职者、人力资源部门代表、工作分析小组成员共同协作完成。

3. 工作说明书的编写没有统一模式，可以用表格形式，也可以用条文叙述式。所有职位的工作说明书要采用统一的书写格式。

4. 首先标明姓名、部门、上级及员工职能级别等各项内容。

5. 工作说明书中，如有需要个人填写的部分，应运用规范用语，字迹要清晰。

6. 表述通俗易懂、简明扼要、明确清晰。工作说明书对工作的描述要清楚、明了，对于专业词汇要解释清楚。

7. 表述具体。一般情况下，越是基层的操作性强的工作，工作说明书描述的越要具体。

8. 量体裁衣。工作说明书要根据不同职位有所不同，切忌千篇一律。

表3-26，表3-27，表3-28，表3-29，表3-30是工作说明书的示例。

表3-26 工作说明书(一)

编制日期： 年 月 日

岗位情况		
岗位名称：	所属部门：	
直接上级：	直接下级：	
岗位编号：	岗位基薪等级：	
岗位位置		
(在组织结构图的位置)		
工作联系		
	沟通对象：	沟通内容：
内部沟通		
外部沟通		
下属人员	人员类别	
人数： 人	经理： 人	
直接： 人	工作人员： 人	
间接： 人	其他： 人	
岗位概要		

续表

<table>
<tr><td colspan="3">岗位职责要求</td></tr>
<tr><td>职责
按重要顺序依次列出每项职责及其目标</td><td>负责程度
□全责 □部分 □支持（在□内打√）</td><td>衡量标准
数量、质量</td></tr>
<tr><td>1.</td><td>□全责　□部分　□支持</td><td></td></tr>
<tr><td>2.</td><td></td><td></td></tr>
<tr><td>3.</td><td></td><td></td></tr>
<tr><td>4.</td><td></td><td></td></tr>
<tr><td>5.</td><td></td><td></td></tr>
<tr><td>6.</td><td></td><td></td></tr>
<tr><td colspan="3">任职资格要求</td></tr>
<tr><td>资历</td><td colspan="2"></td></tr>
<tr><td>所需资格证书</td><td colspan="2"></td></tr>
<tr><td>知识要求</td><td colspan="2">专业知识：
相关知识：</td></tr>
<tr><td>能力要求</td><td colspan="2"></td></tr>
<tr><td>素质要求</td><td colspan="2"></td></tr>
<tr><td colspan="3">工作时间与工作环境</td></tr>
<tr><td>工作时间</td><td colspan="2"></td></tr>
<tr><td>工作环境</td><td colspan="2"></td></tr>
<tr><td colspan="3">签字确认</td></tr>
<tr><td></td><td>责任人</td><td>日期</td></tr>
<tr><td>任职者签字</td><td></td><td></td></tr>
<tr><td>上级签字</td><td></td><td></td></tr>
<tr><td>人力资源部签字</td><td></td><td></td></tr>
</table>

表 3－27　工作说明书（二）

编制日期：　　年　　月　　日

<table>
<tr><td>部门</td><td colspan="2"></td><td>职称</td><td></td></tr>
<tr><td>职位等级</td><td></td><td colspan="2">主要工作</td><td></td></tr>
<tr><td>项目</td><td>工作内容</td><td>平均每日工作时间</td><td colspan="2">备注（偶发性工作需几天）</td></tr>
<tr><td>①</td><td></td><td></td><td colspan="2"></td></tr>
<tr><td>②</td><td></td><td></td><td colspan="2"></td></tr>
<tr><td>③</td><td></td><td></td><td colspan="2"></td></tr>
<tr><td>④</td><td></td><td></td><td colspan="2"></td></tr>
</table>

续表

项目	工作内容	平均每日工作时间	备注（偶发性工作需几天）
⑤			
⑥			
⑦			
⑧			

<table>
<tr><td colspan="6">上述职务应具备的基本资格及条件</td></tr>
<tr><td rowspan="4">个人条件</td><td>性别</td><td>男/女</td><td rowspan="4">知能</td><td>领导力</td><td>□极需要 □需要 □不需要（请在方格内打“√”）</td></tr>
<tr><td>年龄</td><td>____岁以上</td><td>应变力</td><td>□极需要 □需要 □不需要</td></tr>
<tr><td>最低学历</td><td></td><td>计划力</td><td>□极需要 □需要 □不需要</td></tr>
<tr><td>经历</td><td></td><td>创造力</td><td>□极需要 □需要 □不需要</td></tr>
<tr><td rowspan="4">技能</td><td>语言</td><td></td><td rowspan="2">体能</td><td>脑力</td><td>□极需要 □需要 □不需要</td></tr>
<tr><td>专业知识</td><td></td><td>体力</td><td>□极需要 □需要 □不需要</td></tr>
<tr><td>操作设备</td><td></td><td rowspan="2">工作环境</td><td>工作场所</td><td></td></tr>
<tr><td>执照</td><td>汽车、摩托车</td><td>危险性</td><td></td></tr>
</table>

表 3－28　工作说明书（三）

编制日期：　年　月　日

<table>
<tr><td colspan="6">工作说明书</td></tr>
<tr><td>部门</td><td></td><td>职位等级</td><td></td><td rowspan="2">职位</td><td></td></tr>
<tr><td>姓名</td><td></td><td>性别</td><td></td><td></td></tr>
<tr><td colspan="6">工作内容：负责本公司人力资源管理及总务管理事项</td></tr>
<tr><td colspan="6">①人员招聘和训练作业
②人事资料登录与整理
③人事资料统计工作
④员工请假、考勤管理
⑤人事管理规章的研究与修正
⑥人员任免、调动、惩罚、考核和薪酬等事项
⑦劳动保险加/退保与理赔事宜
⑧文娱活动与员工福利事项办理
⑨员工各种证明书核发
⑩文具、设备、事务用品预算、采购、修缮和管理</td></tr>
<tr><td colspan="6">职务资格：
①专科毕业或以上，曾任人力资源管理及总务管理工作 2 年以上
②高中毕业曾任人力资源管理、总务管理工作 6 年以上
③现任分类职位 7 职等以上
④具有良好的服务精神与善于处理人际关系者</td></tr>
</table>

表 3－29　工作说明书(四)

编制日期：　　年　　月　　日

部门		职称(称)		职位等级	
姓名			轮班次数		
主要工作(简要概述)					
项目	主要内容 (如为偶发性工作请在“项目”栏填几天发生一次)	所需工作时间(分) 实际	标准	上班%	
合计(如不够填写,请自行加页)					

评价因素			因素内容	评价因素			因素内容
知能	应用知识			体能	脑力		□极需要　□需要　□不需要 (请在方格内“√”)
	技能	操作设备			体力	用力	□极需要　□需要　□不需要 (请在方格内“√”)
		使用工具					
		创造力	□需要　□不需要 (请在方格内打“√”)			工作姿态	
		应变能力	□需要　□不需要				
	经验			工作场所			
责任	安全	警觉程度		工作环境	环境		
		伤害程度					
	财务与业务	财产设备			危险性		
		物(资)料制品					
		与本(其他)部门人员接触			其他		
	监督	监督责任					
		所受监督					

职务应具备的基本资格			
职称		个性	
性别		体格	身高：　体重：　视力：
年龄限制		语言	
最佳学历		领导能力	
(执照)		其他	
应具备的经历(经验)			

表3-30 工作说明书(五)

单位名称: 填表日期: 年 月 日

<table>
<tr><td colspan="2">岗位</td><td></td><td>部门</td><td colspan="2"></td></tr>
<tr><td>工作地点</td><td></td><td>上级岗位</td><td></td><td>下级岗位</td><td></td></tr>
<tr><td colspan="6">主要目的:
1.
2.
3.
4.</td></tr>
<tr><td colspan="6">主要职责:
1.
2.
3.
4.
5.
6.</td></tr>
<tr><td colspan="6">任职资格</td></tr>
<tr><td colspan="3">年龄:</td><td colspan="3">性别:</td></tr>
<tr><td colspan="3">语言:</td><td colspan="3">教育程度:</td></tr>
<tr><td colspan="6">所需培训:</td></tr>
<tr><td colspan="6">经验:</td></tr>
<tr><td colspan="6">技能:</td></tr>
<tr><td colspan="6">岗位说明</td></tr>
<tr><td colspan="3">可升迁职位:</td><td colspan="3">工作环境:</td></tr>
<tr><td colspan="3">待升迁职位:</td><td colspan="3">工作场所:</td></tr>
<tr><td colspan="3">可轮换职位:</td><td colspan="3">工作时间:</td></tr>
<tr><td colspan="3">接受哪项工作的监督:</td><td colspan="3">工作用具:</td></tr>
<tr><td colspan="3">监督哪项工作:</td><td colspan="3">工作状况:</td></tr>
</table>

岗位描述人: 审核人:

第六节 工作分析结果的应用与改进

一、工作说明书的应用

工作分析完成之后,关键是运用工作分析的结果。工作说明书有以下六个用途。

(一)为招聘、录用员工提供依据

1.确定职位的任职条件。工作说明书中已经确定了这个职位的任职条件,任职条件是招聘工作的基础，招聘工作需要依照任职条件来挑选人员，不满足任职条件的人，不能录用。

2. 工作说明书将作为签订劳动合同的附件。企业决定录用员工后，该员工应该承担什么责任以及需要负责到何种程度等，已经事先在工作说明书中约定好了，企业不需要对员工重复说明。

3. 工作说明书将作为入职培训的教材。对新员工做入职培训的目的是使其了解公司的概况、组织结构、基本规章制度以及明确员工自身的职责。

（二）对员工进行目标管理

1. 工作说明书是给员工下达目标的凭证。

2. 依据工作说明书可以清晰地设计目标。在工作说明书中，具体某个职位有几项职责，目标应该下达给谁，都有非常清楚的说明。因此，负责目标管理的主管应该随时查阅工作说明书，以便更明确、有效地对员工进行目标管理。

（三）绩效考核的基本依据

1. 工作说明书中确定了岗位职责和职责范围。在绩效考核时，只有通过考察工作说明书，才会知道只有这个岗位才有这个职责，才能去考核岗位的执行者是否尽职尽责，是否完成了工作目标。如果工作说明书没有这个职责，就不能拿这个要求考核他。工作说明书中还确定了某一职责的范围，是全责、部分责任还是仅负责支持，清楚地划分了员工的职责。

2. 工作说明书确定了考核内容。绩效考核的标准应与工作说明书中规定的考核内容一致。

（四）为企业制定薪酬政策提供依据

直接决定薪酬的是评价，职位评价是企业薪酬政策的基本依据，整个薪酬体系需要以职位评价为支撑性资料。而职位评价的基础是工作分析和工作说明书。

（五）对员工教育与培训的依据

根据工作说明书的具体要求，对一些任职条件不足，但其他方面优秀、符合公司急需人才要求的员工进行教育和培训，提升他们的素质，最后使其达到工作说明书的任职要求。

（六）为员工晋升与开发员工潜能提供依据

人力资源开发是人力资源管理中一项非常重要的工作，即通过一些手段使员工的素质和积极性不断提高，最大限度地发挥员工的潜能，为企业做最大贡献。员工晋升与开发，离不开人事考核。人事考核是以员工为对象，以工作说明书的要求为考核依据，通过对员工各个方面的综合评价，判断他们是否称职，并以此作为任免、奖惩、报酬和培训的依据，促进“人适其位”。

二、动态地改进工作说明书

工作分析中的控制活动是贯穿于全部工作分析始终的，期间要不断地进行调整。

工作说明书不是一成不变的，对它应隔一段时间进行一次修订，而且这种修订应该和企业的人力资源规划结合在一起。

一家企业在3年或者5年内，应该重新制定一次企业的发展战略。对于传统的制造型企业，一般5年就可以；对于一些高新技术企业，技术进步特别快，产品更新换代速度快，市场形势的变化也快，可能经过2年或3年就需要重新调整或制定企业的发展战略。

工作说明书应根据企业的发展战略的调整而调整。这是因为，在企业发展战略调整之后，可能会引起组织结构的调整和变化。例如：产品有变化，原来某产品的事业部取消了；也可能增加了新产品，则会相应增加部门；研发力量需要加大，需要增设新的研发部门。企业的这些变化会直接或间接地引起企业分工协作体制的调整。在调整过程中，伴随着一些原有工作的消失，新工作的出现，相应的工作的性质、内涵、外延也会有变化。

另外，工作分析文件的适应性只有通过反馈才能得到确认，并根据反馈修改其中不适应的部分。

第七节　职位评价

职位评价，是指通过一些方法来确定企业内部工作与工作之间的相对价值，也即评定各个职位的等级。具体地讲，职位评价是在工作说明书的基础上，综合运用现代数学、工时研究、劳动心理、生理卫生、人机工程和环境监测等现代理论和方法，按照一定客观标准，从工作性质劳动强度、责任、复杂性以及所需的资格条件等出发，对职位进行的系统衡量、评比和估价的过程。在职位评价的过程中，根据预先规定的评价标准，对岗位的主要影响因素逐一进行测定、评比和估价，由此得出各个职位的量值。这样，各个职位之间就有了对比的基础。

一、职位评价的流程

职位评价的具体流程如下：

第一，按工作性质，将企业的全部职位分为若干大类。

第二，收集汇总有关职位的信息和资料。

信息内容：

- 职位名称、编码；
- 所在部门的职能；
- 同一职位的总人数；
- 过去本职位的情况（人数、出勤率、加班加点、退职、升迁和职位调动的原因）；
- 职位的主要任务和职责；
- 本职位的上下级关系；

- 执行本职位的必备条件；
- 劳动时间和能量代谢率；
- 劳动定额情况；
- 劳动环境和条件；
- 体力和劳动负荷；
- 专业技术。

第三，建立专门的职位评价小组，配备专门的人员，系统掌握职位评价的基本理论和实施办法。

第四，在广泛收集资料的基础上，找出与岗位有直接联系的、密切相关的各种因素。

第五，规定统一的评价指标和衡量标准，设计各种问卷和表格，进行打分评估。

第六，总结经验，及时调整。职位评价小组对评价标准的掌握可能会有差距，最后要平衡一下，然后移交给负责薪酬设计的部门或人员，作为基础资料。整个职位评价的流程图可用图 3－10 表示。

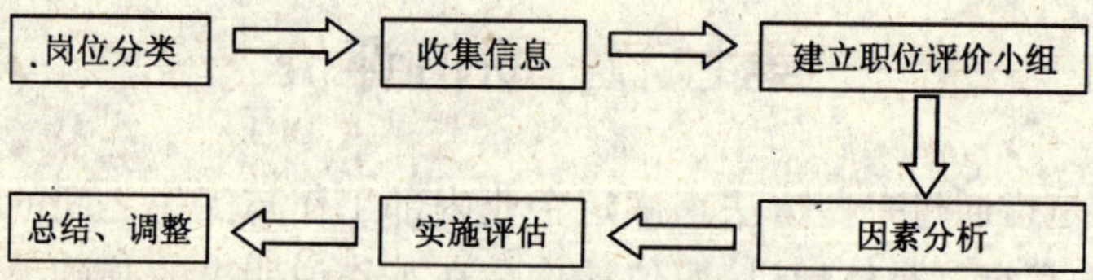

图 3－10　职位评价步骤图

二、如何确定职位评价指标和标准

(一) 从瑞士国际资源管理集团（CRG）引进的 CRG 法

在这套 CRG 管理模式中，对职位评价以及职位评价中所涉及的评价标准提出了一整套指标，共有七项评价标准，参见表 3－31。

表 3－31　职位“七项”标准评估表

指标	具体内容
组织影响力	在企业里起什么作用？ 对企业的影响有多大？ 规模有多大？
监督治理	管理多少个部门？ 管理多少人？ 管理什么样的岗位？
责任范围	独立性怎样？ 责任的宽度和广度？

续表

指标	具体内容
沟通技巧	交往频度如何？ 技巧难度多大？
工作复杂性	要求什么样的学历？ 要求什么样的经验？
解决问题难度	是否需要有很强的创造性？
环境条件	工作环境什么样？ 工作条件什么样？

注意事项：CRG 方法考虑问题比较全面，但是不太符合中国国情，有些指标比较虚，打分有困难。例如，很难判定两个职位的沟通技巧；而且不太适用于有些劳动密集型企业。

（二）修正的 CRG 法

在从西方引进的 CRG 七项指标的基础上，结合我国国情，进行若干修正，把指标调整成5个。修正后的 CRG 法经过企业的试用，效果比较好。

修正后的五个指标：组织影响力、监督管理范围、工作责任领域、任职资格与条件、工作环境与条件。

1. 组织影响力指标，参见图 3－11。

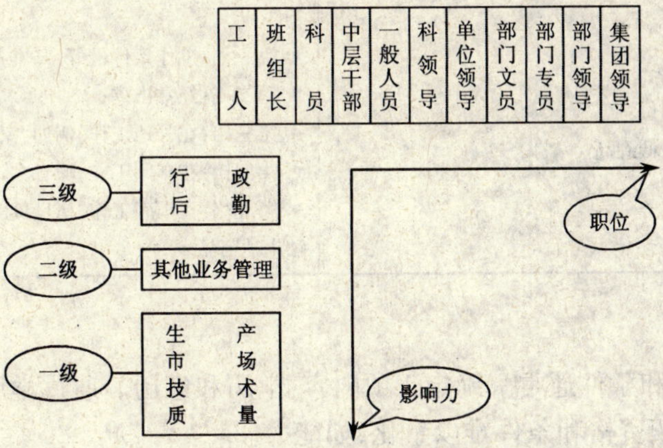

图 3－11 某公司的组织影响力示意图

从图 3－11 某公司组织影响力示意图坐标系中可以看出：

第一，横坐标按照职位排。从低层开始，例如，工厂、分公司、总公司、集团公司，然后是工人、班组长、科员、中层干部、工厂领导……一直到集团公司领导。

第二，纵坐标是影响力，分为三个等级，其中第一级是最高的等级。

第三，横坐标是职位，纵坐标是工作领域，两者相结合得到某工作领域内的某职位，根据其在坐标系中的位置可以确定它们的位置和分数。例如，一般业务管理的公司部门领导，通过这样的坐标系就可以确定它的位置和分数。一般满分为 100 分，依次往下降，最低可能是 10 分。

2. 其他四个指标参见表 3－32。

表 3－32　修正的 CRG 法中另外四个指标

	横坐标	纵坐标
监督管理范围	按照职位排列（与组织影响力相似）	直接管理的人数，或者直接和间接的合计总人数
工作责任领域	职位	责任范围： • 最低：领导一个班组； • 高一级：负责一个部门； • 再高一级：负责整个部门； • 更高一级：负责多个部门； • 最高一级：集团公司的领导。
任职资格与条件	学历： • 高中、职高 • 中专 • 大专 • 本科 • 研究生 • 博士 • 博士后	经验经历： • 1 年以下 • 1～2 年 • 2～4 年 • 5～10 年 • 11～15 年 • 15 年以上
工作环境与条件	职位： 从低到高	条件： • 第一档：工作条件最好，基本在室内，因而得分最低； • 第二档：经常出差； • 第三档：在外地工作，例如，家在北京，但常驻武汉； • 第四档：在车间工作，噪音大，劳动量大； • 第五档：在车间工作，而且接触有毒有害气体，或者接触化学药品。

注意事项：

• 任职资格和条件通常只确定 2 项内容：学历和经历。通过学历和经历确定相应的分值。其他任职资格和条件难以量化，如能力。

• 工作环境和条件越恶劣，分数就越高，将来确定工资时就应该相应高一些。

• 该方法不太适用于有些劳动密集型企业。

为了对不同部门的不同岗位之间比较，必须把上述各个评价指标（横坐标和纵坐标）列中的各项描述进行统一单位（如分数）的量化，并确定相关的横坐标与纵坐标列中两个描述项之间的运算规则（如相乘运算），以计算出该评价指标的评价分数。对于每个具体职位，就可根据该职位的工作说明书中提供的信息，按量化规则分别计算出每个评价因素的评价分数并填写进表 3－33 所示的一般职位评估表中。

表 3－33　一般职位评估表

职位编号		职位名称		所属部门	
评价因素		评价分数		备注	
1. 组织影响力					
2. 监督管理范围					
3. 工作责任领域					
4. 任职资格与条件					
5. 工作环境与条件					
评估分数总计				职位等级	

计算出该职位的评估分数总计之后，再根据总分数所属的分数段位置，就可确定出该职位的等级。

为了量化，上述 5 项指标往往合并 3 个加权评价因素和几个项目，并各赋予每个项目几个等级和分数，组成量化了的职位评分表，下面给出了 × × 企业的经营管理职位的评分表示例，如表 3－34 所示。

表 3－34　企业经营管理职位评分表

评价因素	项目	百分率(%)	等级				
			1	2	3	4	5
能力(70%)	知识	30	30	60	90	120	150
	判断能力	25	25	50	75	100	125
	交涉能力	15	15	30	45	60	75
责任(25%)	管理业务 业务责任	25	25	50	75	100	125
不利因素(5%)	附加条件	5	5	10	15	—	—

职位等级评分标准：

A	B	C	D	E	F
~145 分	146~205 分	206~265 分	266~325 分	326~385 分	386 分~

使用说明：

- 目的：帮助你采用点数打分的方法，对企业内经营管理职位作出正确的评估。
- 职位评级：对于一个职位，由其工作说明书提供的信息，根据表中各种内容的提示，确定其等级并在相应的分数上打"√"。最后将分数累加，对照评分标准，得出相应的等级。

（三）适合劳动密集型企业的评估指标体系

前面介绍的CRG法和修正后的CRG法不太适用于有些劳动密集型企业。针对这类企业，可以采用下面介绍的“四个指标”的方法，将前面方法的指标压缩为：劳动责任、劳动技能、劳动强度和劳动环境。表3－35就是应用四个指标的职位评估表，表3－36是应用四个指标的职位评估表的举例。

表3－35 职位“四个指标”评估表

指标		举例或说明	备注
劳动责任	质量责任	质检员	类似于前面所讲的工作责任
	产量责任	生产调度	
	看管责任	库管员	
	安全责任	安全部经理	
	消耗责任	成本的控制及原材料的消耗等	
	管理责任	车间主任或生产性公司的部门经理	
劳动技能	技术知识要求	需要什么专业技术和知识	
	操作复杂程度	操作什么设备	
	看管设备复杂程度	维修和保养越复杂，劳动就越大	
	产品品种和质量要求程度	有什么要求	
	处理预防事故复杂程度	预防事故，杜绝或及时解决隐患	
劳动强度	体力劳动强度	工作是否繁重	
	工时利用率	假设是8小时，但实际上可能超过8小时	
	劳动姿势	车工，需要一直低头看车床，或者，有些姿势对眼睛伤害大	
	紧张程度	司机开车时需要处于紧张的状态以保证驾驶安全	
	工作班制	夜班与白班	
劳动环境	粉尘危害		
	高温		
	辐射		
	噪音		
	其他（化学污染）		

表 3-36 职位"四个指标"评估表举例

指标		百分比(%)	等级 1 2 3 4 5	备注
劳动责任	质量责任	8	0 2 4 6 7	
	产量责任	7	0 2 4 6 -	
	看管责任	6	0 2 4 6 -	
	安全责任	6	0 2 4 6 -	
	消耗责任	6	0 2 4 6 -	
	管理责任	7	0 2 4 6 7	
劳动技能	技术知识要求	6	0 2 4 6 -	
	操作复杂程度	6	0 2 4 6 -	
	看管设备复杂程度	6	0 2 4 6 -	
	产品品种和质量要求程度	6	0 2 4 6 -	
	处理预防事故复杂程度	6	0 2 4 6 -	
劳动强度	体力劳动强度	4	0 1 2 3 4	
	工时利用率	4	0 1 2 3 4	
	劳动姿势	4	0 1 2 3 4	
	紧张程度	4	0 1 2 3 4	
	工作班制	4	0 1 2 3 4	
劳动环境	粉尘污染	2	0 1 2 - -	
	高温	2	0 1 2 - -	
	辐射	2	0 1 2 - -	
	噪音	2	0 1 2 - -	
	其他(化学污染)	2	0 1 2 - -	

职位等级评分标准:

A	B	C	D	E
96~100分	85~95分	60~84分	40~59分	0~39分

使用说明:

- 目的:帮助制定"四个指标"评分表,对职位准确打分。
- 评定等级:根据表中各种内容的提示,在相应的分数上打"√"。最后将分数累加,对照评分标准,得出相应的等级。

(四)确定职位评价指标和标准的注意事项

1. 确定职位评价指标的原则:

- 实用性。从企业实际出发,全面体现职位的劳动特点。

• 可评价性。确定的指标能运用目前的知识和技术进行评定测定,能定量化或数量化。

• 相关性。结合企业的生产实际情况,确定与企业生产活动密切相关的特点。

• 价值性。确定的评级指标能为企业的劳动管理和劳动保护等工作提供科学依据。

• 完整性。对影响劳动者因素的选择既不能遗漏也不能重复。

2. 确定职位评价标准的原则:

• 紧密联系实际,注重专业性、合理性和实用性。

• 尽量避开模糊概念,注重可评性。

• 以本企业为出发点,注重通用性。

• 各个指标等级配套,注重可比性。

• 评价依据的用语要委婉,不能挫伤员工的积极性和自尊心,注重灵活性。

三、职位评价的方法

(一)经验排序法

经验排序法是一种最简单的职位评价方法。由评价人员依据自己的经验判断,根据职位相对价值按高低顺序进行排列。

操作步骤,参见图 3－12。

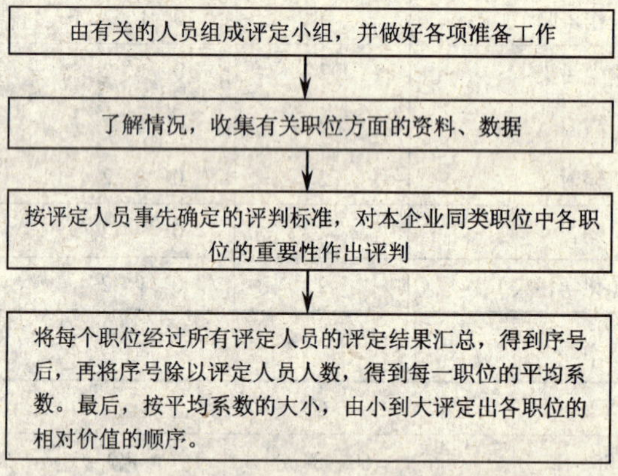

图 3－12　经验排序法的操作步骤

注意事项:

• 评价人员进行判断时要以工作说明书为依据。

• 需要精心挑选专业的、有经验的评级人员,并组成一个评价委员会,进行群体评价。

(二)职位分类法

职位分类法是以职位为对象、以事为中心的职位评价方法,它是在工作分析的基础上对每个职位的性质、任务、要求以及任职资格条件进行系统的研究。

优点:保证人力资源管理中人与事更好地结合,从而为选用、考核、奖惩、培训、调配等各个环节奠定良好的基础。

操作流程:

第一步,由企业内专门人员组成评定小组,收集各种有关的资料。

第二步,职位横向分类。按照生产经营过程中各类职位的作用和特征,将企业的全部职位分成几个大系统,如产品经营销售系统、技术设计应用系统、财务会计核算系统、物资保管与运输系统、劳动人事管理系统、生产管理系统、后勤服务系统、动力供应系统以及安全保护系统等。一般来讲,对职位进行横向分类,首先要把所有职位划分成几个职业门类(简称职门),再把每个职门细分为几个职业组(简称职组),进一步再把每个职组划分为多个职业系统(简称职系),这种逐步细化可用图 3-13 表示。

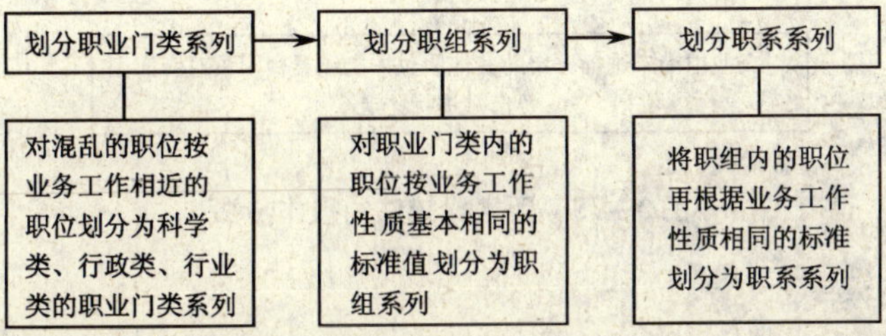

图 3-13 职位横向分类过程图

第三步,职位纵向分类。将各系统内的各职位分成若干层次,最少为 5~6 档,最多可为 15~20 档。层次划分操作步骤如图 3-14 所示。

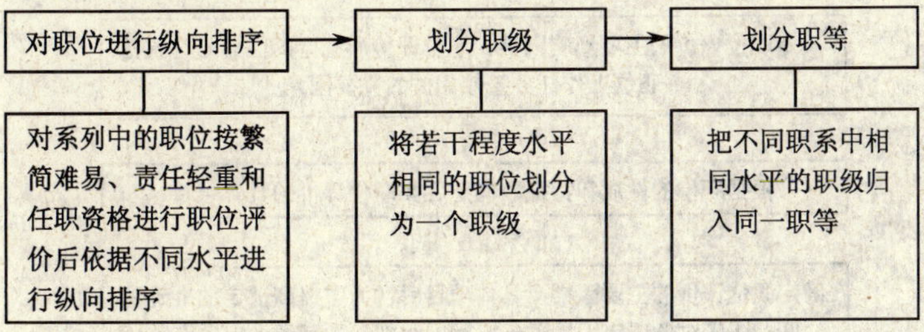

图 3-14 职位纵向分类过程图

第四步,明确规定各档次职位的工作内容、责任和权限。

第五步,职位归级。把所有工作人员的职位对照任职者的工作说明书归入适当的职位,并对其进行分门别类的职位管理。

(三)因素比较法

因素比较法是先选定职位的主要影响因素,然后将工资数额合理分解,使各个影响因素与之匹配,最后根据工资数额的多少决定职位的高低。

操作步骤,如图 3－15 所示。

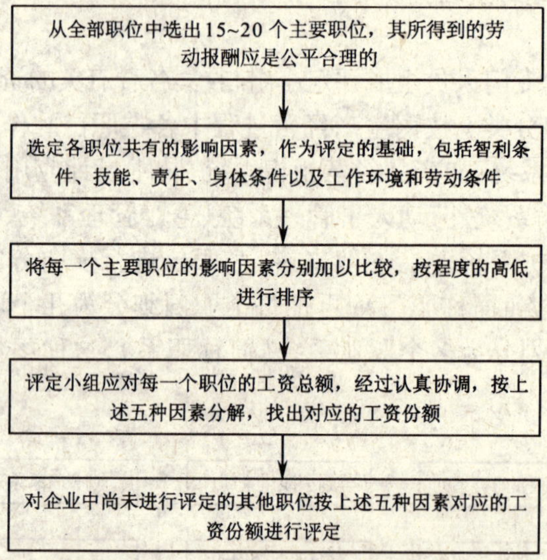

图 3－15　因素比较法的操作步骤

(四)点数评分法

点数评分法是选定职位的主要影响因素,并采用一定点数表示每一因素,然后按预先的衡量标准,对现有职位的各个因素逐一评比、估价,求得点数,经过加权求和,最后得到各个职位的总点数。

操作步骤,如图 3－16 所示。

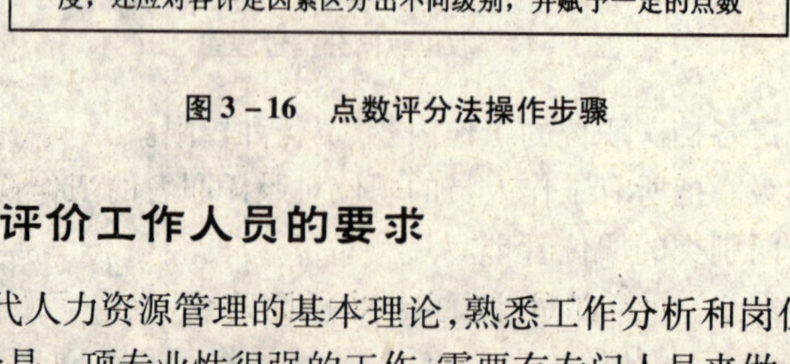

图 3－16　点数评分法操作步骤

四、对职位评价工作人员的要求

第一,熟悉现代人力资源管理的基本理论,熟悉工作分析和岗位研究的理论和操作方法。职位评价是一项专业性很强的工作,需要有专门人员来做。

第二，职位评价小组通常是四五个人左右，不要太多。

第三，职位评价工作开始前，要进行一周左右的培训，同时要制订评估指标和标准。学习如何打分、如何掌握标准。

五、职位评价的注意事项

首先，职位评价要以工作说明书为基础进行客观的评价。

其次，职位评价的中心是客观存在的“事”，而不是“人”。职位评价虽然也涉及员工，但它是以职位为对象，即以员工所负担的工作任务为对象所进行的客观评比和估价。在职位评价时，不要掺杂对工作承担者的主观印象。

再次，职位评价是对企业各类岗位的相对价值进行衡量的过程。尤其需要强调的是“相对”的概念。因为企业的情况是随着市场的瞬息万变而变化的，发生变化时，企业各个职位之间的相对价值也可能发生变化。例如，在某一个时期，企业里某些职位非常重要，而其他职位相对次要一些，但是随着企业的发展，另外一些职位变得重要了，原来重要的职位则变得次要了。

最后，薪酬体系设计与职位评价密切相关。职位评价是报酬体系设计的基础性工作。职位评价完成后，要整理成一张表，对各职位根据分数进行分级，最后再和薪酬体系中的级别相对应。职位分级通常是和薪酬体系设计同步的，若薪酬体系分为 25 个级别，则职位评价也要分为 25 个级别。若想更科学一点，可采用薪点制，即用职位评价的总分数除以薪酬总额，得出每一分值对应多少钱。

案例回顾

工作分析实施案例

一、工作分析的背景

（一）××煤炭公司简介

××煤炭公司（以下简称公司）是某大型国有煤炭贸易集团（以下简称集团公司）的全资子公司，成立于 1992 年，建立之初的主要业务是煤炭进出口贸易。

从 1995 年开始，我国煤炭市场价格全面放开，买方市场日渐形成；另外，1995 年出台的《中华人民共和国煤炭法》和煤炭工业部颁布的“九五”纲要都鼓励减少煤炭经营的中间环节，煤炭用户和煤炭销售区的煤炭经营企业有权直接从煤矿企业购进煤炭。

正是在这种形势下，为避免公司因受到煤炭供应、运输和销售三方面制约而影响企业发展，从 1998 年开始，公司开始了从单纯的贸易公司向煤炭业务一体化经营方向进行探索和实践，主要采取了如下三项措施：

第一，分别与主要客户（电厂）共同出资组建合资公司，通过形成利益共同体来稳固和发展长期合作关系；

第二，为保证货源的质量和数量，公司先后投资控股三个洗煤厂；

第三，为了保证运输的及时性，公司又与某国有铁路局合资成立储运公司。

自1998年以来，公司发展业绩良好，销售收入年均增长率达到30%以上，成为集团公司人均利润率最高的二级子公司。公司逐渐形成了以煤炭的进口、出口和国内销售为主业，几个非煤高风险产品为辅业的业务格局。

（二）工作分析的背景

但是，自2002年以来，公司面临的外部环境变得非常严峻。2002年初，国务院公布了《电力体制改革方案》，要求电力行业实行厂网分开，竞价上网。此次电力体制改革对公司产生了巨大的影响：一方面已形成稳定关系的电厂将通过兼并重组形成新的经营实体，这意味着原有的合作关系不再稳定；另一方面，竞价上网将引发电厂对成本的严格控制。在我国，煤炭成本占煤电成本的70%以上，降低成本的压力会在很大程度上转移到煤炭采购上，这意味着电厂将对煤炭的价格、质量和供货的及时性提出更高的要求。

从公司业务运作来看，由于缺乏煤炭一体化产业链运作的经验，公司转型的过程并非一帆风顺。2002年3月，刚刚重组的南方某发电厂因为硫含量超标而拒收公司生产厂生产的整批货物，给公司造成了500万元的损失，"三月事件"加上2002年上半年销售利润的大幅滑坡使公司更加深刻地意识到政策的变化给曾经牢固的客户关系带来的巨大影响，以及公司对煤炭的生产质量、运输过程管理方面控制力度的薄弱。

从公司的内部管理来看，2001年1月至2002年3月短短15个月内，先后有四、五位公司的业务骨干提出辞职，主要原因集中在岗位职责不清，工作缺乏挑战性等方面。此外，公司现有员工基本由集团公司人力资源部调配调剂，员工结构和素质现状不能满足公司运营和长期战略目标的需要。

2002年5月，集团公司实行新的人事政策，将逐渐下放副总经理以下人员的人事权利，二级公司和员工可自主签订劳动合同。

在这种背景下，公司认为对煤炭供应链成本的控制的关键是提高内部管理水平和改进人力资源质量。公司决定聘请咨询公司进行人力资源诊断与设计，在工作分析的基础上，明确岗位责任，确定岗位的工作描述和工作规范，从而为关键岗位配备胜任的员工。

二、组织层次的工作分析——组织结构的调整

图3－17为公司原有的组织结构图。

- 出口部：负责煤炭和一个非煤产品的出口业务。
- 国内贸易部：负责煤炭的国内业务。
- 项目小组：负责国外煤炭市场开拓和计划调度。
- 进口部：负责煤炭和两个非煤产品的进口业务。
- 投资管理部：负责煤炭相关业务的投资和管理。

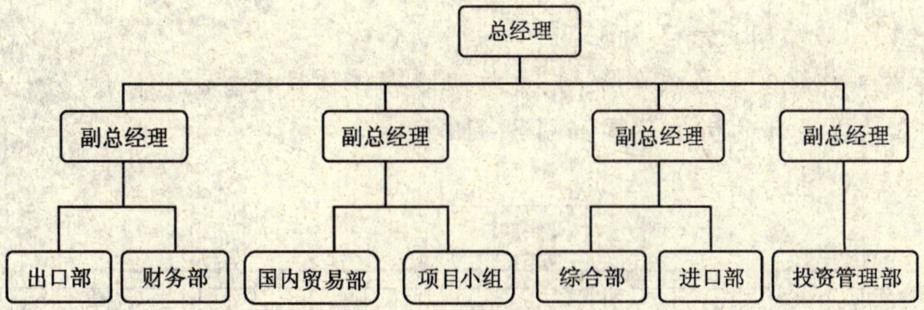

图 3－17　公司原有组织结构图

从图 3－17 可以看出公司原有组织结构存在如下一些主要问题。

第一，公司总部只有 50 人，但是却有 5 个管理层级（总经理—副总经理—部门经理—主管—助理），管理层次过多，跨度过小，导致每个层级的人在做比自己职位层次低的工作，反应速度慢。

第二，有两个副总对业务部门和职能部门进行混合管理，由于业务部门的业绩更容易识别，不可避免地会出现重业务轻管理，职能部门弱化的情况。

第三，将煤炭业务分割成三个部门，增大了部门协作成本，严重影响对煤炭业务链的控制。

第四，将三种业务特点类似的非煤产品（为充分利用公司财务优势而经营的产品，成功的关键在于财务风险控制）分割为两个部门运作，不利于专业化和资源共享，难以增强公司的风险控制能力。

组织结构调整应从强化内部管理，提高业务流程运作效率的角度来设立部门。调整后的公司组织结构如图 3－18 所示。

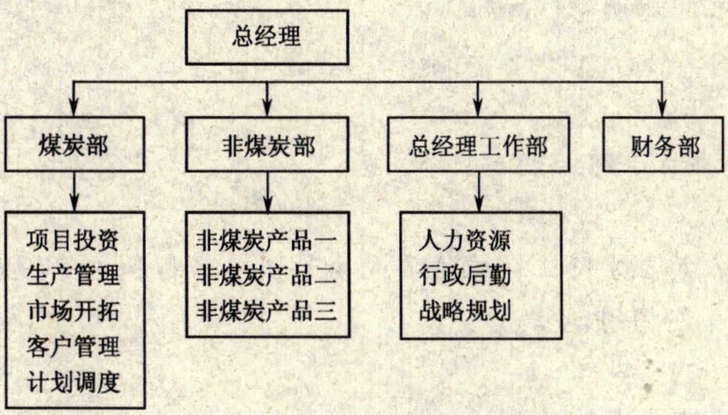

图 3－18　调整后的组织结构图

三、部门层次工作分析——煤炭部部门职责

组织结构调整后，煤炭部的部门职责包括：

- 负责管理煤炭业务投资，建立控股和相对控股企业，监督参股企业。

● 负责煤炭业务的市场、销售和物流管理,主要包括市场开拓、产品研发、生产组织、运输、销售、售后服务等工作。

● 负责制订煤炭业务发展规划,负责组织实施项目投资。

新建立的煤炭部的岗位设置如图 3-19 所示。

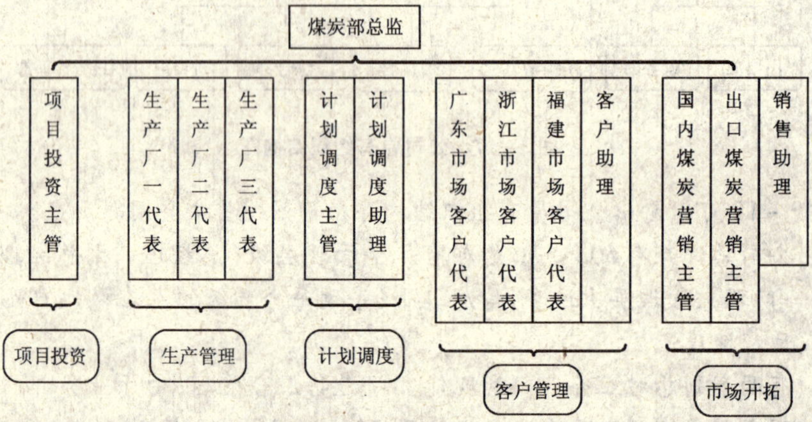

图 3-19　煤炭部岗位设置

四、岗位层次的工作分析——以计划调度主管为例

计划调度岗位是加强对煤炭业务链控制的关键职位,在此以计划调度主管为例进行工作分析介绍。

(一)工作分析方法

● 工作内部资料分析。

● 本岗位和相关岗位的深度访谈和业务流程分析。

● 职位说明书问卷调查。

(二)原岗位的工作分析诊断

(1)汇报关系:

● 直接上级:项目小组经理

● 直接下级:无

问题:该岗位人员在实际工作中主要向主管国内贸易和主管投资的两位副总经理汇报,经常出现多头指挥的现象。

(2)工作职责:

● 收集汇总生产运输和销售的报表。

● 协调公司生产经营调度会议和编写会议纪要。

● 煤炭调度相关信息的上传下达。

问题:履行职责的层次远低于企业的实际需要。具体表现为对煤炭业务流程的审核监督、信息分析和建议职能发挥不足,只起到了信息汇总和传递的作用,这是导致公司对于煤炭业务链各个环节的控制作用发挥不足的一个重要原因。

(3)协调关系:

- 内部协调关系:国内贸易部、投资部、项目小组。
- 外部协调小组:三个生产厂、储运公司。

问题:履行职责的层次远低于企业的实际需要。尚未统一信息流进口和出口,尚未使信息在企业内部合理共享,供应链信息管理和共享职能发挥不足。

(4)任职人员信息:

岗位定员:3人

- 学历:2人本科,1人专科
- 专业:1人贸易,1人英语,1人管理
- 经验:具备2年煤炭进出口贸易经验

问题:原岗位任职人员的专业结构不符合岗位要求,普遍缺乏供应链管理和计划调度的相关技能和经验。

(三)调整后岗位的工作说明书

在原岗位工作分析和诊断的基础上,进行工作描述,编写工作规范,改进的着眼点如下:

- 增强对煤炭业务流程结点的审核和监督职能。
- 增强对产供销的计划控制职能。
- 增强供应链信息管理和共享职能。
- 区分需要较高和较低经验技能的工作,以此区分主管和助理的工作职责,使主管这一关键岗位的工作内容丰富化。

调整后,形成的职位说明书如表3-37所示。

表3-37 计划调度主管职位说明书

岗位名称	计划调度主管	岗位编号	19
所在部门	煤炭部	岗位定员	2人
直接上级	煤炭部总监	工资等级	
直接下级	计划调度助理	薪酬类型	
所辖人员	3人	工作分析日期	2002年10月
职责概述			
1. 负责监督调度制度的建设和落实;			
2. 负责汇总并平衡生产、采购与销售计划,编制煤炭业务月度经营计划,组织煤炭业务月度经营分析会议;			
3. 负责组织召开周调度例会;			
4. 负责日常调度工作;			
5. 负责国产煤采购业务工作;			
6. 负责审核装船方案;			
7. 负责供应链信息收集、整理、分析、传递工作;			
8. 完成上级交办的其他任务。			

续表

工作描述				
职责一	职责表述:负责监督调度制度的建设和落实		工作结果	分送单位
	工作任务	监督、规范下属生产企业和储运公司对调度制度建设、修改和完善工作	煤炭业务调度制度	煤炭部总监
		落实下属生产企业和储运公司的调度信息规范化建设工作,包括规范表格的填写、信息传递时间等		
		对调度制度的适应性进行评价,并提出改进建议	调度制度评价报告 FJ422	煤炭部总监
		组织落实调度制度的改进工作		
工作描述				
职责二	职责表述:负责组织召开周调度例会		工作结果	分送单位
	工作任务	召集与会人员参加周调度例会		
		说明调度例会内容,负责会议记录工作	调度例会会议记录 FJ433	本岗位存留
		编撰调度例会会议纪要,经领导批示后下发	会议纪要 YT7	煤炭部总监
		下达调度例会会议决议指令	调度通知 M1 - B14	下属生产企业和储运公司
		协调、监督调度例会决议的执行		
工作描述				
职责四	职责表述:负责日常调度工作,协调铁路运输和港口作业		工作结果	分送单位
	工作任务	参加工作月度经营计划会,按计划负责处理权限内日常调度问题,上报值班领导处理权限外日常调度问题	调度通知	下属生产企业和储运部门
		负责下达调度指令,协调铁路运输和港口作业	调度通知	下属生产企业和储运部门
		向生产企业和储运公司索要指令执行情况反馈	反馈通知	煤炭部总监
		跟踪调度指令的执行情况,向直接上级反馈执行结果	反馈通知	煤炭部总监
工作描述				
职责五	职责表述:负责国产煤采购的工作		工作结果	分送单位
	工作任务	负责自产煤炭的合同签订	煤炭采购合同	煤炭部总监
		负责煤炭供应过程的执行监督		
		负责国产煤炭采购的结算		
工作描述				
职责六	职责表述:负责审核装船方案		工作结果	分送单位
	工作任务	接收储运公司传真过来的装船方案		
		计算装船质量指标,审核装船方案的可行性,签署审核意见		
		呈报装船方案给煤炭部总监审批	反馈信息	煤炭部总监
		下达审批后的装船方案	审批后的装船方案 M1 - Y29	储运公司

续表

<table>
<tr><th colspan="5">工作描述</th></tr>
<tr><td rowspan="7">职责七</td><td colspan="2">职责表述:负责供应链信息的收集、整理、分析、传递工作</td><td>工作结果</td><td>分送单位</td></tr>
<tr><td rowspan="6">工作任务</td><td>负责收集各部门传来的业务信息,包括船期信息、装船信息等</td><td></td><td></td></tr>
<tr><td>负责收集煤炭业务供应链运作信息,包括日调度表等</td><td></td><td></td></tr>
<tr><td>负责传递煤炭业务供应链运作信息,包括供应链相关问题、单位</td><td>调度通知</td><td>煤炭部各部门、下属生产企业和储运公司</td></tr>
<tr><td>整理归类日常运作问题,填写日调度问题汇总表</td><td>煤炭生产经营问题汇总表 M1 - B15</td><td>煤炭部总监</td></tr>
<tr><td>分析处理供应链信息,填写月调度信息分析报告</td><td></td><td>煤炭部总监</td></tr>
<tr><td>整理归档供应链信息,建立调度信息文档</td><td>建立调度信息文档</td><td>本岗位留存</td></tr>
<tr><td>职责八</td><td colspan="4">职责表述:完成上级交办的其他任务</td></tr>
</table>

<table>
<tr><th colspan="5">岗位职权</th></tr>
<tr><td>人事权</td><td colspan="4">对直接下属的奖惩、培训有提名和建议权,有一定的考核评价权</td></tr>
<tr><td>财务权</td><td colspan="4">无</td></tr>
<tr><td>业务权</td><td colspan="4">业务执行权(调度制度执行情况的监督权、调度信息收集权、调度指令执行监察权、日调度会议的组织权、装船方案的审核权、铁路运输和港口作业的协调权)</td></tr>
<tr><th colspan="5">工作协作关系</th></tr>
<tr><td>外部协调关系</td><td colspan="4">煤炭业务下属控股子公司、储运公司等</td></tr>
<tr><th colspan="5">工作规范</th></tr>
<tr><td>教育水平</td><td colspan="4">大学本科及以上学历</td></tr>
<tr><td>专业</td><td colspan="4">煤炭、物流管理等相关专业</td></tr>
<tr><td rowspan="3">培训经历</td><td>培训内容</td><td>培训时间</td><td>培训内容</td><td>培训时间</td></tr>
<tr><td>煤炭专业知识培训</td><td>2 周以上</td><td>计算机应用培训</td><td>2 周以上</td></tr>
<tr><td>供应链管理培训</td><td>2 周以上</td><td>外语</td><td></td></tr>
<tr><td>经验</td><td colspan="4">2 年以上相关工作经验</td></tr>
<tr><td>个人素质</td><td colspan="4">较高的工作热情和工作主动性;较高的职业道德水平;较强的人际交往能力、沟通能力、判断和决策能力、较强的计划和执行能力</td></tr>
<tr><td>知识</td><td colspan="4">掌握供应链管理知识、煤炭品质鉴定知识和煤炭生产管理知识</td></tr>
<tr><td>技能技巧</td><td colspan="4">较强的外语阅读能力、熟练使用计算机办公软件</td></tr>
<tr><th colspan="5">备注</th></tr>
</table>

资料来源:中国人力资源开发网

第四章

人力资源招聘工作文案

人力资源招聘工作指的是企业为了发展的需要，吸收企业新需人力资源的全过程，包括对招聘来的候选人进行筛选，确定哪些人符合组织所要求的工作任职资格，它是实现“人”与“工作”相适应的重要环节。人力资源招聘工作是人力资源部的重要工作之一。

企业中的人力资源招聘工作是依据工作分析的结果和人力资源计划而进行的。在竞争日益激烈的市场环境中，企业在引进人力资源上是否成功，将直接关系到企业能否发展甚至生存。企业间的竞争最终将是人才的竞争，而人力资源的招聘与甄选决定了企业的人才获得。因此，人力资源的招聘工作在企业中是非常重要的。

第一节　招聘工作的流程

招聘工作是从各部门申请增补员工开始，到各部门得到与空缺职位相适应的员工为止的全过程。这个过程可用图4－1粗略表示。

为了比较仔细地描述招聘工作的全过程，往往都编制员工招聘流程书，用以规范员工招聘工作的各个步骤。

编写员工招聘流程书时应注意：①员工招聘整个流程中的所有步骤，不要遗漏；②各个步骤的先后顺序，不要颠倒。

具体参见示例4－1××公司员工招聘流程书

[示例4－1]

××公司员工招聘流程书

一、各部门申请职位空缺。

二、人力资源部审查与批准。

三、调查市场上相关招聘职位的雇用条件，包括薪酬、福利等。

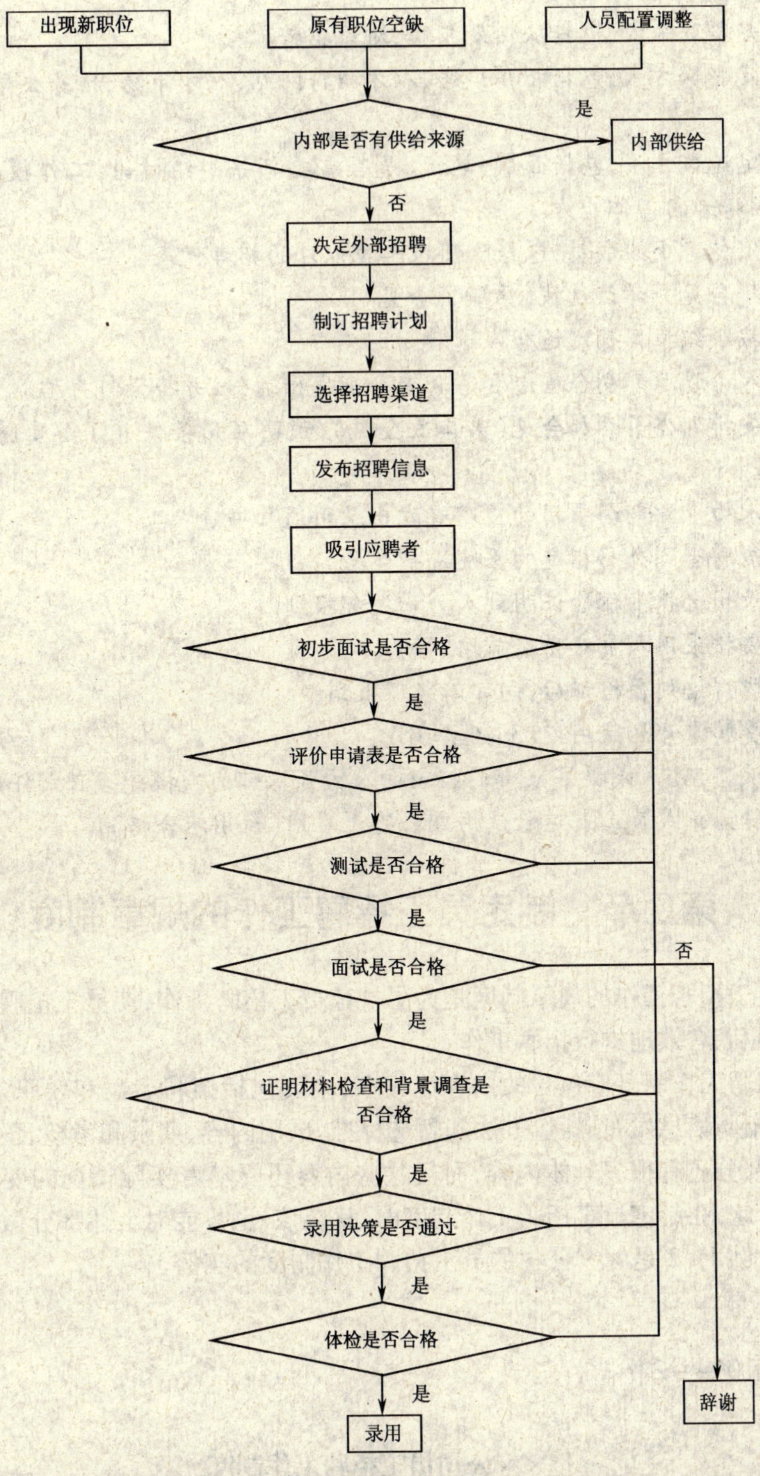

图4－1　人力资源招聘工作流程图

四、确定本公司可以提供的雇用条件。

五、确定招聘来源，包括从何处招聘、对谁招聘。

六、确定招聘方式，包括招聘广告、人才招聘网站、人才市场、猎头公司、校园招聘、内部推荐等。

七、确定选拔方法，包括面试、笔试、是否需要领导小组讨论，工作模拟、邀请相关人士考察应聘者的工作能力。

八、确定招考小组成员，包括除用人单位以外的招考代表。

九、安排会见并考试选拔(第一次会见)。

十、选拔小组推荐确定适合人选。

十一、人力资源部向合格者和落聘者分别发出通知，并将资料存档。

十二、安排到公司参加会见(第二次会见)，说明雇用条件并了解受聘人员的其他要求与愿望。

十三、人力资源部向录用的应聘者发出录用通知书。

十四、应聘者到公司指定的医院进行体检。

十五、录用者携带体检证明到人力资源部报到。

十六、安排录用人员接受岗前培训。

十七、取得培训合格证后，向部门经理报到。

十八、受聘者开始试用期(3~6个月)。

十九、试用期满(或提早)，部门经理向人力资源部门通报是否正式任用。

二十、转为正式员工或延长试用期或终止雇用(试用不合格)。

第二节　制定员工招聘工作的规章制度

制定员工招聘工作的规章制度是为了规范员工招聘工作，使员工招聘工作有章可依，有序、顺利、有效地进行招聘工作。

员工招聘工作制度应包含的内容比较多，主要包括招聘名额和任职条件的确定、招聘方式、招聘信息发布、甄选方法和甄选标准、试用内容、期限和考核、正式录用等部分，而每一部分还有很多具体内容，而且这些内容还要随着实际情况的变化作出相应的调整。因此，在制定员工招聘工作制度时，只应该，也只能对上述部分做一些原则性的规定。示例4-2是××公司的员工招聘工作制度的实例。

[示例4-2]

××公司员工招聘工作制度

第一条　本制度是根据《中华人民共和国劳动法》及相关法律和法规，以及公司有关规章制度制定的。

第二条　本公司员工的招聘工作除公司管理制度中另有规定外，均应依照本制度办理。

第三条　本制度是为了更好地实现公司的战略，特别是人才引进战略而制定的。

第四条　招聘职位名额和任职条件的来源。

1. 经常性补缺招聘，由各用人部门主管填写招聘人员申请表和相应的职位工作说明书，由人力资源部汇总并呈报审批。

2. 公司全面调整人力资源的招聘，由人力资源部根据公司人力资源总体规划的安排，并与用人部门主管磋商拟定招聘职位名额和任职条件，报人力资源部上级审批。

3. 临时性或偶发性招聘，由人力资源部按照其上司指示，会同用人部门主管拟定招聘职位名额和任职条件，报人力资源部上级审批。

4. 储备人才招聘，是为了促进企业今后发展，实现企业的目标而对稀缺、特殊人才进行的招聘。招聘职位名额和任职条件，应在总经理指导下，由人力资源部拟定。

第五条　招聘类型。

1. 内部招聘。内部招聘即调用本公司原有员工中已具备或经过短期培训就能具备任职条件的员工应聘该职位。内部招聘的优点是既能减少新任职人员熟习本公司和该职位工作的成本，又增加了企业员工的职业发展机会。为了保证甄选到合格任职者，内部招聘也必须按照本制度规定的甄选过程和甄选标准进行甄选。但可以运用内部招聘优先的原则。

2. 外部招聘。外部招聘即向各类学校、人才市场等渠道招聘。

3. 临时短期工招聘。临时短期工招聘按本公司“临时短期工录用办法”实施。

第六条　招聘信息发布。为了保证招聘工作能够吸纳优秀人才，使招聘工作做到公开、公正，在成本控制范围内，招聘信息发布面越广越好。但因保护公司商业机密的需要，经人力资源部主管批准，少数招聘工作也可以秘密进行。

招聘信息的具体发布，按本公司“招聘信息发布办法”实施。

第七条　甄选办法。甄选是招聘过程的关键点，必须认真对待。除了经过总经理批准，个别关键职位的甄选可以例外处理，其他所有应聘人员都需按本公司的“招聘人员甄选办法”规定的程序和标准进行甄选。

第八条　录用人员的试用期。不管内部招聘，还是外部招聘，除个别经总经理批准的关键职位的录用人员外，所有录用人员都要按本公司“录用人员试用办法”规定，经过试用期考验。

第九条　应聘人员正式录用。应聘人员经过甄选、试用并均合格，方可正式录用。正式录用受聘人员应按本公司“录用受聘人员办法”进行。

第十条　本制度呈总经理核准后颁布实施，修改时亦同。本制度实施中发生的问题由人力资源部解释。

××公司

××××年××月×日

示例4－2中，对招聘工作只做了原则性的规定，真正执行招聘工作时，不仅要记住这个制度的条文和精神实质，还要制定或查看其他的文件，如“招聘信息发布办法”、“招聘人员甄选办法”、“录用人员试用办法”、“录用受聘人员办法”等规章。有人希望不仅把对招聘工作的所有规章制度都编撰在一个文书中，就连工作步骤和流程也编在那个文书中。这样有了那份文书就可以规范所有的招聘工作了。由于招聘工作是一件不十分复杂的工作，编制那样的一个文书也不会太长，所以这种想法也是切实可行的。这种包括规定和操作步骤的文书，第一章中已经提到了，属于规程文件。由于员工招聘规程是公司招聘工作的指导文件，在编写过程中须注意以下几点：

第一，明确公司招聘员工的基本思想与要求。

第二，对各类人员的要求符合本公司实际工作需要。

第三，阐明招聘、甄选、录用、报到的基本程序。

示例4－3和4－4是××公司员工招聘工作规程的实例。

[示例4－3]

××公司员工招聘工作规程

第一条　为使公司的员工招聘工作规范、有序、高效地进行，依据“××公司人力资源管理工作规定”有关精神，特制定本规程。

第二条　本公司聘任各级员工，应以思想、知识、品德、能力、经验、体格适合于所任职务为基本原则。

第三条　新进员工的聘任，依据业务需要，由人力资源部统筹、呈报、核准。

第四条　本公司招聘各级员工如具有下列各项资格之一者予以聘任：

1. 正管理师、正工程师

(1)具有博士学位者。

(2)具有硕士学位，并有实际工作经验2年以上，经试用合格者。

(3)国内外大学毕业，具有实际工作经验8年以上，经试用合格者。

(4)任本公司管理师(工程师)3年，考核均列优等者。

2. 管理师、工程师

(1)具有硕士学位，并具有实际工作经验1年以上，经试用合格者。

(2)国内外大学毕业，并具有实际工作经验6年以上，经试用合格者。

(3)任本公司副管理师(副工程师)2年零6个月，考核均列优等者。

3. 副管理师、副工程师

(1)具有硕士学位者。

(2)国内外大学毕业,并具有实际工作经验3年以上,经试用合格者。

(3)国内外大学毕业,并具有实际工作经验6年以上,经试用合格者。

(4)任本公司助理管理师、助理工程师1年零6个月,考核均列优等者。

4. 一级办事员、业务代表、一级技术员

(1)国内外大专院校毕业,经试用合格者。

(2)高中(高职)毕业,并具有实际工作经验3年以上,经试用合格者。

(3)任本公司办事员、业务员、技术员2年,考核均列优等者。

5. 办事员、业务员、技术员

(1)高中(高职)毕业或初中毕业并在企业团体或生产部门服务5年以上,经试用合格者。

(2)曾任本公司作业员、服务员3年,年度考核均列优等者。

第五条　本公司各级职位如有空缺时,应从低一级员工中选定符合第四条规定的服务成绩优异者,或经考试并由员工考核审议委员会审定者,优先升任。

第六条　助理管理师、助理工程师以上各级人员的聘用资格特准者,不受上述第四条资格的限制。

第七条　本公司招聘的特勤人员(司机、守卫、打字员、电话总机值班员)须年满18周岁以上,具有下列资格并经考试或甄选合格者,才能雇用。

1. 司机:另有汽车驾驶执照,并具有实际经验2年以上者。

2. 守卫:具有上岗证书或有实际经验者。

3. 打字员:擅长中英文打字,有相当经验者。

4. 总机值班员:具有电话接线知识,有实际经验者。

第八条　凡有下列情况之一者不得任用为本公司员工:

1. 被剥夺公民权尚未复权者。

2. 曾犯刑事、被判拘役以上罪行而刑期未满着。

3. 通缉在案者。

4. 贪污公款在案者。

5. 吸食毒品者。

6. 身体衰弱或有传染性疾病者。

第九条　本公司员工被录用时,应由安全主管部门进行调查,确定不抵触本规程才予以录用。

第十条　新录用人员应经试用合格才予任用。试用期定为40天。期满成绩合格方可择优任用为正式员工。

第十一条　本公司新近员工试用成绩优良者,由所在部门按其工作能力与成绩表现填具试用期考核报表,会同人力资源部出勤资料呈请批准正式任用,发给任用书。其服务年资统一从正式任用之日起算。

第十二条　本规程经总经理批准后颁布实施,修改时亦同。实施中的问题由人力资源部负责解释。

××公司

××××年××月×日

示例点评：

1. 示例所示的规程的格式符合规范。

2. 示例所示的规程没指出招聘指标的来源，也没有提及招聘工作程序中另外两个重要环节，面试和录用报到程序。它把面试环节与测试环节合在一起，试用合格，当然面试也会合格。可是在合乎第四条规定的招聘人员很多的情况下，试用人员也必然很多，增加了试用的成本。录用报到程序当然可以另作规定，但总不合乎招聘工作全过程的定义。因此，在招聘工作规程中把从各部门提出招聘请求到最后把所需的人员送到各部门的招聘全过程的工作原则和程序都作出明确的规定为好。

下面介绍第三个员工招聘工作规程，参见示例4－4。

［示例4－4］

××公司员工招聘工作规程

一、招聘的目的

本规定旨在为企业聘用员工确定合理的依据，以为企业补充合格的员工为目的。

二、录用范围

原则上以录用各类学校毕业生为主。但特殊情况下，也招聘临时员工。

三、定期招聘计划的编制

定期招聘计划的编制程序是由人力资源部根据定员计划，提出对学历、性别、专业的要求和招聘程序，编制出人力资源招聘计划报批表（如表4－1所示），报有关部门和经理（或厂长）批准。

表4－1　人力资源部年度招聘计划报批表

部门有关情况	录用部门	录用职位概况			考试方法和其他			
		职位名称	人数	专业	资格条件	考试办法	招考范围	招考对象
公司核定的编制数								

续表

部门有关情况	录用部门	录用职位概况			考试方法和其他			
		职位名称	人数	专业	资格条件	考试办法	招考范围	招考对象
本年度缺编人数								
本年度计划减员数								
本年度拟录用人数								
备注								

填表人： 审核人： 总经理：

年 月 日

注：此表用于人力资源部开展招聘工作以前的计划，由人力资源部门填写，通知相关部门。

四、临时招聘计划的制订

人力资源部根据当时各部门的缺员情况和增人申请，经检查、核实和平衡后，直接报主管领导批准招聘计划。制定如表4-2所示的企业招聘工作计划表。

表 4－2　企业招聘工作计划表

单位名称：　　　　　　　　　　　　　　　　　　　　填表日期：　年　月　日

<table>
<tr><td colspan="2"></td><td>岗位名称</td><td colspan="2">人员数量</td><td colspan="2">人员要求</td></tr>
<tr><td colspan="2">招聘目标</td><td></td><td colspan="2"></td><td colspan="2"></td></tr>
<tr><td colspan="2">发布时间</td><td></td><td colspan="2"></td><td colspan="2"></td></tr>
<tr><td colspan="2" rowspan="2">发布渠道</td><td>发布方式</td><td colspan="4">□报刊　□网站　□专业/行业杂志　□人才中介机构　□人才市场
□猎头　□其他</td></tr>
<tr><td>发布安排</td><td colspan="4"></td></tr>
<tr><td rowspan="2">招聘工作预算</td><td>项目</td><td></td><td></td><td></td><td></td><td>共计</td></tr>
<tr><td>金额</td><td></td><td></td><td></td><td></td><td></td></tr>
<tr><td colspan="2" rowspan="8">招聘小组成员分工</td><td></td><td>姓名</td><td colspan="3">工作职责</td></tr>
<tr><td>组长</td><td></td><td colspan="3"></td></tr>
<tr><td>副组长</td><td></td><td colspan="3"></td></tr>
<tr><td>成员</td><td></td><td colspan="3"></td></tr>
<tr><td>成员</td><td></td><td colspan="3"></td></tr>
<tr><td></td><td></td><td colspan="3"></td></tr>
<tr><td></td><td></td><td colspan="3"></td></tr>
<tr><td></td><td></td><td colspan="3"></td></tr>
<tr><td colspan="2">备注</td><td colspan="5"></td></tr>
</table>

填表人：　　　　　　　　　　　审核人：　　　　　　　　　　　总经理：

年　月　日

注：此表用于人力资源部开展招聘工作以前的计划，由人力资源部填写，通知相关部门。

五、制订考试计划

考试计划的编制依据是正式批准的招聘计划。其内容包括：录用原则、招聘原则和测评依据。在定期招聘情况下，考试计划要经主管领导批准，并报经理后组织实施。在临时录用情况下，考试计划只需经主管领导批准后就可以组织有关部门实施。

六、招聘

招聘的主要渠道：校园招聘、职业介绍所招聘、广告招聘、熟人推荐。

七、校园招聘

校园招聘要将招聘条件等以文书的形式提交给有关学校的就业指导部门，或由人力资源部领导直接去学校做招聘说明。

八、招聘表

到学校招聘,要分发招聘表。其内容包括:应聘人员基本情况登记表、企业介绍、招聘注意事项和其他相关文件。

九、职业介绍所招聘

临时招聘主要以职业介绍所为主要渠道。这时应提供上述文件或以口头形式向职业介绍所作说明。

十、广告招聘

广告招聘属临时性招聘,多在企业的经营战略和经营计划发生重大变化时采用。广告的形式和数量应视企业的需求量和需求程度而定。

十一、熟人推荐

利用熟人推荐招聘,也需向介绍者分发有关资料,特别要向他们强调招聘条件和录用标准。

十二、应聘表

原则上,人力资源部要在考试前一个月要求应聘者提交下列资料:①应聘登记表;②简历表;③照片(近期免冠正面照);④学历证明;⑤成绩单。

十三、选拔程序

基本上按以下程序进行选拔:①依个人资料初选;②笔试;③面试;④体检。

十四、初选

人力资源部根据应聘者提供的资料,对每个人的特长和不足进行充分的评价分析,作出初步选择意向后,通知应聘者参加笔试。

十五、对应聘者特长的把握

依据初选结论,主要考察以下几项:①学历是否与招聘要求一致;②年龄;③专业是否与招聘要求一致;④学习期间的成绩;⑤通勤距离,其居住地与企业间的距离应尽量近一些;⑥个人经历;⑦对工作的理解是否与企业经营方针一致。

十六、笔试

大学应届和往届毕业生的考试内容一般为外语、专业课和综合考试。中专及以下应聘者考试内容一般为外语、数学、写作和专业课。临时招聘的考试内容可依工作相应决定。

十七、面试

对笔试合格者才进行面试。企业面试者应由总经理、人力资源部人员和主管部门领导参加,其人数不应少于3名。面试结果要集体决定。如总经理不能出席,结果要报其批准方能生效。

十八、体检

对面试合格者体检,主要是看其身体状况是否能胜任工作需要。体检一般由企业内部的医疗机构或合同医院进行。

十九、确定

对考试全部合格者发招聘通知书。通知书一般随应聘保证书一同发出。应聘者应将应聘保证书在两周内寄回企业。两周内未寄回者取消应聘资格。但因邮递不及时或者有正当理由者不属此列。

二十、就职

应聘者应按人力资源部指定时间报到上班。报到时间由人力资源部与用人部门共同商定。

二十一、试用期

新员工报道后一般应递交保证书和担保书。并经3个月左右的试用期后,方可决定是否正式录用。

二十二、担保书

担保书要由其亲属填写。其条件是居住在同一城市、满25岁且有稳定的工作和收入。担保书中要写明担保人的地址、姓名并签名,担保书格式如下。

企业员工担保书

兹介绍________先生(女士)到___________工作,本人确认被介绍人所提供的个人简历材料属实,如有弄虚作假,由本人负责。据本人了解,被介绍人身体健康,工作踏实,品行端正,未有犯罪记录,愿意遵守公司的规章制度,本人愿做其担保人,若被介绍人有违反公司规章制度行为,请公司按章惩处,本人决不说情袒护,若被介绍人在公司工作期间发生经济或法律案件,致使公司利益蒙受损失,本人愿负连带责任,按公司有关规定进行经济赔偿,特立此保证书为凭。

保证人:

日期:

二十三、保证书

保证书一般用企业通用格式、一式两份,一份由人力资源部留存,一份个人保存。

企业员工录用前承诺保证书

________________公司:本人__________,作为__________公司员工,现作出庄严承诺:

1. 在任职工作期间,遵守公司各项规章制度。

2. 在任职或离职后,均不损害公司合法利益、不泄露公司商业秘密、不侵犯公司知识产权。

3. 辞去本公司职位___________月(年)内,不会到同业企业从事与本企业相竞争的工作。

4. 若本人违背以上承诺,愿承担相应的法律责任,并赔偿由此造成的公司损失。

本人资料:

本人______________,证件(身份证)号:__________________________

现住址:____

邮编：____________________ 联系电话：____________________

承诺人有效证件复印件：

承诺人（签名）：________　　　　年　　月　　日

注：1. 此表由重要岗位的新员工填写，用来保证员工的职业诚信。

2. 此表在人力资源部长期保存。

二十四、正式录用

第三节　有特色的招聘工作规程

招聘工作规程是为保证公司通过招聘工作获得公司所需要的人适其职的员工而制定的一系列规章制度和工作程序。但是对于不同的职位，招聘工作的侧重点有所不同，因此，在这里列举一些常见岗位的有特色的招聘规程，作为对第二节的补充，以便我们在制定自己的招聘工作规程时能取长补短、相互启发。

（一）员工录用规程

示例 4-5 为员工录用规程的实例。

［示例 4-5］

××公司员工录用规程

一、为了体现“人才便是效益”的经营观念，充分发挥员工的才能，特制定本员工录用规程。

二、人员的增补需求。各部门因工作需要，需增补人员时，以部门为单位，根据可能离职率及工作需要提出“人员增补申请书”。临时工由各部门拟订需要人数呈总经理核准，现场操作人员由各部门定期（视可能变化订立期限）拟订需要人数呈总经理核准；其他人员呈总经理核准。每月 5 日前，将上月份人员增补资料列表送人力资源部转呈总经理办公室转报总经理。

三、人员选聘主办部门。已核准增补人员的选聘，由人力资源部组织用人部门进入招聘程序。招聘以公开登报招聘为原则，主办部门对报名应考人员的资格应详加审查，对不符合报考资格或认为不拟录用者，应将其报名资料寄还，并附通知委婉说明未获初审通过之原因。

四、选聘委员会的组成，选聘新进人员时应由主办部门筹建选聘委员会办理下列事项：

1. 考试日期、地点；

2. 命题、主考、监考、阅卷人员及工作分配；

3. 命题标准及答案；

4. 考试成绩评分标准及审定；

5. 其他考试有关事项的处理。

五、成绩的评分。新进人员选聘成绩的评分标准分学识类、技能类、面试三项，其成绩按比例视选聘对象及实际需要由各选聘委员会订立，但面试成绩不得超过总成绩的40%。

六、录用情形呈报。各选聘主办部门于考试成绩评定后，应将各应试人员成绩及录用情形呈报总经理办公室。

七、录取通知。对于拟录取的人员，主办部门应通知申请部门填写“新进人员试用申请及核定表”，本科毕业以上人员由总经理批准。大专毕业程度以下(除现场女性操作人员及临时人员由人力资源部经理核准外)人员呈总经理核准后，即通知录取人员报到。备选人员除以书面通知列为被选外，并说明遇有机会便依序通知前来替补，对于未录取人员除应将个人资料寄还外，并致“谢函”及说明未录取原因。自登报招考至通知前来报道的时间原则上不得超过1个月。

八、报到应缴文件。新进人员报到时应填缴人事资料卡、安全资料、保证书、体格体检表、身份证复印件，并应交验学历证书、退伍证及其他经历证明文件。

九、试用。新进人员均应先试用40天。试用期间由各部门参照其专长及工作需要，分别规定见习程序及训练方式，并指定专人负责指导。

十、训练计划。有关新进人员的训练计划规定另订。

十一、试用期满的考核。新进人员试用期满后由各负责指导人员或主管根据“新进人员试用申请及核定表”进行考核(本科以上人员应附试用人员书写的试用期工作报告)，并以管理权限规定呈核。如确认是人适其职，则予以正式任用；如认为尚需延长试用期，则应予以延长试用；如确属不能胜任或经安全调查有不法情况者，即予辞退。

十二、试用期间的待遇。试用期间薪资依薪酬管理规定中的薪级表标准支付，试用期间年资、考勤、奖励均予并计。

十三、试用期间处分规定。新进人员于试用期间应遵守本公司一切规定，如有受记过以上处分者，应即辞退。

十四、试用期间考勤规定。新进人员于试用期间考勤规定如下：

1. 事假达5天者应即辞退；

2. 病假达7天者应即辞退或延长其试用期予以补足；

3. 有旷工记录或迟到累计3次者应即辞退；

4. 公假依所需日数给假，试用期间予以保留，假满复职后予以接计；

5. 其他假按请假管理规则规定办理。

十五、停止试用或辞退。对停止试用或辞退的人员，仅付试用期间的薪资，不另支付任何费用，亦不发给任何证明。

十六、实施及修改。本规程经人力资源部报总经理批准后实施，修改时亦同。

××公司人力资源部

××××年××月××日

（二）管理人员录用办法

编写要点：

在制定管理人员录用办法时，应注意以下几点：

第一，明确目的。

第二，阐明应聘人员应具备的能力。

第三，说明考察应聘人员的方法及内容。

示例4－6为管理人员录用办法实例。

［示例4－6］

××公司管理人员录用办法

一、目的

本办法适用于公司招聘录用管理人员，目的是选聘更好的管理人才。

二、考试方法

考试分笔试和面试两种。笔试之后，合格者才有资格参加面试。面试前，需要应试者提交求职申请和应聘管理人员申请。

三、任职调查和体检

是否正式聘用，还要经对应聘者以往任职情况调查和体检后决定。任职调查根据另项规定进行。体检由企业指定医院代为负责。

四、考试时间

笔试两小时，面试两小时。

各考试方法的考试总时间原则上应为4小时以上，以附带考察应聘者的毅力和韧性。

五、笔试内容

因各部门具体管理对象不同，笔试内容应有所侧重。一般分以下五个方面：

1. 应聘部门所需的专业知识；

2. 应聘部门所需的具体业务能力；

3. 领导能力和协调能力；

4. 对企业经营方针和战略的理解；

5. 职业素质和职业意识。

六、面试内容

面试考核的内容主要是管理风格、表达能力、应变能力和个人形象等。

七、录用决策

在参考笔试和面试成绩的基础上，最终的录用提议应由用人部门主管提出，报总经理核准后决定录用。

（三）专业技术人员录用办法

编写要点：

参见《管理人员录用办法》。

示例4－7为专业技术人员录用办法实例。

[示例4－7]

××公司专业技术人员录用办法

一、总则

公司本着"人尽其才"的用人原则，根据人力资源管理制度的规定，针对专业技术人员的任用，特制定如下办法。

二、职位制定

1. 专业技工：同工程员；

2. 专业技术员：同助理工程师；

3. 专业技师：同副工程师。

三、资格认定

1. 专业技工。具备下列三项条件者，可晋升为专业技工：

(1)担任同种专业技术工作的熟练工人在本职位中四年考绩有甲等以上；

(2)参加本企业专业技工验定合格或取得中国乙种相同性质技术鉴定合格者；

(3)经直属部门主管推荐者。

2. 专业技术员。具备下列三项条件者，可晋升为专业技术员：

(1)担任专业技术工或工程员在本职位中四年考绩有甲等以上；

(2)参加本企业专业技术员验定合格或取得国家甲种相同性质技术鉴定合格者；

(3)经直属部门主管推荐者。

3. 专业技师。具备下列三项条件者，可晋升为专业技师：

(1)担任专业技术员在本职位中四年考绩有甲等以上；

(2)参加本企业专业技师验定合格者；

(3)经直属部门主管推荐者。

4. 新进人员具有专精熟练的特殊技术的，可比照公司内相同技术及资格的人员核定其职位。

四、限制条件

1. 任用为专业技术人员职位者，不得同时任用于其他职位；

2. 从业人员在年度内受记过处分而未取消或上年度考绩在乙等以下者，本年不得晋升。

五、本办法经人力资源部通过后实施。

（四）公关人员录用办法

编写要点：

参见《管理人员录用办法》

示例4－8为公关人员录用办法的实例。

[示例4－8]

××公司公关人员录用办法

第一条　为规范公司对公关人员的录用，特制定本办法。

第二条　交谈能力的测定：

由面试考官与应聘者进行自由交谈，由此判断应聘者的谈吐、语言风格等。注意应给应聘者更多的讲话机会。对胆怯、不善言谈、表达不清者应给低分。

测定的重点主要看应聘者进入考场如何打招呼；当交谈冷场后，看应聘者的反应；询问应聘者为什么要到本企业应聘。

第三条　交谈应变能力的测定：

在对外联系中，谈话的内容千变万化，要求应聘者必须善于驾驭交谈内容，随机应变，否则往往会导致谈判的失败。考官在与应聘者交谈中应不断变换话题或有意避开话题，看其有何反应。

第四条　理解能力的测定：

只有理解对方的谈话内容和意图后，才能争取主动。面试考官可用较长时间模糊地描述一个问题，看应聘者能否领会其实质内容；也可以让应聘者看一本书或一份计划案，然后让其表述其中的内容。

第五条　语音语调的测定：

主要测定应聘者的音色、音质、语速、语音大小等。测定方式主要是让应聘者朗诵一篇文章或一首小诗。

第六条　讲话表情的考核：

主要是看应聘者讲话时的神态和动作。如果表情呆滞、讲话时自卑或有令人讨厌的动作则不适合公关工作。表情生动活泼、具有感染力的应聘者往往能在对外联系中打开局面。

面试官可提出各种问题，变换各种表情，与应聘者友好交谈或大声呵斥，并观察应聘者的表情。

第七条　对掌握谈判主动权能力的考核：

在公关谈判中，往往出现谈判对手漫无边际地闲聊或有意避开话题的情况。所以在谈判中，应时刻考察应聘人员掌握谈判主动权的能力。在面试中，面试考官可提出许多漫无边际的话题，考察应聘者能否把交谈拉回主题。

第八条　外观和整体印象观察：

面试考官对应聘者的服饰、五官及随身携带品进行观察，察看是否整洁、协调和美观。

第九条　测定观察能力：

考核应聘者的机敏性，并由此判断出应聘者的性格特点。体察入微是公关人员必备的基本素质。考试方式采取在黑板上贴一张图片或一幅画，也可采用其他方式，让应聘者在限定时间内观察并描述其内容。

第十条　记忆力考核：

公关人员需要面对各种各样的数字和资料，因而必须有较强的记忆力。考试方式可在黑板上写一组数字或单词，然后由应聘者默写出来。

第十一条　运算能力考核：

主要考核应聘者的口算能力，计算应限定在加减乘除四则运算，可出几组运算题，让应聘者口算或速算。

第十二条　聘用名单初步确定后，要对应聘者提供的个人资料进行调查。如调查结果与个人所提供的资料不符，可调整聘用名单。

第十三条　录用调查主要包括：

1. 担保人调查。确认担保人能否提供担保。

2. 任职经历调查。到应聘者的原工作单位调查；看应聘者提供的资料与实际情况是否相符，应重点调查应聘者的工作情况、职务、业务能力和工资收入。

3. 体检。要求应聘者到公司医院或公司指定医院进行体检。

（五）短期员工录用办法

编写要点：

参见《管理人员录用办法》

示例4－9为短期员工录用办法的实例。

[示例4－9]

××公司短期员工录用办法

一、目的

为了使临时雇用员工管理工作更加规范，特制定本办法。

二、人员申请

各部门有临时性工作(时间在3个月以内),需要雇用临时人员时,应填具“人员增补申请书”,注明工作性质,工作时间等。呈请总经理核准后,送人力资源部,凭此招聘。

三、录用条件

1. 年龄未满19周岁者不得雇用。

2. 经管财物,从事证券、仓储、销售及会计(除物品搬运、整理及报表抄写工作外)等重要工作不得雇用临时员工。

3. 录用期间不得超过3个月。

四、录用

1. 人力资源部招聘临时人员,应填“临时人员录用核定表”,呈总经理核准后录用。

2. 临时人员到工时,人力资源部应填“录用资料表”一份留存备用。

五、投保

在厂区工作的临时人员应由人力资源部办理劳保,投保后,才能入厂工作。

六、管理

1. 临时人员于工作期间可请工伤假、公假、事假、病假、婚假及丧假,其请假期间除工伤假外,均不发给工资。

2. 临时人员的考勤、出差参照编制内助理员标准办理。

七、终止录用

临时人员于工作期间如有不能胜任工作,违反人力资源管理规则规定,事、病假及旷工每月合计超过4天以上,或工作期满,录用部门应予终止录用。经终止录用的临时人员应填具“离职申请(通知)单”经部门主管核对签字后连同胸章送人力资源部,凭此申请单发放工资。

八、延长录用

临时人员录用期满,如因工作未完成,必须继续录用时,应由录用部门重填“人员增补申请书”,叙明理由,呈公司总经理核准后才能录用,并将核准的增补申请书一份报总经理办公室审查。

九、实施与修改

本办法以人力资源部通过后实施,修改时亦同。

第四节　招聘指标审查的文案

招聘指标是指招聘的各个职位和需要增补的人数。确定招聘指标是一件非常严肃的工作。指标宽了不仅会增加公司的人力资源成本,减少公司的效益,而且还会因人多而人浮于事,降低员工的生产效率,甚至会因忙闲不均挫伤员工的生产或工作的积极性,给企业发展带来严重的负面影响;但是,指标严了,有工作没有人做,也会使生产效率降低。有些前瞻性的招聘指标如果被压缩了,还会影响公司的进一步发展。因此，确定恰如其分的招聘指标是关系到公司当前效益和进一步发展的基础性工作。

一般来说，公司对经营业务量和人力资源成本之间会规定一个对应关系。不过，随着市场变化，特别是人力资源市场行情的变化，这个对应关系随时都应作出恰当的调整。由于总经理主要关注经营业务方面的问题，没有更多的精力关注人力资源市场的变化，因此，人力资源部的重要职责之一是及时向总经理反映人力市场变化的情况和公司目前与一段时间以后对人力资源的需求情况，以便总经理对业务量和人力资源量之间的关系作出恰当的调整，拟定出恰如其分的招聘指标。

在实际操作中，在公司的员工招聘规程中对如何确定招聘指标都做了原则性的规定。例如，本章第二节××公司员工招聘工作制度的第四条的招聘职位、名额和任职条件的来源中就规定了4种招聘类型的招聘指标的来源。但是这些都只做了原则性的规定，例如，用人部门主管根据什么填写招聘申请书，人力资源部怎样与用人部门磋商拟定等都没有详细地说明。因此，制定一个员工招聘申请审查制度来弥补和细化第四条是很有必要的。示例4-10为某个公司的员工招聘申请审查制度的实例。

[示例4-10]

××公司员工招聘申请审查制度

第一条　完善的招聘申请审查制度能有效防止人力资源的膨胀。相反，如果忽视审查，或是形式上设立审查而实质上根本不起作用，那么，公司整体的人员规模就会失控。因此，严格的招聘申请审查是进行有效的人力资源利用的基础。

第二条　本公司招聘申请审查的内容包括以下项目：

1. 被申请的职位是否包括在年度人力资源计划之内？

2. 被申请的职位的工作内容和规范是否已经更正、更新？

3. 被申请的职位最近3个月有无招聘计划？结果如何？

4. 目前此职位的主管有多少人？管理幅度是多少？

5. 被申请的职位的原有人员近6个月的加班情况、放假情况、出差情况？

6. 被申请的职位的原有人员近6个月的整体工作表现？

7. 被申请的职位的原有人员低于1个服务期的有多少人？占此职位总人数的比例是多少？

8. 被申请的职位目前有多少人仍在试用期阶段？

9. 招聘以后，1年之内或更长的时间内，新招聘人员的工作会有增加或减少，或其他变化的可能吗？

10. 是否可以内部招聘？

11. 是否可以分期分批招聘？根据和优点在哪里？

12. 现有人员知识、技术、能力持续提高后，是否可以承担更多的任务而不必再聘请额外人员？

第三条 公司各部门凡要申请招聘员工的，对每个需招聘的职位都必须按照第二条要求逐项地进行审查。

第四条 下列情况的招聘职位或设置的职位不需审查：

1. 经总经理确认批准的储备人才的职位、特长人员的职位、特殊人员的职位。

2. 经总经理或董事长推荐的人员所担任的职位。

第五条 本制度经总经理审核颁布，立即实行。修改亦同。

××公司
××××年××月××日

示例点评：

1. 制度是用于对某项工作和某一方面的活动提出规定性要求的规范性公文之一。企事业单位各方面的工作也都可以有自己的制度。示例所示的制度是对申请招聘指标进行审查这一工作作出规定性要求，因此，选用制度这个公文文种也是符合规范的。示例的格式和条文也是符合规范的。

2. 在编写该审查制度时应注意以下几点：

(1)明确审查的目的及意义。

(2)明确审查的内容。

(3)明确审查的范围。

(4)以上审查的内容和范围应符合本公司的实际情况。

3. 该示例可供参考。

第五节 员工招聘信息发布文案

员工招聘信息发布文案是指公司把招聘信息向可能来应聘的受众发布所涉及的规章制度和书面材料，以及向应聘者索取信息的书面材料。一般在员工招聘制度或规程中，也有在员工招聘计划中进行规定，但也有一些在相关制度、规程、计划中只做了简单的原则性的规定，详细内容再另行补充。

一、制定公司员工招聘信息发布办法

制定一个公司员工招聘信息发布办法来规范信息发布工作是十分有必要的。下面示例 4－11 给出××公司员工招聘信息发布办法的示例。

[示例 4－11]

××公司员工招聘信息发布办法

一、依据公司人力资源管理工作规定和公司员工招聘规程及公司其他相关规章制

度的规定,为了规范公司的员工招聘信息发布工作,特制定本办法。

二、凡是本公司欲进行招聘的职位,除了特别批准的以外,都要按本办法规定的程序进行信息发布。高层管理人员和技术人员须经董事会批准,中层管理人员和技术人员需经过总经理办公会议批准的职位信息可以不按本办法发布。

三、招聘信息发布的目的:

发布招聘信息的目的是让更可能多的适合任职条件的人员前来应聘,以便公司有更多的机会甄选出最适合招聘职位的优秀人才,保证公司的战略发展目标的实现。

四、招聘信息发布的原则:

1. 要有针对性,即招聘信息要尽量向适合公司招聘职位的任职条件的受众发布。

2. 要严格控制招聘信息发布的成本,注意实效。

3. 先内后外,即招聘信息先在公司内部员工中发布。当确定本公司没有具备任职条件的人选时,方可向公司外部发布招聘信息。

五、招聘信息发布方式:

1. 内部招聘可以用通知、公告等方式。

2. 外部招聘可以刊登广告,参加人才交流会,各类学校人才招聘会以及其他可资利用且能收到实效的新闻媒介。

六、招聘信息的内容要点:

1. 公司简介,特别要介绍公司的辉煌业绩和远景规划,以吸引应聘者。

2. 要明示招聘的职位、人数及所需要的任职条件。

3. 要说明录用后享受的福利待遇。

4. 要具体明示应聘报名地址、报名时间、报名时所需证件和资历材料等。

七、本办法在实施中出现的问题,由人力资源部负责解释。

八、本办法由人力资源部颁发,自颁发之日起实行。修改亦同。

××公司人力资源部

××××年××月××日

示例点评:

该示例格式符合规范,内容完整,可资借鉴。

二、员工招聘广告文案

编写要点:

撰写招聘广告文案时应注意以下几点:

第一,要有简单的公司介绍,但不宜太长。

第二,各个职位及其任职资格要求应写清楚。

第三,联系方法明确。

第四,注意公司形象。

下面介绍的示例4-12只简单、清楚地说明了招聘的各个职位及其任职资格和招聘人数，以及联系时间、地址和联系的三种方式。

[示例4-12]

××公司招聘广告

本公司根据中国市场的发展需要，现招聘如下人员：

一、市场推广总监(1名)：大学本科以上学历，四年以上相关工作经验，具有工作安排及组织能力。

二、销售业务代表(3名)：具有独立开拓××市市场能力，有一年相关工作经验。熟悉经销商和酒店、饭店、夜场等渠道。

三、促销小姐(4名)：身高1.60米以上，年龄18~24岁，品貌端正，仪表大方，工作勤奋，有推广经验者优先。

四、市场销售经理(1名)：大专以上学历，两年以上相关销售和管理经验，熟悉啤酒营销和客户渠道，组织能力强。

除市场销售经理外，其余应聘人员见报后于每日15:00~18:00间约见。

地址：××市××路8号××大厦6层6025室，联系人：×女士

E-mail:__________

下面示例4-13给出了另一个员工招聘广告的示例，在这个示例中，除了上一示例的内容以外，还介绍了公司的简单情况，不仅起到了吸引应聘者的作用，还起到了宣传公司的作用。

[示例4-13]

××公司招聘启事

本公司是中泰合资的大型综合性娱乐中心，下设的××茶楼，已于××××年××月××日正式开业。茶楼集茶点、中餐厅、卡拉OK、迪厅、交谊舞厅于一体，装修豪华、环境幽雅，灯光、音像全部采用进口设备，备有KTV贵宾房，可接待各类宴会和联谊活动。

现经市人才交流服务中心批准，诚聘下列人员：

1. 总经理办公室人员2人。
2. 行政秘书2人，女性。
3. 人力资源部：招聘专员1人，培训专员2人。
4. 财务部：商业会计5人；收银员4人，女性。
5. 餐饮部：领班3人，男女不限；领位员4人，女性；餐厅服务员40人，男、女各20人。

6. 娱乐部经理2人，迪厅主管2人，歌舞厅服务员40人，均限女性。

7. KTV贵宾房：服务生10人，男、女各5人。

8. 保安部：10人，男性。

以上人员均要求年龄在18～23岁，管理人员要求大专以上学历，服务员要求高中以上学历，应聘者需品行端正，身体健康，有外语对话能力和酒店管理经验者优先，商业会计要求具有助理会计师以上职称。

有意向者请带本人简历、学历证明、职称证明等相关证件原件、复印件及免冠照片一张，到××市××路××号××公司人力资源部面试。

联系电话：××××××，联系人：×××

第六节　初步甄选文案

初步甄选的目的是淘汰明显不合要求的应聘人员，以降低招聘成本。初步甄选可分为应聘人员的基本信息评价和就业测试两部分。

应聘人员的基本信息评价是以应聘人员所应聘职位的任职资格或任职条件为标准，评价应聘人员自报的情况是否基本上达到了标准。这里要特别强调的是自报的真实情况，而不是故意弄虚作假搞的骗人情况。对于故意弄虚作假的应聘者显然应该早早地谢绝他们应聘。

应聘人员的就业测试是测试应聘者就业经历或就业准备（对新就业或就新职的应聘者）的状况。这不仅是对应聘者各种能力的初步考查，而更重要的是对敬业精神的考查。如果干一行，爱一行，应聘者将能成为公司的好员工；如果不把工作放在心上，应聘者即被录用了，也未必能成为好的员工。

综合这两部分甄选内容来看，初步甄选也是整个招聘工作中一个不可缺少的环节。

一、应聘人员基本信息评价，求职登记表（卡）

求职登记表应该登录应聘者的个人基本信息，是获得应聘人员基本信息的来源和评价的依据。因此，在编写求职登记表或求职登记卡时，人力资源部可根据不同职位（或岗位）对人员的不同需求编写项目简单一些或复杂一些的表格，一般包括应聘者的基本个人信息，也可以在登记表中附加一些主观问题，作为初次筛选的依据。

下面将介绍一些求职登记表的实例，以资参考。

（一）普通求职登记表

示例4－14中的表4－3是一个普通求职登记表，其特点是设置了应聘者必须自报的个人基本信息，而对于个人的受教育经历和工作经历只留下简单的项目框，也就是给应聘者提供了是否填写这两方面经历的选择。这种表格的另一特点是随应聘进程流动。

[示例 4－14]

表 4－3　企业应聘人员基本情况和考核意见登记表

填表日期：　　年　　月　　日

<table>
<tr><td>姓名</td><td></td><td>性别</td><td></td><td>民族</td><td></td><td>出生年月</td><td></td></tr>
<tr><td>最高学历和职称</td><td></td><td colspan="2">毕业学校、时间及专业</td><td colspan="4"></td></tr>
<tr><td>政治面貌</td><td></td><td>应聘职位</td><td></td><td>健康状况</td><td></td><td>期望月薪</td><td></td></tr>
<tr><td>籍贯</td><td></td><td>身份证号</td><td colspan="3"></td><td>婚否</td><td></td></tr>
<tr><td>现住址</td><td colspan="3"></td><td>联系方式</td><td colspan="3"></td></tr>
<tr><td>现工作单位</td><td colspan="3"></td><td>现职务/职位</td><td colspan="3"></td></tr>
<tr><td colspan="2">应聘方式</td><td colspan="6">□只限填写的职位
□可接收与填写职位相当的职位
□可接受工薪与填写职位相当的职位
□可协商改变应聘职位
□可接受任何职位</td></tr>
<tr><td colspan="2">教育经历</td><td colspan="6"></td></tr>
<tr><td colspan="2">工作经历</td><td colspan="6"></td></tr>
<tr><td colspan="2">个人特长</td><td colspan="6"></td></tr>
<tr><td colspan="8">以下由公司填写</td></tr>
<tr><td>用人部门</td><td colspan="7">可能聘用的职务 1.　　　　2.　　　　3.</td></tr>
<tr><td>笔试、面试意见</td><td colspan="7">□进行试用
□不能聘用
□缺人时可试用
其他说明：　　　　主持人：　　　　年　月　日</td></tr>
<tr><td>试用结论</td><td colspan="7">□可以录用
□可以待补
□不能聘用
其他说明：
主持人：　　　　年　月　日</td></tr>
<tr><td>备注</td><td colspan="7"></td></tr>
</table>

填表人：　　　　　　　　　　　　　　审核人：

注：此表用于应聘人员在初步达成应聘意向时，先由应聘人员自行填写。后随聘用程序走，最后交人力资源部存档和发各种通知。

(二)带履历的求职登记表

带履历的求职登记表除了反应应聘者基本个人信息外,还分栏分格地设置了学历表和工作经历表。这种表格不需要应聘者另外递交简历,但是也暴露了应聘者的经历隐私。这是不太让人高兴的事,特别会使那些应聘竞争激烈职位的应聘者感到为难。

示例4-15中的表4-4给出了一个带有履历的求职登记表的案例。该表格还有另一特色是增设了与基本个人信息无关的调查问题,使公司获得了额外的信息。

[示例4-15]

表4-4　企业应聘人员基本情况登记表

部门名称：　　　　　　　　　　　　　　　　填表日期：　年　月　日

<table>
<tr><td colspan="3">申请工作岗位名称</td><td colspan="2"></td><td>岗位代码</td><td colspan="3"></td></tr>
<tr><td colspan="2">姓名</td><td></td><td>曾用名</td><td></td><td>性别</td><td></td><td>民族</td><td></td></tr>
<tr><td colspan="2">出生年月</td><td></td><td>婚姻状况</td><td></td><td>最高学历</td><td></td><td>职称</td><td></td></tr>
<tr><td colspan="2">身份证号</td><td colspan="3"></td><td>户籍所在地</td><td colspan="3"></td></tr>
<tr><td colspan="2">现住址</td><td colspan="3"></td><td>联系电话</td><td colspan="3"></td></tr>
<tr><td colspan="2">通信地址</td><td colspan="3"></td><td>邮编</td><td colspan="3"></td></tr>
<tr><td colspan="2">家庭成员</td><td colspan="7"></td></tr>
<tr><td colspan="3">从何处了解我公司</td><td colspan="6">□广告□报刊□网站□业务接触□朋友□招聘会□其他</td></tr>
<tr><td colspan="3">是否在我公司应聘过</td><td colspan="2">□是□否</td><td colspan="2">是否有亲属在我公司工作</td><td colspan="2">□是□否</td></tr>
<tr><td rowspan="4">学历从中学开始</td><td colspan="2">学校名称</td><td colspan="2">自何年何月至何年何月</td><td colspan="2">专业</td><td colspan="2">所获学历、学位等</td></tr>
<tr><td colspan="2"></td><td colspan="2"></td><td colspan="2"></td><td colspan="2"></td></tr>
<tr><td colspan="2"></td><td colspan="2"></td><td colspan="2"></td><td colspan="2"></td></tr>
<tr><td colspan="2"></td><td colspan="2"></td><td colspan="2"></td><td colspan="2"></td></tr>
<tr><td rowspan="5">工作经历</td><td colspan="2">单位名称</td><td colspan="2">自何年何月至何年何月</td><td colspan="2">职务</td><td colspan="2">主要成绩和职责</td></tr>
<tr><td colspan="2"></td><td colspan="2"></td><td colspan="2"></td><td colspan="2"></td></tr>
<tr><td colspan="2"></td><td colspan="2"></td><td colspan="2"></td><td colspan="2"></td></tr>
<tr><td colspan="2"></td><td colspan="2"></td><td colspan="2"></td><td colspan="2"></td></tr>
<tr><td colspan="2"></td><td colspan="2"></td><td colspan="2"></td><td colspan="2"></td></tr>
</table>

填表人：　　　　　　　　　　　　　　　　　　　　审核人：

注:1.此表由应聘人员自行填写,填写时要如实填写,填写人对真实性自行负责。

2.学历一栏只填写学校教育经历,不包括各类培训经历。

3.如果纸张不够用,可另附纸张填写,此表在人力资源部存档。

（三）无申请职位栏的求职登记表

无申请职位栏的求职登记表适用于招收数目比较多、工作性质差别不大、初始工资基本相同的特定人群的招聘。例如，某工厂招聘一批青年学徒工，他们的工种（岗位）可能是多种多样的，最后某一个人上哪一个岗位，不是由应聘者选择，而是由管理者根据求职者的特点来分配的。因此，这种求职登记表就没有申请职位这一栏。这种求职登记表一定要设置很多栏目让应聘者在填写中充分显示应聘者的特点，以便分配适合应聘者特点的岗位。示例 4 - 16 中的表 4 - 5 是无申请职位栏的求职登记表的实例。

[示例 4 - 16]

表 4 - 5　求职人员基本情况登记表

部门名称：　　　　　　　　　　　　　　　　　　　填表时间：　　年　　月　　日

<table>
<tr><td colspan="2">姓名</td><td></td><td colspan="2">性别</td><td></td><td colspan="2">出生日期</td><td></td><td colspan="2">学历</td><td></td></tr>
<tr><td colspan="2">籍贯</td><td></td><td colspan="2">家庭住址</td><td colspan="4"></td><td colspan="2">身份证号码</td><td></td></tr>
<tr><td colspan="2">专业</td><td></td><td colspan="2">毕业学校</td><td colspan="4"></td><td colspan="2">联系方式</td><td></td></tr>
<tr><td colspan="12">性格（对自己的性格进行客观公正的评价，符合者请打“√”）</td></tr>
<tr><td></td><td>谨慎</td><td></td><td>乐观</td><td></td><td>消极</td><td></td><td>自信</td><td></td><td>随和</td><td></td><td>诚实</td></tr>
<tr><td></td><td>内向</td><td></td><td>神经质</td><td></td><td>敏锐</td><td></td><td>耿直</td><td></td><td>寡言</td><td></td><td>宽言</td></tr>
<tr><td></td><td>自以为是</td><td></td><td>性情易变</td><td></td><td>机灵</td><td></td><td>热心</td><td></td><td>利舌</td><td></td><td>淡泊</td></tr>
<tr><td></td><td>理智型</td><td></td><td>兴奋型</td><td></td><td>有个性</td><td></td><td>有支配欲</td><td></td><td>有条理性</td><td></td><td>有节制力</td></tr>
<tr><td></td><td>行动型</td><td></td><td>细致</td><td></td><td>勤俭</td><td></td><td>喜欢自我决策</td><td></td><td>孤僻</td><td></td><td>温顺</td></tr>
<tr><td></td><td>有责任心</td><td></td><td>易动感情</td><td></td><td>有进取心</td><td></td><td>独断</td><td></td><td>疑虑</td><td></td><td>气量小</td></tr>
<tr><td colspan="12">简述你的性格类型和特点</td></tr>
<tr><td colspan="12"></td></tr>
<tr><td colspan="12">简述你的性格弱点</td></tr>
<tr><td colspan="12"></td></tr>
<tr><td colspan="12">请回答下述问题</td></tr>
<tr><td colspan="5">你所不擅长的是什么？</td><td colspan="7"></td></tr>
<tr><td colspan="5">请你概述一下自己的人生观？</td><td colspan="7"></td></tr>
<tr><td colspan="5">学生时代你最喜欢那门课程？</td><td colspan="7"></td></tr>
<tr><td colspan="5">请你概述一下自己的职业观？</td><td colspan="7"></td></tr>
<tr><td colspan="5">进入本企业你有什么希望与理想？</td><td colspan="7"></td></tr>
</table>

续表

请回答下述问题	
在什么岗位上能最大限度地发挥你的才能?	
假如有更好的职业,你将怎么办?	
你对本企业的印象如何?	
到本企业前,你的工资收入是多少?	
你希望在本企业得到多少收入?	
简述你的工作态度。	
本栏由企业方面填写	印象

填表人: 审核人:

注:此表用于应聘人员在初步达成应聘意向时,由应聘人员自行填写,以便用人单位挑选。

二、应聘人员就业测试

就业测试是考查应聘者就业经历中的成就和经验或新就业的应聘者对应聘职位所作的准备工作状况。主要考查应聘者的敬业精神。①就业测试是初步甄选的最后一个环节;②对于技师、工匠、打字员、速记员等类人员,由于其所担任工作属技术性工作,故应进行实地操作测试,以确定其敬业精神;③对于高级职位,此类人员可用审查其著作、发明,或核查其学历、经历,以鉴定其资格,确定其敬业精神。

第七节　员工招聘的笔试和面试文案

员工招聘的笔试和面试文案是指公司对应聘者进行笔试和面试工作的规章制度及所涉及的书面材料。

由于各个公司的具体情况不同,特别是公司对招聘成本的认识不同,在对待笔试和面试考查工作的态度差别很大,具体规章制度差别也很大。除参阅前面所述的人力资源部工作规程、招聘工作制度和规程中介绍的以外,下面将补充介绍一些。

一、员工招聘中笔试的文案

在一些公司招聘程序中规定了进行笔试的环节,而另一些公司却没有。这主要是根据公司主持招聘者的兴趣或观点,但更在于所招聘的职位,例如,在招聘文秘人员时,要进行笔试,而招聘其他类型职位时则免笔试。而有些招聘如公务员招聘,则非常重视笔试,因为笔试的命题范围可宽可窄,而且命题都是经过深思熟虑,仔细斟酌,甚至成立专家命题组,利用集体智慧,集思广益,反复推敲制作出来的。因此,不仅问题严谨,而且获得的信息量大且深刻、真实。使用笔试虽然命题时要花费很多精力和成本,但阅卷时有标准答案可作参考,不仅易于统一衡量标准,做到公平、公正、公开,而且可以利用计算机自动评卷,降低评卷成本,加快评卷速度。因此,笔试这种方法往往被用于有大量应聘者应聘的情况,因为花较低的成本(相对于用面试方法)就可以把绝大多数不符合应聘资格的应聘者淘汰掉,或把数量几乎和计划招聘数量相近的最优秀的应聘者选拔出来,从而降低后续甄选成本。

示例 4 - 17 给出了某公司关于员工招聘工作中进行笔试的规章。

[示例 4 - 17]

××公司关于员工招聘工作中进行笔试的办法

第一条　为了规范本公司在员工招聘中进行笔试的工作,依据公司的人力资源管理规定的精神,特制定本实施办法。

第二条　招聘中进行笔试的目的是以最低的招聘成本把大量应聘者中最可能符合应聘职位的聘用资格的、最优秀的应聘者选拔出来,以降低后续甄选工作成本。

第三条　只有初选合格的应聘者才有资格参加招聘的笔试环节。

第四条　每次招聘工作进行笔试前,都应该由人力资源部负责筹建笔试委员会,办理下列事项:

1. 确定笔试日期、地点;
2. 确定命题、主考、监考及评卷人员及工作分配;
3. 确定命题标准及参考答案;
4. 确定考试成绩评分标准及审定程序;
5. 确定各需聘职位应甄选出的人数和 3 倍于该人数的具体选中的应聘者的分数统计表;
6. 其他笔试有关事项的处理。

第五条　笔试时间为两小时。这不仅是要保证获取应聘者各类知识和能力的信息量足以达到甄选的需要,也是对应聘者的毅力和韧性的考查。

第六条　笔试内容。因各部门各职位不同,笔试内容应有所侧重。一般分以下七个方面考查:

1. 应聘职位所需的专业知识;
2. 应聘职位所需的具体工作能力;
3. 应聘职位所需的科学知识和认知能力;
4. 与应聘职位相关问题的分析、综合能力及应变能力;
5. 管理能力与协调能力;
6. 职业素质和职业意识;

7. 表达能力与思维方式。

第七条　人力资源部会同各用人部门对第四条第五项工作中的应聘者的分数和试卷及应聘人员登记表的个人基本信息进行分析、提出参加面试的应聘者的建议名单，连同资料一起呈总经理核准。

第八条　人力资源部根据总经理核准的参加面试的名单，向名单中的应聘者发送参加面试通知单。

第九条　本实施办法执行中的问题由人力资源部负责解释。

第十条　本办法经总经理审核颁布施行。修改时亦同。

××公司

××××年××月××日

示例点评：

1. 该示例对笔试的目的、参加笔试的资格、笔试的组织管理工作、笔试的内容、笔试结果的处理都作出规定；对笔试的程序也进行了明示，使笔试工作做到了有章可依、有序可循。

2. 该示例采用了标准的三要素标题，在下方的标准签署和三段式的分条的正文结构，符合办法的写作规范。

3. 该示例可资借鉴，但注意发布程序。

二、员工招聘面试文案

面试是在应聘者递交的书面应聘材料中知道应聘者达到或可能达到应聘资格后，进一步了解应聘者情况和甄选优秀者的一种手段，是招聘工作的一个重要环节。首先，应对面试工作进行规范，制定员工面试工作规程。其次，对面试工作中的记录、提问、技巧等也要进行精心设计，以保证达到面试甄选的目的。

（一）制定员工招聘工作规程

编写要点：员工招聘面试规程是面试应聘人员工作的指导，大致包括以下几项内容：

第一，面试考官的确定。

第二，面试的种类。

第三，面试的地点及记录。

第四，面试的技巧。

第五，面试的内容等。

示例4－18给出一个员工招聘面试工作规程的实例。

[示例4-18]

××公司人力资源部关于员工招聘面试工作的规程

一、总则

1. 为适应国际化竞争,广纳贤才,依据本公司的人员招聘制度特制定本招聘面试工作规程。

2. 有关应聘员工面试事项,均依本规程处理。

二、面试考官的确定

1. 本公司人力资源部工作人员为面试考官,面试考官必须给人以正直、公正和良好修养的印象,能够很好地与应聘者交流,使应聘者充分地展示自己的特长。

2. 面试考官自身必须培养积极客观的个性,理智地去判断事情,绝不能因某些个人喜好而影响了对应聘者应有的客观评价。

3. 不论应聘者的出身、背景之高低,面试考官都必须尊重应聘者的人格、才能和品质。

4. 面试考官必须对整个公司的组织概况、各部门功能、部门与部门间的协调情况、人事政策、薪资制度、员工福利政策等有深入的了解,从容应对应聘者随时可能提出的问题。

5. 面试考官必须彻底了解该应聘职位的工作职责和必须具备的学历、经历、人格条件与才能。

三、从面试中获得资料

1. 观察应聘者的稳定性:应聘者是否经常无端换工作,尤其注意应聘者换工作的理由。假如应聘者刚从学校毕业,则要了解应聘者在学校参加了哪些社团,稳定性与出勤率如何。另外,从应聘者的兴趣爱好中也可以看出应聘者的稳定性。

2. 研究应聘者以往的成就:研究应聘者过去的那些特殊工作经验与特别的成就。

3. 应聘者应付困难的能力:应聘者面对困难或障碍是经常逃避,还是能够迎难而上,当机立断。

4. 应聘者自主能力:应聘者的依赖性是否很强,如应聘者刚从学校毕业,则可考察他在读书时是否喜欢依赖父母或同学。

5. 应聘者对事业的忠诚:从应聘者对过去的主管、部门、同事以及从事的事业的谈话中,就可判断出应聘者对事业的忠诚度。

6. 应聘者与同事相处的能力:应聘者是否存在一直抱怨过去的同事、朋友、公司以及其他情形。

7. 应聘者的领导能力:当公司需要招聘管理人员时,特别要注意应聘者的领导能力。

四、面试的种类

根据本公司状况,人力资源部收到应聘者的申请书后,对于明显不符合招聘条件者,发函婉言谢绝;对于可能符合招聘条件者,发出初试通知书;对于明显符合招聘条件者可以发出初试通知书,也可以直接发出评定式面试通知书。

1. 初试:初试通常在人力资源部实施,初试的作用在于淘汰那些学历、经历和资格条件不符合职位要求的应聘人员,通常初试的时间约15~30分钟。经初试合格者发出评定式面试通知书,不合格者发谢绝函。

2. 评定式面试(或复试):经过初试,如果发现有多人适合这项工作,这时就要由部门主管或高级主管作最后一次评定式面试。这种面试通常为自由发挥式的面谈,没有一定的题目,由一个问题一直延伸到另一个问题,让应聘者有充分发挥的机会,这类面试通常时间为30~60分钟。给合格者发试用函或笔试函;不合格者发谢函。

五、面试的地点及记录

1. 面试场所的选择与环境控制。

①面试环境应保持安静舒适;

②面试考官的位置应避免背光;

③被试者的位置避免放在房子中央;

④面试过程中人员不能随意走动;

⑤面试过程不要被打断;

⑥最好不要装电话,以免面试会受到电话的干扰。

2. 面试的时候,必须准备好面试表格和面试提纲。通常初试表格是采用填写式,在评定式面试中,最好用开放式的表格,把该应聘者谈话的内容当时记录下来。

六、面试的技巧

1. 提问的技巧。面试考官必须善于发问,问题必须恰当合理。

2. 听的艺术。面试考官要想办法从应聘者的谈话里找出所需要的资料,因此,面试考官一定要学会听的艺术。

3. 学会沉默。当面试考官问完一个问题时,应学会沉默,看应聘者的反应,最好不要在应聘者没有开口作答时或感觉到应聘者不了解问题时,马上又解释一遍问题。这时面试考官若保持沉默,就可以观察到应聘者对这个问题的反应能力,因为应聘者通常会补充几句,而那几句话通常是最重要的,也是最想说的几句。

七、面试的内容

1. 个人的特性。应聘者的特性包括应聘者的体格外貌、言谈举止、健康状况、穿着。应聘者是否积极主动、是否为人随和,以及性格内向或外向,这些信息的获得都要依靠面试人员对应聘者的观察。

2. 家庭背景。家庭背景资料包括应聘者小时候的家庭教育情况,父母的职业、父母对他的期望以及家庭中发生的重大事件等。

3. 学校教育。应聘者就读的学校、专业、成绩,参加的活动,与老师的关系,在校获得的奖励，参加的运动等。

4. 工作经验。除了关注应聘者的工作经验外，更应该从所提问题中观察应聘者的责任心、薪酬增加的状况、职位的升迁状况和变化情形以及变换工作的原因。从应聘者的工作经验里，我们可以判断出应聘者的责任心、自动自发的精神、思考力、理智状况等。

5. 个人的抱负。个人的抱负包括应聘者的世界观、人生的目标及发展的潜力、可塑性等。

6. 与个人相处的特性。从应聘者的社交来了解其与人相处的情况，包括了解应聘者的兴趣爱好，喜欢的运动，参加的社团以及所结交的朋友。

八、附则

1. 本规程经人力资源部颁布施行，修改亦同。

2. 本规程实施中的问题由人力资源部负责解释。

××公司人力资源部
××××年××月××日

（二）面试通知书

编写要点：

在编写面试通知书时需注意以下几点：

第一，注意写清应聘人员的姓名。

第二，说清楚通知事项。

第三，注明时间、地点及联系人。

示例4－19给出了初试通知书的实例。

［示例4－19］

××公司面试通知书

×××先生/小姐：

一、谢谢您应聘本公司××职位，您的学识、经历给我们留下了良好的印象，为了彼此进一步的了解，请您于××月××日××时××分前来本公司参加：

1. 面谈（初试、复试）；

2. 专业笔试。

二、如您时间上不方便，请事先打电话与××先生（小姐）联系。

地址：

电话：

特此通知

××公司人力资源部 敬启

××××年××月××日

示例4－20给出了评定式面试通知书的实例

[示例4－20]

××企业应聘人员面试通知单

____先生/女士

您好!

首先感谢您对本公司的信任和大力支持。经过初次接触,我们认为您基本具备加盟本公司的能力,因此,特别通知您于以下时间、地点到我们公司进行正式面试。具体要求见表4－6。

表4－6 面试通知单

面试时间	年 月 日(星期) 午 时 分		
面试地点		面试时限	小时 分钟
行车路线			
面试内容说明	个人进行3分钟的演讲,内容为个人姓名、出生年月、毕业学校、所学专业、个人爱好及特长、对公司前景展望及个人目标设计(注意:只限3分钟,请勿超时)。		
个人准备	1. 携带个人身份证及复印件、职称证书及复印件; 2. 资格证书及复印件、获奖证书及复印件; 3. 个人一寸免冠彩色照片 张; 4. 男士着装要求: 5. 女士着装要求:		

良好的开端等于成功了一半,祝您成功!

单位名称:(盖章)

年 月 日

(三)公司招聘面试提纲

编写要点:

对面试提纲的设计应注意以下几个方面:

第一,应设计专业性的问题,不要漫无边际。

第二,题目设计应针对面试职位。

第三,集中精力问工作经验、教育培训经历并介绍职位情况。

由于公司和面试人员(考官)对面试的态度不同,因此编写的面试提纲不同,这里列出了几种面试提纲，以供参考。

示例4－21给出一个用于财务经理助理的面试提纲的实例

[示例4－21]

××公司财务经理助理面试提纲

引入语：

1. 您好，请坐。欢迎参加我公司的人才招聘，为了进一步加强我们对您的了解，我们今天将进行半个小时左右的谈话，希望您能够想到什么就回答什么。我们现在开始，好吗？

考察敬业精神：

2. 工作中出现失误是不可避免的。您能否说一下您在工作中出现的最大的失误是什么？追问：从这次失误中您获得了什么教训？

3. 石油富豪盖蒂在管理中发现，下属经理常常会对企业的盈亏情况不敏感，但只要在他们的月工资中扣减1元，他们总是能很快找到财务部门来查询。请问，您对此有何评价？追问：您认为这对您将来的工作有何启示作用？

4. 假设您到了我们的单位，负责某审计项目，您发现，另一部门在账目上有问题，而这个部门的负责人是位工作多年、得到公认的权威。您的做法是什么？

考察判断能力：

5. 如果您是某部门领导，发现实际库存与账面上的数字有很大的出入，您应当采用何种方法来解决这一问题？

6. 您认为下列几位人物的共同点是什么？取得成功的主要原因是什么？钱学森，比尔·盖茨，罗马里奥，贝多芬。

考查组织协调能力：

7. 您被新任命为某大公司财务部门的负责人，上任后得知，您的前任是因为财务记录不清，管理不善而被解雇的。但他与部门多数员工的私人关系甚好，因此，他的解雇给此部门造成一定的混乱，甚至有几个人扬言要集体辞职。面对这种情况，您该如何开展工作？

8. 某天早上，您的上司给您布置了一项任务，要求在下班前完成。这对您已经很吃力了。现在，上司又给您下达一项新任务，要求您也必须在下班前完成，您将怎么办？

考查综合规划能力：

9. 管理人员在进行决策时，通常有两种倾向：一种人喜欢采用集体决策的办法，认为集体决策能集思广益，产生不同的解决问题的方法。而另一种人认为个体决策更迅速，更能对问题作出及时反应。结合您所应聘的职位，谈谈您更倾向于哪一种决策方式，为什么？

10. 考查：国家对音像出版物与一般的图书征收增值税有何区别？怎样通过两者之间的区别合法避税。

示例4－21是针对某个专门的职位——财务经理助理提出的10个问题，有意识地考察应聘者的敬业精神、分析判断能力、组织协调能力、综合规划能力和专业知识等。这种方法很有针对性，比较好。但是一套面试提纲只能用于一个专门职务，而且一天只能用于一个人。如果有多种职位，而且一种职位还有多个面试者，那就要准备许多面试提纲，无疑是需要付出相当大的面试成本。为了降低面试成本，可以采用结构化的招聘面试提纲。示例4－22就给出了一个结构化的招聘面试提纲的实例。

[示例4－22]

××公司结构化招聘面试提纲

姓名____________________ 申请职位______________

1. 工作兴趣

你认为本工作（职位）内容包含什么？____________________

你为什么申请这一工作（职位）？____________________

你为什么具有任职本工作的资格条件？________________________

你的工资要求是多少？_______________________

你对我们公司了解些什么？_____________________

你为什么要进入我们公司工作？_________________________

2. 当前工作状况

你现在是否在工作？____如果否，你失业多久了？____________

你为什么失业？______________________

如果你在工作，为什么申请本职位？______________________

你什么时候开始和我们一起工作？____________________________

3. 工作经历

（从求职者的当前或最后职位开始往前，所有时期都应当计算。根据求职者的年龄，至少追溯5年）

当前/最后雇主____________地址______________________

就业日期：从_____________到_____________________

当前/最后工作岗位名称______________________________________

你的职责是什么？_________________________

你是否在该公司中一直从事同样的工作？______是_______否

如果不是，说明你从事的各项工作，每一项工作的就职时间，及担负的主要责任______________________________________

你的起薪是多少？____________________

你现在的收入范围是多少？____________________

评语____

你最后或当前主管的姓名______________________

对于那份工作你最喜欢的是什么方面？____________________

你最不喜欢的是什么方面？______________________

你为什么要离开原来的工作岗位？________________

主试者评语或观察___________________

在你从事最后一项工作前你做什么？__________________

你在哪里工作？_________________________

地点_____________________工作名称_____________

职责____________________________________

你在该公司一直从事同一项工作？_______是_______否。如果不是，请描述你所从事的工作、时间及每一项工作担负的责任______________________

你那时的起薪是多少？___________

你离开时的工资是多少？______________

我们可以和这个公司联系吗？__________是_________否

主试者：如果求职者各就业时期之间有间隔，应当询问间隔问题_______________________

主试者的评语和观察________________________

你有什么其他的工作经历？简要进行说明并解释每一份工作的一般职责？________________________________在过去的五年里，你是否失业？_________是______否。

为寻找工作你做了什么努力？__________________你具有其他能帮助你胜任本职位的经历和培训吗？解释你是在什么地方和怎样获取这一经历或培训的_____________________

4. 教育背景

你接受过哪些能够帮助你从事所申请工作的教育和训练？

____

说明你接受的任何正规教育（如果相关，主试者可用技术培训代替）

____

5. 业余活动

业余时间你干什么？___________兼职工作__________

竞技运动_________娱乐活动_________俱乐部__________其他_________

请说明____

6. 主试者提出的特别问题

主试者提出的:补充面试中没有提出的其他问题,留出的空间用于作答案(注意避免可能被视为歧视的问题)__________________

答案____________________________________

7. 个人问题

你愿意迁至新地方吗?________是________否

你愿意出差吗?______是______否

你愿意出差的最长时间是多久?__________你能够加班吗?________________

你怎样看待周末上班?____________________

自我评价____________________________

你认为你的优点是什么?______________________

你认为你的缺点是什么?______________________

主试者:比较求职者的回答和求职者申请表提供的信息,澄清任何不一致的地方并记录下来。__________________________

注意:在求职者离开前,若主试者尚未提供关于组织和职位空缺的基本信息,主试者应当予以提供。求职者应当得到关于工作地点、工作时间、工资或薪金制度、报酬类型(薪金或薪金加红利等),以及其他会影响求职者对工作兴趣的信息。

8. 主试者评价

主试者在面试者离开后立即填写下面的评价表,作出评价。

(四)面试评价表

面试评价表是面试考官通过面试以后,对受试的应聘者的评价,也是下一步决定是否对该应聘者进行试用考察的重要依据。一般是考官一边进行面试,一边填写面试评价表,最晚也应在一个受试者离开后立即填写,以免遗忘。

面试评价表也是五花八门,下面给出几种以供参考,详见表4-7,表4-8,表4-9,表4-10。

1. 面试8项评价表。

表4-7 面试8项评价表

测试要求	逻辑思维	创新意识	组织协调	经营决策	仪表气质	专业知识	专业技能	综合应用能力	合计
权重分数	10	15	10	20	5	10	10	20	100
评分要点	言语表达 思维品质	管理创新 针对变化	团队建设 人际交往	决策程序 策略原则	外表、言语的亲和力、对他人的感染力	本管理岗位所需要的专业理论知识	本管理岗位所需要的行业经验	能够综合应用所掌握的知识、技能和实际经验	

续表

评分等级	9~10（优秀）	11~15（优秀）	9~10（优秀）	16~20（优秀）	4~5（优秀）	9~10（优秀）	9~10（优秀）	16~20（优秀）	
	6~8（较好）	8~10（较好）	6~8（较好）	11~15（较好）	3（较好）	6~8（较好）	6~8（较好）	11~15（较好）	
	3~5（较差）	4~7（较差）	3~5（较差）	6~10（较差）	2（较差）	3~5（较差）	3~5（较差）	6~10（较差）	
	0~2（很差）	0~3（很差）	0~2（很差）	0~5（很差）	0~1（很差）	0~2（很差）	0~2（很差）	0~5（很差）	
得分									
考官评语	考官签名： 年 月 日								

考生姓名：　　　　性别：　　　　年龄：

2. 面试17项评价表。面试评价要素主要包括以下17项：仪容仪表；人生观、社会观；职业观；生活设计；人格成熟程度（情绪稳定性、心理健康与心理掩饰等）；个人修养；求职动机；工作经验；相关的专业知识；语言表达能力；思维逻辑性；应变能力；社交能力；自我认知能力；支配能力；协调指导能力；责任心、时间观念与纪律观念；分析判断能力（考察其应变能力及决策能力）。

表4-8 面试17项评价表

招聘部门：　　　　　　　　　　　　　　　　　　应聘人：

分数 / 考核项目	1	2	3	4	5
人生观、社会观					
职业观					
生活设计					
情绪稳定性					
心理健康					
心理掩饰					
个人修养					
求职动机					
工作经验					
专业知识					
语言表达能力					
思维逻辑					
应变能力					
时间观念					

续表

分数 考核项目	1	2	3	4	5
纪律观念					
应变能力					
决策能力					
成绩合计					

填表人：　　　　　　　　　　审核人：　　　　　　　　　　日期：

注：此表由每个面试考官填写，由人力资源部统一汇总，作为日后选拔人员的依据之一。在设计该表时，可根据职位说明书确定考核项目。

3. 面谈记录表。对于不太重要的职位，为了降低面试成本也可以采用更简单的评价方法，这就是下面的面谈记录表。

表 4-9　面谈记录表

部门名称：　　　　　　　　　　　　　　填表日期：　　年　　月　　日

姓名		应征职位			
用表提要	请主持面谈人员，就适当之格内划"√"，无法判断时，请免打"√"。				
评分项目	配分				
	5	4	3	2	1
仪容　礼貌　精神 态度　整洁　衣着	极佳	佳	平实	略差	极差
体格、健康	极佳	佳	平实	略差	极差
领悟、反应	特强	优秀	平平	稍慢	极差
对其工作各方面及有关事项之了解程度	充分了解	很了解	大部分了解	小部分了解	极少了解
所举经历与本公司的配合程度	极配合	配合	尚能配合	未尽配合	未能配合
前来本公司服务的意志	极坚定	坚定	普通	犹疑	极低
外文能力	极佳	好	平平	略懂	不懂
总评	□拟予试用 □列入考虑 □不予考虑			面试人： 日期：　月　日	

注：此表由面试考官填写，根据应聘者各项能力的表现打分。在设计面试表时应注意根据岗位说明书设计面试表的考查项目。

（五）面试结果推荐书

全部面试结束后，甄选小组成员应讨论对各应征者的意见。当小组成员未能达成一致结论时，由用人部门代表最后决定。评价结果应填写在面试结果推荐书上，送达用人部门主管及人力资源部备案，作为下一步工作的依据。下面给出一种面试结果推荐书的示例。

表 4－10　面试结果推荐书

<table>
<tr><td colspan="2">姓名</td><td colspan="2"></td><td>日期</td><td></td></tr>
<tr><td rowspan="2">外语评分</td><td>会话</td><td colspan="4"></td></tr>
<tr><td>阅读</td><td colspan="4"></td></tr>
<tr><td colspan="2">智力水平</td><td colspan="4"></td></tr>
<tr><td colspan="2">专业知识</td><td colspan="4"></td></tr>
<tr><td colspan="2">创造性思维</td><td colspan="4"></td></tr>
<tr><td colspan="2">性格特征</td><td colspan="4"></td></tr>
<tr><td colspan="2">文字能力</td><td colspan="4"></td></tr>
<tr><td colspan="6">推荐栏</td></tr>
<tr><td></td><td>职位</td><td colspan="4"></td></tr>
<tr><td>试用</td><td>级别</td><td></td><td>薪金</td><td colspan="2"></td></tr>
<tr><td>待用</td><td></td><td colspan="4"></td></tr>
<tr><td>辞谢</td><td></td><td colspan="4"></td></tr>
<tr><td colspan="6">赞成此意见者（面试小组成员）签字：</td></tr>
<tr><td colspan="6">送达试用部门</td></tr>
</table>

注：①人力资源部向入选应征者发出试用通知单并把此表送试用部门主管。

②人力资源部将面试结果通知落选的应征者并把此表存储，待用者保存 3 年，辞谢者保存 3 个月。

第八节　招聘的试用文案

招聘的试用是整个员工招聘工作中一个重要环节，它不仅可以弥补笔试、面试的失误和不足，而且可以真实地看到应聘者是否真正人适其职。因此，在员工招聘制度中都对试用工作作出了一些规定。本节将补充介绍一些参考资料和工作表格。

一、制定员工招聘试用办法

制定一个完整的员工招聘试用办法，可使试用工作有章可依，工作有序、高效地进行。

下面给出一些员工招聘试用工作办法的示例，详见示例 4－23，示例 4－24，示例 4－25。

[示例4-23]

××公司员工招聘试用办法

第一条 根据本公司的员工招聘制度及相关规章制度特制定本办法。

第二条 员工招聘试用的目的是对应聘人员在某应聘职位上的实际情况综合考察,确定是否人适其职。

第三条 除经总经理书面批准免于试用程序者外,所有新进本公司的人员都必须经过试用程序考察。由本公司内部晋升者也须经过试用程序考察。由人力资源部发给试用人员试用通知。

第四条 试用人员接到试用通知书后,应按时到人力资源部报到。人力资源部首先请试用人员仔细阅读本试用办法,并签字同意执行本试用办法事项。然后对试用人员进行试用前培训,重点培训本公司劳动纪律和劳动安全事项。最后将试用人员及其个人的招聘资料引送到用人部门。对不同意本试用办法者和不来按时报到的试用人员,按放弃应聘处理。

第五条 各用人部门应指定专人负责试用工作,应按照试用者的应聘职位、专长和用人部门实际工作需要,分别规定试用工作及试用方法。并准备好必要的着装和工作条件。应试人员的工作不宜安排责任重大、涉及公司核心机密、数额较大的财务收支及有毒危险等项工作。

第六条 试用期限按国家有关规定执行。

1. 合同无期限者,试用期为6个月;
2. 合同期为5年者,试用期为5个月;
3. 合同期为3年者,试用期为3个月;
4. 合同期为1年者,试用期为1个月;
5. 临时合同期不满1年者,视情况试用期为3~15日。

第七条 试用期满的考核。新进人员试用期满后,由各负责指导试用的人员或主管根据"新进人员试用申请及核定表"进行考核(本科以上人员应附试用人员书写的试用期工作报告),并依管理权限规定呈核。如确认是人适其职,则予以择优任用,任用者发给任用通知,未被任用者为候补任用人员,发给候补任用函;如认为尚需延长试用期则应酌予延长试用;如确属不能胜任或经安全调查有不法情况者即予辞退,发给不予考虑聘用通知。

第八条 试用期间的待遇。试用期间薪资依薪酬管理规定薪级表的标准支付,试用期间年资、考勤、奖励均予并计。

第九条 试用期间处分规定。新进人员于试用期间应遵守本公司一切规定,如有受记过以上处分者,应即辞退,发给不予考虑聘用通知。

第十条 试用期间考勤规定。新进人员于试用期间其考勤规定如下:

1. 事假达5天者应即辞退；

2. 病假达7天者应即辞退或延长其试用期予以补足；

3. 有旷工记录或迟到累计3次者应即辞退；

4. 公假依所需日数给假，试用期间予以保留，假满复职后予以接计；

5. 其他假按请假管理规则的规定办理。

第十一条　停止试用或辞退。对停止试用或辞退的人员，发给不予聘用通知，凭此到财务部门结算试用期间的薪资，不另支付任何费用，亦不发给任何证明。

第十二条　本办法实施中的问题，由人力资源部负责解释。

第十三条　本办法经人力资源部通过后实施，修改时亦同。

××公司人力资源部

××××年××月××日

示例点评：

示例格式符合规范，内容全面细致、可资借鉴。

二、试用员工考核表

试用员工考核表是公司对应聘人员在试用期间进行考核和评价的表格，也是公司是否录用该应聘人员的依据。

由于各个公司的具体情况不同，表格的形式多种多样，先介绍几种以供参考。

（一）最简单的试用员工考核表

表4－11是一种最简单的考核表，对试用情况只有一栏说明，部门试用意见也只有四个可选项。这种表格适用于级别较低的试用人员。

表4－11　企业员工试用期考核表

<table>
<tr><td>姓名</td><td></td><td>所在部门</td><td></td><td>职位</td><td></td></tr>
<tr><td>报到时间</td><td colspan="2"></td><td>试用期满时间</td><td colspan="2"></td></tr>
<tr><td colspan="6">试用情况说明：</td></tr>
<tr><td>部门试用意见</td><td colspan="5">□试用期已满，转为正式员工
□试用期已满，不录用，拟辞退
□试用期已满，继续试用______个月
□试用期未满，不录用，拟辞退
部门经理：
年　月　日</td></tr>
<tr><td>人力资源部意见</td><td colspan="5">人力资源部经理：
年　月　日</td></tr>
<tr><td>领导意见</td><td colspan="5">年　月　日</td></tr>
</table>

填表人：　　　　审核人：

注：1. 此表由人力资源专员、部门经理及人力资源部经理负责填写。

2. 此表交由人力资源部存档。

（二）稍微复杂的试用员工考核表

稍微复杂的试用员工考核表对考核的项目有所规定，包括委任的工作，考勤记录、工作评语，确定工资以及是否录用等。这种表格适合各种级别的应聘者，参见表4－12。

表4－12　企业员工试用期工作考核表

单位名称：　　　　　　　　　　部门名称：　　　　　　　填表日期：　年　月　日

姓名		性别		出生年月		学历	
岗位名称		试用期限		上岗日期			
薪金情况				暂支薪金			
考勤	委任工作						
	考勤记录	□全勤□病假__天□事假__天□迟到早退__天					
	工作评语						
	确定工作						
	任用/辞退						
审核	主管意见						
	部门意见						
	人力资源部意见						

填表人：　　　　　　　　　　审核人：　　　　　　　　　　总经理：

注：此表由试用员工所在部门、人力资源部共同填写，此表填好后，由人力资源部存档。

（三）有试用计划的试用员工考核表

有试用计划的试用员工考核表有三个大栏目，除试用人员基本情况、来源等资料外，还有试用计划栏和试用结果考核栏，这对试用部门的试用工作提出了一些规定要求。这种表格要花费一定的精力，但对保证试用工作正常有序进行有好处，更易于达到试用的目的。这种表格适合职级较高的应聘人员，参见表4－13。

表4－13　企业试用员工考核登记表

单位名称：　　　　　　　　　　　　　　　　　　　　填表日期：　年　月　日

<table>
<tr><td rowspan="5">人事资料</td><td>姓名</td><td></td><td>应试职位</td><td></td><td>上岗时间</td><td></td></tr>
<tr><td>试用部门</td><td></td><td>甄选方式</td><td colspan="3">□公开招聘□推荐选拔□内部提升□外部猎取</td></tr>
<tr><td>工作经验</td><td colspan="5">相关___年，非相关___年，共___年</td></tr>
<tr><td>年龄</td><td></td><td>最高学历</td><td></td><td>最高学位和职称</td><td></td></tr>
<tr><td colspan="2">技能训练/培训</td><td colspan="4"></td></tr>
<tr><td>试用计划</td><td colspan="6">1. 试用职位：
2. 试用期限：
3. 督导人员：
4. 督导人员工作：□观察□训练
5. 拟安排工作：
6. 训练项目：
7. 试用薪资：
拟定人：　　　　核准人：</td></tr>
<tr><td>试用结果考核</td><td colspan="6">1. 试用时间：自　年　月　日至　年　月　日
2. 安排工作及训练项目：
3. 工作情况：□满意　□尚可　□差
4. 出勤情况：早退　次，病假　次，事假　次
5. 评语：□拟正式任用　□拟予辞退
6. 正是薪资拟定：
人力资源部经办人：　　部门主管：　　部门负责人：</td></tr>
</table>

注：1. 此表由人力资源部主管员工招聘与试用工作的经办人员、部门主管及部门负责人填写。
2. 此表交由人力资源部存档。

三、试用工作表格和文稿

（一）试用同意书

编写要点：

同意书应包括以下几个方面：

第一，试用期限。

第二，工作单位。

第三，工作时间。

第四，工作待遇。

第五，试用终止与延长。

示例4－24是一个试用同意书的案例。

[示例4－24]

××公司试用同意书

兹同意下列条件：

一、试用期限：自______年_______月______日起，至_________年__________月________日止。（共计________月_______日）

二、工作单位：在_________担任__________之职。

三、工作时间：每天工作_______小时，如需加班应全力配合，不得以任何不当理由拒绝。

四、工资：

1. 依照双方协议，月薪____元，按实际工作天数计算，凡缺勤或请假当日均无工资。

2. 任职不满_________天人员，其星期例假日工资不计。

3. 工资于每月________日或________日固定发放。

五、试用：试用期间应遵守公司管理规则，若任何一方对其职不满，则可以通知对方后随时终止试用，均无异议，并不得要求任何一方赔偿。

六、试用期满，公司考核组根据试用人员的表现应作出录用与否的决定。如果考核组出现严重意见分歧，可以要求延长试用期，并说明原因。试用人员可以同意延长试用期，也可不同意延长试用期，而自动退出应聘程序。

（二）试用期满通知书

编写要点：

参见《录用报到通知书》。

示例4－25是一个试用期满通知书实例。

[示例4－25]

××公司试用结束通知书

×××先生/小姐，您自_________年_______月_______日进入本公司_________部________科（组）担任职务，依自愿书上载明试用期间，自到职日起_________个月。

在此期间，您的工作成绩，经各级考核如下：

□正式任用，留任原职，调整薪酬为________等________级。于______月______日前到人力资源部办理任职手续。

□工作表现不适合本公司需要，请_________月_________日前办妥移交手续结算试用期薪资离岗。

□成绩不错，因名额限制，候缺待聘，请＿＿＿月＿＿＿日前办妥移交手续结算试用期薪资离岗。

××公司人力资源部
××××年××月××日

第九节 招聘的录用文案

招聘的录用文案是指应聘人员经过所有招聘环节的考核并全部合格后，被录用或任用为公司的正式员工这一程序的规章制度和相关的书面工作文件的总和。

一、制定员工招聘的录用工作办法

制定员工招聘的录用工作办法的目的是规范员工招聘中录用工作的指导原则和工作程序，使录用工作有章可依，有序可循，规范、有序、高效地进行。

制定员工招聘的录用工作办法应注意以下几点：

首先，和制定所有的规章制度一样，前几条要说明制定该办法的依据和目的，在最后几条中要说明该办法施行的事项。

其次，注意用规范的标题和签署。

最后，正文的内容应包括本办法适用范围、录用名额的来源，被录用的标准，审核和主持录用的人员，录用的程序和手续，被录用者应缴验的材料和履行的手续等。

示例4－26是一个员工录用办法的实例。

[示例4－26]

××公司关于员工录用工作的办法

第一条 为了确保公司所录用的员工真正是人适其职的，根据公司人力资源管理工作规定的精神和相关条文，特制定本实施办法。

第二条 凡公司录用正式员工，都必须按本办法的规定，实施录用程序。

第三条 录用职位及名额的确定：

1. 经总经理审核的招聘计划中所列出的职位和名额；

2. 按本办法第四条规定的权限批准的计划外的职位和名额。

第四条 为了公司的发展的特殊需要可按下列权限批准录用计划外职位及名额：

1. 公司董事长每次招聘可特批两个高层管理和技术职位及名额；

2. 公司总经理每次招聘可特批两个中级管理和技术职位及名额。

第五条 下列两类人员才有资格被录用：

1. 经过招聘程序各个考核环节的考察并达到合格要求的应聘者；

2. 由董事长或总经理书面推荐担任某个职务的人员。

第六条　录取程序：

1. 由各用人部门主管按计划内和计划外的职位和名额从第五条规定的有被录用资格的人员中根据考核资料或推荐人数按任职条件作出初步录取名单。

2. 由人力资源部主管会同各用人部门主管按人适其职的原则，协商、调剂后作出各部门均满意的送批录取名单。

3. 将送批录取名单和相关考核资料及推荐书呈送总经理审批。

第七条　发送录用通知单。按总经理审批后的录取名单，人力资源部向被录取人员挂号邮寄录用通知单。录用通知单的内容应包括以下内容：

1. 报到日期和地址；

2. 报道时需要缴验的各种证件和资料；

3. 不能按时报到应预先通知公司，说明理由，否则按自动放弃聘用处理；

4. 与公司的联系方式和联系人。

第八条　报到程序：

1. 到人力资源部缴验本办法第九条规定的各种证件和资料，填写员工登记卡；

2. 对新入公司的录用人员，由人力资源部按“公司职前教育培训办法”规定进行集体职前教育培训；

3. 由人力资源部人员分别引领新录用人员到用人部门报到；

4. 由用人部门发放新录用人员工作时需要的用品，并引领到现场，视需要情况进行岗前培训和劳动安全教育以及指定老员工关照。

第九条　报到时新录用的员工要缴验的证件和材料：

1. 居民身份证原件及复印件；

2. 最后学历证书原件及复印件；

3. 最后工作单位离职证明或毕业证；

4. 职工保证书；

5. 服务志愿书；

6. 公司指定医院的体检表；

7. 近期一寸免冠照片 2 张；

8. 本公司发送的录用通知单；

9. 履历表及其他奖惩、发明成果、著作等资料目录或清单。

第十条　报到步骤按“新进员工报到手续表”规定，逐项进行。

第十一条　凡有下列情形者不得录用：

1. 被依法剥夺权力尚未复权者；

2. 受有期徒刑之宣告或通缉，尚未结案者；

3. 吸毒者；

4. 亏欠公款者；

5. 患有精神疾病或传染病者；

6. 品行恶劣，被公、私企事业单位开除者。

第十二条　本办法施行中发生的问题由人力资源部负责解释。

第十三条　本办法经公司总经理批准颁布施行。修改时亦同。

××公司人力资源部

××××年××月××日

示例点评：

1. 示例内容和签署符合规范。

2. 正文采用了条款式结构。第一条简明地阐述了制定本办法的目的和依据；第十二条和第十三条做了实施办法的补充说明。符合办法文中的正文规范要求。

3. 示例其他各条依次规定了该办法适用的范围，录用指标的确定办法，可录用人员的资格，不能录用的人员，录用名单确定过程，报到过程中公司人员和被录用人员需完成的工作和步骤。内容完整，切实可行，是一个可资参考的示例。

二、录用工作表格和文稿

录用工作表格和文稿主要是录用报到通知书，其编写要点如下：

第一，注意写清应聘人员的姓名。

第二，说清楚通知事项。

第三，注明时间、地点及联系人。

录用通知书示例：

示例 4－27 是信函式录用通知书的示例，示例 4－28 是表格式录用通知书示例。

［示例 4－27］

××公司录用通知书

××先生/小姐：

对于您应征本公司________一职，经复审结果，决定录用，请于________年____月____日（星期_）上午______时______分携带下列物品文件，到本公司人力资源部报到：①居民身份证原件及复印件；②个人资料卡；③体检表；④保证书及服务志愿书。

按本公司之规定新进员工必须先试用____个月，试用期间暂支月薪_________

报到后，本公司会在愉快的气氛中，为您作入职介绍，包括让您知道本公司一切人力资源管理制度、福利、服务守则及其他注意事项，使您能轻松、愉快地在本公司工作，如果您有疑虑或困难，请与人力资源部××女士联络。

联系电话：

特此通知

××公司人力资源部
××××年××月××日

[示例4－28]

××企业应聘人员录用通知单

________先生/女士：您好！

首先感谢您对本公司的信任和大力支持。经过初次面试/复试，我们认为您基本具备基本加盟本公司的能力，很高兴通知您，您应聘本公司__________一职，经过考核审查，本公司决定正式录用您为公司员工。请于下面要求的时间、地点到本公司人力资源部报到，具体要求见表4－14。

表4－14　录用通知单

报到时间	年　月　日（星期　）　午　时　分
报到地点	
行车路线	
报到内容说明	
个人携带资料	报到时，请携带下列资料： ① □居民身份证原件及复印件 ② □最后工作单位离职证明或毕业证 ③ □学历证书原件及复印件 ④ □体检表（二级以上医院） ⑤ □一寸免冠照片　张 ⑥ □职工保证书 ⑦ □服务志愿书 ⑧ □个人履历及资料
备注	

注：1. 按本公司规定，新近员工必须先行试用____个月，试用期间暂付月薪________元。
2. 接到通知后如有疑虑或困难，请直接与人力资源部联系。

联系人：________联系电话：__________

单位名称：（盖章）

年　月　日

第五章

职业发展文案

职业发展是为了确保在需要时可以得到具备合适资格和经历的人员，鼓励、支持员工个人职业的进步而采用的正式措施。对员工个人来讲，员工的职业发展，也是员工的职业生涯，是他一生的工作经历，特别是职业、职位的变迁及工作理想的实现过程。员工的职业发展规划是员工对他自己未来的职业生涯的总体安排，设计，是整个职业发展工作的核心，是决定其能否保持现在已有的工作和未来工作的大事。一个能够与组织、社会相一致的职业发展规划和恰当的职业发展计划就是员工就业的保障。因此，职业发展工作是人力资源管理工作中的一项重要工作，它与工作分析、人力资源规划、人力资源计划、招聘与选拔、绩效评价、培训等工作有着十分密切的关系。

第一节　职业发展的特征

在讨论职业发展规划之前，先简单介绍一下职业发展的两个特征及职业发展性向的测试方法。

一、职业发展概述

职业发展是20世纪90年代中期从欧美传入我国的。最早对职业生涯进行研究的是美国麻省理工学院的施恩教授。

职业发展包含两方面的含义：对于个人来讲，为了实现自己的愿望，自己不断地追求理想的职业，设计自己的职业目标和职业计划，以便在工作中得到满足；对于企业组织来说，对员工个人的职业计划应给予足够的重视、引导和鼓励，结合组织的需要，帮助其实现个人的职业目标。职业的发展与人生历程的发展有着密不可分的联系。因此，职业发展规划是指组织（企业）把个人发展与组织发展结合起来，把个人因素与组织因素、社会因素结合起来进行分析和策划，从而制订有关个人一生在谋生（事业）发展（或职业生涯）中的设想、规划及安排。

二、职业发展的阶段性

人的职业发展一般会经历四个阶段：探索阶段、立业阶段、职业维持阶段和离职阶段。每个职业发展阶段都有不同的需要和愿望。探索阶段，大体上是指从一个人出生到24岁这一年龄阶段。在探索阶段，受到环境的限制，人的想象空间狭小，职业选择的范围也相对较窄，开始逐渐建立了自我的概念，他们从尝试各种不同的行为到朝着环境限定的方向发展。立业阶段，找到了第一份工作，开始学习如何工作，并在工作中第一次体验成功和失败的滋味，不断在工作中汲取教训，改进自己的表现。职业维持阶段，工作成绩相对稳定，以自己多年积累的经验来和他人共同分享，向组织证明自身的价值，虽然会为工作付出很大的代价，但通过进一步总结和对自己工作能力的评价，或者会更加出色地完成任务，或者去寻求更有挑战性的工作而另谋高就。离职阶段，对工作存有失落感，或是通过自我能力的评价发现了更适合自己的工作，因此选择离职去追求理想的工作或职业。

三、职业发展人格性向的确定

职业咨询专家约翰·霍兰德认为，人格（包括价值观、动机和需要等）是决定一个人选择任何职业的一个重要因素。他提出了决定个人选择何种职业的六种基本的“人格性向”。

第一种是实际性向：具有这种性向的人会被吸引从事那些包含着体力活动并且需要一定技巧、力量和协调能力的职业，如森林工人、运动员。

第二种是调研性向：具有这种性向的人会被吸引从事那些包含着较多认知活动的职业，而不是主要以感知活动为主的职业，如生物学家和大学教授。

第三种是社会性向：具有这种性向的人会被吸引从事那些包含着大量人际交往活动的职业，而不是那些有大量智力活动或体力活动的职业，如心理医生和外交人员。

第四种是常规性向：具有这种性向的人会被吸引从事那些包含着大量结构性和规则性的职业，如会计和银行职员。

第五种是企业性向：具有这种性向的人会被吸引从事那些包含着大量以影响他人为目的的语言活动的职业，如管理人员、律师。

第六种是艺术性向：具有这种性向的人会被吸引从事那些包含着大量自我表现、情感表达和个性化的职业，如艺术家、广告创意人员。

实际上每个人不是只包含有一种职业性向，而可能是几种职业性向的混合。霍兰德认为，这种性向越相似，则一个人在选择职业时面临的内在冲突和犹豫就越少。霍兰德用一个六角形来表示各性向的相似性，参见图5-1。

四、霍兰德职业性向测试方法

要想确定自己的职业性向，可以通过霍兰德职业性向测试方法来测量。方法如下。

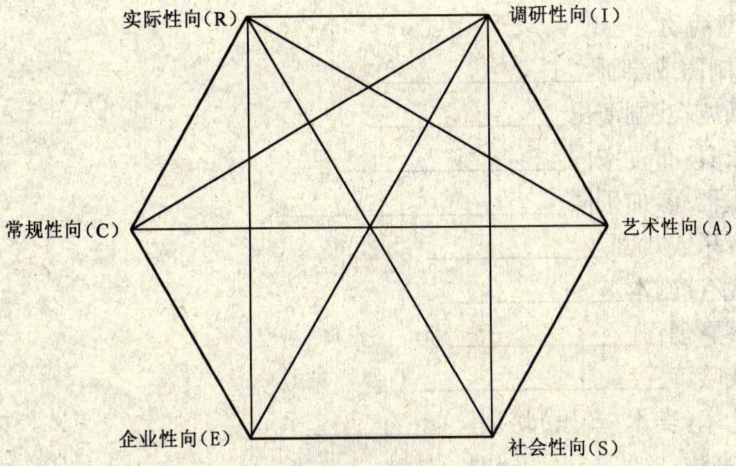

图 5-1　霍兰德的职业性向混合图

第一部分　您心目中的理想职业(专业)

对于未来的职业(或升学进修的专业),您得早有考虑,它可能很抽象、很朦胧,也可能很具体、很清晰。不论是哪种情况,现在都请您把自己最想干的 3 种工作或最想学习的 3 种专业,按顺序写下来。

1. ＿＿＿＿＿＿　2. ＿＿＿＿＿＿　3. ＿＿＿＿＿＿

第二部分　您所感兴趣的活动

下面列举了若干种活动,请就这些活动判断你的好恶。喜欢的,请在后面打“√”;反之,打“×”,请按顺序回答全部问题。

R:实际型活动

1. 装配修理电器或玩具＿＿＿＿＿＿
2. 修理自行车＿＿＿＿＿＿
3. 用木头做东西＿＿＿＿＿＿
4. 开汽车或摩托车＿＿＿＿＿＿
5. 用机器做东西＿＿＿＿＿＿
6. 参加木工技术学习班＿＿＿＿＿＿
7. 参加制图描图学习班＿＿＿＿＿＿
8. 驾驶卡车或拖拉机＿＿＿＿＿＿
9. 参加机械和电气学习班＿＿＿＿＿＿
10. 装配修理机器＿＿＿＿＿＿

统计打“√”的个数_____

A:艺术型活动

1. 素描/制图或绘画________________
2. 参加话剧/戏剧演出______________
3. 设计家具/布置室内________________
4. 练习乐器/参加乐队____________________
5. 欣赏音乐或戏剧______________
6. 看小说/读剧本_____________
7. 从事摄影创作_____________
8. 写诗或吟诗__________________
9. 参加艺术(美术/音乐)培训_____________
10. 练习书法____________

统计打“√”的个数___

I:调查型活动

1. 读科技图书和杂志__________________
2. 在实验室工作_____________
3. 改良水果品种,培育新的水果______________________
4. 调查了解土壤和金属等物质的成分_________________
5. 研究自己选择的特殊问题______________
6. 解算术或玩数学游戏_______________
7. 物理课____________
8. 化学课_____________
9. 几何课______________
10. 生物课______________

统计打“√”的个数___

S:社会型活动

1. 学校或单位组织的正式活动___________________
2. 参加某个社会团体或俱乐部活动________________
3. 帮助别人解决困难__________________
4. 照顾儿童_________________
5. 出席晚会、联欢会、茶话会__________________
6. 和大家一起出去郊游_______________
7. 想获得关于心理方面的知识_______________
8. 参加讲座会或辩论会______________
9. 观看或参加体育比赛和运动会_________________
10. 结交新朋友____________

统计打“√”的个数___

E:企业型活动

1. 说服鼓动他人________________
2. 卖东西____________
3. 谈论政治______________
4. 制订计划、参加会议____________
5. 以自己的意志影响别人的行为________________
6. 在社会团体中担任职务____________
7. 检查与评价别人的工作_____________
8. 结交名流_______________
9. 指导有某种目标的团体________________
10. 参与政治活动_______________

统计打“√”的个数___

C:常规型(传统型)活动

1. 整理好桌面和房间_________________
2. 抄写文件和信件______________
3. 为领导写报告或公务信函_______________
4. 检查个人收支情况______________
5. 打字培训班_______________
6. 参加算盘、文秘等实务培训______________
7. 参加商业会计培训班_____________
8. 参加情报处理培训班_______________
9. 整理信件、报告、记录等_________________
10. 写商业贸易信__________________

统计打“√”的个数___

第三部分　您所擅长获胜的活动

下面列举了若干种活动,其中你能做或大概能做的事,请在后面栏里打“√”;反之,打“×”。请回答全部问题。

R:实际型活动

1. 能使用电锯、电钻和锉刀等木工工具_______________
2. 知道万用表的使用方法______________
3. 能够修理自行车或其他机械______________
4. 能够使用电钻床、磨床或缝纫机________________
5. 能给家具和木制品刷漆______________

6. 能看建筑设计图________
7. 能够修理简单的电器用品________
8. 能修理家具________
9. 能修理收录机________
10. 能简单地修理水管________
统计打“√”的个数___
A:艺术型活动
1. 能演奏乐器________
2. 能参加二部或四部合唱________
3. 独唱或独奏________
4. 扮演剧中角色________
5. 能创作简单的乐曲________
6. 会跳舞________
7. 能绘画、素描或书法________
8. 能雕刻、剪纸或泥塑________
9. 能设计板报、服装或家具________
10. 写得一手好文章________
统计打“√”的个数___
I:调研型活动
1. 懂得真空管或晶体管的作用________
2. 能够列举三种蛋白质多的食品________
3. 理解铀的裂变________
4. 能用计算尺、计算器、对数表________
5. 会使用显微镜________
6. 能找到三个星座________
7. 能独立进行调查研究________
8. 能解释简单的化学________
9. 能理解人造卫星为什么不落地________
10. 经常参加学术会议________
统计打“√”的个数___
S:社会型活动
1. 有向各种人说明解释的能力________
2. 常参加社会福利活动________
3. 能和大家一起友好相处地工作________
4. 善于与年长者相处________
5. 会邀请人、招待人________

6. 能简单易懂地教育儿童________________

7. 能安排会议等活动顺序______________

8. 善于体察人心和帮助他人__________________

9. 帮助护理病人和伤员_________

10. 安排社团组织的各种事务___________

统计打“√”的个数___

E:企业型活动

1. 担任过学生干部并且干得不错__________

2. 工作上能指导和监督他人_________

3. 做事充满活力和热情__________

4. 有效利用自身的做法调动他人__________

5. 销售能力强____________

6. 曾作为俱乐部或社团的负责人____________

7. 向领导提出建议或反映意见___________

8. 有开创事业的能力_____________

9. 知道怎样做能成为一个优秀的领导者_________

10. 健谈善辩__________

统计打“√”的个数___

C:常规型活动

1. 会熟练的打印中文_____________

2. 会用外文打字机或复印机___________

3. 能快速记笔记和抄写文章___________

4. 善于整理保管文件和资料_____________

5. 善于从事事务性的工作____________

6. 会用算盘________________

7. 能在短时间内分类和处理大量文件____________

8. 能使用电子计算机___________

9. 能搜集数据______________

10. 善于为自己或集体作财务预算表___________

统计打“√”的个数___

第四部分　你所喜欢的职业

下面列举了多种职业,请逐一认真地看,如果是你有兴趣的工作,请在后面打“√”,如果是你不太喜欢、不关心的工作,请打“×”。请回答全部问题。

R:实际型活动

1. 飞机机械师__________
2. 野生动物专家__________
3. 汽车维修工__________
4. 木匠__________
5. 测量工程师__________
6. 无线电报务员__________
7. 园艺师__________
8. 长途公共汽车司机__________
9. 电工__________
统计打“√”的个数___
S:社会型职业
1. 街道、工会或妇联干部__________
2. 小学、中学教师__________
3. 精神病医生__________
4. 婚姻介绍所工作人员__________
5. 体育教练__________
6. 福利机构负责人__________
7. 心理咨询员__________
8. 社团干部__________
9. 导游__________
10. 国家机关工作人员__________
统计打“√”个数___
I：调研型职业
1. 气象学或天文学学者__________
2. 生物学学者__________
3. 医学实验室的技术人员__________
4. 人类学学者__________
5. 动物学学者__________
6. 化学学者__________
7. 数学学者__________
8. 科学杂志的编辑或作家__________
9. 地质学学者__________
10. 物理学学者__________
统计打“√”个数___
E:企业型职业
1. 厂长__________

2. 电视片编制人____________
3. 公司经理____________
4. 销售员____________
5. 不动产推销员____________
6. 广告部长____________
7. 体育活动主办者____________
8. 销售部长____________
9. 个体工商业者____________
10. 企业管理咨询人员_________
统计打“√”个数___
A:艺术型职业
1. 乐队指挥____________
2. 演奏家 _________
3. 作家__________
4. 摄影家____________
5. 记者________________
6. 画家、书法家____________
7. 歌唱家______________
8. 作曲家____________
9. 电影电视演员_____________
统计打“√”个数___
C:常规型职业
1. 会计师_____________
2. 银行出纳员____________
3. 税收管理员_____________
4. 计算机操作员____________
5. 簿记人员____________
6. 成本核算员_______________
7. 文书档案管理员__________
8. 打字员_________
9. 法庭书记员___________
10. 人口普查登记员____________
统计打“√”个数___

第五部分　您的能力类型简评

下面的表5－1和5－2是您在6个职业能力方面的自我评定表。您可以先与同龄者比较出自己在每一方面的能力，然后经斟酌后对自己的能力作评价。请在表中适当的数字上画圈。数字越大，表示您的能力越强。注意，请勿全部画同样的数字，因为人的每项能力不可能完全一样。

表 5-1　霍兰德能力类型测试表(A)

R型	I型	A型	S型	E型	C型
机械操作能力	科学研究能力	艺术创作能力	解释表达能力	商业洽谈能力	事务执行能力
7	7	7	7	7	7
6	6	6	6	6	6
5	5	5	5	5	5
4	4	4	4	4	4
3	3	3	3	3	3
2	2	2	2	2	2
1	1	1	1	1	1

表 5-2　霍兰德能力类型测试表(B)

R型	I型	A型	S型	E型	C型
体育技能	数学技能	音乐技能	交际技能	领导能力	办公技能
7	7	7	7	7	7
6	6	6	6	6	6
5	5	5	5	5	5
4	4	4	4	4	4
3	3	3	3	3	3
2	2	2	2	2	2
1	1	1	1	1	1

第六部分　统计和确定您的职业性向

请将第二部分至第五部分的全部测验分数按前面已统计好的 6 种职业性向(R型、I型、A型、S型、E型、C型)得分填入表 5-3，并作纵向累加。

表 5-3　霍兰德职业性向测试表

测试	R型	I型	A型	S型	E型	C型
第二部分						
第三部分						
第四部分						
第五部分 A						
第五部分 B						
总分						

请将表5－3中的6种职业性向总分按大小顺序依次从左到右排列：

R——型、I——型、S——型、C——型、A——型、E——型

最高分______　　您的职业性向得分______　　最低分______

第七部分　您所看到的东西——职业价值观

这一部分测验列出了人们在选择工作时通常会考虑的9种因素(见所附工作价值标准)。现在请您在其中选出最重要的两项因素,并将序号填入下边相应空格上。

最重要:__________;次重要:__________

最不重要:__________;次不重要:__________

附:工作价值标准

1. 工资高、福利好;
2. 工作环境(物质方面)舒适;
3. 人际关系良好;
4. 工作稳定有保障;
5. 能提供较好的受教育机会;
6. 有较高的社会地位;
7. 工作不太紧张,外部压力少;
8. 能充分发挥自己的能力特长;
9. 社会需要与社会贡献大。

以上全部测验完毕。

现在,将您测验得分居第一位的职业类型找出来,对照本章附录A表,判断一下自己适合的职业类型。

第八部分　职业能力性向测试

表5－4　霍兰德职业能力性向测试表

(一)一般学习能力(G)	强1	较强2	一般3	较弱4	弱5
1. 快而容易地学习新内容					
2. 快而正确地解数学题					
3. 你的学习成绩					
4. 对课文的字、词、段落篇章的理解、分析和综合能力					
5. 对学习过的知识的记忆能力					

续表

(二)语言能力(V)	强1	较强2	一般3	较弱4	弱5
1. 善于表达自己的观点					
2. 阅读速度和理解能力					
3. 掌握词汇量的程度					
4. 语文课成绩					
5. 文学创作能力					
(三)算术能力(N)	强1	较强2	一般3	较弱4	弱5
1. 作出精确的测量					
2. 笔算能力					
3. 口算能力					
4 打算盘					
5. 数学课成绩					
(四)空间判断能力(S)	强1	较强2	一般3	较弱4	弱5
1. 解决立体几何方面的问题					
2. 画三维度的立体圆形					
3. 看几何图形的立体感					
4. 想象盒子展开后的平面图					
5. 想象三维度的物体					
(五)形态知觉能力(P)	强1	较强2	一般3	较弱4	弱5
1. 发现相同图形中的细微差别					
2. 识别物体的形状差异					
3. 注意物体的细节部分					
4. 观察物体的图案是否正确					
5. 对物体的细微描述					
(六)书写知觉能力(Q)	强1	较强2	一般3	较弱4	弱5
1. 快而准的抄写资料(如姓名、日期、电话号码等)					
2. 发现错别字					
3. 发现计算错误					
4. 能很快查找编码卡片					
5. 自我控制能力(如较长时间抄写资料)					
(七)眼手运动协调能力(K)	强1	较强2	一般3	较弱4	弱5
1. 玩电子游戏					
2. 打篮球、打排球、踢足球等活动					
3. 打乒乓球、羽毛球					

续表

(七)眼手运动协调能力(K)	强1	较强2	一般3	较弱4	弱5
4. 打算盘能力					
5. 打字能力					
(八)手指灵巧度(F)	强1	较强2	一般3	较弱4	弱5
1. 灵巧地使用很小的工具					
2. 穿针眼、编织等使用手指的活动					
3. 用手指做一件小工艺品					
4. 使用计算器的灵巧程度					
5. 在绘画、雕刻等手工活动中的灵活性					

统计分数的方法:

1. 对每一类能力性向计算总分数。对每一道题目,我们采取"强"、"较强"、"一般"、"较弱"、"弱"五等级,供您自评。每组5道题完成后,分别统计各等级选择的次数总和,然后用下面公式计算出该类的总计次数(把"强"定为第一项,依此类推,"弱"定为第五项;第一项之和就是选"强"的次数和)。总计次数:(第一项之和×1)+(第二项之和×2)+(第三项之和×3)+(第四项之和×4)+(第五项之和×5)。

2. 计算每一类能力性向的自评等级。自评等级:总计次数__

3. 将自评等级填入表5-5。

表5-5 霍兰德职业能力性向自评统计表

职业能力性向	自评等级	职业能力性向	自评等级
一般学习能力(C)		书写知觉能力(Q)	
言语能力(V)		眼手运动协调能力(K)	
算术能力(N)		手指灵巧度(F)	
空间判断能力(S)			
形态知觉能力(P)			

根据结果对照本章附录B表,可找到您适合的职业。

第二节 员工的职业生涯设计

为了留住人才,培养人才,实现企业的战略目标,企业要和员工一起规划员工的职业发展。首先我们要明确企业组织能提供哪些职业发展的道路供职工选择,然后讨论职业发展设计的步骤和实施方法。

一、职业生涯发展道路

在制订员工的职业生涯发展方案之前，首先要搞清员工职业发展的类型。在职业生涯发展和管理中，组织有不同的发展道路可供员工选择，这些道路会对选择者提出不同的素质与能力的要求。主要的发展道路可以分为下面两大类型。

（一）专业技术型发展道路

专业技术型发展道路是指工程、财会、销售、生产、人事、法律等职能性专业方向。这些职业都要求有一定的专门技术性知识与能力及较好的分析能力。这些能力都是要经过较长时期的培训与锻炼才能具备的，而这些培训与锻炼又是通过一定的发展道路获得的。

有志于这些职业方向的员工是那些对专业技术内容及其活动本身存在兴趣，并追求这方面的提高和成就的人。这类人中较极端的，会厌恶行政事务性的工作，对人际关系不敏感、回避甚至反感，害怕卷入人事纠纷，更害怕脱离和丢弃了自己的专业；即使被委派了管理责任，也不肯离开原专业。这类人的发展道路是技术职称的晋升、技术性成就的认可与奖励等级的提高、物质待遇的改善。

但在这一领域中还存在着另一平行的发展道路，这是对那些虽然开始时选择了专业技术方向，但对管理仍有一定兴趣、才能的人。他们一开始时从事某种技术性工作，兴趣起先是横向的，在组织内、外扩大和充实自己的专业知识，打好较宽的技术基础，然后他们将会寻找机会向专业技术部门的管理职位发展，兴趣转为更高职位的方向。在专业上花的时间相对减少，大部分精力转到解决别的问题或人际关系问题上去了。他们的晋升台阶是：从技术部门基层管理者到部门主管，直到企业决策层分管一定专业技术领域的副职。

（二）行政管理型发展道路

行政管理型发展道路所吸引的人不同于走专业技术道路的人。他们把管理这个职业视为自己的目标。这类人对地位与影响力感兴趣，当然还有与这些同时伴生的威望、荣誉与待遇；但他们的激励源还有与人打交道的兴趣和通过处理人际关系来解决问题。在技术人员视为畏途的人际关系问题上，这类人却觉得如鱼得水。

这类员工的职业发展规律，一般总是先在基层职能部门锻炼，表现出才能与成绩后，才会获得提升。他们不一定仍恪守最初的专业领域，他们的兴趣在于培养胜任管理工作所需要的个人素质、思维能力与人际关系处理技巧。这类人中思维能力突出的，可以担任技术部门的主管干部，其中更为优秀的可以进入到企业决策层去从事全面管理；但善于处理人际关系，却欠缺思维分析力及感情方面耐受力差的人，便不宜提升到高层，只能保留在基层领导岗位上。

综上所述，可以将企业能够向员工提供的职业发展道路分为专业技术钻研性、专业技术管理型和行政管理型三种。职工可以根据自己的条件、公司中这三种类型人才的状况和社会上这三种类型人才当前和一定时间后的供需状况来正确地选择一种类型作为自己的职业发展道路。

二、职业生涯设计步骤

职业生涯设计可以按以下六个步骤进行。

第一步，自我评价：对个人需求、能力、兴趣、性格、气质进行分析，从而确认自己的定位和具备的潜力。

第二步，组织与社会环境分析：从社会职业供求和企业（组织）需求条件入手，确定自己适合与适应的可能。

第三步，理想职业发展机会评价：主要确定当前理想职业发展的机会和长期发展的可能性，确定自己是否具备理想职业发展的天时、地利与人和的因素。

第四步，职业生涯目标确定：以社会环境为大前提，社会工作与企业（组织）为基础，把握自我职业发展目标。

第五步，制订行为方案：把目标转化为具体的选择和措施。

第六步，评价与反馈：评价已确定的目标与自身素质及外在条件的适应度，当不相适应时及时对目标进行调整。

以上 6 个设计步骤也可以简练地写成表 5－6 的形式。

表 5－6 员工个人职业生涯规划步骤

步骤	内容	具体措施
1	自我分析（能力、兴趣、个性、需要、价值观、优缺点）	接受测试，在实践中观察自己、分析自己
2	组织与社会环境分析	分析市场、企业供求状况
3	生涯机会评价	评价具备和不具备的因素
4	确定近期目标和远期目标	个人人生追求目标与组织相关的近期目标
5	拟订具体规划	自我培训方案，希望组织提供的培训
6	实施、反馈	获得组织的反馈信息，确定如何调整自己的定位，通过实施检查自己的定位

虽然上面把职业生涯设计分为了六步，但实际操作时，各步往往都是反复穿插进行的。一般是先有一个目标工作或职位，接着评价自己的实力，评价公司内外有多少人竞争这个目标工作，估计自己经过努力有否实力胜出竞争者。如有，则定下此目标；若没有，则改换目标，再评估。直到找出自己经过努力能有实力胜出所有竞争者的目标。

在员工的职业发展和管理中，员工个人、管理者和组织分别扮演了不同的角色。在职业生涯的设计中，他们分别起到了不同的作用。比如，管理者是职业生涯开发的组织者，他们组织人力资源部和职业生涯管理委员会制订战略规划和实施计划。人力资源部则负责整个企业的人员开发和管理。最为关键的是员工本人，员工本人对自己职业的发展和规划负主要的责任。

三、员工制订职业发展规划

员工制订职业发展规划，首先需在做好自我分析（包括个人的优势、弱点、经历、绩效、爱好等）的基础上，在本人价值观的指导下，选择自己经过努力确实能胜出其他竞争者的自己希望的工作或职位，确定为自己的长期与近期的发展目标，并进而拟出具体的发展规划。

（一）自我分析

在进行个人自我分析的过程中，可以借助一些个性、心理测试工具和手段，来测试自己的兴趣、能力等。这些工具主要有以下一些。

1. 本章第一节所述的霍兰德职业性向测试方法，得到职业性向总分排序表（见表5－3的最后一行）和职业能力倾向自评统计表（见表5－5），用以初步确定个人职业的发展大方向。

2. 用自己的感觉和判断来肯定或明确自己的能力和兴趣等。例如，用表5－7所示的对当前工作的自我评价表来明确自己的能力。

表5－7 对当前工作的自我评价表

姓名		部门		职务		日期	
工作基本信息	1. 工作难易程度： A. 容易 B. 较易 C. 一般 D. 较难 E. 很难 2. 你认为你的工作进展： A. 慢 B. 较慢 C. 一般 D. 较快 E. 很快 3. 你认为你的工作质量： A. 差 B. 较差 C. 一般 D. 较好 E. 很好 4. 你适应现在工作的程度： A. 不能适应 B. 勉强适应 C. 一般适应 D. 完全适应 5. 你认为自己的潜能： A. 没有完全挖掘 B. 少量挖掘 C. 基本发挥 D. 发挥很多 6. 你对现在的工作是否满意： A. 不满意 B. 基本满意 C. 较满意 D. 非常满意						
主要的工作内容及完成的情况							
工作计划	下一年度的工作目标简述：						
存在的不足和努力的方向							

也可以利用表5－8的员工职业发展个人兴趣调查表来明确自己的兴趣。在填写这个调查表时，兴趣不能随便乱填，首先要考虑本人的价值观，还需考虑组织（公司）支持的可能性和竞争的胜出性。也就是把制定职业发展的第2步和第3步及第4步放在一起进行。填写这个表是组织决定如何鼓励、支持员工个人职业发展的摸底工作，一定要严肃对待，抓住时机。

表5－8　员工职业发展个人兴趣调查表

1. 从下述所列的20个项目中选出你近期最感兴趣的项目：	
2. 从下述所列的20个项目中选出你近期最不感兴趣的项目：	
3. 填写出下列表中未列出，而你又最感兴趣或最想干的工作：	
（1）有自由支配时间的工作； （2）具有权力性的工作； （3）工资福利待遇最高的工作； （4）有独立自主性的工作； （5）有趣味的工作； （6）具有安全性的工作； （7）有专业性地位的工作； （8）有挑战性的工作； （9）无忧无虑的工作； （10）具有广泛接触，能广交朋友的工作；	（11）具有声誉性的工作； （12）能表现自己，且能让别人看得见的工作； （13）具有地区选择性的工作； （14）有娱乐活动性的工作； （15）环境气氛和谐的工作； （16）有教育设施和机会性的工作； （17）领导性的工作； （18）具有专家性的工作； （19）带有旅行性的工作； （20）可与家人有更多时间在一起的工作。
4. 你目前从事着哪一类的工作？它能满足你下一步的要求吗？说说为什么能，为什么不能。	
5. 你希望下一步从事的工作能满足你的要求吗？如希望的话，如何进行或计划；如果不希望的话，请说明理由。	
6. 请具体描述你下一步最希望从事的工作。	
7. 根据你的实际爱好和能力，说明你最希望从事的工作的各种具体活动或内容，不要描述其工作的头衔，而要说明其具体的工作活动和内容，并说明你将如何去实现自己的愿望。例如，具体列出你目前可以干的几种工作，如分析财务报表、进行某产品的市场销售预测、编写广告等。	
8. 为了从事你下一步即将从事的工作，你是否需要接受培训或只需自学就可以学习和掌握新的知识或技能？如果需要的话，请详细说明，并说明学习或获得这方面知识和技能的途径或方法。	
9. 你的这些要求是否可在你目前从事的工作以外的方面得到满足？如果可能的话，你是否希望发展或晋升到更重要或更高一级的岗位上？	
10. 概述你自己的希望和你能干什么工作，并从而满足你的需要。	

3. 利用上级对你的自我鉴定的评价来对自己的兴趣和能力等进行分析和确定。例如，表5－9的员工职业发展自我鉴定表就有这种功能。同样这个表也有着和表5－8员工职业发展个人兴趣调查表同样的作用，另外，还增加了部门经理和总经理的批示。这种批示可能是组织对制订员工职业发展规划、计划的具体指点。

表 5－9　员工职业发展自我鉴定表

<table>
<tr><td>姓名</td><td></td><td>职称</td><td></td><td>部门</td><td></td></tr>
<tr><td>进入本企业日期</td><td></td><td>职位</td><td></td><td>学历</td><td></td></tr>
<tr><td>出生日期</td><td></td><td>工资</td><td></td><td>现任主要工作</td><td></td></tr>
<tr><td colspan="2">项目</td><td colspan="2">理由和建议</td><td>部门经理批示</td><td>总经理批示</td></tr>
<tr><td>目前的工作</td><td>1. 你认为目前担任的工作对你是否适合？
□适合□不适合
2. 工作量是否恰当？
□太多□适中□太少
3. 在你完成工作时，你感到的困难是什么？</td><td colspan="2"></td><td></td><td></td></tr>
<tr><td>工作希望</td><td>1. 你认为你比较适合哪方面的工作？
2. 你不适合那方面的工作？
3. 其中最适合你的工作是什么？
4. 你对现在的工作有什么希望？</td><td colspan="2"></td><td></td><td></td></tr>
<tr><td>薪资及职位</td><td>1. 你认为你的工作报酬是否合理？
□合理□不合理
2. 职位是否合理？
□合理□不合理
3. 职称是否合理？
□合理□不合理
4. 理由是什么？
5. 你的希望是什么？</td><td colspan="2"></td><td></td><td></td></tr>
<tr><td>教育训练</td><td>1. 这几年你是否参加过公司内部举办的培训？
□曾参加□未曾参加
2. 曾参加什么训练？
3. 你希望接受什么项目的培训？
4. 你对本企业培训的意见如何？</td><td colspan="2"></td><td></td><td></td></tr>
<tr><td>工作分配</td><td>你认为你的部门中工作分配是否合理？
□合理□不合理</td><td colspan="2"></td><td></td><td></td></tr>
<tr><td>特殊贡献</td><td>1. 你认为本年度对公司较特殊的工作贡献是什么？
2. 你做到了什么程度？</td><td colspan="2"></td><td></td><td></td></tr>
<tr><td>工作构想</td><td>在你担任的职务中，你有什么工作构想？</td><td colspan="2"></td><td></td><td></td></tr>
<tr><td>其他</td><td>本人意见和建议</td><td colspan="2"></td><td></td><td></td></tr>
</table>

说明：本表呈总经理和部门经理参阅后由人力资源部统一存档。

（二）目标设定

目标设定是员工形成长、短期目标的过程。这些目标通常与理想的职位、技能的运用水平、工作安排、技能收获相联系。员工需要与经理讨论这些目标，并将其写入职业发展计划之中。

公司为了了解员工对自己的职业发展的希望，有的放矢地引导员工的职业发展与公司的人才需求和人才培养相互协调地进行，公司往往会编写如表 5 – 10 所示的员工自我发展导向问卷，把公司想知道的员工对自己目前职业发展状况的想法，编制成若干个问题，请员工们回答。员工们在回答问卷的过程中，就能明确自己真实的职业目标和职业生涯或职业发展方向了；而公司在阅读问卷的过程中，也能了解员工所说的职业目标和职业发展方向是仅是为了粉饰门面，还是真真切切地作为努力方向。如果确实是努力方向，公司将会认真地研究并帮助员工落实员工自己的职业规划以及创造条件让员工实现自己的职业发展规划。因此，员工为了自己的理想职业和实现自己的职业发展规划，一定要认真地填写员工自我发展导向问卷。

表 5 – 10　员工自我发展导向问卷

这份问卷旨在评价你自己的工作业绩，并制订下一步的工作计划。

①你认为你工作需要的最重要的能力是什么？
②在目前的工作中，你的能力怎么样才能得到更充分的发挥？
③你觉得工作中哪些方面最有意思？
④你觉得工作中哪些方面最没有意思？
⑤你的上司怎样才能帮助你把工作做得更好？
⑥你觉得在自己的工作中，哪些方面还需要更多的培训和提高？
⑦你现在想达到的职业目标和职业生涯方向是什么？你是如何对它们进行时间上的规划的？
⑧最近几年，你可曾做过在你看来有成就的工作？你有没有从事过任何与个人发展和专业技能提高相关的工作？
⑨其他说明。

（三）制订个人职业发展计划

制订个人职业发展计划是个人预先对一定时期内，如两年，所要进行的学习、工作及要完成的任务作出书面化、条理化的安排。因此，首先要根据自己所选择的职业发展道路，依据自我分析和设定的目标，确定出计划期内所要达到的具体目标；然后列出达到具体目标所必须具备的条件并与自己进行分析对比；接着分析如果拥有那些条件所需要采取的措施、步骤和时间安排。这样，个人职业发展计划就粗具雏形了。在草拟计划时，最好是画一个只有三列的表格。第一列是“做什么”，第二列是“怎么做”，第三列是“什么时间做”。把尚未具备的条件，一条一条地依次写在第一列中。然后再认真地、切实可行地填写第二列和第三列。

员工个人的计划制订完后，还要呈送给员工的直接上级审查，主要是审查员工的计划是否与公司或部门的当前情况和发展计划相协调，员工所要求公司或部门创造的条件是否能予以满足。如果出现不协调，不能满足的情况，上级可能提出一些修改的建议，员工应十分重视这些建议，作出相关的修改。当然上级也可能以朋友或兄长的身份对计划提出一些建议，这些建议可能都是金玉良言，员工应认真听取，酌情采纳。

经过上级审核的计划，便成为工作、行动的纲领和准则，对员工个人和公司都具有规范的约束作用，都要遵照执行。即使随着实际工作情况的变化对计划进行必要的调整和修改，也要说明正当理由，由员工和公司协商进行。

第三节　职业发展规章制度文案

从前面两节的论述中可以看到，职业发展的核心就是公司要引导每个员工把个人因素、组织因素和社会因素三者结合起来进行分析，制定出得到组织鼓励、支持的员工个人职业发展道路、职业发展规划和职业发展计划，并将规划和计划一步一步付诸实施。因此，在制定职业发展工作的规章制度时都应围绕这一核心进行。

一、制定职业发展规章制度

制定一个规章制度来规范职业发展工作，有利于职业发展工作有序高效地开展。由于在公司的人力资源管理工作规定中，已经对职业发展工作做了原则性的规定，因此，这里制定的规章制度只能对那些原则性的规定进行细化，所以把这里对职业发展工作的规范称为职业发展工作细则是合适的。示例5－1给出××公司关于职业发展工作的细则的示例，以资讨论。

[示例5－1]

××公司职业发展工作实施细则

第一条　为了规范本公司的职业发展工作，根据本公司的人力资源管理工作规定，特制定本实施细则。

第二条　职业发展工作是组织为了确保在需要时可以得到具备合适资格和经历的人员，鼓励、支持员工个人职业的进步而采用的正式措施。因此，凡本公司的正式员工，包括管理层的员工，都要必须按照本实施细则的规范，积极参与职业发展工作。

第三条　员工个人职业的进步是指员工个人能够不断地找到为组织增加价值的方法，并能实施这一系列的方法。这些方法包括：

1. 在现在的工作中找到并实施提高工作质量和数量的方法。

2. 在现在的职位上找到并实施增加工作内容。

3. 具有调动到更具挑战性的，或任务更繁重的，或环境更艰苦的，或工作更困难的岗位上的能力,并实现这种横向调动。

4. 通过多次横向调动,积累知识和经验使自己具备晋升的资格和经历,并实现晋升。

5. 主动离开感到压力较大的、职位较高的职位,调入更适合自己发展的职位较低的职位。

第四条 职业发展工作是组织采用的正式措施,因此,公司所有员工都必须各负其责。各类员工的责任如下:

1. 最高管理层必须首先制定政策、确定职业发展项目和为职业发展项目分配资源。

2. 人力资源部负责职业发展项目的实施,即提供必需的信息、工具、指导及与最高管理层的项目联络。

3. 部门经理和基层主管负责提供支持、建议和反馈,要使员工通过经理和主管的工作感受到组织实际上是如何鼓励、支持员工个人的职业发展的。

4. 每个员工,也包括管理者、经理、主管和人力资源部的员工都要负责发展自己的职业。

第五条 职业发展工作的核心内容是制订、修改、调整和实现员工个人职业发展规划和计划。所有其他职业发展工作都应服务于这个核心。

第六条 制订、修改、调整员工个人职业发展规划和计划的程序如下:

1. 进行员工个人自我评价。

2. 对组织与社会环境进行分析,主要从分析本公司的人力资源需求入手,兼顾社会职业供求状况,确定自己可能适合或适应哪些类型职业——理想职业。

3. 理想职业发展的评价,主要确定获得理想职业发展的当前机遇和长期发展的可能性,确定自己是否具备理想职业发展的天时、地利与人和三大因素。如果没有,返回第二步,修改或调整理想职业,直到找到自己具备或有很大几率具备天时、地利与人和三大因素的理想职业。

4. 制订员工个人职业发展规划,把利用天时、地利与人和三大有利因素来实现自己的理想职业的事业作出条理化、书面化的安排。

5. 制订员工个人职业发展计划,即根据规划中现阶段的目标,制定1~3年的阶段目标的行为方案,把目标转化为具体的工作选择和得到工作选择的必备条件所需作出的各种努力措施,并把它们条理化和书面化,以便督促自己和得到组织的鼓励、支持和帮助。

6. 实施评价,即当员工个人职业发展计划实施了一定时期,如1年后,应该对照计划的进程和规定,检查计划的执行情况。如果出现不能完成计划的规定和进度,则应检查原因(是因为努力不够,还是计划目标太高,措施不当,还是规划目标与组织需求脱节等原因),并针对原因,修改、调整计划或规划,甚至还要重新审查自己确定的理想职业是否正确。

第七条 为了帮助员工制订出切合实际的职业发展规划和计划,公司必须不断地向员工提供以下信息:

1. 公司的最新的发展规划和近期目标,以便员工根据公司的发展制订个人职业发展规划。

2. 公司的最新的人力资源发展计划，以便员工了解公司对各类职位的人员需求。

3. 公司的各职位的工作说明书，以便员工了解各职位需要承担的工作和必须具备的资格和经历等。

4. 公司的各种培训活动的预报，以便员工安排时间参加。

第八条　为了了解员工在个人职业发展中存在的疑难问题、需要的支持和帮助以及其他建议等，除了每个管理人员在日常工作中都要随时听取、记录员工有关职业发展工作的意见、呼声，并认真处理之外，人力资源部至少向全体员工进行一次有关员工个人职业发展方面的问卷调查，所获得的信息将用在以下几个方面：

1. 人力资源部和部门经理、主管对员工进行个人指导和支持工作的依据。

2. 人力资源部制订职业发展项目建议的依据。

3. 人力资源部检查已进行的职业发展项目的评价依据。

4. 总结出共性问题，请求或建议最高管理层解决处理的依据。

第九条　为了交流信息和员工个人职业发展的经验教训，推进职业发展工作，公司规定每年年终考核后一个月内召开下列职业发展研讨会。

1. 部门经理或主管同其下属员工的研讨会。

2. 总经理或分管工作的副经理同其下属的部门经理或主管的研讨会。

3. 由总经理或总经理指定的代言人向全体员工或员工代表作职业发展研讨会的总结报告，主要内容是解决职业发展工作中的问题和改进职业发展工作的措施。

第十条　为了鼓励员工职业的进步，公司要加快薪酬制度的改革，人力资源部要加快各个职位的职等工资的划分。使员工的职业进步在职等工资上有所表现，体现以个人贡献为基础的薪酬策略。

第十一条　新录用员工的员工职业发展规划和计划的日程安排另作专门规定。

第十二条　本实施细则由人力资源部撰制、修改、解释，经公司总经理批准后实施。

××公司

××××年××月××日

示例点评：

1. 示例××公司职业发展工作实施细则是对××公司人力资源管理工作规定关于职业发展工作的原则性规定的详细化、具体化的规定，选用实施细则的公文文种是恰当的。

2. 示例用了简化的三要素标题和右下方签署是合乎规范的。

3. 正文的第一条说明制定本实施细则的目的和依据，最后一条对实施有关事项做了阐述，格式是规范的。

4. 正文从第二条开始叙述了本实施细则的适用范围，职业发展工作中的一些重要内容，如职业进步的含义，各级管理人员和员工的职责、核心工作内容、员工个人职业发展规划、计划的制订、修改原则和步骤，以及围绕核心工作的信息发布，员工信息的获得和处理，上下交流沟通的方法，相关的薪酬改革，新录用员工的特殊处理都做了明确而详细的规定，使得本示例有具体指导公司职业发展工作开展的作用。该示例有参考价值。

二、制定新员工的个人职业发展规划和计划的规章制度

新员工刚刚加入公司，公司对新员工知之甚少，而新员工对公司的了解也不多，必须花费较多的精力，促进双方的了解，使新员工能尽快地融入公司集体。因此，采取一些特殊的办法，帮助新员工制订个人职业规划和计划是非常必要的。下面示例5－2是××公司的新员工个人职业发展规划制定的办法实例。

［示例5－2］

××公司新录用员工制订员工个人职业发展规划、计划的办法

第一条　为了使新录用员工尽快融入公司员工集体、明确自己的职业发展道路和努力方向，根据公司的职业发展工作实施细则的精神和规定，特制定本办法。

第二条　凡是本公司录用的正式员工，都必须按本办法规定的时间和程序制订员工个人职业发展规划和计划。并认真执行计划。

第三条　员工在进入公司工作的第四个月向人力资源部提供《员工个人职业发展自我评价表》（表5－11）。

第四条　在其后的三个月中，其直属经理和人力资源部经理根据员工的个人职业发展自我评价及员工求职时填写的《应聘人员登记表》（表5－12）中的信息对员工进行个人能力和潜力的评价，并填写《员工个人能力和潜力评价表》（表5－13）。

第五条　员工在公司工作的第七个月，员工、员工的直属主管和人力资源部经理进行三方的面谈。首先，肯定员工在工作中好的一面；其次，要告诉员工公司对其技能和知识的评价及公司的发展计划；最后，结合员工的实际情况给其提供职业发展的参考建议。

第六条　在公司工作的第八个月要向公司提供一份《员工个人职业发展计划书》（表5－14）。

第七条　在公司工作的第九个月，员工的直属主管根据企业未来的需要和员工所定的职业发展目标，帮助员工绘制其在本公司内职业的进步路径并指出每一步需要参加的培训，及需要的知识、能力和考核。

第八条　在公司工作的第十个月向公司递交员工的《员工行动规划书》（表5－15）。

第九条　在工作的过程中，员工如果对自己的职业发展计划有改动，要通知人力资源部和直接主管，作出修订。

第十条　本办法自即日起实行。

××公司

××××年××月××日

表 5－11　员工个人职业发展自我评价表

<table>
<tr><td>姓名</td><td></td><td>年龄</td><td></td><td>学历</td><td></td><td>专业</td><td></td><td>籍贯</td><td></td></tr>
<tr><td rowspan="2">居住环境</td><td colspan="2">房屋情况</td><td colspan="7"></td></tr>
<tr><td colspan="2">周围环境</td><td colspan="7"></td></tr>
<tr><td rowspan="3">自传</td><td colspan="9">在过去发生什么事情影响到你的生活和职业？</td></tr>
<tr><td colspan="9">过去曾经从事过什么工作？</td></tr>
<tr><td colspan="9">你的特长是什么？</td></tr>
<tr><td rowspan="5">志趣考察</td><td colspan="9">你最喜欢的课程是什么？</td></tr>
<tr><td colspan="9">你最愿意从事的职业是什么？</td></tr>
<tr><td colspan="9">你平时的爱好是什么？</td></tr>
<tr><td colspan="9">你观察到的成功人士的志趣是什么？</td></tr>
<tr><td colspan="9">你的志趣与成功人士的志趣差别在哪？</td></tr>
<tr><td rowspan="4">价值观研究</td><td colspan="9">经济价值观</td></tr>
<tr><td colspan="9">审美价值观</td></tr>
<tr><td colspan="9">社会价值观</td></tr>
<tr><td colspan="9">政治宗教信仰</td></tr>
<tr><td rowspan="2">24小时日记</td><td colspan="9">工作活动记录</td></tr>
<tr><td colspan="9">非工作日活动记录</td></tr>
<tr><td rowspan="2">与两个重要人物的谈话</td><td colspan="9">第一个人面谈纪录</td></tr>
<tr><td colspan="9">第二个人面谈纪录</td></tr>
<tr><td colspan="10">用语言向别人描述自己的生活方式：</td></tr>
</table>

表 5－12　应聘人员登记表

姓名		性别		出生日期	
籍贯		民族		婚姻状况	
学历		专业		应聘职位	
身高		体重		血型	
现收入		期望收入		外语语种	
原籍住址					
现住址					
工作经历					
培训状况					
对应聘职位的理解					
主要工作成绩和受过的奖励					
本人性格特征和兴趣					
对公司的期望					

表 5－13　员工个人职业发展评价表

被评价人		现任职务		评价人		评价时间	
被评价人基本情况介绍：							

评价项目	评价	评价项目	评价
责任心		务实精神	
技术和知识		开拓能力	
团队精神			
总体评价：			
建议：			

表 5－14　员工个人职业发展计划书

<table>
<tr><td rowspan="2">目前的职位</td><td rowspan="2"></td><td>专业知识技能</td><td></td></tr>
<tr><td>所具备的资源</td><td></td></tr>
<tr><td rowspan="7">未来的职位</td><td colspan="3">个人的目标：</td></tr>
<tr><td colspan="3">为达到未来目标需要的资源：</td></tr>
<tr><td colspan="3">达到目标的优势：</td></tr>
<tr><td colspan="3">达到目标的劣势：</td></tr>
<tr><td colspan="3">达到目标的困难：</td></tr>
<tr><td colspan="3">克服困难的方法：</td></tr>
<tr><td colspan="3">达到目标的标志：</td></tr>
<tr><td colspan="4">员工签名</td></tr>
<tr><td colspan="4">直接主管签名</td></tr>
<tr><td colspan="4">人力资源部经理签名</td></tr>
</table>

表 5－15　员工个人职业发展行动规划书

职业生涯目标：		
短期目标	完成短期目标的计划与措施	完成时间
中期目标	完成中期目标的计划与措施	完成时间
长期目标	完成长期目标的计划与措施	完成时间

案例回顾

李某，某外资通信技术（中国）有限公司业务发展总监。关于如何做下一步的职业规划，经过反复思考与验证，确立了自己的职业目标。

一、理想职业目标：成为一名职业经理人，在 40 岁前做到《财富》500 强企业的部门经理或国外中小企业的在华总裁。

二、分析目标差距：

自身条件：

年龄:31 岁

学历:清华大学硕士

工作经历:在摩托罗拉公司工作 5 年,主要从事项目管理、销售、市场推广及团队管理。

擅长:团队与人员的管理。

优点:敬业。

缺点:冒险精神不足。

三、实现理想职业目标必须具备的条件:

1. 全面的企业管理知识,包括财务知识。

2. 优秀的沟通与协调能力。

3. 敬业精神。

4. 良好的工作背景与业绩。

5. 英语。

四、现实与理想职业的差距:

缺乏全面的企业管理知识,包括财务知识;缺乏全面的企业管理工作的实践经验。

问题:请你根据上面的内容,为他制订一个职业发展的规划。

附录 A. 霍兰德职业性向代号与其相应的职业对照索引

R(实际型):木匠、农民、操作 X 光机的技师、工程师、飞机机械师、鱼类和野生动物专家、自动化技师、机械工(车工、钳工等)、电工、无线电报务员、火车司机、长途公共汽车司机、机械制图员、机器修理师、电器修理师。

I(调查型):气象学学者、生物学学者、天文学家、药剂师、动物学学者、化学家、科学报刊编辑、地质学学者、植物学学者、物理学学者、数学家、试验员、科研人员、科技文献作者。

A(艺术型):室内装饰专家、图书管理专家、摄影师、音乐教师、作家、演员、记者、诗人、作曲家、编剧、雕刻家、漫画家。

S(社会型):社会学者、导游、福利机构工作者、咨询人员、社会工作者、社会科学教师、学校领导、精神病治疗工作者、公共保健护士。

E(企业型):推销员、进货员、商品批发员、旅馆经理、饭店经理、广告宣传员、调查员、律师、政治家、零售商。

C(常规型):记账员、会计、银行出纳、法庭速记员、成本估算员、税务员、核算员、打字员、办公室职员、统计员、计算机操作员、秘书。

RIA:牙科技术员、陶工、建筑设计员、模型工、细木工、制作链条人员。

RIS:厨师、林务员、跳水员、潜水员、染色员、电器修理、眼镜制作、电工、纺织机器装配工、服务员、装玻璃工人、发电厂工人、焊接工。

RIE:建筑和桥梁工程、环境工程、航空工程、公路工程、电力工程、信号工程、电话工程、一般机械工程、自动工程、矿业工程、海洋工程、交通工程技术人员,制图员、家政经济人员、计量员、农民、农场工人、农业机械操作、清洁工、无线电修理、汽车修理、手表修理、管工、线路装配工、工具仓库管理员。

RIC:船上工作人员、接待员、杂志保管员、牙医助手、制帽工、磨坊工、石匠、机器制造、机车(火车头)制造、农业机器装配、汽车装配工、缝纫机装配工、钟表装配和检验、鞋匠、锁匠、货物检验员、电梯机修工、托儿所所长、钢琴调音员、装配工、印刷工、卡车司机。

RAI:手工雕刻、玻璃雕刻、制作模型人员、家具木工、制作皮革品、手工绣花、手工钩针纺织、排字工作、印刷工作、图画雕刻、装订工。

RSE:消防员、交通巡警、警察、门卫、理发师、房间清洁工、屠夫、锻工、开凿工人、管道安装工人、出租汽车驾驶员、货物搬运工、送报员、勘探员、娱乐场所的服务员、装卸机操作工、灭害虫者、电梯操作工、厨房助手。

RSI:纺织工、编织工、农业学校教师、某些职业课程教师(诸如艺术、商业、技术、工艺课程)、雨衣上胶工。

REC:抄水表员、保姆、实验室动物饲养员、动物管理员。

REI:轮船船长、航海领航员、大副、试管试验员。

RES:旅馆服务员、家畜饲养员、渔民、渔网修补工、水手长、收割机操作工、搬运行李工人、公园服务员、救生员、登山导游、火车工程技术员、建筑工作、铺轨工人。

RCI:测量员、勘测员、仪表操作者、农业工程技师、化学工程技师、民用工程技师、石油工程技师、资料室管理员、探矿工、煅烧工、烧窑工、矿工、保养工、磨床工、取样工、样品检验员、纺纱工、炮手、漂洗工、电焊工、锯木工、刨床工、制帽工、手工缝纫工、油漆工、染色工、按摩工、木匠、农民建筑工作、电影放映员、勘测员助手。

RCS:公共汽车驾驶员、一等水手、游泳池服务员、裁缝、建筑工作、石匠、烟囱修建工、混凝土工、电话修理工、爆炸手、邮递员、矿工、裱糊工人、纺纱工。

IAS:普通经济学家、农业经济学家、财政经济学家、国际贸易经济学家、试验心理学家、工程心理学家、心理学家、哲学家、内科医生、数学家。

IAR:人类学家、天文学家、化学家、物理学家、医学病理学家、动物标本制作者、化石修复者、艺术品管理者。

ISE:营养学家、饮食顾问、火灾检查员、邮政服务检查员。

ISC:侦查员、电视播音室修理员、电视修理服务员、验尸室人员、编目录者、医学实验室技师、调查研究者。

ISR:水生生物学者、昆虫学者、微生物学家、配镜师、矫正视力者、细菌学家、牙科医生、骨科医生。

ISA:试验心理学家、普通心理学家、发展心理学家、教育心理学家、社会心理学家、临床心理学家、目标学家、皮肤病学家、精神病学家、妇产科医师、眼科医生、五官科医生、医学实验室技术专家、民航医务人员、护士。

IES:细菌学家、生理学家、化学专家、地质专家、地理物理学专家、防治技术专家、医院药剂师、工业药剂师、药房营业员。

IEC:档案保管员、保险统计员。

ICR:质量检验技术员、地质学技师、工程师、法官、图书馆技术辅导员、计算机操作员、医院听诊员、家禽检查员。

IRA:地理学家、地质学家、声学物理学家、矿物学家、古生物学家、石油学家、地震学家、原子和分子物理学家、气象学家、设计审核员、人口统计学家、数学统计学家、外科医生、城市规划人员、气象员。

IRS:流体物理学家、物理海洋学家、等离子物理学家、农业科学家、动物学家、食品科学家、园艺学家、植物学家、细菌学家、解剖学家、动物病理学家、农作物病理学家、药物学家、生物化学家、生物物理学家、细胞生物学家、临床化学家、遗传学家、分子生物学家、质量控制工程师、地理学家、兽医、放射性治疗技师。

IRE:化验员、化学工程师、纺织工程师、食品技师、渔业技术专家、材料和测试工程师、电气工程师、土木工程师、航空工程师、行政官员、冶金专家、原子核工程师、陶瓷工程师、地质工程师、电力工程师、口腔科医生、牙科医生。

IRC:飞机领航员、飞行员、物理实验室技师、文献检查员、农业技术专家、动植物技术专家、生物技师、油管检查员、工商业规划者、矿藏安全检查员、纺织品检查员、照相机修理者、工程技术员、计算机程序设计者、工具设计者、仪器维修工。

CRI:簿记员、会计、计时员、铸造机操作工、打字员、按键操作工、复印机操作工。

CRS:仓库保管员、档案管理员、缝纫工、讲述员、收款员。

CRE:标价员、实验室工作者、广告管理员、自动打字机操作员、电动机装配工、缝纫机操作工。

CIS:记账员、顾客服务员、报刊发行员、土地测量员、保险公司职员、会计师、估价员、邮政检查员、外贸检查员。

CIE:打字员、统计员、支票记录员、订货员、校对员、办公室工作人员。

CIR:校对员、工程职员、电报员、检修计划员、发报员。

CSE:接待员、通讯员、电话接线员、卖票员、旅馆服务员、私人职员、商学教师、旅游办事员。

CSR:货运代理商、铁路职员、交通检查员、办公室通信员、簿记员、出纳员、银行财务职员。

CSA:秘书、图书管理员、办公室办事员。

CER:邮递员、数据处理员、办公室办事员。

CEI:推销员、经济分析家。

CES:银行会计、记账员、法人秘书、速记员、法院报告人。

ECI:银行行长、审计员、信用管理员、地产管理员、商业管理员。

ECS:信用办事员、保险人员、各类进货员、海关服务经理、售货员、购买员、会计。

ERI:建筑物管理员、工业工程师、农场管理员、护士长、农业经营管理人员。

ERS:仓库管理员、房屋管理员、货栈监督管理员。

ERC:邮政局长、渔船船长、机械操作领班、木工领班、瓦工领班、驾驶员领班。

EIR:科学、技术和相关周期性出版物的管理员。

EIC:专利代理人、鉴定人、运输服务检查员、安全检查员、废品收购人员。

EIS:警官、侦查员、交通检验员、安全咨询员、合同管理者、商人。

EAS:法官、律师、公证人。

EAR:展览室管理员、舞台管理员、播音员、驯兽员。

ESC:理发师、裁判员、政府行政管理员、财政管理员、工程管理员、职业病防治、售货员、商业经理、办公室主任、人事负责人、调度员。

ESR:家具售货员、书店售货员、公共汽车的驾驶员、日用品售货员、护士长、自然科学组织和工程的行政领导。

ESI:博物馆管理员、图书馆管理员、古迹管理员、饮食业经理、地区安全服务管理员、技术服务咨询者、超级市场管理员、零售商品店店员、批发商、出租汽车服务站调度。

ESA:博物馆馆长、报刊管理员、音乐器材售货员、广告商、售货营业员、导游、(轮船或班机上的)事务长、飞机上的服务员、船员、法官、律师。

ASE:戏剧导演、舞蹈教师、广告撰稿人、报刊和专栏作者、记者、演员、英语翻译。

ASI:音乐教师、乐器教师、美术教师、管弦乐指挥、合唱队指挥、歌星、演奏家、哲学家、作家、广告经理、时装模特。

AER:新闻摄影师、电视摄影师、艺术指导、录音指导、丑角演员、魔术师、木偶戏演员、骑士、跳水员。

AEI:音乐指挥、舞台指导、电影导演。

AES:流行歌手、舞蹈演员、电影导演、广播节目主持人、舞蹈教师、叩击表演者、喜剧演员、模特。

AIS:画家、剧作家、编辑、评论家、时装艺术大师、新闻摄影师、文学作者。

AIE:花匠、皮衣设计师、工业产品设计师、剪影艺术家、复制雕刻品大师。

AIR:建筑师、画家、摄影师、绘图员、环境美化工、雕刻家、包装设计师、陶器设计师、绣花工、漫画工。

SEC:社会活动家、退伍军人服务官员、工会事务代表、教育咨询者、宿舍管理员、旅馆经理、饮食服务管理员。

SER:体育教练、游泳指导。

SEI:大学校长、学院院长、医院行政管理员、历史学家、家政经济学家、职业学校教师、资料员。

SEA:娱乐活动管理员、国外服务办事员、社会服务助理、一般咨询者、宗教教育工作者。

SCE:部长助理、福利机构职员、生产协调人、环境卫生管理人员、戏院经理、餐馆经理、售票员。

SRI:外科医师助手、医院服务员。

SRC:护理员、护理助理、医院勤杂工、理发师、学校儿童服务人员。

SIA:社会学家、心理咨询者、学校心理学家、政治学家、大学或学院的系主任、大学或学院的教育学教师、大学农业学教师、大学工程和建筑课程的教师、大学法律教师。

SIE:营养学家、饮食学家、海关检查员、安全检查员、税务稽查员、校长。

SIC:描图员、兽医助手、诊所助理、体检检查员、监督缓刑犯的工作者、娱乐指导者、咨询人员、社会科学教师。

SIR:理疗员、救护队工作人员、手足病医生、职业病治疗助手。

附录 B. 霍兰德职业能力性向对照表

职业类型	职业能力性向								
	G	V	N	S	P	Q	K	F	M
生物学家	1	1	1	2	2	3	3	2	3
建筑师	1	1	1	1	2	3	3	3	3
测量员	2	2	2	2	2	3	3	3	3
测量辅导员	4	4	4	4	4	4	3	4	3
制图员	2	3	2	2	2	3	2	2	3
建筑和工程技术员	2	2	2	2	2	3	3	3	3
建筑和工程技术专家	2	3	3	3	3	3	3	3	3
物理科学技术家	2	2	2	2	3	3	3	3	3
物理科学技术员	2	3	3	3	2	3	3	3	3
农业、生物、动物、植物学的技术专家	2	2	2	2	3	3	3	3	3
农业、生物、动物、植物学的技术员	2	3	3	3	2	3	3	3	3
数学家和统计学家	1	1	1	3	3	2	4	4	4
系统分析和计算机程序编制者	2	2	2	2	3	3	4	4	4
经济学家	1	1	1	4	4	2	4	4	4
社会学家、人类学者	1	1	2	2	2	3	4	4	4
心理学家	1	1	3	4	4	3	4	4	4
历史学家	1	1	4	3	3	3	4	4	4
哲学家	1	1	3	2	2	3	4	4	4

续表

职业类型	职业能力性向								
	G	V	N	S	P	Q	K	F	M
政治学家	1	1	3	4	4	3	4	4	4
政治经济学家	2	2	2	3	3	3	3	3	5
社会工作者	2	2	3	4	4	3	4	4	4
社会服务助理人员	3	3	3	4	4	3	4	4	4
法官	1	1	3	4	3	3	4	4	4
律师	1	1	3	4	3	4	4	4	4
公证人	2	2	3	4	4	3	4	4	4
图书馆理学专家	2	2	3	3	4	2	3	4	4
图书馆、博物馆和档案管理员	3	3	3	2	2	4	3	2	3
′职业指导者	2	2	3	4	4	3	4	4	4
大学教师	1	1	3	3	2	3	4	4	4
中学教师	2	2	3	4	3	3	4	4	4
小学和幼儿园教师	2	2	3	3	3	3	3	3	3
职业学校教师(职业课)	2	2	2	3	3	3	3	3	3
职业学校教师(普通课)	2	2	3	4	3	3	4	4	4
内、外、牙科医生	1	1	2	1	2	3	2	2	2
兽医学家	1	1	2	1	2	3	2	2	2
护士	2	2	3	3	3	3	3	3	3
护士助手	2	4	4	4	4	2	2	3	2
工业药剂师	2	1	2	3	2	2	3	2	3
医院药剂师	2	2	2	4	9	2	3	2	3
营养学家	2	2	2	3	3	3	4	4	4
配镜师(医)	2	2	2	2	2	3	3	3	3
配眼镜商	3	3	3	3	3	4	3	2	3
放射科技术人员	3	3	3	3	3	3	3	3	3
药物实验室技术专家	2	2	2	3	2	3	3	2	3
药物试验室技术员	2	3	3	3	3	3	3	3	32
画家、雕刻家	2	3	4	2	2	5	2	1	2
产品设计和内部装饰者	2	2	3	2	2	4	2	2	3
舞蹈家	2	2	4	3	4	4	4	4	4
演员	2	2	3	4	4	3	4	4	4

续表

职业类型	职业能力性向								
	G	V	N	S	P	Q	K	F	M
电台播音员	2	2	3	2	2	4	2	2	3
作家和编辑	2	1	3	3	3	3	4	4	4
翻译人员	2	1	4	4	4	3	4	4	4
体育教练	2	2	2	4	4	3	4	4	4
运动员	3	3	4	2	3	4	2	2	2
秘书	3	3	3	4	3	2	3	3	3
打字员	3	3	4	4	4	3	3	3	3
会计	3	3	3	4	4	2	3	3	4
出纳	3	3	3	4	4	2	3	3	4
统计员	3	3	4	4	4	3	3	3	3
电话接线员	3	3	4	4	4	3	3	3	3
办公室职员	3	4	3	4	4	3	3	4	4
商业经营管理者	2	2	3	4	4	3	4	4	4
售货员	3	3	3	4	4	3	4	4	4
警察	3	3	3	4	4	3	4	4	4
门卫	4	4	5	4	4	4	4	4	4
厨师	4	4	4	4	3	4	3	3	3
招待员	3	3	4	4	4	4	3	4	3
理发员	3	3	4	4	9	4	2	2	2
导游	3	3	4	3	3	5	3	3	3
驾驶员	3	3	3	3	3	3	3	4	3
农民	3	4	4	4	4	4	4	4	4
动物饲养员	3	4	4	4	4	4	4	4	4
渔民	4	4	4	4	4	5	3	4	3
矿工	3	4	4	3	4	5	3	4	3
纺织工人	4	4	4	4	3	5	3	4	3
机床操作工	3	4	4	3	3	4	3	4	3
锻工	3	4	4	4	3	4	3	4	3
无线电修理工	3	3	3	3	2	4	3	3	3
细木工	3	3	3	3	3	4	3	4	4
家具木工	3	3	3	3	3	4	3	4	3

续表

职业类型	职业能力性向								
	G	V	N	S	P	Q	K	F	M
一般木工	3	4	4	3	4	4	3	4	3
电工	3	3	3	3	3	4	3	3	3
裁缝	3	3	4	3	3	4	3	2	3

第六章

绩效考核文案

绩效管理是人力资源管理系统中不可或缺的重要部分之一。绩效管理过程包括绩效目标的确定、绩效的产生、绩效考核、绩效的提升和新的绩效目标的制定，它们构成一个不断提升的管理循环。绩效目标的确定是否恰当、绩效的产生状况等都需要绩效考核来评估确认，并从绩效考核中总结出产生绩效的经验和不足，发扬长处，弥补不足，才能提升绩效，进而制定更高的新绩效目标。所以绩效考核是绩效管理的核心部分，在人力资源管理中要做好绩效考核工作。

第一节　制定绩效管理制度

制定绩效管理制度、规范绩效管理工作，保证绩效管理工作有序进行是必要的。示例6-1给出了××通信公司的绩效管理制度的实例。

[示例6-1]

××通信公司员工绩效管理制度

第一条　目的

为了加强本通信公司的基础管理，完善企业的绩效管理制度，健全企业的人力资源管理体制，使公司各级组织及员工的工作与企业的总体发展战略密切联系起来，建立和培育具有公司特色的企业文化和管理体制，确保本公司总体发展战略的实现，完成向“学习型企业和服务型企业”的转型，特制定本制度。

第二条　定位

绩效管理是公司人力资源管理的基础，是上级主管领导和员工之间就工作职责和提高工作绩效问题所作的持续的双向沟通。绩效管理包括绩效计划、持续的绩效沟通、绩效考核和绩效面谈等环节。

绩效计划和持续的绩效沟通是该管理过程的重要环节。

绩效考核是绩效管理工作的落脚点和体现。考核首先是为了员工绩效的改善，同时其结果也是确定员工晋升、岗位调整、提薪、福利、奖惩、调动、教育培训和员工职业生涯管理等人力资源管理决策的客观依据。

第三条 目标

1. 加强公司的人力资源管理，建立科学、有效的绩效管理体系，引导各单位和公司全体员工的工作与企业的战略目标保持一致。

2. 通过绩效管理，促进向“学习型企业和服务型企业”的转型，保证公司总体发展战略的实现，培养本通信公司的核心竞争力。

3. 通过绩效管理，促进企业内部各级管理层之间和管理者与员工之间的沟通与交流，依靠制度性的规范，培育具有本企业特色的企业文化，增强企业的凝聚力。

4. 通过绩效管理，帮助各单位和每一个成员不断改进工作，提高工作绩效，促进员工个人的全面发展，同时形成一种促进优秀人才脱颖而出的组织氛围和人力资源管理机制，培养、建立一支具有高素质和团队精神、符合企业未来战略发展要求的人力资源队伍。

第四条 原则

绩效管理工作要遵循公开公正、全面考评、反馈沟通、体现差异、逐级负责、便于操作的原则。

1. 管理者要向被管理者说明绩效管理的标准、程序、方法、时间等事宜，使绩效管理有透明度。

2. 绩效管理要做到以事实为依据，对被管理者的任何评价都要做到以事实为依据，避免主观臆断和个人感情色彩。

3. 在整个绩效管理过程中，管理者和被管理者要开诚布公地进行沟通和交流，考核结果要及时反馈给被考核者，肯定成绩，指出不足，并提出今后努力和改进的方向。发现问题或有不同意见应及时进行沟通。

4. 对不同部门不同岗位的任职员工进行绩效考核时，要根据不同岗位的工作说明书的内容制定合理的衡量标准，考核的结果要适当拉开差距，不搞平均主义。

5. 绩效管理是各级管理者的日常工作职责，对下属作出正确的评估是管理者的重要工作内容，应把绩效管理作为提高各单位和每个员工工作绩效的管理工具，绩效管理工作必须成为各级管理人员常规性的管理工作。

6. 绩效管理通过约束和竞争促进个人及团队的发展，因此，管理者和被管理者都应将通过绩效管理提高绩效作为首要目标。任何利用绩效管理打击、压制、报复他人和本位主义的做法都要受到严肃的处理。

7. 实施逐级绩效考核，总公司考核各部、室、中心、分局(公司)、分公司、县局(公司)；各部、室、中心考核所属员工个人；分局、县局考核所属公司、中心；公司、中心考核所属员工个人和班组、支局；班组、支局考核所属员工个人。

8. 逐级考核与自我考核相结合。自我考核可以引导员工正确评价自己，提高自身能力，所以应予以充分的重视。

第五条 范围

本制度适用除总经理、副总经理以外的公司所属全体部门和个人。

第六条 绩效管理层次

为保证分层、分类的绩效考核顺利进行，根据有利于各部门集中管理和考核标准相对统一的原则，可以将考核对象依据下面三个方面进行划分：①从组织方面划分，可以分为公司所有岗位和人员、公司总部管理岗位和人员、分部所有岗位和人员进行管理和考核；②从岗位方面来看，可分为高级管理人员、中级管理人员、一般管理人员与关键技术骨干人员进行管理和考核；③从人员方面进行划分，可以分为正式聘用人员和临时聘用人员分别进行管理和考核。

第七条 绩效考核按本公司的"绩效考核实施办法"执行。

第八条 本制度执行中出现的问题由人力资源部负责解释。

第九条 本制度已经总经理批准，即日起实行。

示例点评：

1. 制度文种的格式虽有一般公文的格式规范，但张贴或保存在部门内部施行的制度可以使用简化的规范。

2. 本示例的标题采用了发文部门、事由和文种名三要素的标题，但也可以采用省略发文部门，仅有事由和文种名的简化二要素标题，即示例的标题也可以写成"绩效管理制度"。

3. 简化的格式可把适用范围、发文部门、发布日期用标题下括号标示法标明，甚至可以全部省略。示例就全部省略了。

4. 本示例首先对绩效管理的定义和内容做了明确的规定，然后对绩效的管理目标、操作原则、操作方式（分层、分类管理）都做了详细规定，最后还提出制定"绩效考核实施办法"的要求。所以这个示例是对绩效管理的原则作出了具体的细密化的详细规定。这个示例是有参考价值的。

第二节 制定绩效考核实施办法

一、绩效考核概述

绩效考核是绩效管理的一部分，是指对各级部门和员工的工作行为、表现及工作结果是否符合标准所进行的管理评估活动。这一过程是由战略目标驱动并与业务流程相联系的，对企业、部门和个体的绩效考核的过程。这里强调绩效考核是一个过程，就要求从考核的设计、考核过程中到考核的结束都必须紧扣公司的战略目标和着眼于提升企业的绩效。

二、绩效考核的特点

绩效考核是人力资源管理系统中不可或缺的部分,绩效考核是通过系统的原理和方法来评定和测量员工工作行为和工作结果的过程。这一考核直接影响员工的薪酬调整、奖金发放以及职业的进步或职位升迁。健全的绩效考核制度不仅能够提升企业的生产运营和管理水平,还能够使员工感到公平和信服,增强其对工作的满意度与对公司的凝聚力。考核结果可以为生产、供应、销售、财务以及职业发展管理等其他职能部门提供参考数据。

绩效考核是绩效管理的一部分,绩效考核是为了提升绩效。完整的绩效管理过程包括绩效目标的确定、绩效的产生、绩效考核、绩效的提升和新的绩效目标制定,构成一个完整的管理循环。

绩效考核的过程包括了对企业、部门和个体与业务流程相联系的战略目标的衡量,绩效考核考的是企业管理者期望企业、部门和员工个体所产生的行为表现及行为的结果。绩效考核也是对企业、部门和员工个体所产生的行为表现及结果进行分解表达的过程。

绩效考核是衡量评价组织成员的程序、规范、方法的总和。为了客观、科学地反映企业、部门和员工个体所产生的行为表现及结果是否符合管理者的期望,需要建立绩效评估方法体系。

绩效考核是和一定的目的紧密联系的管理活动,绩效考核的结果直接影响薪酬和奖金的发放。

三、绩效考核办法的制定

完整的绩效考核办法需要规定下面几个方面的内容:考核的宗旨和目的;考核的原则;考核的组织、领导职责和适用范围;考核的执行关系;考核的周期;考核的内容;考核的方法;考核的程序与流程;考核结果的分析和运用;考核申诉。

下面就以某公司的一份绩效考核文案来说明设计一份完整的绩效考核办法需要包括的内容,见示例6-2。

[示例6-2]

××公司绩效考核实施办法

第一条 为了规范对本公司员工的绩效考核,根据公司的绩效管理制度精神特制定本实施办法。

第二条 绩效考核是指对公司各级部门和员工的工作行为、表现及工作结果是否符合标准所进行的管理评估活动。因此,除公司总经理和副总经理外,对公司所有各级部门和所有员工都必须进行绩效考核。

第三条　绩效考核的最主要着眼点是提升绩效。通过绩效考核,各级组织和所有员工都要客观公正地总结成功经验,找出差距,得到提升绩效的方法,进而制定更高的绩效目标。决不允许弄虚作假、敷衍塞责。对于利用绩效考核拉帮结伙或打击报复的行为一定要给予处罚。

第四条　考核的日期和周期。考核日期应在考核周期的末尾,例如,考核周期是1年,则应在年末进行考核,具体日期还应根据公司当时的运营情况灵活掌握。企业绩效考核的周期应根据考核目的、考核职位的不同,有所不同。一般可用表6-1所给出的考核周期。

表6-1　企业绩效考核的考核周期表

考核目的	考核周期	
	职位类别	周期
绩效薪酬的发放	高层管理者、高级技术人员、销售人员	一年
	中层管理者、一般技术人员	一季
	一般管理人员、直接生产人员	一月
检查提薪资格	所有职位	按年连续考核
核查奖励资格	所有职位	与奖励周期一致
能力开发调动配置	所有职位	按年连续考核
续签聘用合同	所有职位	在合同期限内综合每年考核

此外,为了某种临时性需要,还可进行不定期的少部分职位的考核。例如,核实影响公司受益的瓶颈职位或职位群的考核。

第五条　考核内容(要素与指标)。绩效考核包括业绩、能力和态度考核等内容。根据不同的考核内容,考核要素也分为反映成绩的考核要素、反映能力的考核要素以及反映态度的考核要素。

成绩考核要素包括工作的正确性、工作的质量、工作的总量、工作的速度、工作的改进与改善、工作的统筹安排、引进与开发人才、业务开拓与维持、教育指导及特殊任务。

能力考核要素包括职务知识、职务技能、基本技能、理解力、判断力、想象力、计划力、表达能力、指导力和监督力。

态度考核要素包括出勤情况、纪律性、协作性、积极性和责任心。

考核要素的定义见表6-2。

表6-2 企业绩效考核要素的定义一览表

考核种类		考核要素		定义
成绩考核	事务作业	工作质量	正确性	工作过程的正确性
			质量与出色程度	工作结果的有效性
		工作数量	总量	完成的工作总量
			速度	处理工作的速度
		工作的改进与改善		立足于现实,采用独到合理的方式,改进工作
		统筹安排		有效的配置人员,带领组织成员完成任务
	营销考核	新合同		签订新合同的数量,以及新合同带来的收益
		组织		引进人才与开发人才
		业务开拓与维持		开拓新业务所带来的效益,维持和强化老业务的成绩
		合同维持		重视已经签订的合同,保证合同的实施,并获取收益
		处理合同问题		签约的合同一旦遇到问题和麻烦,及时、妥善予以处理
		教育指导		专题讲授推销技巧、保险知识
				现场指导,提高部下经营能力
				提供必要的情况和情报
		特殊任务		执行紧急任务或例外工作的情况
		工作的改进与改善		立足于现实,采用独到合理的方式,改进工作
		统筹安排		有效的配置人员,带领组织成员完成任务
能力考核	基本能力	职务知识		掌握本职工作业务知识程度
				保险知识以及相关知识的掌握程度
				社会常识的掌握程度
		职务技能		本职工作必须的技能与技术
		基本技能		字迹清楚、正确、美观
				计算能力
	经验性能力	思考能力	理解力	正确迅速理解上司指示和本职工作业务的能力
			判断力	在理解的基础上正确把握现状、问题,作出判断的能力
			想象力	运用新观点,观察和思考事物的能力
			计划力	建立计划、方案,有效地完成任务的能力
		对人的能力	表达能力:文章表达力	准确地用文字表达自己的意图、意见和意志的能力
			表达能力:语言表达力	准确地用语言表达自己的主张、观点的能力
			说服力	坚持自己的主张,说服他人有效的实现目标的能力
			指导力	有效地指导和培养他人的能力
			监督力	掌握部下的能力与性格,激励部下齐心协力从事工作的能力

续表

<table>
<tr><th>考核种类</th><th>考核要素</th><th>定　义</th></tr>
<tr><td rowspan="10">态度考核</td><td>出勤情况</td><td>迟到、早退和无故缺勤的情况</td></tr>
<tr><td rowspan="3">纪律性</td><td>遵守各种规章制度的情况</td></tr>
<tr><td>尊重师长、礼貌待人</td></tr>
<tr><td>服从命令、听从指挥,及时向上级报告</td></tr>
<tr><td>协作性</td><td>在本职工作内的合作态度,本职工作外的合作精神</td></tr>
<tr><td rowspan="2">积极性</td><td>不断进取,具有不断提高本职工作质量与数量的热情</td></tr>
<tr><td>改进和改善工作的热情</td></tr>
<tr><td rowspan="2">责任心</td><td>对本职工作认真负责</td></tr>
<tr><td>对下级的工作结果勇于负责的态度</td></tr>
</table>

第六条　考核方法应根据不同的职位、工作特点选取合适的方法,不必强求一致。考核的方法可以采用测评量表法、目标管理法、序列比较法、配对比较法、关键事件法、行为锚定评价量表法、强制比例法、关键业绩指标法及平衡计分卡或其他切实可行的方法对员工进行考核。除特殊情况外,所有员工首先都要填写员工自我考核表或考核表中的自我评估栏,进行自我考核。

第七条　考核人员在考核的过程中,可以由直接主管、高层管理者、相关部门管理者、同事、下级人员、被考核人自己、客户、外界考绩专家或顾问对员工进行考核。具体要根据使用的考核方法来确定。

第八条　考核结果的分析评价。确定由被考核者的上级部门、人力资源部决定考核的各项指标的权重以及不同考核者评价分数占总分数的权重。考核者根据指定分数范围进行评分,并书写考核评语。由人力资源部对所有考核者的分数进行汇总整理,算出加权后的分数。

第九条　考核结果运用。考核结果用于帮助员工改进绩效,为任用、晋升、提薪、奖励提供依据以及检察人员配置、调查员工培训的效果。

第十条　实施绩效考核前人力资源部应针对各类员工的工作特点分别制定绩效考核流程、考核表格,以保证考核顺利高效地进行(各类员工绩效考核流程及考核工作用表见第三节)。

第十一条　其他。

本绩效考核实施办法由总经理批准。

本办法由人力资源部负责修订,并在修订后报请总经理、主管领导审批。

本办法由人力资源部、总经理、总经理办公会负责解释。

本办法自颁布之日起执行。

××公司

××××年××月××月

示例点评：

本示例格式规范，内容完整，可资参考。

第三节　各类员工绩效考核流程及考核工作用表

一、决策人员、管理人员绩效考核流程

考核的周期。日常考核：为了绩效薪酬发放、绩效改进，对高层决策者的考核周期，可半年或一年进行一次。年终考核：为了工作调动、能力开发、薪酬调整等，对高层决策者的考核，可在年终进行。

考核要素与指标。对高层决策者要考核的指标有法制性、事业性、责任心、进取心、自学能力、思维能力、综合分析能力、目标定向能力、决策能力、创造能力、人员培养能力、组织能力、协调能力、应变能力、交涉能力、人际交往能力、工作效率与经济效益等。可使用表6-3的主管考核表，表6-4的经理考核表。对于一般管理人员可使用表6-5的一般管理人员考核表。所有管理人员都需要作详细的自我评价，可以使用表6-6的管理人员自我评价表。对于中层管理人员可使用表6-7的中层管理人员考核表和表6-8的中层管理人员群众评议表。

表6-3　企业主管绩效考核表

被考核者职位___ 姓名_____　　　　考核日期 __年 __月 __日

项目	考核内容	分数范围	自评得分	HR 评分	总监评分	总裁评分
领导能力	善于领导部属，提高工作质量，积极达成目标	14~15				
	灵活运用部属，顺利完成任务，达到目标	12~13				
	尚能领导部属，勉强完成任务	9~11				
	部属缺少信任，工作意愿低沉	6~8				
	领导方式不佳，常使部属不服	0~5				
策划能力	策划有条理，力求完善，工作事半功倍	14~15				
	具有策划能力，工作能够力求完善	12~13				
	称职，工作尚佳	9~11				
	只能做交办事项，不能策划改进	6~8				
	缺乏策划能力，须依赖他人	0~5				
工作业绩	工作效率高，具有卓越创意	14~15				
	能胜任工作，效率较标准高	12~13				
	工作不误期，表现符合要求	9~11				
	勉强胜任工作，无甚表现	6~8				
	工作效率低，时有差错	0~5				

续表

项目	考核内容	分数范围	自评得分	HR 评分	总监评分	总裁评分
责任感	具有积极责任心，能彻底完成任务，可放心交付工作	14 ~ 15				
	具有积极责任心，能顺利完成任务，可以交付工作	12 ~ 13				
	尚有责任心，能如期完成任务	9 ~ 11				
	责任心不强，须有人督促，方能完成任务	6 ~ 8				
	欠缺责任心，时时督促，亦不能完成工作	0 ~ 5				
协调沟通	善于上下沟通，平衡协调，能自发与人合作	14 ~ 15				
	乐意与人协调沟通，顺利达成任务	12 ~ 13				
	尚能与人合作，达成工作要求	9 ~ 11				
	协调不善，致使工作发生困难	6 ~ 8				
	无法与人协调，致使工作无法进行	0 ~ 5				
授权指导	善于分配工作与权利，积极传授工作知识，引导下属达到目标	9 ~ 10				
	灵活分配工作权利，有效传授知识，达到目标	8				
	顺利分配工作与权利，指导下属完成任务	6 ~ 7				
	欠缺分配工作、权利及有效指导下属的方法，任务进行偶有困难	4 ~ 5				
	不善于分配工作、权利及指导下属，内部时有不服的怨言	0 ~ 3				
品德言行	品性廉洁，言行诚信，刚正不阿，足为楷模	9 ~ 10				
	品行诚实，言行规律，平易近人	8				
	言行正常，无越轨行为	6 ~ 7				
	固执己见，不易与人相处	4 ~ 5				
	经常利用上班时间处理私务，擅离工作岗位或外出	0 ~ 3				
成本意识	成本意识强烈，能积极节省，避免浪费	9 ~ 10				
	具备成本意识并能节省	8				
	尚具成本意识，尚能节省	6 ~ 7				
	缺乏成本意识，稍有浪费	4 ~ 5				
	成本意识欠缺，常有浪费	0 ~ 3				
总分：						
考核人签字：						
日常行为积分：						
最终得分		考核结果				

说明：上面的主管人员考核表是对主管在领导能力、策划能力、责任感、协调沟通能力、授权与指导、品德言行和成本意识几个方面进行的考核，根据上述考核项目的重要性的不同，分别赋予不同的分数。最后由考评者进行汇总，得出考核的结果。

考核方法。本着自我考核与逐级考核相结合的原则,每个员工都必须填写自我考核表格(自我考核内容可以单独制表,也可以和逐级考核表6-13并在一起)。

在自我考核初期,决策人员根据经营策略和经营计划,提出关键业绩指标和业绩达成状况描述以及管理改进计划,由直接上级审批,并达成共识;在考核末期,根据被考核者关键业绩指标的完成情况对被考核者进行考核。

在考核初期,决策人员根据经营策略和经营计划,与上级一起制定业绩目标;在考核末期,根据计划中各指标的完成情况对被考核者进行考核。

考核人员。由董事会、决策者本人对决策人员进行考核。

考核结果分析评价。由决策人员的上级部门(董事会)决定考核的各项指标的权重以及不同考核者评价分数占总分数的权重。考核者根据关键业绩指标达成卡的指定分数范围进行评分,并书写考核评语。

考核结果运用。日常考核的结果可应用于绩效工资、奖金的发放,人员的调动,人员的培训以及制订下一个月绩效改进计划等。年终的考核结果可应用于人员的晋升、辞退,年终奖金的发放,工资的调整,下一年绩效目标制定等。

表6-4 企业经理人员绩效考核表

被考核人员职位 ___ 姓名 ____　　　　考核日期 __年 __月 __日

分类	评价内容		满分	1	2	3	4
工作态度	1	经营计划方案的制订、实施是否有充分的准备	5				
	2	是否以长期的展望探索公司的未来	15				
	3	是否有以负责人的眼光注意到全体	5				
	4	是否重视经营理念	5				
	5	是否有敏锐的利益感觉	5				
基本能力	6	为了达到目标,是否能站在最前线指挥	15				
	7	是否能节约成本,确实达到目标	5				
	8	是否重视长期目标的实施	5				
	9	是否能严守期限、达到目标	5				
	10	能随机应变,在修改目标值的同时也能达到目标	5				
业务熟练程度	11	是否能以全公司的立场发言、提议	5				
	12	是否能以长期的观点制订计划	5				
	13	是否能就公司的观点收集信息	10				
	14	是否能与其他部门交流信息	5				
	15	是否积极地与其他部门协调	5				
责任感	16	是否确实把握部属的优、缺点	5				
	17	是否能与其他部门协调	5				
	18	是否适才适所	10				
	19	是否热心培训后继者	5				

续表

分类		评价内容	满分	1	2	3	4
协调性	20	仔细地聆听部属的意见	5				
	21	是否注意身体健康	5				
	22	是否谨慎地使用金钱	10				
	23	是否热心于小组内部意见的沟通	10				
	24	决不引起异性问题	5				
自我启发	25	不与顾客勾结	5				
	26	对社会及时代的变迁是否敏锐	5				
	27	是否热心于吸收新技术与知识	10				
	28	站在国际的视野上是否能自我革新	5				
	29	为了改善,是否可以抛弃前例	10				
	30	是否热心于对未来的预测	5				
评价分数合计							

评分标准:

180 分以上为“优秀”,150 分以上为“良好”,120 分以上为“中等”,100 分以上为“及格”,未满 100 分为“不及格”。

上面的经理考核表采用了 360°考核的方法,可以让经理本人、经理的上级(董事长)、经理的下属员工、其他部门的经理分别进行评议,这样可以得到一个相对公平、科学的评议结果。

表 6-5　企业一般管理人员绩效考核表

部门名称			填表日期				
姓名		考核期限	评价尺度				
评价因素	评价要点		优	良	可	差	劣
勤务态度	A. 把工作放在第一位,努力工作						
	B. 对新工作表现出积极的态度						
	C. 忠于职守,严守岗位						
	D. 对部下的过失勇于承担责任						
业务工作	A. 正确理解工作指导和方针,制订适当的实施计划						
	B. 按照部下的能力和个性合理分配工作						
	C. 及时与有关部门进行必要的工作联系						
	D. 在工作中始终保持协作态度,顺利推动工作的进行						

续表

评价因素	评价要点	优	良	可	差	劣
管理监督	A. 在人事关系方面部下没有不满和怨言					
	B. 善于放手让部下去工作,鼓励他们乐于协作的精神					
	C. 十分注意生产现场的安全卫生整理整顿工作					
	D. 妥善处理工作的失败和临时追加的工作任务					
指导协作	A. 经常注意保持和提高部下的劳动积极性					
	B. 主动努力改善工作和提高效率					
	C. 积极训练,教育部下,提高他们的技能和素质					
	D. 注意进行目标管理,使工作协调进行					
工作效果	A. 正确认识工作意义,努力取得好成绩					
	B. 工作方法正确,时间和费用使用合理有效					
	C. 工作成绩达到预期目标或计划要求					
	D. 工作总结汇报准确真实					
备注						
综合评价						

填表人: 审核人:

对一般管理人员的考核除了根据自我工作的性质可以由主管制定一些考核项目以外,还应当包括勤务态度、业务工作、管理监督、指导协调和工作效果等基本的考核内容。备注栏中可以写入考核人的意见和建议,最后由主管和人力资源部经理共同协商给予综合的评价。

表6-6 企业管理人员自我考核表

部门名称		填表日期		年龄	
姓名		进入公司的时间		担任本职位的时间	
自我鉴定			理由及建议	经理批示	总经理批示
目前工作	1. 你认为目前担任的工作对你是否合适?□合适□不太合适□不合适 2. 工作的量是否恰当?□太多□适中□较少 3. 在执行工作中,你会感到什么困难?				
工作希望	1. 你认为你比较适合哪方面的工作? 2. 你不适合的工作是什么? 3. 你对现在的工作有什么期望?				

续表

自我鉴定		理由及建议	经理批示	总经理批示
薪酬及职位	1. 你认为你的工作报酬是否合理？□合理□不合理 2. 职业是否合理？□合理□不合理 3. 职称是否合理？□合理□不合理 4. 理由何在？ 5. 你的希望是什么？			
教育与培训	1. 这一年中你是否参加过公司举办的内部培训？□参加过□未参加过 2. 曾参加什么样的培训？ 3. 你希望接受什么项目的培训？ 4. 你对本企业培训的意见如何？			
工作分配	1. 你认为你的部门工作分配是否合理？□合理□不合理 2. 什么样的地方亟须改进？			
工作目标	1. 你的工作目标是什么？ 2. 这个目标你已经达到的程度？			
特殊贡献	1. 你认为本年度你对公司较特殊的工作贡献是什么？ 2. 你做到什么程度？□上□中□下			
工作建议	在你担任的工作中，你有什么更好的构想？			

填表人： 审核人：

上表可以用于管理人员自我评定，也可以用于调查目前管理人员对于工作安排的意见和建议。

表 6-7 企业中层管理人员绩效考核表

被考核人姓名			部门职务						
直接考核人			考核时间						
考核项目			考核评分等级					考核评分	
			优秀	良好	达标	稍差	很差	自评	上级评分
个人业绩考核70分	管理业绩30分	明确、合理地制订各季度目标计划和推进时间安排，并能采取有效指导、定期检查的工作方法，保证目标的实施和落实	5	4	3	2	1		
		主持执行班子的决策程序，营造班子民主议事的氛围，班子团结一致，部门内信息传递顺畅	5	4	3	2	1		
		建立并推进岗位责任制体系，采取分层管理的方式，合理的授权和分配工作，工作指挥明确合理，部门整体工作效率高	4	3	2.5	2	1		

续表

考核项目			考核评分等级					考核评分	
			优秀	良好	达标	稍差	很差	自评	上级评分
个人业绩考核70分	管理业绩30分	主动与下属充分沟通并提供必要资源，能及时有效地指导下属达成岗位工作的目标，部门内员工参与意识强	4	3	2.5	2	1		
		成本意识强，能采取简便有效的方法和程序控制成本，节约资源和时间，部门预算和费用支出合理适度，没有浪费现象	3	2.5	2	1.5	1		
		及时准确把握并及时汇报部门干部、员工队伍状况，有计划、有目的地培养、输出优秀人才	3	2.5	2	1.5	1		
		给下属考评公正，下属员工抱怨少，部门内员工队伍稳定	3	2.5	2	1.5	1		
	目标考核40分	目标1							
		目标2							
		目标3							
		目标4							
		目标5							
		目标6							
		目标7							
		目标8							
		目标9							
能力考核10分		全面掌握并运用岗位要求的管理和业务知识，具有丰富的工作经验和管理水平	2	1.5	1	0.5	0.2		
		深刻理解公司的意图方针和内外客户的需求，能分清问题的轻重缓急、把握问题的关键和实质，及时准确地判断并果断决策	2	1.5	1	0.5	0.2		
		面对不确定因素和复杂困难，能提出有效的策略并组织解决；有较高的分析决策和解决问题的能力	2	1.5	1	0.5	0.2		
		对部门整体业务及管理不断提出新的、突破性的改进提案和新思路，多数能够被采纳和实施	2	1.5	1	0.5	0.2		
		具有较强的影响力，能够组织统合各种力量，圆满地协调并维持企业内外各种关系，使各部门密切配合，调动各方面的积极性	2	1.5	1	0.5	0.2		
表现考核10分		自身及部门严格按照公司原则办事、开展工作，既坚持原则又不失灵活性	2	1.5	1	0.5	0.2		
		深刻认识部门整体工作的性质和职责，即使面临压力和困难仍努力保持完成部门工作的目标计划，对自己及下属的工作行为负责	2	1.5	1	0.5	0.2		

续表

<table>
<tr><td colspan="2" rowspan="2">考核项目</td><td colspan="5">考核评分等级</td><td colspan="2">考核评分</td></tr>
<tr><td>优秀</td><td>良好</td><td>达标</td><td>稍差</td><td>很差</td><td>自评</td><td>上级评分</td></tr>
<tr><td rowspan="3">表现考核10分</td><td>认真负责地为公司内外客户寻求解决方案，积极提出改进建议和措施，自觉研究新课题，开拓新领域，不断学习以提高充实自己</td><td>2</td><td>1.5</td><td>1</td><td>0.5</td><td>0.2</td><td></td><td></td></tr>
<tr><td>在做本职工作的同时，关注公司整体运作，积极提出改进建议和措施，自觉研究新课题，开拓新领域，不断学习提高充实自己</td><td>2</td><td>1.5</td><td>1</td><td>0.5</td><td>0.2</td><td></td><td></td></tr>
<tr><td>接受合理的工作改进建议并积极改进，各季度的工作逐步改善并保持连续性，个人综合素质与往年相比得以明显提高</td><td>2</td><td>1.5</td><td>1</td><td>0.5</td><td>0.2</td><td></td><td></td></tr>
</table>

说明：1. 评分参考标准（满分为90分）：

优秀——超出目标的期望和要求

良好——完全达到目标的期望和要求

达标——基本达到目标的期望和要求

稍差——与目标的期望和要求有一定的差距

很差——与目标的期望和要求有很大差距

2. 本表格只用于部门经理及一般管理人员的考核。

3. 目标考核栏的内容应根据受考核人员的计划任务书中的项目填写。

表6-8　××公司中层管理人员群众评议表

职位编号：______ 职位：_____ 姓名：_____　　　回收日期：____年___月__日

<table>
<tr><td colspan="2" rowspan="2">考核要素</td><td rowspan="2">考核要点</td><td colspan="5">群众打分</td></tr>
<tr><td>优秀
12～11分</td><td>良好
11～9分</td><td>一般
9～7分</td><td>合格
7～5分</td><td>较差
5～0分</td></tr>
<tr><td rowspan="4">工作态度</td><td>责任心</td><td>忠实履行职责，勇于承担责任，不推卸责任，工作踏实，一丝不苟，坚持原则，严格遵守公司的各项规章制度，堪为表率，廉洁奉公</td><td></td><td></td><td></td><td></td><td></td></tr>
<tr><td>敬业精神</td><td>爱岗敬业，工作热情，积极主动，勇于克服困难；主动承担上级交办的临时任务，能摆正个人利益和公司利益的关系，任劳任怨，勤勤恳恳，埋头苦干</td><td></td><td></td><td></td><td></td><td></td></tr>
<tr><td>执行性</td><td>常规计划工作和临时交办的事务都能保质保量及时完成，开展工作迅速，效率高，效果好</td><td></td><td></td><td></td><td></td><td></td></tr>
<tr><td>团队协作精神</td><td>不搞本位主义，坚持公司全局观念，积极与其他部门沟通合作。团结同事，主持公道，不压制下属的意见，努力提高本部门凝聚力，保持良好的组织氛围</td><td></td><td></td><td></td><td></td><td></td></tr>
</table>

续表

<table>
<tr><th colspan="2" rowspan="2">考核要素</th><th rowspan="2">考核要点</th><th colspan="5">群众打分</th></tr>
<tr><th>优秀
12～11分</th><th>良好
11～9分</th><th>一般
9～7分</th><th>合格
7～5分</th><th>较差
5～0分</th></tr>
<tr><td rowspan="3">工作能力</td><td>组织领导能力</td><td>正确向下属下达指示与任务，经常给予员工指导，帮助和培养他们提高工作水平；不断学习，提高管理水平，积极提出合理化的改进建议，不断推进本部门的工作，善于采取有效的方法组织与激励下属完成任务；善于处理矛盾与冲突，对问题和突法情况能作出正确判断，及时采取措施，妥善解决</td><td></td><td></td><td></td><td></td><td></td></tr>
<tr><td>计划能力</td><td>制订和提出切实可行的计划与方案；本人所负责的工作紧张、有序、高效；有计划地调整和使用资源</td><td></td><td></td><td></td><td></td><td></td></tr>
<tr><td>沟通能力</td><td>善于听取和采纳他人意见，关心员工，善于与员工沟通和调动下属工作的积极性，善于与上级和其他部门沟通，协作能力强</td><td></td><td></td><td></td><td></td><td></td></tr>
<tr><td colspan="3">民主评议总分：</td><td colspan="5">备注：</td></tr>
</table>

经手人：

说明：1. 民主评议总分低于60分的，请在备注内说明原因，否则无效。
2. 民主评议表必须填写总分，同时填写各项分数，否则无效。
3. 此表由人力资源部直接发给被考核者的下属，并收回、统计。
4. 此表评议人不需签名，但必须亲自填写并按时交回。

二、行政人员的绩效考核流程

考核的周期。日常考核：为了绩效薪酬发放、绩效改进，对行政人员的考核周期，可以一个季度进行一次。年终考核：为了调动、能力开发、薪酬的调整等，对行政人员的考核，可在年终进行。

考核要素与指标。对行政人员的考核包括法制观念、纪律性、工作经验、现代科学管理知识、综合分析能力、处理事务能力、沟通能力、表达能力、辅助决策能力、控制能力、工作效率和社会效益等。可使用表6－9的企业行政人员绩效考核表。

考核方法。在考核期初，高层和中层行政人员与上级一起结合当前工作重点，制定业绩目标；在考核期末，根据被考核者目标业绩的实现情况对被考核者进行考核。

对中级行政人员考核采用配对比较法和行为锚定法。配对比较法是指对员工进行两两比较，任何两位员工都要进行一次比较；行为锚定法是指将特别优良或特别恶劣的关键行为加以等级性量化。

考核人员。由行政人员的直接上级、同事、相关部门管理者和本人对其进行考核。

考核结果分析评价。由行政部门的上级部门、人力资源部决定考核的各指标的权重以及不同考核者评价分数占总分数的权重。考核者根据指定分数范围进行评分，并书写考核评语。

考核结果运用。日常考核的结果可应用于绩效工资、奖金的发放，人员的调离，人员的培训以及制订下一个月绩效改进计划等。年终的考核结果可应用于人员的晋升、辞退，年终奖金的发放，工资的调整，下一年绩效目标制定等。

表6－9　企业行政人员绩效考核表

职位编号:_____ 职位:_____ 姓名:_____ 请于___年__月__日将此表交到人力资源部

结构	考核指标	考核标准					自评得分	考核得分
		A(0～1分)	B(2分)	C(3分)	D(4分)	E(5分)		
素质结构	求实性	弄虚作假见风使舵	说话不够诚实，好夸自己的成绩	一般能实事求是，有时爱想当然	实事求是，办事客观	坚持一切从实际出发，修正错误		
	纪律性	组织纪律较差，有违法乱纪的行为	组织纪律较差，偶有违法乱纪的现象	有一定的组织纪律性，能遵守党纪国法和各项规章制度	组织纪律性较强，自觉遵守党纪国法和各项规章制度	组织纪律性强，模范遵守党纪国法		
	廉洁性	廉洁性差，常常损公肥私	廉洁性较差，爱贪小便宜	一般不贪不占，较少计较个人得失	廉洁性较好，秉公守法，不计较个人名利得失	公正清廉，吃苦在前，享乐在后，为人民利益牺牲自我		
	原则性	无原则，常常拿原则做交易	原则性差，有时为了情面放弃原则	一般能坚持原则，但不能碰硬	原则性较强，是非分明	原则性强，敢于同各种违法乱纪现象作斗争		
	服务性	服务性差，自私自利，对他人漠不关心	服务性较差，不能主动为他人服务	有一定的服务精神，能关心他人	主动关心他人，为人民服务	任劳任怨，能主动周到地为人民服务		
知识结构	文化知识	具有中专以下知识水平	具有中专或相当于中专的知识水平	具有大专或相当于大专的知识水平	具有大学本科或相当于大学本科的知识水平	具有大学本科以上的知识水平		
	专业知识	缺乏本专业知识	粗浅地了解本专业知识	一般地掌握本专业知识	掌握本专业知识，有一定的深度	全面掌握本专业知识，并对相关专业知识有广泛的了解		
	知识面	知识面窄，仅对本专业内的知识有一定的了解	知识面较窄，对本专业所涉及的其他专业的知识所知甚少	知识面一般，对与本专业相关专业的知识略有了解	知识面较广，对与本专业相关的其他专业的知识有一定的了解	知识渊博，自然科学和社会科学知识丰富，对其他相关领域问题有较深的研究		

续表

结构	考核指标	考核标准					自评得分	考核得分
		A(0~1分)	B(2分)	C(3分)	D(4分)	E(5分)		
能力结构	口头表达能力	说话含糊其辞，意思表达不清楚	基本上能表达意思，但缺乏条理	辞能达意，但过于刻板	语言简练、重点突出，较生动	语言清晰、幽默，具有出色的谈话技巧		
	综合分析能力	无综合分析能力，抓不住工作中的重点和要点	综合分析能力较弱，有时抓不住要点	有一定的综合分析能力，一般能抓住工作中的要点	综合分析能力较强，对工作中的问题能准确作出判断	综合分析能力强，善于全面系统分析问题，判断准确率高		
	交际能力	交际能力弱，容易与他人发生矛盾	交际能力较弱，不善于与他人交往	交际能力一般，能与他人交流	交际能力较强，社交面广	善于与他人交往，广泛建立业务关系		
	协调能力	协调能力差，不愿意与他人配合	协调能力较差，不善于与他人配合	有一定的协调能力，愿与他人配合	协调能力较强，同各方面配合良好	积极合作，同各方面配合十分默契		
	理解力	对分配的工作和新知识掌握慢，不得要领	理解力差，在旁人的指点和帮助下能初步掌握分配的工作和新知识	一般性掌握分配的工作和新知识	能较快掌握分配的工作和新知识	能迅速掌握分配的工作和新知识		
	文字表达能力	文字表达晦涩，内容条理不清	在他人的帮助下，尚能做好文字工作	能独立做好基本的文字工作	文字表达清晰，用词准确	文字畅通，简明扼要，逻辑性强		
绩效结构	工作效率	办事拖沓，经常影响工作任务的完成，效率低下	办事较拖沓，经常需要上级督促，效率不高	工作效率一般，能完成任务	能及时处理工作中出现的问题，效率较高	能迅速、准确地处理工作中出现的问题，效率很高		
	工作质量	工作中经常出错，质量低下	工作中较多出错，质量不高	工作中偶有出错，基本能完成任务	工作较认真，工作质量高于一般水平	工作从不出错，一丝不苟，精益求精		
备注						得分总计		

三、研发工程师的绩效考核流程

考核的周期。日常考核：为了绩效薪酬发放、绩效改进，对研发人员的考核周期，可半年、一年或一个项目周期进行一次。年终考核：为了调动、能力开发、薪酬的调整等，可在年终进行。

考核要素与指标。对研发人员的事业心、战略观念、开拓性、协作性、基础理论知识、专业知识、观察力、判断力、发现问题能力、获得信息能力、创新能力、技术经济效益等指标进行考核。可使用表6－10研发工程师考核表。

表6-10　企业研发工程师绩效考核表

<table>
<tr><td>姓名</td><td></td><td>部门</td><td></td><td>职务</td><td></td></tr>
<tr><td>等级</td><td></td><td>直接上级</td><td></td><td>本职务就职时间</td><td></td></tr>
<tr><td>考评周期</td><td></td><td>考评性质</td><td colspan="3">□自评　□他评　□上级评</td></tr>
<tr><td rowspan="4">工作成绩</td><td>考评要素</td><td colspan="3">考核要点</td><td>评分</td></tr>
<tr><td>工作数量</td><td colspan="3">实际承担并完成的业务量
业务范围内的目标实现情况</td><td></td></tr>
<tr><td>工作质量</td><td colspan="3">工作认真,保证质量,没有工作差错,科研成果技术含量高
工作可靠,不推诿工作,不推卸责任,有始有终,认真负责每一件交办的工作和本职工作</td><td></td></tr>
<tr><td>工作效率</td><td colspan="3">及时完成上级和公司分配的工作任务
勇于承担公司的临时任务</td><td></td></tr>
<tr><td rowspan="4">工作态度</td><td>责任心</td><td colspan="3">忠于职守
勇于对自己及下属的行为及后果负责</td><td></td></tr>
<tr><td>协作性</td><td colspan="3">自觉维护整体利益,积极主动与上级、同事和其他部门协作
促进部门内的团结,部门间的合作</td><td></td></tr>
<tr><td>积极性</td><td colspan="3">工作主动,无须督促,自觉从事分内的事情,不互相推诿</td><td></td></tr>
<tr><td>周全性</td><td colspan="3">考虑问题全面,计划周详</td><td></td></tr>
<tr><td rowspan="7">基础能力与工作能力</td><td>专业知识及技能</td><td colspan="3">具有相关的专业知识
能掌握和运用与职务相关的实务知识</td><td></td></tr>
<tr><td>精力体力</td><td colspan="3">身体健康,精力充沛
注意锻炼,劳逸结合</td><td></td></tr>
<tr><td>判断能力</td><td colspan="3">能分清轻重缓急,对比作出判断
判断迅速、准确、全面
精通专业知识,具有准确的判断力</td><td></td></tr>
<tr><td>计划能力</td><td colspan="3">能在业务工作合理化方面提出创见
能运用专业知识,制订全面的规划与方案</td><td></td></tr>
<tr><td>协调能力</td><td colspan="3">有说服力、表达能力
能抓住有利时机进行交涉,圆满解决问题</td><td></td></tr>
<tr><td>洞察力</td><td colspan="3">能立足当前,着眼未来,把握问题关键和方向,随机应变作出决策
能根据专业知识预测未来相关行业的发展</td><td></td></tr>
<tr><td>知识增长</td><td colspan="3">努力提高业务知识,以及其他相关知识</td><td></td></tr>
<tr><td colspan="2" rowspan="2">评定标准:
5:非常优秀,理想状态
4:优秀,满足要求
3:基本满足要求
2:略有不足
1:不满足要求</td><td colspan="2" rowspan="2">填写方法:在评价栏中填写评价分数,特别情况在“备注”中注明</td><td>合计</td><td></td></tr>
<tr><td colspan="2">备注:</td></tr>
</table>

考核方法。在考核期初，研发人员与上级结合当前研究开发重点，制定研发项目目标；在考核期末，根据被考核者项目的完成情况对被考核者进行考核。

考核人员。由研发人员的直接上级、同事、本人对其进行考核。

考核结果分析评价。由研发人员的上级、人力资源部决定考核的各项指标的权重以及不同考核者评价分数占总分数的权重。考核者根据指定分数范围进行评分，并书写考核评语。

考核结果运用。日常考核的结果可应用于绩效工资、奖金的发放，人员的调离，人员的培训以及制订下一个月绩效改进计划等。年终的考核结果可应用于人员的晋升、辞退，年终奖金的发放，工资的调整，下一年绩效目标制定等。

四、一般技术人员的考核流程

考核的周期。日常考核：为了绩效薪酬发放、绩效改进，对一般技术人员的考核周期，可一个季度或一个项目周期进行一次。年终考核：为了调动、能力开发、薪酬的调整等，对一般技术人员的考核，可在年终进行。

考核要素与指标。对一般技术人员的责任心、服务性、实干性、主动性、专业知识、工作经验、观察力、判断力、思维能力、发现问题和解决问题的能力、动手能力、组织能力、工作成效等进行考核。可使用表 6 - 11 的一般技术人员考核表。

考核方法。对一般技术人员考核可采用配对比较法和行为锚定法。配对比较法是指对配对员工进行两两比较，任何两位员工都要进行一次比较；行为锚定法是将特别优良或特别恶劣的关键行为加以等级性量化。

考核人员。由一般技术人员的直接上级、相关部门管理者对其进行考核。

考核结果分析评价。由一般技术人员的上级、人力资源部决定考核的各项指标的权重以及不同考核者评价分数占总分数权重。考核者根据指定分数范围进行评分，并书写考核评语。

考核结果运用。日常考核的结果可应用于绩效工资、奖金的发放，人员的调离，人员的培训以及制订下一个月绩效改进计划等。年终的考核结果可应用于人员的晋升、辞退，年终奖金的发放，工资的调整，下一年绩效目标制定等。

五、市场营销人员的考核流程

考核的周期。日常考核：为了绩效薪酬发放、绩效改进，对市场营销人员的考核周期，可一个月或一个季度进行一次。年终考核：为了调动、能力开发、薪酬的调整等，对市场营销人员的考核，可在年终进行。

考核要素与指标。对市场营销人员的责任心、服务性、实干性、主动性、专业知识、工作经验、观察力、判断力、调研能力、发现问题的能力、组织能力、工作成效等进行考核。可使用表 6 - 12 市场营销人员考核表。

表 6－11　企业一般技术人员绩效考核表

姓名		职称		填写日期		
考核要项	评价内容		满分	1 次	2 次	平均分数
工作态度	1. 很少迟到、早退、缺席，工作态度认真		10			
	2. 细心地完成任务		5			
	3. 遵守上级的指示		5			
	4. 做事敏捷、效率高		5			
	5. 不懒惰，向上级汇报工作及时、认真		5			
基础能力	6. 熟悉工作内容、具备处理事务的能力		5			
	7. 掌握工作上的要点		5			
	8. 正确理解上级的指示，并正确转达		5			
	9. 严守报告、联络、协商的规定		10			
	10. 能够按时完成工作		5			
业务熟练程度	11. 善于统筹安排，开展工作		5			
	12. 工作有灵活性		10			
	13. 有价值观念，能够提出有价值的建议		5			
	14. 善于与顾客交涉，具备一定说服力		5			
	15. 可以独立完成新的任务		5			
责任感	16. 对工作认真负责		5			
	17. 勇于面对工作的挑战		10			
	18. 努力用心处理工作，尽量避免出现错误		5			
	19. 对困难的估计准确，并能够解决		10			
协调性	20. 做事冷静，不感情用事		5			
	21. 重视与其他部门人员的协调		5			
	22. 工作中乐于帮助同事		10			
	23. 有一定的沟通能力		5			
	24. 能够听取与自己不同的意见		5			
启发性	25. 认真学习新的知识		10			
	26. 以市场为导向制订工作计划		10			
	27. 进取心强		5			
	28. 眼光长远，有计划性		10			
	29. 积极推行改革		5			
分数合计			190			

表 6－12　企业市场营销人员绩效考核表

被考核人部门__________职位__________姓名__________　　　　日期____年____月____日

要素	目标	指标	标尺	各级比重	得分范围	考核得分
工作态度	品德修养	事业心和进取心	工作热情度时高时低，缺乏进取精神	0.1～0.3	0.4～1.2	
			可热情工作，但不持久	0.4～0.6	1.6～2.4	
			有进取心，工作热情主动，积极性高	0.7～0.9	2.8～3.6	
			在任何情况下，都有明确的奋斗目标，积极进取	1	4	
		责任心	对公司的销售状况漠不关心	0.1～0.2	0.3～0.9	
			涉及个人利益时，会关心公司的状况	0.3～0.5	0.9～1.5	
			对公司产品的销售积极参与	0.6～0.9	1.8～2.7	
			与公司共命运	1	3	
		真诚	为了推销产品不择手段，掩盖事实真相	0.1～0.3	0.3～0.9	
			夸大优点，缩小产品缺点	0.4～0.6	1.2～1.8	
			实事求是	0.7～0.9	2.1～2.7	
			顾客购买了产品，对销售信赖	1	3	
	工作实践	资料准备	把公司的宣传品一发了事	0.1～0.3	0.5～1.5	
			用公司宣传品，依自己情绪好坏，讲解时多时少	0.4～0.6	2.0～3.0	
			自己整理资料，自己讲解	0.7～0.9	3.5～4.5	
			自己整理资料，使宣传品有特色，讲解细致	1	5	
推销能力	智力素质	推销次数及时间动用	被拒绝就不尝试，等到该完成任务时才去	0.1～0.3	0.5～1.5	
			被拒绝还继续尝试，按时完成任务	0.4～0.6	2.0～3.0	
			被拒绝还继续尝试并转换方式，提前完成任务	0.7～0.9	3.5～4.5	
			锲而不舍，月初即完成销售额的50%以上	1	5	
		对产品性能掌握的情况	对产品性能不了解	0.1～0.3	0.2～0.6	
			一知半解	0.4～0.6	0.8～1.2	
			大部分了解	0.7～0.9	1.4～1.8	
			全面了解，并熟悉其构造、生产过程、修理知识等	1	2	
		知识结构及使用	知识水平低，对实际生活没有接触	0.1～0.3	0.3～0.9	
			知识水平一般，能总结自己的经验	0.4～0.6	1.2～1.8	
			知识水平一般，能总结自己、他人实践中的经验	0.7～0.9	2.1～2.7	
			知识水平良好，善于联系实际，活学活用	1	3	
	推销技巧	谈吐	刻板、目中无人、惹人反感	0.1～0.3	0.3～0.9	
			严肃、滔滔不绝	0.4～0.6	1.2～1.8	
			平和，说话有分寸	0.7～0.9	2.1～2.7	
			爽朗，幽默	1	3	
		观察力和联想力	无观察力和联想力	0.1～0.2	0.4～0.8	
			观察不细致，联想不丰富	0.3～0.5	1.2～2.0	
			观察较细，联想较丰富	0.6～0.9	2.4～3.6	
			观察入微，举一反三	1	4	
		对顾客心理的掌握情况	不懂顾客心理	0.1～0.2	0.4～0.8	
			一知半解	0.3～0.6	1.2～2.4	
			能了解顾客的心理	0.7～0.9	2.8～3.6	
			掌握顾客心理，并向有利于自己的方向引导	1	4	
		创新精神	一成不变，照本宣科，固守一个形象	0.1～0.3	0.2～0.6	
			偶尔变换形象	0.4～0.7	0.8～1.4	
			不太考虑环境，一味求新	0.8～0.9	1.6～1.8	
			根据产品性能等，设计自己的形象	1	2	

得分总计　　　　　　考核人

说明：目标标尺有4个刻度点。在各级的比重列中列出了两刻度间比重范围。在得分范围列中列出了两刻度点间的应给的分数范围。例如，在"事业心和进取心"指标中被考核人接近"有进取心，工作热情主动，积极性高"，也即接近第三刻点，它的比重应是0.7～0.9，应得分数是2.8～3.6分，即指标权重(4)乘以该级比重(0.7～0.9)考核得分应落在2.8～3.6分之间。

考核方法。在考核期初，市场营销人员与上级一起结合当前市场开发重点，制定调研策划的目标。在考核期末，根据被考核者项目的完成情况对被考核者进行考核。

对市场营销人员考核采用序列比较的方法，对员工的工作业绩进行排序或采用强制比例的方法，强制规定优秀人员的人数和不合格人员的人数。

考核人员。由市场营销人员的直接上级、同事、客户对其进行考核。

考核结果分析评价。由市场营销人员的上级、人力资源部决定考核的各项指标的权重以及不同考核者评价分数占总分数的权重。考核者根据指定分数范围进行评分，并书写考核评语。

考核结果运用。日常考核的结果可应用于绩效工资、奖金的发放，人员的调离，人员的培训以及制订下一个月绩效改进计划等。年终的考核结果可应用于人员的晋升、辞退，年终奖金的发放，工资的调整，下一年绩效目标制定等。

六、销售人员的考核流程

考核的周期。日常考核：为了绩效薪酬发放、绩效改进，对销售人员的考核周期，可一个季度或一年进行一次。年终考核：为了调动、能力开发、薪酬的调整等，对销售人员的考核，可在年终进行。

考核要素与指标。对销售人员的法制观念、事业心、市场和用户观念、责任心、本行业生产技术知识、综合分析能力、处事能力、控制能力、灵活性、沟通能力、决策能力、谈判能力、社交能力、社会经济效益、工作效率和销售产品数量进行考核。可使用表6－13的销售人员考核表。

考核方法。在考核期初，销售人员与上级一起结合当前市场销售重点，制定销售目标。在考核期末，根据被考核者项目的完成情况对被考核者进行考核。客户调查反馈信息应该作为重要考核材料之一。

对销售人员考核可采用配对比较的方法，对员工进行两两比较，任何两位员工都要进行一次比较；也可以对销售人员考核采用序列比较的方法，对员工的工作业绩进行排序；或对销售人员考核采用强制比例的方法，强制规定优秀人员的人数和不合格人员的人数。

考核人员。由销售人员的直接上级、客户对其进行考核。

考核结果分析评价。由销售人员的上级、人力资源部决定考核的各项指标的权重以及不同考核者评价分数占总分数的权重。考核者根据指定分数范围进行评分，并书写考核评语。

考核结果运用。日常考核的结果可应用于绩效工资、奖金的发放，人员的调离，人员的培训以及制订下一个月绩效改进计划等。年终的考核结果可应用于人员的晋升、辞退,年终奖金的发放,工资的调整,下一年绩效目标制定等。

表 6－13　企业销售人员绩效考核表

<table>
<tr><td>姓名</td><td></td><td>部门</td><td></td><td>考核日期</td><td></td></tr>
<tr><td>考核项目</td><td colspan="2">考核项目及各等级分数</td><td>自评分</td><td>直接主管分数</td><td>间接主管分数</td></tr>
<tr><td rowspan="12">业绩考核
(50 分)</td><td colspan="2">1. 销售业绩完成情况(12,10,8,5)</td><td></td><td></td><td></td></tr>
<tr><td colspan="2">2. 销售款项的回收情况(12,10,8,6,3)</td><td></td><td></td><td></td></tr>
<tr><td colspan="2">3. 客户管理能力(10,8,5,3)</td><td></td><td></td><td></td></tr>
<tr><td colspan="2">4. 客户满意程度(10,8,6,4)</td><td></td><td></td><td></td></tr>
<tr><td colspan="2">5. 市场管理状况(6,4,3,1)</td><td></td><td></td><td></td></tr>
<tr><td colspan="2">6.</td><td></td><td></td><td></td></tr>
<tr><td colspan="2">7.</td><td></td><td></td><td></td></tr>
<tr><td colspan="2">8.</td><td></td><td></td><td></td></tr>
<tr><td colspan="2">9.</td><td></td><td></td><td></td></tr>
<tr><td colspan="2">10.</td><td></td><td></td><td></td></tr>
<tr><td colspan="2">11.</td><td></td><td></td><td></td></tr>
<tr><td colspan="2">12.</td><td></td><td></td><td></td></tr>
<tr><td rowspan="3">态度考核
(20 分)</td><td colspan="2">13. 团队协作与支援(7,5,4,2)</td><td></td><td></td><td></td></tr>
<tr><td colspan="2">14. 工作主动性(6,5,4,3)</td><td></td><td></td><td></td></tr>
<tr><td colspan="2">15. 服从与服务精神(7,5,3,2,1)</td><td></td><td></td><td></td></tr>
<tr><td rowspan="5">能力考核
(30 分)</td><td colspan="2">16. 执行与销售技能(9,7,5,3,2)</td><td></td><td></td><td></td></tr>
<tr><td colspan="2">17. 市场管理与开拓能力(6,4,2)</td><td></td><td></td><td></td></tr>
<tr><td colspan="2">18. 统筹与报告能力(5,3,2)</td><td></td><td></td><td></td></tr>
<tr><td colspan="2">19. 客户关系维护能力(6,4,2)</td><td></td><td></td><td></td></tr>
<tr><td colspan="2">20. 应变创新能力(4,3,2)</td><td></td><td></td><td></td></tr>
<tr><td colspan="3">合计分数</td><td></td><td></td><td></td></tr>
<tr><td>下年度目标</td><td colspan="2"></td><td>绩效标准</td><td colspan="2"></td></tr>
<tr><td>直接主管综合评语</td><td colspan="5"></td></tr>
<tr><td>间接主管综合评语</td><td colspan="5"></td></tr>
</table>

员工签字：　　　　　　　　　　　　　　　　　　考核人：

七、生产人员的考核流程

考核的周期。日常考核:为了绩效薪酬发放、绩效改进,对生产人员的考核周期,可一个月进行一次。年终考核:为了调动、能力开发、薪酬的调整,对生产人员的考核,可在年终进行。

考核要素与指标。对生产人员的出勤情况、纪律性、责任心、基本技能、专业技能、专业知识、实际操作能力、工作的质量、工作的数量和工作的改进与改善进行考核。可使用表6-14,6-15,6-16,6-17等表格。

表6-14 企业生产人员绩效考核表

编号: 任职人: 年 月 日

考核项目	考核要素	考核内容	标准分	加、扣分		
				自评	考核小组	考核得分
职业道德（20分）	忠于职守	热爱本岗位工作	4			
	工作素质	热爱集体,尊重领导,配合支持工作	4			
	团结精神	关心他人,团结协作	4			
	业务学习	钻研业务,勤奋好学,要求上进	4			
	服务态度	对内、外用户服务周到、热情	4			
工作态度（20分）	遵守制度	遵守公司规章制度	4			
	出勤情况	满勤	4			
	工作积极性	高标准做好职务范围内的业务的热情	4			
	工作责任心	完成本职工作的持续性和责任心	4			
	工作协调性	与同事、上司合作的情况	4			
工作成果（20分）	完成任务	有否完成任务的具体计划安排	4			
	成本意识	努力减少时间、物质上的损失	4			
	创新能力	提出改进工作的建议	4			
	特殊成果	给公司在某方面解决重大问题	4			
	培养人才	参加培训或对他人进行培训	4			
其他管理（24分）	能源管理	节约能源(水、电等)	4			
	设备管理	爱护设备,保养好	4			
	财务管理	节约开支,精打细算,遵守财务制度	4			
	物资管理	按计划领用物资,节约,杜绝浪费	4			
	安全防火	安全防火意识强,能主动做好工作	4			
	计划生育	严格执行计划生育政策	4			
合计			84			

说明:1.考核等级采用4分制,满分4分表示“出色的”,3分表示“好的”,2分表示“尚可的”,1分表示“不合格的”,满分84分。

2.考核内容为基本的员工考核项目,可以适用于任何单位或企业。

表6-15　企业生产人员绩效考核表

<table>
<tr><td colspan="2">姓名</td><td></td><td>单位</td><td></td><td>职务</td><td></td><td colspan="2">考核期间</td><td colspan="2"></td></tr>
<tr><td colspan="2" rowspan="2">考核项目</td><td colspan="3" rowspan="2">考核说明</td><td rowspan="2">考评人</td><td colspan="4">考核等级</td><td rowspan="2">得分</td></tr>
<tr><td>A 很满意</td><td>B 满意</td><td>C 一般</td><td>D 不满意</td></tr>
<tr><td rowspan="5">工作成绩（70分）</td><td>工作知识</td><td colspan="3"></td><td></td><td></td><td></td><td></td><td></td><td></td></tr>
<tr><td>工作量</td><td colspan="3"></td><td></td><td></td><td></td><td></td><td></td><td></td></tr>
<tr><td>工作品质</td><td colspan="3"></td><td></td><td></td><td></td><td></td><td></td><td></td></tr>
<tr><td>工作态度</td><td colspan="3"></td><td></td><td></td><td></td><td></td><td></td><td></td></tr>
<tr><td>工作成绩</td><td colspan="3"></td><td></td><td></td><td></td><td></td><td></td><td></td></tr>
<tr><td>出勤（20分）</td><td colspan="4"></td><td></td><td></td><td></td><td></td><td></td><td></td></tr>
<tr><td>工龄（10分）</td><td colspan="4"></td><td></td><td></td><td></td><td></td><td></td><td></td></tr>
</table>

说明：1. 考核项目的具体说明要根据每个单位实际情况的不同按职位工作说明书分别填写。

2. 在考核的等级栏中，请用"√"表示考核的等级。

3. 出勤和工龄的考核规定由各单位根据自己的实际情况进行规定。

表6－16　企业一般生产人员计分法考核表

姓名：　　　　部门：　　　　岗位：　　　　考核日期：

评价要素	评价要点	评价尺度				
		优	良	中	可	差
工作态度	A. 严格遵守工作制度，有效利用工作时间	14	12	10	8	6
	B. 对新工作持积极态度	14	12	10	8	6
	C. 忠于职守、坚守岗位	14	12	10	8	6
	D. 以协作精神工作，协助上级，配合同事	14	12	10	8	6
工作能力	A. 正确理解工作内容，制订适当的工作计划	14	12	10	8	6
	B. 不需要上级详细的指示和指导	14	12	10	8	6
	C. 及时与同事及协作者取得联系，使工作顺利进行	14	12	10	8	6
	D. 迅速、适当地处理工作中的失败及临时追加任务	14	12	10	8	6
	E. 以主人翁精神与同事同心协力努力工作	14	12	10	8	6
	F. 正确认识工作目的，正确处理业务	14	12	10	8	6
	G. 积极努力改善工作方法	14	12	10	8	6
	H. 不打乱工作秩序，不妨碍他人工作	14	12	10	8	6
工作效率	A. 工作速度快，不耽误工期	14	12	10	8	6
	B. 业务处置得当，经常保持良好成绩	14	12	10	8	6
	C. 工作方法合理，时间和经费的使用十分有效	14	12	10	8	6
	D. 工作中没有半途而废、不了了之和造成后遗症的现象；工作方法合理，时间和经费的使用十分有效	14	12	10	8	6
工作成果	A. 工作成果达到预期目的或计划要求	14	12	10	8	6
	B. 及时整理工作成果，为以后的工作创造条件	14	12	10	8	6
	C. 工作总结和汇报准确真实	14	12	10	8	6
	D. 工作熟练程度和技能提高较快	14	12	10	8	6
1. 通过以上各项的评分，该员工的综合得分是：____分 2. 你认为该员工应处于的等级是：（选择其一）[ ]A　[ ]B　[ ]C　[ ]D A. 240 分以上　B. 240～200 分　C. 200～160 分　D. 160 分以下 3. 考核者意见________________ 考核者签字：______　日期：___年__月__日						
以下部分为人力资源部及总经理填写						
人力资源部评定						
评语						
考核结果	[ ]转正：在__任__职 [ ]升职至__任__ [ ]续签劳动合同 自__年__月__日至__年__月__日 [ ]降职为_______ [ ]提薪/降薪为_______ [ ]辞退 [ ]其他_________ 经理签字：_________　日期：__年__月__日					

续表

总经理核准
总经理签字:_____日期:__ 年__ 月__ 日

说明:1. 评价等级采用等差分数制,可以更为细化,如每项考核的要点中有多少具体的考核要求,就可以有多少与之对应的考核等级分数;未能达到的考核要项,扣除相应的分数。

2. 被考核者可以如实填写自己对于考核使用表的建议。

3. 可以进一步与人力资源部相应的管理制度挂钩,使考核具有可操作性。

表 6-17 企业一般生产人员比较法考核表

比较对象 / 评估对象	员工甲	员工乙	员工丙	员工丁	员工赵	员工钱	员工孙
员工甲							
员工乙							
员工丙							
员工丁							
员工赵							
员工钱							
员工孙							

说明:1. 对于员工的考核也可以采用相对比较法。相对比较法是对相同职务员工进行考核的一种方法。它是对员工进行两两比较,任何两位员工都要进行一次比较。两名员工比较之后,工作较好的员工记“1”,工作较差的员工记“0”。所有的员工相互比较完毕后,将每个人的成绩进行相加,总分越高,绩效考核的成绩越好。但是,相对比较法每次适用的员工人数不宜过多,一般在 5~10 名之间。

2. 在采用相对比较法进行绩效考核的评估时,可以依据考核的内容制定比较的表格,每个表格代表要考核的某一个方面,例如,表 6-17 可以用来考核每位员工对于企业的重要性。

3. 两者进行比较,较好者记为“1”,较差者记为“0”,最后统计员工每一项考核内容的分数,加总,得出总成绩。

考核方法。对生产人员考核可采用配对比较的方法,对员工进行两两比较,任何两位员工都要进行一次比较;也可以对生产人员考核采用行为锚定法,将特别恶劣的关键行为加以等级性量化;或对生产人员考核采用序列比较的方法,对员工的工作业绩进行排序;还可以采用测评量表法,按量表项目完成情况进行评级。

考核人员。由生产人员的直接上级对其进行考核。

考核结果分析评价。由生产人员的上级、人力资源部决定考核的各项指标的权重以及不同考核者评价分数占总分数的权重。考核者根据指定分数范围进行评分,并书写考核评语。

考核结果运用。日常考核的结果可应用于绩效工资、奖金的发放,人员的调离,人员的培训以及制订下一个月绩效改进计划等。年终的考核结果可应用于人员的晋升、辞退,年终奖金的发放,工资的调整,下一年绩效目标制定等。

八、员工绩效考核自评表格

员工自评也是员工绩效考核中的一个重要方法，员工自评所需表格如表6－18，表6－19，表6－20，表6－21所示。

表6－18 企业员工日常工作绩效自评表

单位名称： 填表日期： 年 月 日

姓名		所属部门			
所属项目组		所在岗位			
日常工作说明：					
工作内容评估	自我评估					

<table>
<tr><td colspan="7">日常工作说明：</td></tr>
<tr><td rowspan="2">工作内容评估</td><td colspan="6">自我评估</td></tr>
<tr><td>优</td><td>良</td><td>可</td><td>差</td><td>劣</td><td>备注</td></tr>
<tr><td>1.</td><td></td><td></td><td></td><td></td><td></td><td></td></tr>
<tr><td>2.</td><td></td><td></td><td></td><td></td><td></td><td></td></tr>
<tr><td>3.</td><td></td><td></td><td></td><td></td><td></td><td></td></tr>
<tr><td>4.</td><td></td><td></td><td></td><td></td><td></td><td></td></tr>
<tr><td>5.</td><td></td><td></td><td></td><td></td><td></td><td></td></tr>
<tr><td>6.</td><td></td><td></td><td></td><td></td><td></td><td></td></tr>
<tr><td>7.</td><td></td><td></td><td></td><td></td><td></td><td></td></tr>
<tr><td>8.</td><td></td><td></td><td></td><td></td><td></td><td></td></tr>
<tr><td>9.</td><td></td><td></td><td></td><td></td><td></td><td></td></tr>
<tr><td>10.</td><td></td><td></td><td></td><td></td><td></td><td></td></tr>
<tr><td colspan="7">个人的优点和需要改进的地方：</td></tr>
</table>

填表人： 审核人：

说明：1. 本表格可以用于员工日常工作的自我评估，由员工本人来填写，“日常工作说明”可以参考企业的工作管理规定和职位工作说明来填写。

2. 依据公司的日常工作说明来逐项填写要评估的工作内容，此表对于任同一职位的不同员工的考核实用性更大。

3. 填完以后，员工所在部门及人力资源部各保留一份。

表6-19　生产人员工作态度自评表

姓名		所属部门			
所属项目组		所在岗位			
自我态度的说明：					
评估项目	自我评估				
	优	良	可	差	劣	备注
1. 工作热情						
2. 工作信用度						
3. 工作的协作精神						
4. 工作的积极性						
5. 是否能够提出好的工作建议						
6 团队精神						
7.						
8.						
9.						
10.						
个人的优点和需要改进的地方：						

表6-20　工作能力自评表

姓名 ____		所属部门				
所属项目组		所在岗位				
自我工作能力的说明：						
工作能力评估项目	自我评估					
	优	良	可	差	劣	备注
1. 口头表达能力						
2. 文字写作能力						
3. 逻辑思维能力						
4. 人际交往能力						
5. 组织与管理能力						
6. 工作协调能力						
7. 工作安排计划能力						
8.						
9.						
10.						
个人的优点和需要改进的地方：						

表 6－21　企业员工工作表现自评

部门名称：　　　　　　　　　　　　　　　　填表日期：　年　月　日

姓名		岗位职务名称		在岗时间	
评估时间				直接上级	

工作表现自述：（上一年度定下的工作目标是什么？在过去的一年中是否达到了这一目标？）

类别	评估项目	自我评估					
		优	良	可	差	劣	备注
个人品质	守时						
	有责任感						
	适应能力强						
	个人仪表整洁						
	虚心学习，乐于上进						
工作态度	自发学习与进步						
	服从组织安排						
	工作投入						
业务能力	工作知识的掌握						
	策划与组织的能力						
	工作/业务素质						
	满足客户的要求						
人际交往能力							
组织与管理能力							
工作协调能力							

个人的优点和需要改进的地方：

说明：考核的评估项目可以根据企业和被考核人员的实际工作情况制定。

九、绩效考核工作其他用表

表 6－22，表 6－23，表 6－24，表 6－25，表 6－26，表 6－27，表 6－28，表 6－29 是绩效考核工作中其他一些常用的表格。

表 6－22　企业员工定期考核表

部门名称：　　　　　　　　　　　　　　　　　　　　　　　　填表日期：　　年　　月　　日

姓名		工作岗位		考核期限	
工作内容描述：					

考核项目	百分比	说　　明	被评分数	复评分数	
工作量	%	在一定的时间内完成交付的工作量			
工作效率	%	交付的工作保质保量完成			
责任感	%	完成工作的负责态度			
成本意识	%	完成工作中节省人力物力，避免浪费			
安全卫生意识	%	注重保持工作环境的整洁，时时注意工作安全的态度			
适应性	%	对工作环境的适应性及与同事共同工作的适应性			
个人品德	%	个人修养和爱岗敬业			
工作和知识	%	具备完成工作必须的专业知识			
学习能力	%	工作中的自我创新和接受教育的能力			
合计	100%				
最后得分：					

考勤情况统计	合计：　　日	考核等级			
受奖加分		奖惩	□ 晋升 □ 晋升加奖金 □ 考核奖金 □ 不奖励 □ 降级		
受惩减分					
考勤加分					
考勤减分					
得分合计					

填表人：　　　　　　　　　　　　人力资源部经理：　　　　　　　　　　总经理：

说明：1.“工作内容描述”要尽可能具体全面。

2.“评分项目”及“说明”各单位要根据被考核人的具体工作情况和岗位情况进行规定。

3. 根据岗位对于员工各方面要求的不同来规定百分比。员工的考核是全面的，因此要考虑到其在各个方面的表现。

表 6-23 员工态度绩效考核

部门名称： 填表日期： 年 月 日

姓名		职位		薪资		到职日期
本年度考核成绩		本年考勤		本年度功过		
考评项目		初评		复评得分		说明
		项目得分	得分			
专业及学识 25%	本职技能及知识					
	经验与见解					
	特殊贡献					
	专长与一般知识					
	……					
	……					
平常考核得分(75%)						
年度总成绩合计得分:( )+( )=( )						
考核结果	本年度勤假应扣分数					
	本年度功过应增减的分数					
	实得分数					
	奖金等级					
	应予奖惩情况					
	……					
	……					
备注						

填表人： 人力资源部经理： 总经理：

说明：1. 此表格为企业人员的年度绩效考核表，考核人员应在结合员工的日常考核成绩基础上来如实填写。

2. 考核项目中较为抽象的内容要根据员工平时工作的记录进行综合评价。

3. 项目给分一栏应由部门主管填写。

表 6－24　员工年度考核评议表

<table>
<tr><td>姓名</td><td></td><td colspan="2">性别</td><td></td><td>年龄</td><td></td><td>职位</td><td></td></tr>
<tr><td rowspan="2">自我评定</td><td colspan="3">年度主要业绩</td><td colspan="5"></td></tr>
<tr><td colspan="3">工作中的主要问题</td><td colspan="5"></td></tr>
<tr><td rowspan="16">上级考评</td><td colspan="3" rowspan="2">考评项目</td><td colspan="5">考　评</td></tr>
<tr><td>极好 A</td><td>良好 B</td><td>尚可 C</td><td>劣 D</td><td>极差 E</td></tr>
<tr><td rowspan="5">态度考评</td><td colspan="2">项目意识</td><td></td><td></td><td></td><td></td><td></td></tr>
<tr><td colspan="2">协作性</td><td></td><td></td><td></td><td></td><td></td></tr>
<tr><td colspan="2">周全性</td><td></td><td></td><td></td><td></td><td></td></tr>
<tr><td colspan="2">责任感</td><td></td><td></td><td></td><td></td><td></td></tr>
<tr><td colspan="2">稳定性</td><td></td><td></td><td></td><td></td><td></td></tr>
<tr><td rowspan="9">能力考评</td><td rowspan="4">基本能力</td><td>基础知识</td><td></td><td></td><td></td><td></td><td></td></tr>
<tr><td>专业知识</td><td></td><td></td><td></td><td></td><td></td></tr>
<tr><td>技能</td><td></td><td></td><td></td><td></td><td></td></tr>
<tr><td>体力</td><td></td><td></td><td></td><td></td><td></td></tr>
<tr><td rowspan="5">工作能力</td><td>理解能力</td><td></td><td></td><td></td><td></td><td></td></tr>
<tr><td>学习能力</td><td></td><td></td><td></td><td></td><td></td></tr>
<tr><td>协调能力</td><td></td><td></td><td></td><td></td><td></td></tr>
<tr><td>工作统筹能力</td><td></td><td></td><td></td><td></td><td></td></tr>
<tr><td>创新能力</td><td></td><td></td><td></td><td></td><td></td></tr>
<tr><td>奖惩记录</td><td colspan="8"></td></tr>
<tr><td>人力资源部评语</td><td colspan="8"></td></tr>
</table>

表 6－25　员工综合素质考核表

部门名称：　　　　　　　　　　　　　　　　填表日期：　年　　月　　日

<table>
<tr><td colspan="2">姓名</td><td></td><td colspan="2">所在岗位/职务</td><td></td></tr>
<tr><td colspan="2">进入公司时间</td><td></td><td colspan="2">工作考核期限</td><td></td></tr>
<tr><td>类别</td><td>具体项目</td><td>分数</td><td>考核人评分</td><td>部门经理评分</td><td>公司领导评分</td></tr>
<tr><td rowspan="5">职业道德
（22 分）</td><td>政策水平</td><td>4</td><td></td><td></td><td></td></tr>
<tr><td>敬业精神</td><td>5</td><td></td><td></td><td></td></tr>
<tr><td>遵章守纪和原则性</td><td>4</td><td></td><td></td><td></td></tr>
<tr><td>人际关系网络</td><td>4</td><td></td><td></td><td></td></tr>
<tr><td>品德修养及礼仪</td><td>5</td><td></td><td></td><td></td></tr>
</table>

续表

类别	具体项目	分数	考核人评分	部门经理评分	公司领导评分
工作能力（28分）	业务专业能力	7			
	工作适应性和创造性	5			
	理解能力	6			
	交际和协调能力	5			
	体力和忍耐力	5			
工作态度（20分）	出勤情况	6			
	主动性和积极性	5			
	责任感	5			
	学习态度	4			
工作绩效（30分）	工作质量	6			
	工作量	7			
	工作效率	9			
	特殊贡献	8			
总分		100			
总体评价					

说明：1. 本表可以用来考核员工的素质，也可以用于员工自我考核、员工之间互相考核、部门负责人考核员工。

2. 本表在被考核人所在部门和人力资源部各存档保留一份。

表 6－26　员工工作情况月份考评表

部门名称：　　　　　　　　　　　　　　　　填表日期：　年　月　日

<table>
<tr><td>姓名</td><td></td><td>岗位</td><td></td><td>考评月份</td><td></td></tr>
<tr><td colspan="6">本月工作情况的自我评价：

本人签字：
年　月　日</td></tr>
<tr><td colspan="6">工作表现评价（由员工的直接上级填写）：
1. 岗位技能　□优秀　□良好　□一般　□较差
2. 工作态度　□优秀　□良好　□一般　□较差
3. 工作成果　□优秀　□良好　□一般　□较差

直接上级签字：
年　月　日</td></tr>
</table>

表6－27　员工日常工作考核统计表

部门名称：　　　　　　　　　　　　　　　　　　　　　填表日期：　　年　　月　　日

姓名	勤假记录	功过记录	平常考绩70%	年度考绩30%	总分数	最终等级	备注说明

表6－28　员工考勤情况记录表

部门名称：　　　　　　　　　　　　　　　　　　　　　填表日期：　　年　　月　　日

职工编号	姓名	出勤天数	请假天数	请假事由	迟到早退	出差天数	备注

表 6－29 员工奖惩情况记录表

职工编号	姓名	奖惩事项及文号	具体说明

第四节　其他绩效考核方法实例

本节将介绍360°全视角绩效考核方法实例和平衡计分卡绩效考核方法实例。

一、360°全视角绩效考核方法实例

（一）360°考核简介

工作往往具有多面性，并且对于同一个工作，不同的人观察到的方面也是不一样的。在考核员工的表现时，只看一方面的信息是不充分的。因此，许多公司已经采用了全方位的考核和反馈体系来对员工的工作表现进行评价。这一评价不仅来自员工的直接上司，还包括同事、下属、员工服务的客户、供应商甚至员工自己，我们称之为360°考核。360°考核可以全方位地对员工进行评价，包括沟通技巧、人际关系、领导能力、行政能力等，通过这样的考核，员工不仅可以从自己的上司、同事和下属那里获得多种角度的反馈信息，而且可以从这些不同的反馈信息中了解自己的长处和短处，以使自己的职业发展更为顺畅。

1. 同事的评价。同事的评价是指通过同事间互评的方式来得到绩效考核成绩的目的。对于一些工作而言,有的时候上级与下属相处的时间反而没有下属彼此之间多。在这种情况下,上级要对下属进行考核就非常困难,相反,下属之间互相评价反而比较客观。并且,下属之间的互评可以让彼此知道自己在人际沟通方面的能力。这种考核成绩在准确度上来说并不比上级主管考核的效果差,并且还可以弥补上级主管考核的不足。考核的结果可以让下属了解自己在同事眼中团队合作和人际关系上的表现如何。如果将此结果用于提拔人才,也能够达到令众人信服的效果。

2. 下属的评价。目前,越来越多的企业采用员工评价其上级主管的方式来考核管理人员的绩效。这种评价的形式对于上级主管开发自己的管理和经营潜能是非常有效的。管理者们通过下属的反馈意见可以清楚地知道自己的管理能力有什么缺陷和不足,在哪些方面需要加强。如果自己对自己的认识与其下属对自己的认识有很大的差别,他们就会深入了解其中的原因。采用下属评价上级的方式,可以评价到诸如人品、职业道德等方面不容易被人发觉的部分。

3. 客户的评价。客户评价对于从事服务性和销售性行业的人员来说有非常重要的意义,因为只有客户最为清楚这些企业的员工在服务关系和销售技巧方面的表现。因此,在金融、餐饮等行业中,有许多考核制度将客户评价列入绩效考核系统之中。客户服务部门可以采取定期抽样的方式对服务人员的表现进行评价。

4. 主管的评价。主管评价是绩效考核中最为常见的方式。这就要求主管既要对考核方法熟知在心,又善于运用考核的结果指导下属,激发部门成员的潜能。

5. 多主管式的评价。随着企业的调整,一些企业常常会推出一些部门的合作方案,因此,在某一个项目上可能出现一些员工与很多部门主管一起共事的局面。所以,在建立绩效考核系统的时候,就可以将多主管考核纳入整体考核系统。通过多主管的考核形式,可以让员工的能力得到更为客观的评价。

(二)360°考核的实施

360°考核通常需要事先设计出表格来供经理、客户、同事、下属和供应商使用。完整实施360°考核一般包括以下六个环节。

1. 组建评价团队。对于评价者的选择无论是由被考评者自己选择还是由上级来决定,都要得到被考评者的同意,这样才能保证被考评者对考评结果的接受和认同。

2. 评价者的训练和指导。对选拔出来的评价者进行如何向他人提供反馈和评价方法的训练和指导。

3. 实施360°考核。在此阶段,要加强对于实施过程的监控和管理。从评价表的开封、发放、宣读指导到疑问解答、收卷、加封和保密,都要实施统一的标准化管理。如果实施过程未能做到标准化管理,那么整个结果可能是无效的。

4. 统计评分数据并上报结果。可以通过专门机构的反馈评价软件来对评价结果进行统计和分析。

5. 让被评价者认识到360°考核主要的目的。让被评价者接受他人的评价意见,可以采用讲座和个别辅导的方式，关键在于使被评价者建立关于评价目的和方法是客观和科学的认识。与奖金和薪酬挂钩只是一个方面，要让被评价者体会到360°考核主要目的在于为员工未来的发展提供咨询建议。

6. 制订反馈计划。企业有关管理部门根据反馈的问题制订行动计划，也可以由咨询公司协助实施，由他们独立进行数据处理和结果报告的分析。虽然这样可以提供更为科学和客观的信息，但是企业的人力资源管理部门应当在这一行动中起主导的作用，因为任何企业都有自己特定的问题，而且企业的发展战略与关键工作者的行为息息相关。

(三)360°考核举例

表6-30是一个360°绩效考核的实例，较为全面地介绍了360°绩效考核的内容。

表6-30　××公司研发中心360°绩效考核表

项目	考核评价标准	上级	同级	下级	其他
工作目标	清楚简单地使他人了解公司研发中心的工作目标，使他人了解组织的发展方向				
	激励他人致力于完成公司研发中心的工作任务，并且以身作则				
	有远见，考虑周全				
	完善研发中心的工作目标，提升公司的业务				
主人翁精神	在公司的所有活动中加强公司的使命感和战略紧迫性，用积极的态度使他人了解公司碰到的挑战				
	用专业技能有效影响公司及研发中心的行为和业务决策，敢于承担责任				
以顾客为中心	听顾客发表意见，将顾客满意作为工作的重点				
	作出的决策要反映公司的全球观和顾客观				
	将速度作为一种竞争的优势				
责任心	坚持公司道德的最高标准；服从并宣传公司研发中心的所有政策，做正确的事				
廉洁正直	言行一致，受到他人的信任				
	实现对供应商、顾客、管理层和雇员的承诺				
	表现自己坚持信仰、思想及合作的勇气和信心，表现自己对防止环境受到危害有不可推卸的责任				
鼓励最佳表现	避免官僚作风，努力营造简明扼要的工作风气				
	不断寻求新方法改进工作环境、方式和程序				
	努力完善自己的工作，对自己的失误敢于承担责任				
	为最佳表现制定标准和期限，承认并对成就给予奖励				
	充分发挥团队成员的积极性				
刺激变化	创造真正的积极变化，把变化看成机遇				
	积极置疑现状，提出建设性的改进建议				

续表

项目	考核评价标准	上级	同级	下级	其他
团队工作	迅速实现好的工作办法				
	鼓励发表不同的看法				
	发挥既是一名团队领导,又是一名团队成员的作用				
	尊重团队成员的才智,创造人人可以参与的环境				
	将团队的目标与组织其他团队的目标联系起来				
	解决问题时不疏远团队的成员				
自信	承认自己的力量和局限性,从团队成员那里寻求坦率的反馈				
	情况不佳时也能保持性情不变				
	公开与大家探讨问题,超越传统的边界信息,易于接受新思想				
沟通	向团队成员和供应商解释研发中心的工作目标和挑战				
	本着公开、坦率、清晰、全面的态度进行沟通,欢迎不同的信息				
	积极聆听不同的建议				
授权	敢于将重要的任务交给下属去做,而不是让下属做不喜欢的事情				
	给下属与责任相匹配的权力,并给他们完成工作所需资源的保证				
	促进下属和同事独立发展的能力,敢于给予奖励				
	充分利用团队文化的多样性来取得成功				
发展技能	使工作和任务利于雇员的发展与成长				
	与团队成员共同分享专业知识的技能				
	确定具有挑战性的目标,以提升现有的技术水平				
	给下属的表现和专业技能提供指导				
	尊重每个人的尊严,信任每个人				

(四)实施过程中需要注意问题

确定采用360°考核方法进行绩效评估,就需要做好大量的准备工作。由于参与考核的主体非常复杂,因此需要采取相应的措施来保证考核信息的质量。这些措施一般包括以下几个。

1. 考核人匿名。确保被考核人员不能知道何人对他进行考核。

2. 使考核人员富有责任感。考核主管经理应当与每位实施考核的人员进行讨论,让每个人知道他一定要按标准实施考核。

3. 防止不认真考核。有些人可能借此机会通过打低分来伤害某个员工或者串通一气统一打高分。考核组织者应查明这种明显的“作弊”行为。

总之,在实施考核中最为重要的是明确评估目的和实施过程中的评价者。360°考核的目的不是对员工进行提升、工资确定、奖惩等方面的行政管理,而是要服务于员工的发展，为员工今后的工作提供咨询和建议。同样，在实施评估中，对评价者的要求也是很高的。他们要掌握与评价有关的足够的信息，获取、储存并提取不同时间段的信息，公正地展开评估。在评估结束后，应向被评估者提供反馈信息，以提高他们的技能和业绩水平。

二、平衡计分卡绩效考核方法实例

（一）平衡计分卡的提出

20世纪90年代初，欧美很多的大公司和企业都发现，传统的以财务为单一衡量指标的考核企业经营业绩的方法已成为妨碍企业进步的主要原因之一。财务考核指标只为企业提供了有限的财务信息，但是面对知识经济时代的到来，企业内部经营条件和外部经营环境都发生了巨大变化。企业要生存、求发展，就必须善于预测未来客户的需要，具备较强的产品创新能力，以不断满足客户的需要；知识资本在企业生产经营中的地位和作用越来越重要，企业要持续而稳定地发展，就必须加大对知识资本的投入和经营，重视为利益相关者服务；企业在激烈的市场竞争中要加强与其他企业的合作与协调；等等。正是因为这样的一些原因，西方的很多学者开始热衷于对平衡财务和非财务指标的研究。其中最具代表性的是哈佛商学院罗伯特·卡普兰教授和复兴方案公司总裁戴维·诺顿。他们选取了绩效良好的12家公司进行了为期一年的研究，推出了一套综合平衡财务指标和非财务指标的体系——BSC（平衡计分卡）。

（二）平衡计分卡的基本思想

平衡计分卡在传统的财务考核指标的基础上，还兼顾了其他三个方面的绩效反映，即客户角度、内部流程角度、学习与发展的角度。它使企业的管理人员能够从以下四个重要的方面来观察业务。

1. 财务角度。传统的评价组织是否成功的角度是财务绩效。损益表和资产负债表是公司股东判断公司经营是否成功的最主要的工具。随着人们对股票市场兴趣的不断增长，传统的财务信息已经不再局限于历史数据的报告。短期的财务发展目标并不能够反映企业长期发展的能力，因此，平衡计分卡体系正是以战略的眼光，合理调节企业长期与短期行为的关系，从而实现企业的可持续发展。

2. 客户角度。客户对于企业的成功至关重要。平衡计分卡体系对于客户角度的定义是：目标市场、关键细分市场、客户的满意度和为公司带来更大利润的大客户。在制定平衡计分卡体系中的客户角度时，首先要明确公司所服务的客户的价值定位，使公司能够在众多的竞争者中脱颖而出，赢得关键客户和目标市场。公司要明确为什么客户要从自己这里购买产品，到底是服务时间、服务质量、产品价格、客户关系还是公司的形象成为赢得客户的关键。除了这些潜在的领先指标外，高层管理者还要考虑哪些指标清楚地反映了对客户的承诺，以及如果成功兑现这些承诺公司会取得什么样的业绩。

3. 业务流程。平衡计分卡对于业务流程的关注使其成为组织改进的关键管理工具。业务流程的改进,是为了提高公司对于第二个角度的关注——客户的满意度。通过开发新产品、提高生产力、生产效率,改善产品周期和创新来增加客户的满意度。选择哪一种方式,要依据公司战略和价值定位决定。高层管理者需要考虑的关键问题是公司要在哪些流程上表现优异才能成功实施战略,成功实现关键的财务指标和客户指标。

4. 学习/成长。平衡计分卡将学习与成长也列为四大角度之一。实践证明,学习与成长对于任何一个企业来说都是非常重要的。在设计学习与成长指标时要充分考虑到经理和员工分别要提高哪些关键能力才能改进核心流程,达到客户和财务目标,从而成功执行企业战略;以及对于已经建立的学习与成长计划如何通过平衡计分卡来持续运用。

平衡计分卡四大模块间的关系可用图 6 - 1 表示出来。

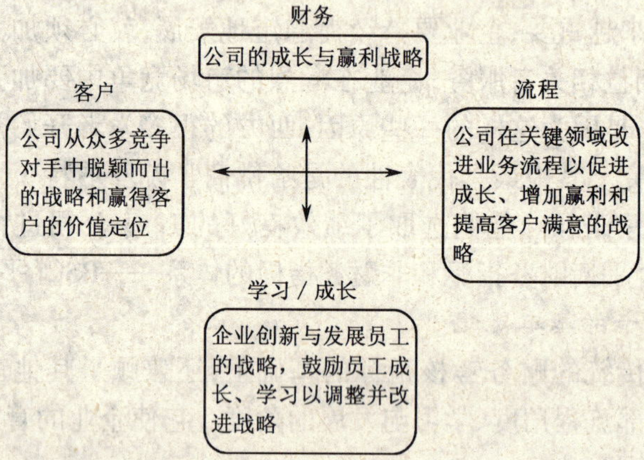

图 6 - 1　平衡计分卡四大模块图

（三）企业平衡计分卡设计的案例说明

某公司是一家生产纸张的企业集团,在浙江、广西、云南都有自己的下属企业。该公司每个下属企业每年至少要消耗几十万吨至上百万吨的竹子,原料市场短缺。其原因不是竹子不够,而是大量的竹子被当地的小造纸厂收购了。在这种情况下,企业只有停工或者改变生产工艺。改变工艺需要增加费用,这样付出的成本要超过停工造成的损失。该公司在各地的企业都是收购竹子的大户,也是为政府增加财政收入的大户。另外,在野生竹子不够用的情况下,必须有计划地建立人工植竹基地。植竹也要靠当地政府和农民进行,所以每个造纸厂就必须与当地的政府密切合作,把企业和政府的关系处理好。因此,各厂的产量除了与工人的努力、管理水平有关以外,还与竹子原料的供应有关。这里面涉及的相关事情有:增加农民种竹子的积极性,处理企业和当地政府的关系等。在这种情况下,应当从哪些方面来考核造纸厂的业绩呢?

运用平衡计分卡解决造纸厂的考核问题:

1. 明确公司的战略目标:发展企业,应用竹子造纸并获得最大利润。

2. 内部管理的优化:降低成本,提高工作效率。

3. 创新学习:为企业内部管理优化提供内部支持,帮助企业进步。

4. 财务方面:成本降低代表工作改善,是创造利润的基础。

5. 客户:价格为市场价,与客户的关系不大,客户对产品价格的影响不大,不予考虑。

6. 企业的实际情况:竹原料的供应对企业影响很大,与供应量有直接关系的是竹子的采购价,这与政府的支持和农民种竹子的积极性密切相关。因此,考核很重要的一个方面是竹子原料的供应。

案例回顾

1. A 公司是一家通信器材公司,成立于 20 世纪 80 年代初,由国家投资发起,成立之初隶属于电子工业部。这家公司为国内通信行业提供中间产品,经过 20 多年的发展,下属有 8 家分公司,员工 1 万人,年销售额约 50 亿元人民币,利润为 7 亿元。起初,由于国内通信产品需求持续旺盛,作为为通信行业提供零部件的上游企业,其产品一直供不应求,尽管只抓生产,不抓销售,利润仍然呈上升趋势。2000 年后,通信市场的供求关系发生了剧烈的变化,A 公司的各项经济指标都呈现不同程度的恶化,经济效益持续下降,年利润总额从 7 亿元跌到了 2 亿元。公司的经营业绩从顶峰跌入了低谷。公司的高层管理人员认识到,外部的环境变了,公司却一直保持惯性,在原来的轨道上行进。如何恢复企业的生机和活力,公司领导希望从内部寻求突破。

思考:请你从市场营销部门组织结构的优化、工作分析和岗位调整三方面,针对公司的现状进行绩效考核体系的再设计。

2. E 公司采取 360°全视角考核的方法对员工实施季度绩效考核,其普通员工的考核权重依据考核视角的不同分别设置为:直接主管考核占 60%,关联岗位平级考核占 20%,二级主管审核占 20%。最终考核结果公布,行政部文员 A 的最终得分为 78 分,采购部文员 B 的最终得分为 83 分。A 知道结果后感到很委屈,认为不论从工作绩效,还是从能力方面等,自己都不比 B 差,而自己的工作也比 B 辛苦,但考核结果却比 B 低,认为考核结果不公平。为此,A 向 E 公司人力资源部提出申诉。

E 公司人力资源部接到申诉后,专门对 A 和 B 的考核情况进行了全面、细致的调查了解,结论如下:

(1)考核过程中,对 A 与 B 的考核均是按制度所规定的操作程序和考核标准进行的,不存在舞弊现象。所谓的“不服”是在 A 对 B 的考核结果进行比较的基础上产生的。

(2)部门负责人对下属的员工的考核是以本部门的整体绩效和员工的综合表现为基础;行政部在工作绩效、员工能力、组织氛围、工作态度方面均领先于采购部,从而使两部门负责人对员工实施考核时所采取实绩考核标准有所差别。

(3)从各方面调查得知,不论是在工作绩效、工作能力,还是在工作态度方面,A确实比B优秀。

(4)虽然二级审核对A的最终考核结果有所调整,但由于二级审核所占权重不大,因此,调节作用并不明显。

面对这样的调查结果,人力资源部经理为难了:一方面是制度的严肃性,另一方面是考核结果的相对不公,由于各部门考核所依据的“实际考核标准”的相对差异,“AB现象”并不是个案。如果将A的考核结果予以调整,势必牵扯到较广的层面,给绩效考核带来较大的负面影响。

“AB事件”给E公司人力资源管理工作提出了严峻的课题:考核的方法是根据现代人力资源管理理论并结合公司情况制定的,并经人力资源管理专家认可,那么问题到底出在哪里?

第七章

薪酬管理文案

薪酬是企业因使用员工的劳动而付给员工的货币或实物。它只是对员工的个人劳动的回报——报酬的一部分,只包括直接薪酬、间接薪酬和福利。薪酬是满足职工生存、安全等物质需要的主要途径,因而是激励的基础。合理的薪酬制度是调动职工积极性的手段。因此,制定合理的薪酬制度是人力资源管理工作中的一个重要方面。

一个符合公司实际情况能真正起到激励全体职工为公司的业绩和发展努力工作的薪酬制度,必须来源于一个合适的制定薪酬制度的策略和设计思想。因此,本章首先介绍制定薪酬原则的策略,然后介绍一个具体的薪酬管理制度的实例,接着介绍有关工资调整、工资日常管理方面的制度与工作表格。

第一节　制定薪酬原则和策略

企业薪酬策略是企业人力资源策略的重要组成部分,而企业人力资源策略是企业人力资源战略的落实,再进一步说是基本经营战略、发展战略和文化战略的落实。因此,制定企业的薪酬原则和策略要在企业的各项战略的指导下进行,要集中反映各项战略的需求。薪酬策略作为薪酬设计的纲领性文件要对以下内容做明确规定:对员工本身要求的认识、对员工总体价值的认识、对管理骨干即高级管理人才、专业技术人才和营销人才的价值估计等核心价值观;企业基本工资制度和分配原则;企业工资分配政策与策略,例如,工资拉开差距的分寸标准,工资、奖金、福利的分配依据及比例标准等。

一、薪酬策略设计思想

薪酬策略设计思想的依据主要是人才市场状况、企业内部情况、职位等级制度和职工工作表现四个方面。如图 7－1 所示。

图 7－1 说明了薪酬策略制定所需要着重考虑的四个方面的情况以及它们所包含的内容。我们可以看出薪酬制度与人力资源管理各方面都存在密切的联系,也可以说人力资源管理的其他方面的完善是设计出有效的薪酬制度的基础,有效的薪酬制度是

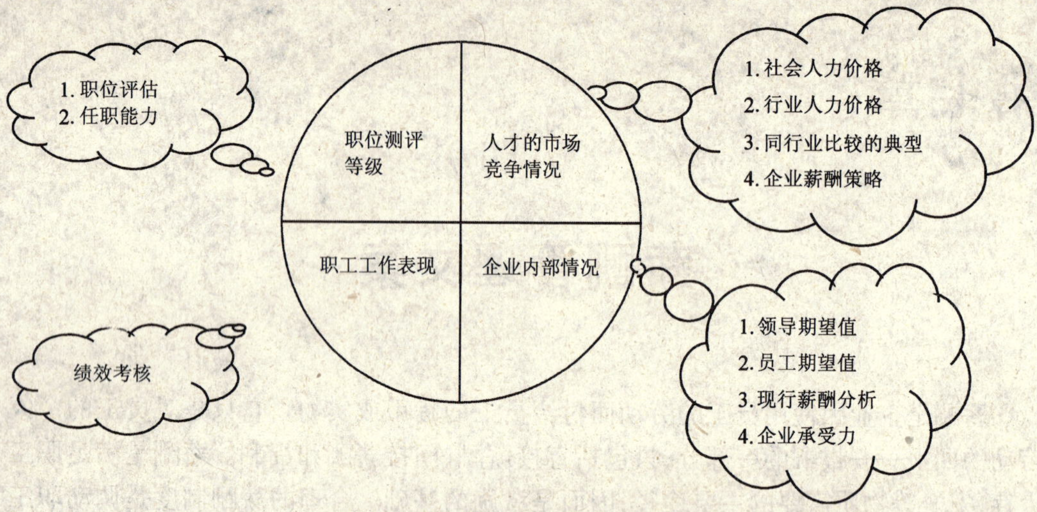

图 7-1　薪酬策略设计思想的依据

人力资源管理在其他方面得以顺利实施的关键。

二、制定薪酬管理制度

示例 7-1 给出了××公司薪酬管理制度的案例，以资讨论。

[示例 7-1]

××公司薪酬管理制度

第一章　总　则

第一条　本规定是根据《中华人民共和国劳动法》相关章节制定的员工工资及各种薪酬的管理制度。

第二条　员工的各项报酬除在本公司管理制度中另有规定外，均应依照本制度办理。

第三条　制定依据：社会同行业薪酬管理水平。

第二章　薪酬的构成及发放原则

第四条　薪酬的构成：本公司员工（指正式员工）的薪酬由基本工资、津贴、奖金和福利四部分组成。

第五条　薪酬的发放原则：

一、员工薪酬是工资、津贴、奖金、福利累加的总和。

二、绩效考核与工资调整相联系。

三、代扣项目，应交纳的代扣代缴的税金。

四、员工在停职期间，停发一切工资，复职时不得要求补发。

第三章 工资的确定

工资由基本工资和年资工资两部分组成。

第六条 基本工资的确定：

在考虑学历的基础上确定基本工资。现按表7－1学历级别工资表执行。

表7－1 企业的学历级别工资表

级别	内容	金额
一	中专或大专毕业生见习期间	
二	大本毕业生见习期间或中专大专毕业生见习期满一年后	
三	大本毕业生见习期满一年后	
四	硕士学位获得者试工期满后	
五	博士学位获得者试工期满后	
六	博士后	

说明：1. 试工期只发放基本生活费，相当于相应学历工资的80%。

2. 学历的认证按国家有关规定执行。

3. 员工学历等级和上述表中的等级不一致时，按相当于表中等级计算，且采取就高不就低的原则。

4. 基本工资的调整按照对员工年度考核的情况，每年3月调整一次，4月1日起执行。

第七条 年资的确定：

年资工资是对职工在本公司工作年限的肯定。

本公司职工的年资工资自调入本公司起按年度开始计算，年资工资以第一年100元作为基数，第一年至第三年每年增加100元；第四年至第六年每年增加120元；第七年至第九年每年增加150元；第十年至第十五年每年增加200元；第十五年以上每年增加300元。年资工资自调出之日起停止发放。

第四章 津贴的确定

第八条 职位（岗位）津贴与岗位等级配置：

职位津贴与岗位等级配置按表7－2津贴与岗位职阶配置表执行。

表7－2 津贴与岗位职阶配置表

职阶	名称	津贴
一	总裁	
二	副总裁	
三	部门经理	
四	职员	

说明：每位职工按照所司的职务领取相应的津贴。

第九条 其他补贴：

一、误餐补贴：每人每天××元。

二、交通补贴（班车费）：每人每月×××元。

三、差旅补贴：按财务管理制度执行。

四、特殊行业补贴：司机补贴按照有关规定办理。

五、其他补贴：凡是不属于基本工资、前述各项津贴补助之外的津贴补贴均包括在此。其发放由部门主管提出申请、由总裁批准。

第五章 奖金的确定

第十条 绩效奖金：

一、绩效奖金于每年春节前发放，其金额核定是根据上一年公司盈余，由总裁及各部门主管参照考核绩效核定，人力资源部根据规定制表，财务部发放。

二、企业赢利水平计算方法：赢利水平＝上一年度赢利÷上一年度投资额。

三、由总裁根据上一年的赢利水平，确定上一年度赢利的一个百分比作为本年度的绩效奖金的额度。

四、当赢利水平＞无风险收益＋5%时，可发放奖金。当赢利水平≤无风险收益＋5%时，不发放奖金。在短期投资（指证券投资）中，当赢利水平＞年度证券市场平均收益率时，可发放奖金。当赢利水平≤年度证券市场平均收益率时，不发放奖金。

五、第一年不发放绩效奖金，第二年开始以第一年的赢利水平作为核定第二年绩效奖金的依据。

六、依照各职位的不同按表7－3奖金系数表规定的系数按比例发放奖金。

表7－3 企业职位的绩效奖金系数表

职阶	名称	系数
一	总裁	3
二	副总裁	2.5
三	部门经理	2
四	职员	1.5

第十一条 病假累计超过3天减发20%，超过5天不足9天减发40%，超过9天（含9天）不足12天减发60%，超过12天（含12天）免发；事假（不含有薪事假）月累计超过3年减发30%，超过5天不足9天减发50%，超过9天（含9天）免发。正常休假、婚假、探亲假、丧假不影响奖金。产假、因公司工作或利益受伤的，按国家有关规定处理。

第十二条 《员工绩效考核制度》的考核结果在（年度）基本奖金中表现出来（增加或扣除）。

第十三条 特别贡献奖：凡对公司作出重大贡献者，经由总裁上报、董事会批准，给予一次性的奖励。

第十四条　其他包括因特殊贡献而发给的个人奖金、集体奖金。

第十五条　奖金发放只适用于公司正式员工。试用期职员、见习期职员和临时工不在范围之内。年资未满一年的员工其年终奖金酌量发给。

第六章　福利的确定

第十六条　社会保险：员工的社会保险（医疗保险、养老保险、失业保险）按《××社会保险规定》执行。

第十七条　住房公积金：员工的住房公积金按《××住房公积金管理条例》执行。

第十八条　其他福利：

一、制装费第一年每人（）元，以后每人每年（）元，于每年12月份发放。每三年发放一次制装费。制装费要用于制装，并按办公室管理制度要求着装。

二、每人每月劳保福利标准为（）元（包括洗理费等），每季度第二个月发放。

三、员工的托儿费按国家规定标准报销。

四、防暑降温费于每年随国家有关办法执行。

五、为确保公司正式职工的身体健康，由公司负担并安排职工每两年体检一次。

第十九条　员工的其他劳保福利标准参照国家有关企业单位劳保福利标准执行。

第七章　薪酬计算与支付

第二十条　薪酬计算时间为上月26日至本月25日，每月26日至月底根据考勤和其他变动情况，制作薪酬表，于次月8日发放。当发薪日为节假日时，则在离节假日最近的工作日发放。

第八章　其他

第二十一条　本制度执行中出现的问题由人力资源部负责解释。

第二十二条　本制度经公司总裁批准颁行，修改亦同。

××公司

××××年××月××日

示例点评：

1. 制定薪酬制度的内容主要包含工资的构成及其主要元素的确定，如基本工资、津贴、奖金、福利，薪酬的计算与支付方法。

2. 示例7－1制定的薪酬制度适用于规模较大的经营管理完善企业，包含内容比较全面，读者可根据本企业情况进行适当调整。

3. 示例中的奖金职阶的划分还应更细致，还要考虑职系、职组等。详见第三章第七节。

第二节　工资调整文案

工资调整之前必须弄清楚本公司的员工对现行的工资的意见，才能使工资调整做到有的放矢，真正起到最大限度地调动员工们的工作积极性，提高公司业绩的作用。

为此可先进行全公司员工的薪酬满意度的问卷调查，然后再分析调查结果并根据公司的薪酬制度作出薪酬调整决策，进行工资调整。

一、编写薪酬满意度的问卷调查

下面给出示例7－2××公司薪酬满意度调查问卷的案例，以资讨论。

[示例7－2]

薪酬满意度调查问卷

为了配合公司的薪酬改革，了解公司目前薪酬管理中存在的不足，特组织本次薪酬调查。为了了解员工在薪酬方面的真实想法和建议，本次薪酬调查可填写姓名也可不填写姓名。调查表在进行分类统计取得调查结果后立即销毁。因此，希望所有员工积极支持，本着认真负责和客观的态度完成本问卷，于　月　日前交人力资源部，谢谢！

您的姓名：(可以不填)　所在部门：(可以不填)

年龄：(必填)　性别：(必填)　入职年限：　职位(必填)

学历：　职称：　户口所在地：

1. 您对自己目前的薪酬水平：(　　)

　A. 非常满意　B. 比较满意　C. 一般　D. 不满意　E. 非常不满意

2. 您认为现有的薪酬制度公平吗？(　　)

　A. 非常公平　B. 比较公平　C. 一般　D. 不公平　E. 非常不公平

如果选择D，E项，请具体说明原因

3. 请在本公司下列职务类别中选出三个您认为薪酬过高的(按顺序)：(　　)

　A. 麦芽车间　B. 实验室　C. 销售部　D. 财务部　E. 人力资源部　F. 保安　G. 机修　H. 电修　I. 清洁工　J. 车队

4. 您认为与同行业其他公司相比，本公司的薪酬：(　　)

　A. 很高　B. 比较高　C. 一般　D. 不满意　E. 非常不满意

5. 您对公司目前的福利状况：(　　)

　A. 非常满意　B. 比较满意　C. 一般　D. 不满意　E. 非常不满意

如果选择E项，请简要说明理由

6. 与本部门的相似资历的员工相比，您对自己的薪酬水平：(　　)

　A. 相当满意　B. 比较满意　C. 差不多　D. 比较不满意　E. 非常不满意

7. 与其他部门的相似资历的员工相比，您对自己的薪酬水平：(　　)

　A. 相当满意　B. 比较满意　C. 差不多　D. 比较不满意　E. 非常不满意

8. 与其他公司相比，您认为目前本公司主管级人员的薪酬相比普通员工来

说:(　　)

A. 太高　B. 偏高　C. 合理　D. 偏低　E. 太低

9. 与其他公司相比,您认为目前本公司经理级人员的薪酬相比普通员工来说:(　　)

A. 太高　B. 偏高　C. 合理　D. 偏低　E. 太低

10. 您能很明确地知道自己的月总收入是由哪些部分组成的吗?(　　)

A. 是,很清楚　B. 部分项目不清楚　E. 完全不清楚

11. 您知道您身边的同事的收入水平吗?(　　)

A. 是的,非常清楚　B. 比较清楚　C. 不太清楚　D. 完全不知道

12. 您认为保密薪酬好还是透明好?(　　)

A. 保密　B. 无所谓　C. 透明

13. 您觉得公司的大部分员工辞职是:(　　)

A. 由薪酬直接导致　B. 和薪酬有一定的关系　C. 不明确　D. 与薪酬关系不大　E. 绝对与薪酬无关

14. 您认为本公司的薪酬结构中最不合理的部分是:(　　)

A. 基本工资　B. 绩效工资　C. 涨幅工资　D. 年资　E. 福利　F. 津贴　G. 加班工资

请简要说明理由:

15. 如果公司有 6 000 元要发给您,您认为哪种发放方式对您的吸引力最大?(　　)

A. 一次发放　B. 按月平均,每月 500

16. 如果公司要制定一个新的薪酬制度,您对新的薪酬制度的建议:________________

____

17. 您认为目前的薪酬制度对员工的激励:(　　)

A. 很好　B. 较好　C. 一般　D. 较差　B. 非常差

18. 您认为多长时间调整一次薪酬比较合理?(　　)

A. 3 个月　B. 半年　C. 1 年　D. 2 年　B. 2 年以上

19. 如果要降低您的薪酬,您觉得多少比例是您可以忍受的极限:(　　)

A. 5%　B. 10%　C. 15%　D. 20%　B. 25%

20. 在过去的工作中,您感觉自己的努力在薪酬方面有明显的回报吗?(　　)

A. 有　B. 没有　C. 有,但不明显

21. 您认为决定工资最重要的因素是:(请按顺序列出前五位)(　　)

A. 个人业绩　B. 个人能力　C. 学历　D. 职称　E. 职位高低　F. 资历　H. 专业　I. 工作复杂程度

22. 您认为薪酬收入中浮动部分(涨幅工资)占总收入的比例应改为:(　　)

A. 5%　B. 10%　C. 15%　D. 20%　E. 25%　F. 30%　G. 35% 或以上

示例点评：

1. 编写薪酬满意度调查问卷的目的是对员工薪酬满意度进行调查和分析，因此在调查表的开头必须明确写明此表的目的。项目可根据企业的实际情况增减，但必须达到调查的目的。可采取不记名方式进行调查，但年龄及职位应该填写，这样有利于统计后通过年龄及职位分组进行分析，使人力资源部门工作人员能清晰地了解企业的薪酬满意状况。

2. 此调查表可以对企业全体员工进行调查，也可对不同部门的同等职位进行调查。

二、员工工资调整统计表

经过整理“企业员工薪酬满意度调查问卷”和其他途径收集到的有关员工工资的资料，特别是公司有关调整工资决定的精神和总的额度之后，就可制作工资调整统计表了。显然工资调整表不可能一次完成，还应和员工所在部门主管进行沟通、总额控制等多次修改，才能呈送核定或审批。但是在初步草案中，也可以利用如表 7－4 所示“工资调整统计表”来进行。

表 7－4　工资调整统计表

制表人：　　　　　　　　　　　　复核人：　　　　　　　　　　　年　　月　　日

<table>
<tr><td rowspan="3">姓名</td><td rowspan="3">职位</td><td rowspan="3">职称</td><td rowspan="3">性别</td><td rowspan="3">年龄</td><td colspan="2" rowspan="2">学历</td><td colspan="2" rowspan="2">服务年资</td><td colspan="4" rowspan="2">前四年考核</td><td colspan="2" rowspan="2">本年绩效考核</td><td rowspan="3">现支月薪</td><td colspan="3">调整</td><td rowspan="3">意见</td><td colspan="2">核定</td></tr>
<tr><td rowspan="2">调整额</td><td rowspan="2">调整后月薪</td><td rowspan="2">职位</td><td rowspan="2">职位</td><td rowspan="2">月薪</td></tr>
<tr><td>学校专业</td><td>毕业时间</td><td>年</td><td>月</td><td>前第四年等级</td><td>前第三年等级</td><td>前第二年等级</td><td>前第一年等级</td><td>分数</td><td>等级</td></tr>
<tr><td></td><td></td><td></td><td></td><td></td><td></td><td></td><td></td><td></td><td></td><td></td><td></td><td></td><td></td><td></td><td></td><td></td><td></td><td></td><td></td><td></td><td></td></tr>
<tr><td></td><td></td><td></td><td></td><td></td><td></td><td></td><td></td><td></td><td></td><td></td><td></td><td></td><td></td><td></td><td></td><td></td><td></td><td></td><td></td><td></td><td></td></tr>
<tr><td></td><td></td><td></td><td></td><td></td><td></td><td></td><td></td><td></td><td></td><td></td><td></td><td></td><td></td><td></td><td></td><td></td><td></td><td></td><td></td><td></td><td></td></tr>
<tr><td></td><td></td><td></td><td></td><td></td><td></td><td></td><td></td><td></td><td></td><td></td><td></td><td></td><td></td><td></td><td></td><td></td><td></td><td></td><td></td><td></td><td></td></tr>
<tr><td></td><td></td><td></td><td></td><td></td><td></td><td></td><td></td><td></td><td></td><td></td><td></td><td></td><td></td><td></td><td></td><td></td><td></td><td></td><td></td><td></td><td></td></tr>
<tr><td></td><td></td><td></td><td></td><td></td><td></td><td></td><td></td><td></td><td></td><td></td><td></td><td></td><td></td><td></td><td></td><td></td><td></td><td></td><td></td><td></td><td></td></tr>
</table>

说明：1. 工资调整统计表用于员工工资调整的记录存档，可根据企业情况对“绩效考核”及其他相关内容进行增减，主要内容要包含员工基本情况、调资前后的变化及调资时间等情况。

2. 服务年资是指在本公司工作的年数和月数。

三、工资调整申请表

工资调整申请表用于员工工资调整的申请和备案。表内必须包括姓名、现支月薪、核定的职位和月薪。为了使审核人审核方便，也可以加入本年和前几年考核的成绩，以及在公司服务年限、学历、任职等项目等，详见表7－5。

表7－5 工资调整申请表

姓名		部门		职位	
性别		出生年月		入职日期	
毕业学校		专业		学历	
服务年资	年 月		现支月薪		
前五年考核	第一年				
	第二年				
	第三年				
	第四年				
	第五年				
本年考核					
分数			等级		
调　整					
职位		调整额		调整后月薪	
核　定					
职位			月薪		
审核意见					

四、新员工工资核定表

新员工工资核定表用于新进员工的工资核定，可由员工自己填写，本部门核定，人力资源部门批复，详见表7－6。

表7－6 新员工工资核定表

部门			职位		
姓名			入职日期		
学历			毕业学校		
工作经验	与职位相关____年，非相关____年，共____年				
能力说明					
要求待遇			公司待遇标准		
安排的工作和职位			生效日期		
批示		单位主管		经办人	

五、变更员工工资申请表

如果公司决定对个别或少数员工的工资进行调整时，就可以使用“变更员工工资申请表”，详见表7－7。工资变更的理由除表中所述的四种理由外其他的理由应在备注中写明。此表原件存入员工档案，复印件由人力资源部保留备案。

表7－7　变更员工工资申请表

日期		姓名		工号	
职称		工作部门			
担任工作					
雇用日期					
记录　[　]优　[　]好　[　]　普通					
现在工资水平：		将调整工资水平：			
理由(任选一种)					
[　]晋升　[　]调整工作　[　]　考绩优良　[　]年资增加					
最低工资水平：		工作等级：			
原工作需要条件：					
新工作需要条件：					
备注：					

	申请者	批准者	经办人
签章			
日期			

说明：此表也可用于员工工资调整的申请。

六、个人所得税计算方法

个人所得税计算方法参见表7－8。

表7－8　个人所得税计算表

级数	全月应纳税所得额	税率	速算扣除数
1	不超过500元的部分	5%	0
2	超过500元至2 000元的部分	10%	25
3	超过2 000元至5 000元的部分	15%	125
4	超过5 000元至20 000元的部分	20%	375
5	超过20 000元至40 000元的部分	25%	1 375
6	超过40 000元至60 000元的部分	30%	3 375
7	超过60 000元至80 000元的部分	35%	6 375
8	超过80 000元至100 000元的部分	40%	10 375
9	超过100 000元的部分	45%	15 375

说明：此表为个人所得税速算表，可根据此速算表，算出个人工资收入所需交纳的个人所得税。

计算方法：

应纳所得税额 = 应纳税所得额 × 税率 − 速算扣除数

应纳税所得额 = 工资、薪金所得 − 社会保险个人交纳部分 − 减除部分

工资、薪金所得：指个人因任职或者受雇而取得的工资、薪金、奖金、年终加薪、劳动分红、津贴、补贴以及与任职或者受雇有关的其他所得。

第三节　薪酬日常管理用表

本节介绍的薪酬正常管理用表包括员工出勤工薪计算表、加班费申请表、差旅费清单以及费用报销规定和暂借款管理办法等。

一、员工出勤工薪计算表

员工出勤工薪计算表参见表7－9。

表7－9　员工出勤工薪计算表

部门：　　　　　　　　　　　　　　　　日期：

编号		姓名			部门				
年　　月　　到　　年　　月									
日期	上午	下午	加班	小计	日期	上午	下午	加班	小计
1					16				
2					17				
3					18				
4					19				
5					20				
6					21				
7					22				
8					23				
9					24				
10					25				
11					26				
12					27				
13					28				
14					29				
15					30				
					31				

续表

小计				应加额	
津贴				餐费	
奖金				所得税	
加班费				劳保费	
点心费				借款	
				小计	
合计				实支	

说明：1. 此表是根据出勤来计算员工的津贴、奖金及各种补助，主要用于员工根据出勤天数所获得各种报酬补贴的统计与计算。

2. 此表应一式两份，在发工资日时填写此表，与工资单一起交给员工，人力资源部留档一份。

二、加班费申请表

加班费申请表参见表 7－10。

表 7－10　员工加班费申请表

日期		姓名	工作内容和地点	实际加班时间			加班费	误餐费
月	日			起	止	时数		
合计								

总经理　　　　会计　　　　审核　　　　出纳　　　　申请人

三、差旅费清单

差旅费清单详见表 7－11。

表 7－11　差旅费清单

姓名		所属部门		职位		出差日期
出差事由						
年月日	起始地点	交通工具	交通费用	住宿费	膳食费用	总额
合计						
合计人民币（大写）：						

核准：　　　　复核：　　　　主管：　　　　出差人：

四、费用报销规定

费用报销规定参见示例7－3。

[示例7－3]

××公司费用报销规定

第一条　现金报销需填写报销凭证，按凭证内容要求在“摘要”处填写报销内容及金额，由部门经理、审核人员、总经理审核签字后交财务部核报。

第二条　申购物品须事先填制物品申购单，经部门经理、办公室签字后交财务部，物品单价在300元以上（含300元）须经总经理审核签字，未经批准，擅自购买者不得报销。财务人员审核时应对照已收到的申购单。购买物品原则上由办公室办理，专业用品自行购买后至办公室办理登记后财务核报。

第三条　员工因工作需要不能回公司就餐的，可凭发票每人每餐报销10元。外出联系工作，应乘坐公交车辆，按实报销，若有特殊情况，经部门经理事先同意方可乘坐出租车辆，报销时须在发票上写明出发地、目的地。

第四条　业务招待费。因工作需要招待客户或赠送礼品，费用在1 000元以上者应事先填制特批单，报总经理审核签字后交财务部，财务人员审核时应对照已收到的特批单。员工因工作需要所支付的业务招待费在报销时须向部门经理、审核人员主动说明，并由经办人及部门经理在该张发票背后签字。

第五条　市外差旅费。员工因公赴外省、市出差，路程超过六小时及需要过夜的，可购买硬卧火车票，轮船票不超过三等舱位；遇有急事需乘飞机的，必须事先填制特批单，报总经理审核签字后交财务部，财务人员审核时应对照已收到的特批单。住宿费每日标准为150元，伙食补贴每日80元，上述两项费用可累计使用。

第六条　员工参加有关本职工作的进修须经部门经理、总经理同意，并到人力资源部登记备案，所发生培训费用按公司有关规定予以报销。

第七条　员工因病就诊发生的费用按公司有关医疗费用报销规定执行。

第八条　员工因探病发生的费用，除受总经理委派外，均不能报销。

第九条　手机费。凡公司员工领用手机每月月租控制在200元以下，超出部分由领用人自行承担，遇特殊情况需提高额度，应填制特批单，经总经理批准。

第十条　本规定由财务部解释、修订，经总经理批准颁行。

××公司

××××年××月××日

五、暂借款管理办法

暂借款管理办法详见示例7-4。

[示例7-4]

××公司暂借款管理办法

第一章　总则

第一条　为提高公司资金使用效益,减少资金占用,特制定本办法。

第二章　管理范围

第二条　暂借款是指因特殊用途的临时性借款,包括:

1. 差旅费借款;
2. 零星购物借款;
3. 其他临时性借款。

第三章　借款程序和标准

第三条　对因公出差借款:

1. 需借支差旅费时,应填写借款单,注明预借金额;
2. 经各级主管审查、审核、签批;
3. 到财务部领款;
4. 财务部以借款单为借款依据、报销差旅费审核依据。

第四条　对零星购物借款:

1. 由采购部门作出书面采购计划;
2. 经各级主管审查、审核、签批;
3. 到财务部领款;
4. 财务部以借款单为借款依据。

第五条　一般零星购物借款限额为____元(如2 000元),驾驶员、采购主管可领取定额借款(备用金),定额标准由各部门经理拟订报总经理批准。

第六条　对个人临时性借款:

1. 一般不予借给,特殊情况经批准可借给,有借款尚未还清者,一律不准再借;
2. 借款人填写借款单,注明个人用途;
3. 经各级主管签批;
4. 到财务部以借款单作为借款还款依据。

第七条　个人借款一般不超过其2个月工资额,超过时须有公司担保人。

第八条　暂借款可使用现金、支票或汇票支付,视不同情况和公司财务规定确定。对经常性借款人员,经批准可办理信用卡。

第九条　暂借款还款、报销期限：

1. 对出差人员，在返回公司5天内报销差旅费；

2. 对领用备用支票、汇票结算的采购，使用后5天内报销；

3. 对领用备用金的部门、个人，定期（不定期）报销；

4. 对个人借款，最长不超过2个月还款。

第十条　借款人应按规定期限及时报销或还款。

第四章　监督和处罚

第十一条　借款人应严格按照借款用途使用借款，不得挪作他用，否则，应按情节轻重追究责任。

第十二条　财务部门定期、不定期清理暂借款。对逾期未还、未报者，发送报销催办单通知当事人；仍未改进者，扣除工资和采取其他措施。

第五章　附则

第十三条　本办法由财务部解释、修订，经总经理批准颁行。

第八章

人员培训文案

培训是通过改变受训人员的知识、技能、态度，从而提高其思想水平及行为，使其有足够的能力去处理现实或者将要担当的工作，甚至准备迎接将来工作上的新挑战。培训能够促进企业创新，保证企业的核心竞争力，促进企业向学习型组织转变，建立优秀的企业文化和形象。因此，人员培训是人力资源部门十分重要的日常工作之一。

第一节　培训政策与培训制度的制定

一、培训政策的制定

培训政策是企业建立的一个完善有效并有权威指导性的框架，使培训沿着正确方向和轨道前进，避免培训工作走弯路，从而保证培训能够发挥更大的作用。因此，在制定培训政策时，首先要阐明培训的必需性、目的和预期效果以及组织原则，最后列出条文框架。示例 8－1 给出一个培训政策的实例。

[示例 8－1]

××航空运输公司的培训与发展策略

××航空公司作为一个服务性组织，在对待顾客上，我们的价值和我们的事业的成功，取决于本公司成员有效地履行自己的职责。

像本公司这样以人为中心的组织，必须同时是一个人力开发组织。各级管理部门必须明白，把时间和金钱明智地运用于我们的人力开发，乃是我们系统中最关键的投资部分。

本公司的每一个人都应为自己的发展负责，应该不断提高自己的水平，成为本公司员工队伍中更加能干的成员。

各个经理和监督人都有责任为其下属的工作发展创造气氛、提供条件和指出方向

（此责任不能由他人代替，因为对下属的训练总是日复一日的在工作中进行的）。

每一位训练专家和训练管理员都有责任与经理和监督人一起不断地创造条件和提供机会，以发展下级的技能、知识和改善他们的服务态度。

本公司的员工必须灵活，能适应变化。这种灵活性取决于我们迅速有效的训练员工的能力。因此，我们的政策的重点是雇用一批训练专家，以确保能很好地组织、协调、执行训练计划，确保使用最恰当的方法。

训练需要一笔很大的投资，必须仔细地规划、评价和作出预算。公司各级组织必须认识到这一点。

为使训练工作有效进行，公司将规定：

一种能够被整个公司都理解的训练政策，能够懂得、从开头就明确地了解培训需求，最终能达到实际训练目标的训练方式。

一种能为各级理解的程序，这种程序应能就训练的所有费用作出预算、解释和报告。

一种系统的方法，此种方法应能估计工作能力、说明改进工作能力的训练的有效性。

一种组织气氛，它应能鼓励、承认、奖励各部门在执行训练计划中的合作。

保持一个专业训练部门，负责定期的审查训练人员的素质、技术和方法、媒体的质量，使公司的训练现代化。

一种组织结构和程序，此种组织结构和程序应能保证各部门间的合作，充分发挥专门训练的潜力。

一种承认和报酬制度，该制度应能够吸引有能力的专家从事训练工作，并能鼓励他们发展其专业训练工作的能力，并使训练人员参与有利于训练工作的规划制定。

每个企业的培训政策都会根据实际情况的不同而各具特色，但是都必须含有必备要素和可选项目。

（一）培训政策中的必备要素

目前业内的现实操作情况是：企业在制定培训政策时，普遍都会提到两部分内容——学习和授课，它们是培训政策的必备要素，详见示例8－2。

［示例8－2］

培训政策的必备要素

学习：员工每人每年的受训时间及培训费用

- 规定每人每年不少于若干小时的学习；
  可按不同职级或部门划分三四种不同的时间。
- 每年可随公司业务的发展而调整。

- 制定每人每年培训的最高资助费用标准。
- 有些公司每年以工资的百分比作为培训费用。

授课：内部讲师来源及相关制度

- 每位经理都有责任当讲师。
- 指定担当讲师的时间每年不低于若干小时。
- 被邀请担当讲师的经理必须先参加讲师培训。
- 按每年担当讲师的时数给予奖励，并作为一项工作表现进行评估，计入个人业绩。

（二）培训政策中的可选项目

企业在制定自己的培训政策时，除了上述两个必备要素外，还可以增加其他符合本企业实际情况的内容，如观摩、参观等。

二、培训制度的制定

培训制度包括：培训保证制度、培训考评制度、培训质量跟踪制度、培训档案管理制度。它们之间的关系如图 8－1 所示。

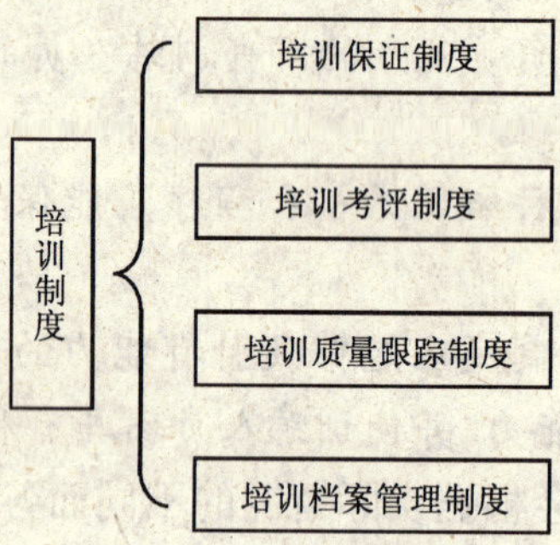

图 8－1　培训制度框图

（一）培训保证制度

培训保证制度中包括图 8－2 中所列五个方面内容。

1. 培训计划制度。包括长期、中期、短期的培训计划。

2. 培训上岗制度。没有经过培训，不允许上岗。

3. 培训奖惩制度。把培训结果与奖惩挂钩，把是否接受培训以及受训学习情况作为晋升、调薪的重要依据。对于达不到培训要求者，要给予一定的行政和经济处罚，情节严重者给予辞退。

4. 培训时间保证制度。根据不同员工的岗位特点、工作性质和要求不同，制定不同的培训时间标准。同时，要保证员工在培训期间同上班期间待遇一样。

5. 培训经费单列制度。保证每年拨给培训一定的经费，并对员工的人均培训经费、培训经费占公司全部支出的百分比作出明确的规定。培训经费要随着企业的发

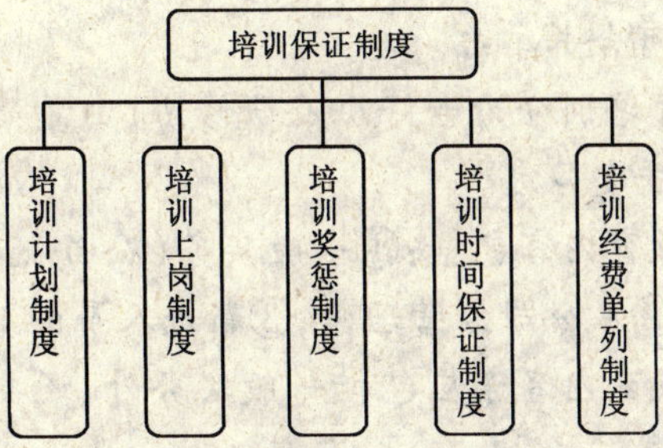

图 8－2　培训保证制度细分图

展、利润的增长逐步提高。

示例 8－3 给出××公司员工教育培训实施办法的实例，以资讨论。

［示例 8－3］

××公司员工教育培训实施办法

一、总则

（一）教育培训实施办法的宗旨与目的

1. 加强人力资源管理，重视教育培训以提高员工的素质，以培养具有丰富的知识与技能、品德高尚、业务处理科学、自强不息的从业人员。

2. 使员工深切认同本公司对社会所负的使命，并激发其求知欲、创造性，使其能充实自己并不断努力向上。

（二）本公司员工的教育培训分为不定期培训与定期培训两种。

（三）本公司所属员工均应接受本办法所规定的教育培训，不得故意规避。

二、不定期培训

（一）本公司员工的不定期教育培训，由各部门主管对所属员工负责实施。

（二）各部门主管应拟定教育培训计划，并按计划进行培训。

（三）各部门主管经常督导所属员工以增进其业务处理能力，充实其处理业务所需的知识，必要时指定部属限期阅读与业务有关的专门书籍和资料。

（四）各单位主管应经常利用集会，以专题研讨报告或个别教育等方式实施教育培训。

三、定期培训

（一）本公司员工定期教育培训，每年进行两次，分为上半期（4 月或 5 月中）及下半期（10 月或 11 月中），视其实际情况，事务、技术人员分别进行。

（二）各部门由主管拟订教育计划，会同总务部门安排日程，邀请各部门相关人员讲课，也可聘请专家协助讲授，以期达到预想效果。

（三）本定期教育培训依其性质、内容分为普通班（一般员工）及高级班（股长以上干部）。但视实际情况也可合并举办。

（四）高级干部的教育培训分为专修班及研修班，由董事长认为有必要时，随时设训，其教育培训的课程和进度另定。

（五）普通事务班的教育内容包括：①一般实务（公务概况、公司各种规章、各部门职责、事务处理程序等）；②本公司经营理念；③新进人员的基本教育。

（六）普通技术班的教育内容除应包括一般实务外，还要重视技术管理、电子计算机使用等各种知识。

（七）高级事务班的教育内容为业务计划、经营管理知识、领导艺术、贯彻执行业务等有关主管必修的知识与技能。

（八）高级技术班的教育内容为通晓法律、了解设计、严格督导、切实配合工作进度、控制资材、节省用料、提高技术水准等，并视实际需要制定研修课题。

（九）各级教育培训的课程进度另定。

（十）各部门主管实施教育培训的成果列入平时考绩考核记录，以作年终考绩的资料，成绩特优的员工，可呈请选派赴国外实习或考察。

（十一）凡受训人员在接到调训通知时，除因重大疾病或重大事故经该部门主管出具证明可申请免以受训外，应在指定时间内到各个教育培训的主管部门报到。

（十二）教育培训除另有规定外一律在公司内进行。

（十三）凡受训期间，除由公司供餐外不给其他津贴。

（十四）本办法经董事长核准后实施，修改时亦同。

员工教育培训实施办法的编写要点：

员工教育培训实施办法一般包括以下几项内容：

标题。一般写“××公司员工培训办法”。

正文。正文应包括：①总则。讲明培训的宗旨和作用。②正文。讲明培训的管理、培训计划及实施、培训时间和内容安排等。

签署。示例省略了签署。

（二）培训考核制度

现代企业的培训不再仅仅是关于产品知识和技术的培训，更多的是管理培训，强调启发性思维。因此，很难用标准化的试卷去测试一个人是否学到了东西，更多的是要看受训者学成后在实际工作中是否改进了行为。顺应这种形式的需要，很多企业采用360度反馈评估法，即不同的考核者（上司、同事、下属以及客户）从不同的角度，全方位、准确地考核员工的工作业绩。其优点是综合性强，集中了多个角度的反馈信息，减少了个人偏见对考核结果的影响。但是，需要注意的是，使用这种方法时要注意考核的时间。一般在培训结束一个月后进行，时间间隔不能太短，否则看不出变化。

（三）培训质量跟踪制度

培训质量跟踪制度与考核制度紧密相关。考核要根据质量跟踪的结果进行。

质量跟踪调查的方法有以下几种。

1. 普查法。包括员工自查、互查,以及主管部门发表意见。

2. 抽样调查法。由培训部门随机从员工中抽取人员按照一定的标准进行质量调查,这种方法比较节省时间。

3. 匿名调查法。在内部员工中随机抽取样本进行问卷调查。填卷人的姓名及所填内容是完全保密的。

(四)培训档案管理制度

培训档案管理制度包括的内容详见图 8-3。

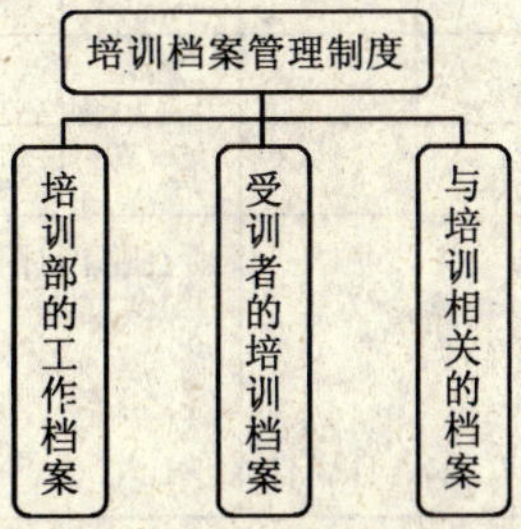

图 8-3 培训档案管理制度细分图

1. 培训部工作档案的主要内容:

- 培训工作的范围;
- 如何进行岗位培训;
- 如何进行升职晋级培训;
- 如何进行纪律培训;
- 如何进行其他技术型专项培训;
- 如何进行对外培训;
- 如何考核和评估;
- 全公司已参加培训、未参加培训员工的情况;
- 列入培训计划的人数、培训时间、班次、学习情况;
- 特殊人才、重点人才、急需人才的培训情况。

2. 受训者的培训档案的主要内容:

- 员工的基本情况:学历、在本公司工作的年限、所经历的岗位、现任岗位的工作情况等;
- 上岗培训情况:培训的时间、次数、档次、成绩等;
- 晋级升职培训情况:任职时间、任职评价、任职提拔晋升等情况;
- 专业技术培训情况:技术种类、技术水平、技能素质以及培训的难易程度;
- 其他培训情况:在其他地方参加培训的经历、培训的成绩等;
- 考核与评价情况:考核定级的档次、群众评议情况等。

表8-1,表8-2,表8-3,表8-4,表8-5是几种员工培训档案表或记录表。

表8-1 员工个人培训档案表

单位名称： 部门名称： 填表日期： 年 月 日

姓名		性别		出生年月		身份证号码	
学历		专业		所属部门		职位	

项次	培训时间	培训课程	课程编号	时数	培训机构	培训时所在部门	培训时职位	取得证书	培训成绩	考核记录	备注

人力资源部评估： 签名： 年 月 日	所在部门评估： 签名： 年 月 日

填表人： 审核人：

填表说明：

此表用于对企业在职人员的培训历史进行记录，由培训专员负责填写。

若篇幅有限，必要时可另附纸说明，此表在人力资源部存档。

表8-2 员工个人培训档案

姓名________ 工会________ 部门________ 职位________

个人培训记录				
	培训课程	时间(年、月)	共计(小时)	地点
进企业前				
进企业后				

填表说明：

此表用于对企业在职人员的培训历史进行记录，员工进企业前的培训情况由个人填写，进企业后的培训情况由培训专员填写。若篇幅有限，必要时可另附纸说明，此表在人力资源部存档。

表 8－3　员工培训情况记录表

单位名称：　　　　　　　　　　　　　部门名称：　　　　填表日期：　　年　　月　　日

受训人员	姓名		培训时间		辅导员	姓名	
	学历					部门	
	专长		证件号			职称	
项次	培训项目	培训时间	培训天数	培训部门	培训员	培训内容	备注
1	月　日至 月　日止	__天		职称： 姓名：			
2	月　日至 月　日止	__天		职称： 姓名：			
3	月　日至 月　日止	__天		职称： 姓名：			
4	月　日至 月　日止	__天		职称： 姓名：			
5	月　日至 月　日止	__天		职称： 姓名：			
6	月　日至 月　日止	__天		职称： 姓名：			

填表人：　　　　　　　　　　　　　　　　　　　　　　　　审核人：

填表说明：

此表用于企业内所有员工的培训，可以长期对员工的培训情况进行跟踪记录。

此表可以反映员工在企业期间的培训情况，并作为员工职业生涯设计的重要参考资料。

表 8－4　员工培训情况记录表

单位名称：　　　　　　　　　　　　　部门名称：　　　　填表日期：　　年　　月　　日

姓名	培训项目 1			培训项目 2			培训项目 3			费用合计
	培训名称	时间	费用	培训名称	时间	费用	培训名称	时间	费用	

填表人：　　　　　　　　　　　　　　　　　　　　　　　　审核人：

填表说明：

此表用于对所有员工在一段时间内的参训情况进行记录。由培训专员填写。人力资源部存档。

表 8－5　员工培训实施情况记录表

单位名称：　　　　　　部门名称：　　　　　　填表日期：　年　月　日至　年　月　日

培训课程名称		培训课程课时		______学时	参加人员数量		
姓名	职务	参加培训记录					缺课原因说明
		1	2	3	4	……	

填表人：　　　　　　　　　　　　　　　　　　审核人：

填表说明：

此表用于记录员工培训时的到课情况。此表填完后可以作为培训效果报告的一部分存档。

3. 与培训相关的档案的主要内容：

- 培训教师的教学及业绩；
- 培训所用财务档案；
- 培训工作往来单位。

三、人员培训制度模板

从上面的介绍可以看到，要编写一份人员教育培训制度必须明确培训制度的总则、培训目标、学习项目、培训形式、培训方法、人员保证等十多个大项几十个小项，每个小项还有很多内容，这些都不能遗漏，否则，实施起来就会出问题。为了使我们的制度尽可能地完善，不产生重大的遗漏，保证教育培训工作顺利进行，在平时我们就要制作一个教育培训模板，把所想到的有关问题都按照实际培训制度的顺序和格式写出来，以备编写培训制度时使用。下面列出一个员工教育培训制度模板，可以在编写你的员工教育培训制度时，按模板顺序逐条逐条地考虑，根据你的实际情况进行修改取舍，完成你的培训制度的编写。你也应该把模板上没有考虑到的问题补充到模板上去，以备他时使用。示例 8－4 是一个员工教育培训制度模板的实例。

[示例 8－4]

员工教育培训制度模板

一、总则

（一）本规定以系统性为特征，目的是完善本公司的员工培训工作。

（二）本公司为储备人才而进行的长期培训或短期培训，均需依本规定进行。

二、培训目标

（一）这里所列的培训目标是为人力资源部进行培训时提供一定的参考。

（二）首先要确定这一培训是新进员工培训还是在职培训。

（三）订立培训目标时要考虑以下一些问题：

1. 是否希望改进在职人员的工作效率；
2. 是否希望通过培训改进员工工作表现；
3. 是否需要为在职人员未来发展或变动工作做准备；
4. 是否希望通过培训使员工有资格晋级；
5. 是否是为减少意外，加强员工注意，安全的工作习惯；
6. 是否是为改善在职人员的工作态度，尤其是减少浪费的习惯；
7. 是否需要改善材料处理加工方法，以打破生产技术上的瓶颈现象；
8. 是否培训新进员工以使其适应工作；
9. 是否需要教导新员工了解全部生产过程；
10. 是否是培养在职人员的指导能力，以便在人员扩充时，指导新员工。

三、学习方针

确定培训目标后，需要确定学习主题，下列各项，可以帮助人力资源部确定在职人员培训需要的内容。

（一）是否可以用工作分析来配合培训。

（二）是否有品质标准以供受训者学习之用。

（三）是否有某些技术或工作方法必须予以指导。

（四）是否在安全操作方面需予以指导。

（五）是否可建立一种方法使在职人员减少材料浪费。

（六）是否需要指导材料处理的方法。

（七）是否决定在学习时采用最佳机器设备操作方法。

（八）是否需要订立员工工作标准。

（九）是否期望改进或改变工作态度。

（十）是否需要对业务员说明产品及业务，以增进其工作成效。

(十一)是否需要包括工具的使用方法及放置位置在内的训练项目。

(十二)是否需要教导业务员本身工作以外的业务。

四、培训形式

下列各条可提供一些参考:

(一)是否脱产培训。

(二)是否需要一个教室和一个专职教师。

(三)是否采用实地工作培训和教室授课相结合的方式。

(四)是否采用实地工作培训和函授课程以达成培训目标。

五、教学方法

(一)本公司业务员的教育培训采用授课或示范方法。

(二)采用授课方法时,须注意以下两点:

1. 授课是传授知识的最好方法;

2. 示范是教导技能的最好方法。

(三)制订教学计划时,须注意下列各点:

1. 教学主题是否只需要一次特别讲课或需要一系列讲课;

2. 教学之后是否需要讨论;

3. 教学主题是否需要示范;

4. 操作上的问题能否在教室中解说明白;

5. 能否在工作中直接指导。

六、培训视听教具

(一)视听教具可以帮助说明授课意图和使受训者了解并把握学习重点。

(二)采用视听教具应注意下列各点:

1. 是否需要一本教导手册;

2. 是否在培训时,发给每人一份计划大纲;

3. 是否需要对每个人在安全操作方面予以指导;

4. 是否可建立一种方法使在职人员减少材料浪费;

5. 是否需要指导材料处理的方法。

七、培训设备

(一)应根据培训的内容及形式选用培训设备。

(二)在确定培训设备的同时应确定培训地点。

(三)注意事项:

1. 培训如果不能在工作场地进行,是否有适当的会议室或餐厅可以利用;

2. 培训是否可以在邻近的学校、餐馆等地举行;

3. 培训地点的教学设备是否充足;

4. 是否需要受训者自带一些用具及设备,以降低培训成本。

八、培训时间

(一)决定培训时间长短时应考虑如下因素:业务需要、学习资料、师资力量以及学员素质。

(二)注意事项:

1. 是否必须在上班时间实施培训;

2. 应确定每次培训时间长短和每周举行次数。

九、教师的选定

(一)教师必须是相应培训科目的专家或有丰富经验者。

(二)聘用教师必须注意下列几点:

1. 受训者所属的领导是否有足够的时间和能力来施行教学;

2. 是否可以由技术高超的技术人员来担当教师。

十、受训人员的选择

(一)选择受训人员应基于培训目标,此外还要考虑如下因素:受训人员的能力、工作经验、态度等。

(二)选择受训人员时应注意以下几点:

1. 对新进员工是否需要进行培训;

2. 新进员工的培训是否可作为雇用的先决条件;

3. 是否希望受训者拥有一些工作经验。

十一、培训经费

(一)凡在培训计划实施前,应计算全部费用编列预算,以便有充足的培训费用,以利计划之推行和依照编列之预算来检验培训之成果。

(二)培训经费的预算,应注意以下几点:

1. 是否需要在培训场地、器械、材料上花费费用;

2. 受训时,受训员工工资是否计在培训费用之内;

3. 如果教师是本公司员工,其薪金是否列在培训费用之内;

4. 筹备培训计划阶段之费用是否计算在培训费用之内;

5. 由于培训而造成次品及误工费,是否应计算在培训费用中。

十二、培训计划的核验

(一)培训之成果,必须核验是否达到原定目标。

(二)核验培训计划必须注意以下几点:

1. 培训成果是否达到原定目标;

2. 是否有标准学习时间,以供保证受训者之学习进度;

3. 能否备有学员在受训前及受训后的工作能力记录;

4. 学员进步情形是否需要记录;

5. 是否需要对受训者所获知识与技能进行测定;

6. 是否应由受训者的直接主管对受训者进行持续的定期观察,判定其培训成效,并将结果反馈给培训部门。

十三、公布培训计划

（一）培训计划完成后，需要公开发布以便引发员工的进取意识。

（二）计划公布时应注意以下几点：

1. 如果计划向员工公布，是否准备在培训开始前或者是实施时宣布；

2. 培训时间、地点、方法是否形成制度性文件下发；

3. 培训结束后是否发给结业证书。

十四、附则

本培训计划模板如有未尽事宜，应随时作出修改。

××公司人力资源部

××××年××月××日

注意事项：员工培训管理方案包含的要素：

- 培训目标和要求；
- 经费来源；
- 培训时间和培训方式安排；
- 培训讲师课程安排；
- 效果评价考核。

四、员工培训制度的编制

有了上述员工教育培训模板以后，就可以根据公司的需要和公司的实际条件来编写自己的公司教育培训制度。示例 8－5 列出了××公司员工在职培训制度，可供参考。

[示例8－5]

××公司员工在职培训制度

第一条　目的

制定本制度的目的在于提高本公司从业人员职业素质，充实其业务知识与技能，以增进工作质量及绩效。

第二条　适用范围

凡本公司所属从业人员的在职培训及其有关作业事项的培训均依本规定处理。

第三条　培训工作权责划分

1. 教育培训部的主要工作：

（1）全公司员工共同参加的培训课程的举办。

（2）全公司年度、月份培训课程的拟订、呈报。

（3）制定及修改培训制度。

(4)全公司在职教育培训实施成果及改善对策呈报。

(5)共同性培训教材的编撰与修改。

(6)培训计划的审议。

(7)培训实施情况的督导与考核。

(8)每季度举办一次由外聘讲师对公司的全体员工进行的教育培训。

(9)全公司派外培训人员的审核与办理。

(10)派外培训人员所携书籍、资料与书面报告的管理。

(11)其他有关人才发展方案的拟订与执行。

(12)各项培训计划费用预算的拟定。

2. 其他部门的主要工作

(1)全年度培训计划汇总呈报。

(2)专业培训规范制定及修改,讲师或助教人选的推荐。

(3)内部专业培训课程的举办及成果汇报。

(4)专业培训教材的编撰与修改。

(5)受训员训练结束后的监督与追踪考核,以确保训练成果。

第四条 培训规范的制定

1. 教育培训部应召集各有关部门共同制定"从业人员在职教育培训规定",提供培训实施的依据,其内容包括:

(1)各部门的工作职务分类。

(2)各职务的培训课程及所需时间。

(3)各培训课程教材的大纲。

2. 各部门组织职能变动或引进新技术使生产条件等发生变化时,教育培训部应立即配合实际需要修改培训规范。

第五条 拟订培训计划

1. 根据培训规范及配合实际需要,各部门拟订在职培训计划,送教育培训部审核,作为培训实施之依据。

2. 教育培训部将各部门所提出的培训计划汇编成年度培训计划汇总表单,呈报人力资源部审核签字。

3. 各项培训课程主办单位应于一定时期内,具体期限由教育培训部确定,填写在职培训实施计划表单,呈报教育培训部核准后,通知与该课程有关部门及人员。

4. 临时性的培训课程,亦须填写在职培训实施计划表单,呈教育培训部核准后实施。

第六条 实施培训

1. 根据在职培训实施计划表单,培训主办部门按期实施并负责该项培训的全部事宜,如培训场地安排、教材分发、教具借调,通知讲师及受训单位等。

2. 如有补充教材,讲师应于开课前一周将原稿送教育培训部统一印刷,以便上课时发给学员。

3. 各项培训结束时，应举行测试，由主办部门或讲师负责监考，测试题目分若干种，由讲师于开课前送交主办部门。

4. 各项在职训练实施时，参加受训学员应签到，教育培训部应确实了解上课、出勤情况。

5. 受训人员应准时出席，遇特殊情况不能参加者应办理请假手续。

6. 教育培训部应定期召开检查会议评估各项训练课程实施成果，并将记录送交各有关单位参考予以改进。

7. 各项培训测试缺席者，事后一律补考；补考不出席者，一律以零分处理。

8. 培训测试成绩及成果报告，作为考核及升迁之参考。

第七条　呈报培训成果

1. 每项培训结束后一周内，讲师应将学员的成绩评定出来，将培训记录与在职培训测验成绩表单，连同试卷送人力资源部，以建立完善的个人培训档案。

2. 主办单位应于每项（期）培训结束一周内填报在职培训结果报告表单及讲师费用申请表单，连同成绩表单及学员意见调查表单，送交教育培训部，凭此支付各项费用及归档。

3. 如需支付教材编撰费用，主管部门应填写“在职培训教材编撰费用申请表单”，送相关部门核签后凭此予以支付。

4. 各部门对所属人员应设立从业人员在职培训资料表单。

5. 每三个月，各部门应填写在职培训实施结果报告单呈教育培训部，以了解该部门最近在职培训实施情况。

第八条　培训评估

1. 每项（期）培训结束时，主办部门应视实际需要分发在职培训学员意见调查表单，供学员填写后与测验卷一并收回，并汇总学员意见，送讲师转人力资源部会签，作为以后再举办类似培训的参考。

2. 教育培训部应评估各部门教育培训的成效，定期分发培训成效调查表单，供各部门主管填写后汇总意见，并配合生产及销售绩效，比较分析评估培训的成效，形成书面报告，并呈报核准后，分送各部门及有关人员作为再举办培训的参考。

第九条　派外培训

1. 因工作或晋升就任新工作的需要，各部门应推荐有关人员送教育培训部审议，呈总经理核准后派外受训，并依人力资源管理规章办理出差手续。

2. 派外受训人员返回后，应将受训的书籍、教材及资格证书等有关资料送教育培训部归档保管，其受训成绩亦应记录于受训资料表。

3. 派外受训人员应将受训所获知识整理成册，列为讲习教材，并举办讲习会，担任讲师传授有关知识给本公司员工。

4. 差旅费报销单据呈核时，应送教育培训部审核其派外受训的资料是否交回，并在报销单据上签注,如未经过审核,财务部门不予付款。

5. 本条款适用于参加公司以外的培训,对因升迁、储备需要,在任职前可集中委托外部机构办理培训,但每年以三次为限。

第十条 附则

1. 各项培训的举办,应以尽量不影响工作为原则,如上下午均排有培训时,应由主办部门负责申报提供学员午餐,学员不得另报支加班费。

2. 从业人员之受训成绩及资历可提供给人力资源部作为年度考核、晋升参考。

3. 本制度呈总经理核准后颁布实施,修改时亦同。

(省略签署)

(一)制定培训制度的注意事项

1. 培训制度应制定的尽量详细,把培训政策层层分解,落实到细处。

2. 培训的原则:

(1)战略原则。企业的培训效率的衡量有短期效益和长期效益之分,企业不能只顾眼前利益,应立足于企业长远发展战略,舍得对培训进行投资。

(2)受益原则。人员培训的产出要大于投入。

(3)培训要支持组织目标。评估培训效果时,评价的主要标准或根本的评价指标是培训对组织目标实现所产生的影响作用。

(4)培训应以企业经营中的实际需要为依据,紧密联系企业实际情况,解决企业发展中的实际问题。培训讲求学以致用,切忌学而不用。

(5)系统性原则。培训计划应适用于不同岗位、不同层次的员工;培训内容要不断修订、完善、淘汰和补充;培训计划要兼顾培训内容和培训活动的系统性,培训活动应该是连续的、相关的。

(6)主动参与原则。企业应提倡员工参与培训工作,实行"自我申报"制度,较多地采用相互认识、自我总结的形式。

(7)全员培训和重点提高的原则。应重点培训那些管理人员、专业技术人员等企业紧缺、急需的人才。

3. 在职培训的流程。在职培训的流程如表8-6所示。

表8-6 在职培训的流程

流程一:准备
• 消除受训者紧张情绪 • 说明培训原因 • 启发兴趣、鼓励提问、了解受训者对工作的掌握程度 • 说明整个工作的原由及相关关系 • 尽可能使受训者接近日常工作岗位 • 让受训者熟悉工作设备、用具及术语

续表

流程二:说明
• 说明工作的要求(如数量和质量要求) • 用正常工作速度示范整个工作 • 慢速示范工作,对每个工作步骤加以说明,着重说明工作难点或可能出现的错误
流程三:试做
• 受训者慢速试做工作,并讲解每个工作步骤,培训人员对其错误进行纠正,必要时再示范某些步骤,受训者尝试以正常速度工作,逐渐改进技能和速度 • 受训者的能力得以证实后,可正式开始工作
流程四:检查
• 指定在必要时为受训者提供帮助的人 • 逐渐减少监督,经常根据工作标准检查工作 • 及时纠正不良工作方式并说明原因 • 对良好的工作状况给予表扬和鼓励

4. 把握培训的实际需求。一般情况下,企业在两种情况下需要培训。第一,员工现有的知识、技能、态度与工作要求出现差距;第二,企业目标与实现目标所需的条件出现差距。如图 8 -4 所示。

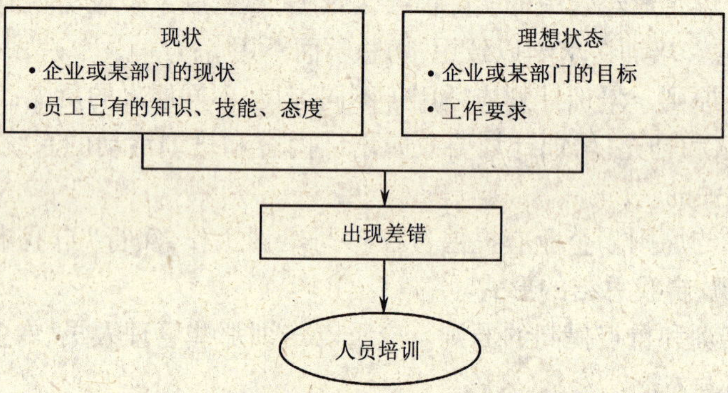

图 8 -4　进行人员培训的必要性

(二)最需要培训的九种情况

1. 企业需要改进工作业绩。情况如下:

- 顾客不满,投诉率增高;
- 内部混乱;
- 士气低落;
- 高消耗;
- 低效率。

2. 加强生产安全。

3. 提升和晋级。
4. 开拓新市场和新业务。
5. 招募新员工。
6. 需要解决某个问题。
7. 引进新技术、新系统或新程序。
8. 颁布新的法规。
9. 实行组织变革。

第二节　培训需求分析

人员培训管理的总体流程如图 8－5 所示。

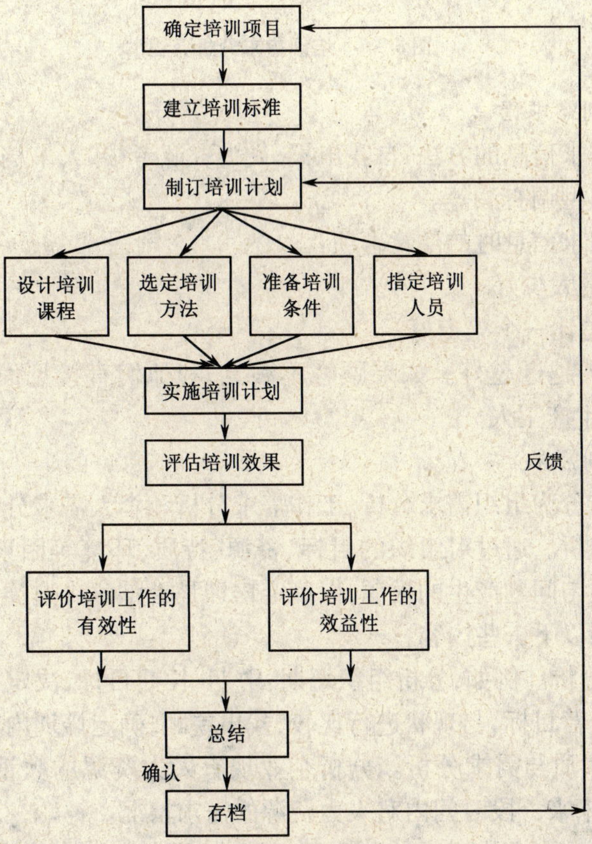

图 8－5　人员培训管理的总体流程

在本节中,我们主要介绍人员培训流程中的第一个步骤:分析培训需求。分析培训需求是指通过对组织、工作以及员工个人的分析,了解员工和企业对培训的需求。

一、分析培训需求的流程

培训需求分析的流程如图 8－6 所示。

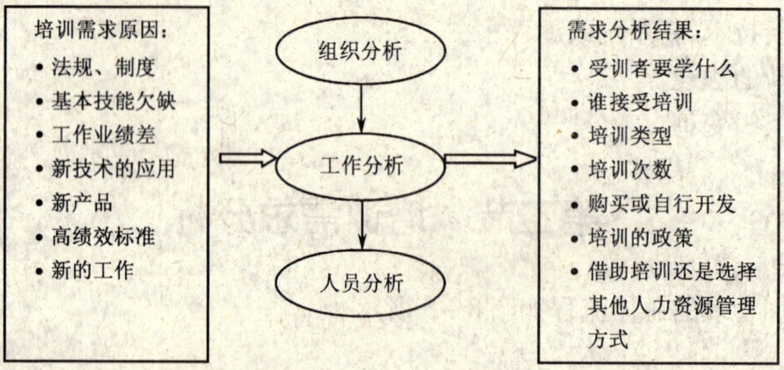

图 8－6　培训需求分析流程

（一）收集培训需求信息

1. 收集培训需求信息的方法：自我申报、人力资源考核、人事档案、人员素质测评、观察法、访谈法、典型调查法等。

2. 收集培训需求信息时的注意事项：

- 量多总比量太少好；
- 多个渠道总比一个渠道好；
- 与信息源头越近越好。如果顾客不满意，和他们直接见面；如果产品质量下降，直接找到一线生产工人。

（二）分析培训需求

培训需求分析分为组织需求分析、工作需求分析和个人需求分析三个层次。

1. 组织需求分析。通过对组织的目标、资源、特质、环境等因素的分析，准确地找出组织存在的问题与问题产生的根源，以确定培训是否是解决这类问题的最有效的方法。组织分析包括以下一些内容：

- 组织目标分析。例如，分析组织短期、中期、长期目标，决定总体培训需求或者分析企业的长期经营目标，与现状进行比较，找出差距，确定培训内容。
- 人力资源素质与需求分析。分析企业现有人力资源的数量、质量、能力、知识等，并分析企业在未来一段时间内对人力资源的需求情况。
- 企业效率分析。分析产量、质量、劳动成本、设备使用率等效率指标。
- 影响目标实现的组织和人员因素。

上述内容可以通过多种方式调动有关人员填写下面表 8－7 的组织自查表来获得。

表8-7　组织自查表

自查项目:基本项目	优	良	中	低	差
1.信息:组织是否建立了畅通的信息系统,内外信息是否全面快速地得到传递?					
2.营销:组织是否能够根据环境的变化不断调整营销政策并得到很好的贯彻?					
3.人力:组织是否能够根据企业发展目标的需要不断调整结构和人力配置?					
4.管理:组织是否制定了适合自身需要的管理机制并得到了很好的贯彻执行,且能够根据不同时期进行必要调整?					
自查项目:计划职能	优	良	中	低	差
1.目标:组织是否明确制定了发展目标,并能够不断检讨,并且员工都清楚?					
2.策略:组织是否根据发展目标制定了相应的发展策略,并能够不断检讨?					
3.行动计划:组织是否制订了整体可行的长期、中期、短期工作行动计划,并能够不断检讨?					
4.销售:组织是否在深入分析市场形势的基础上制订了现实可行的长期、中期、短期销售计划,并能够不断检讨?					
5.产品:组织在产品管理方面是否有明确的长期、中期、短期计划,并能够不断检讨?					
6.人员:组织是否制订了长期、中期、短期的人员开发、储备计划,并能够不断检讨?					
7.资本:组织是否制订了长期、中期、短期的资金管理计划,并能够不断检讨?					
8.同步:组织内部各部门之间的工作计划是否同步?					
9.总结:组织内部是否具有全面的阶段性的工作总结,工作总结是否得到了认真对待?					
自查项目:组织职能	优	良	中	低	差
1.架构:组织架构设计是为了完成组织目标进行的吗?					
2.职能:每个部门都具有明确的职能吗?部门之间的职能是否存在重叠或漏项的问题?					
3.权力与责任:每个人清楚各自的权力和责任的详细描述的程度如何?					
4.标准:每个人清楚工作目标的标准化量化描述的程度如何?					
5.行为:组织制定了每个人都清楚的内部行为标准吗?					
6.条件:对于组织内部的每一个岗位的任职条件进行明确地描述,并能够在内部形成竞争上岗的环境吗?					
7.流程:对于组织内部上下级之间的工作流程和部门之间的工作流程进行科学化、合理化设计,并能够严格按照流程进行吗?					
8.纪律:组织内部是否规定了明确的奖励和惩罚制度,是否具有详细的执行标准,能够执行吗?					
9.报酬:组织内部是否具有合理的薪酬体系并能够体现多劳多得和公平公正的原则?					

续表

自查项目:组织职能	优	良	中	低	差
10. 绩效:组织内部是否进行定期的绩效考核,并对绩效考核的结果能够合理利用?					
11. 创新:组织中是否鼓励创新?对于合理创新导致的失败是否被认为正常?					
12. 领导:组织内部管理是否能对其上司负责,并且对其管辖的人员负全面责任?					
自查项目:指挥职能	优	良	中	低	差
1. 目标:领导者是否能使每一个人都明确组织的目标,并指挥其为共同目标的实现分别行动?					
2. 时间:领导者是否能合理地安排工作时间,并对相关工作岗位的时间进行有效的安排?					
3. 通告:组织中的相关人员是否可以及时获悉来自组织内部或外部的信息?					
4. 会议:组织内部的会议是否能够真正的解决问题,小组会议、部门会议是否有充分开放的气氛?					
5. 参与:管理者是否让工作相关者参与一起进行工作计划的制订和发现问题、提出解决问题的方法?					
6. 激励:管理者是否鼓励开诚布公?是否能在员工产生懈怠或丧失信心之前就采取令大家倍感振奋的措施?					
7. 指导:在下属工作不顺利的情况下,领导者是否能够给予恰当的工作指导?					
8. 批评:管理者在下属工作出现问题时,是否细心分析问题出现的原因和导致的不利后果,帮助下属改进?					
9. 表扬:工作出色能否得到领导和他人的承认?					
10. 晋升:组织中每个人的晋升是否都是因为工作出色、业绩突出,且让晋升者具有成就感?					
自查项目:计划职能	优	良	中	低	差
1. 控制职责:组织内部是否明确管理者的控制职责,是否充分利用人力资源、财务审计等职能来强化控制能力?					
2. 控制方法:是否经常对员工工作进行必要的检查、绩效考核?					
3. 控制标准:检查员工工作和绩效考核是否与各部门或员工的本职工作职责有关?					
4. 事前、事中、事后控制:组织控制做到了全程控制了吗?					
5. 控制力度:组织控制职能的工作重点是否以影响组织目标实现的程度为标准?					
6. 控制频率:组织内部监督、检查等控制行为是否尽可能减少对工作的影响?					
7. 控制工具:在开展有关控制行为时采取的方法和工具易于使用和理解吗?					
8. 控制成本:开展有关控制工作产生的效益足以抵消控制工作本身的开销吗?					
9. 控制结果:进行绩效考核、检查等控制工作后,其结果得到重视了吗?					
10. 控制改善:控制工作中发现的问题得到改进了吗?					

2. 工作需求分析。工作需求分析是指通过分析工作职责、任职资格、员工的实际绩效与工作要求的绩效标准之间是否存在差距、这种差距可能造成的后果或损失等来确定培训需求。

工作需求分析的步骤如图 8－7 所示。

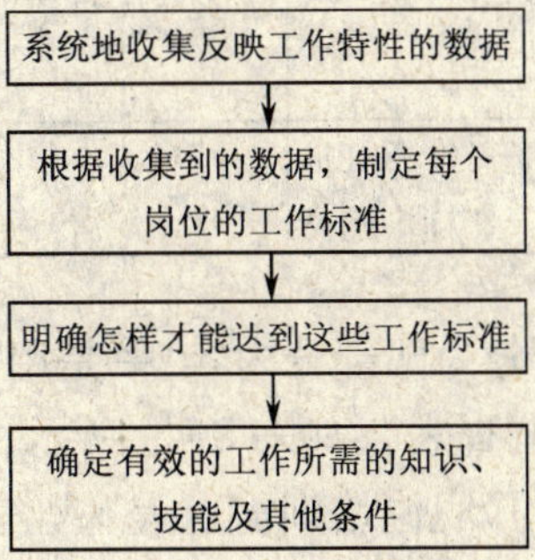

图 8－7 工作需求分析的步骤

在进行工作需求分析时,可以利用工作分析记录表,将与某项工作有关的人物及必需的技能列在表上,有助于确定培训需求。表 8－8 是工作分析记录表的举例。

表 8－8 印刷工作分析记录表

工作	何时做及频率	质量与数量	环境条件	必需的技能和知识	最佳学习地点
操纵切纸机	一日四次		嘈杂的印刷室,易使人感到心烦意乱		
➢ 开机					
➢ 设定切距		+/－公差 0.007 米以内		阅读标准规格	在岗
➢ 将纸放到切纸台上		必须十分平整,以防切不齐		正确的切纸方法	在岗
➢ 将纸提起、推进切纸机				保证平稳	在岗
➢ 用左手抓住安全释放装置		为了安全,每时每刻都要抓住		有关安全的基本知识	在岗,但先要高度集中注意力进行练习
➢ 用右手抓住切刀释放装置				保持双手都在释放装置上;使用装置的技能	在岗,但先要高度集中注意力进行练习
➢ 同步进行:左手拉安全释放装置,右手拉切刀释放装置				保持双手都在释放装置上;使用装置的技能	在岗,但先要高度集中注意力进行练习

续表

工作	何时做及频率	质量与数量	环境条件	必需的技能和知识	最佳学习地点
➢ 等候切刀缩进		为了安全，保证需要 100% 的等候时间		保持双手都在释放装置上；使用装置的技能	在岗，但先要高度集中注意力进行练习
➢ 将纸撤下				等候切刀安全缩进	在岗，但先要高度集中注意力进行练习
➢ 关机		为了安全，保证机器完全关闭			在岗，但先要高度集中注意力进行练习

工作层面培训需求调查表分为两部分内容：一是用来研究培训与公司或部门目标之间的关联的“部门培训需求调查表”，如表 8－9 所示；二是用来确定各部门的培训需求项目后，针对个别职位设定的“职位培训需求表”，如表 8－10 所示。

培训主管可将个别的职位培训需求表汇总成一个全公司的整体的培训计划，再与各部门主管洽谈各个培训项目的优先顺序，提出用何种方式进行培训以及预定培训时间表，从而确保达到培训需求调查的目的。

表 8－9　部门培训需求调查表

部门________

日期________

<table>
<tr><td colspan="2">主要工作要项</td><td colspan="2">年度工作目标</td></tr>
<tr><td colspan="2">1. ________
2. ________
3. ________
4. ________
5. ________</td><td colspan="2">1. ________
2. ________
3. ________
4. ________
5. ________</td></tr>
<tr><td colspan="2">人力状况</td><td colspan="2">知识及技能要求</td></tr>
<tr><td colspan="2" rowspan="2">现有职称________应有职称________
人　　数________人　　数________
____
____
____
________</td><td>基本知识及技能</td><td>专业知识及技能</td></tr>
<tr><td>1. ________
2. ________
3. ________
4. ________
5. ________
……</td><td>1. ________
2. ________
3. ________
4. ________
5. ________
……</td></tr>
<tr><td colspan="4">培训需求</td></tr>
<tr><td>1. 基本培训</td><td>2. 专业培训</td><td>3. 管理培训</td><td>4. 晋级培训</td></tr>
<tr><td>________
____
……</td><td>________
____
……</td><td>________
____
……</td><td>________
____
……</td></tr>
</table>

表8-10 职位培训需求表

部门____________ 职称____________ 日期____________

该职位的工作要项____________
1. ____________ 2. ____________ 3. ____________ 4. ____________ 5. ____________ ……
管理培训或应读资料
1. 2. 3. 4. 5. ……
晋级培训或应读资料
1. 2. 3. 4. 5. ……

3. 人员需求分析。通过分析员工个人的态度、知识、技能等方面的情况，来确定培训需求。例如：员工工作效率低下，有的是由于缺乏相应的知识或技能，因此要对其进行丰富知识提高技能的培训；有的是由于工作态度不端正或者养成了不良习惯，要对其进行端正态度、改正习惯的培训。

我们以中层主管为对象举例来说明如何从员工的个人层面来分析培训需求，参见示例8-6。

［示例8-6］

从员工个人层面分析培训需求

➢ 第一步：从员工的个人需求的立场寻找培训的需求，主要方法是个人面谈、让员工开展自查以及对员工进行评价等。

与员工面谈要涉及以下各方面的内容，详见表8-11。

表 8－11　通过面谈收集需求信息的提纲

1. 工作上面临的困扰或问题，或工作上施展不开的原因； 2. 部门可以改善的地方； 3. 工作过程中，最喜欢或最不喜欢的地方； 4. 在工作上的成绩或感到遗憾的地方； 5. 与同事、下属及上司之间的关系； 6. 工作以外的兴趣； 7. 个人的目标及对事业发展的期望； 8. 自己觉得需要增加哪些培训或知识。

➢ 第二步：请接受面谈者填写“培训需求调查表”，该表是以其工作范围内可能遭遇的问题制成的问卷，只需要受调查者回答“是”或“不是”，参见表 8－12。

表 8－12　培训需求调查表

下列问题，如果您认为完全可以胜任，则回答“是”；若觉得需要培训或多一些学习时，则回答“不是”。	
1. 如何管理工作挑剔的下属？ 2. 如何有效培训下属掌握新的技术？ 3. 如何处理员工纪律问题？ 4. 如何配合公司的工作安全规定？ 5. 如何协助下属制定较好的工作目标？ 6. 如何改善生产力？ 7. 如何实施参与式管理的观念？ 8. 如何执行有效的绩效考核制度？	
填写人姓名：____________________ 部门：____________________	职称：____________________ 日期：____________________

➢ 第三步：从员工的实际工作表现、工作能力的差距中寻找培训需求，具体操作步骤如下：

- 对员工所在职位进行能力需求分析，列出所需要的项目及重要程度；
- 运用表 8－13 就该员工的表现请其上司对其能力作出评价；
- 综合分析该名员工的特点，确定培训需求。

（三）培训需求分析的参与对象

1. 来自公司内部的参与者：人力资源部工作人员、员工本人、上级、同事、下属。

2. 来自公司外部的参与者：专业顾问公司的专家和顾问、公司的客户、供应商。

（四）信息来源

分析培训需求有两个主要来源：现有资料和解决员工绩效问题的模型。

1. 现有资料：个人档案、管理储备图、聘用标准、工作业绩、客户投诉、产品数量和质量、废品率、缺勤率、事故率、财务报表等。

2. 解决员工绩效问题的模型：当员工工作绩效出现问题时，利用该绩效模型对其进行深入分析，确定问题产生的原因，从而采取有效措施，参见图 8－8。

表 8－13　培训需求分析表

企划能力	能力杰出	达到工作要求标准	需要改善	说明
提升改善能力				
激发创意能力				
运用新观念				
收集整理资讯				
分析资料、提出建议				
目标企划				
组织能力	能力杰出	达到工作要求标准	需要改善	说明
组织力				
甄选人才				
人力运用				
授权				
指导与协调	能力杰出	达到工作要求标准	需要改善	说明
辅导下属				
培训及发展下属				
口才				
主持会议的能力				
写作能力				
随时向上司报告工作进度				
与下属随时保持联系				
通过他人完成工作任务				
被同事所接受				
替他人制定工作目标				
控制	能力杰出	达到工作要求标准	需要改善	说明
掌握业务的运作过程				
追踪考核				
评估业务成绩				
成本控制				
品质控制				
扩大收益				
发送净收入				
其他				
……				

注：在相应框中打“√”。

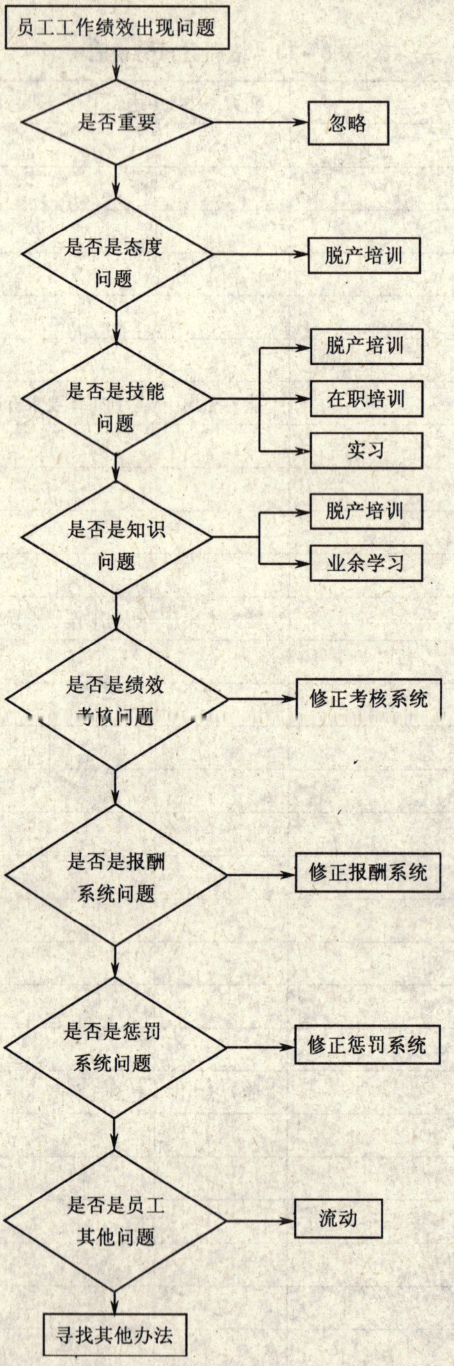

图 8－8　解决员工绩效问题的模型

（五）分析培训需求时的注意事项

1. 有预见性。必须以发展的眼光预测企业未来在生产、技术、销售、组织机构等方面可能发生的变化，预测员工在将来必须具备的知识和能力。

2. 有根据。培训需求分析要以对现有资料的分析为基础。

3. 注重调查。不仅要分析各类硬性指标，还要注意对员工士气等实际情况的调查，从而发现真正的培训需求。

4. 对人员培训的需求分析必须形成制度，定期进行。

5. 对于收集来的庞大而又关联复杂的信息，要去伪存真，从现象中发掘本质；切勿单一、片面地看待问题，要分析培训需求信息应该从知识、能力、态度的角度，或从组织、工作、个人等层次，用联系的观点来分析。

二、分析培训需求的技术方法

（一）现场观察法

1. 观察法的缺陷：容易被观察者意识到自己被观察。这样，他们的一举一动可能会与平时不同，可能会比平时表现更差或更好，这就会使观察结果产生很大的偏差。

2. 注意事项：在时间允许的情况下，观察时应该尽量隐秘并进行多次重复观察，这样有助于提高观察结果的准确性。

（二）问卷调查法

1. 问卷形式：开放式、投射性、强迫选择、等级排列。

2. 问卷法的优点：调查面广，资料来源广泛，搜集信息多，时间和金钱的花费较少。

3. 问卷法的缺点：间接获得调查结果，一旦有疑问，无法当面澄清或证实；信息易流于表面化。为避免这些缺点，可请公共关系专家或统计专家进行指导。

4. 实施问卷法的程序，见图 8 –9。

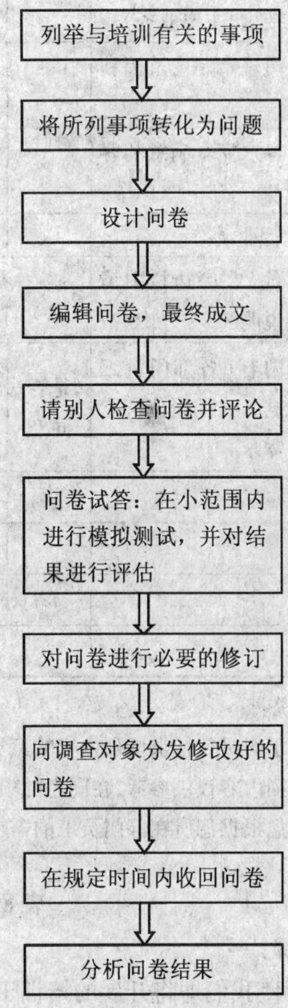

图 8 –9　实施问卷法的程序图

5. 采用问卷法的注意事项：

- 尽量取得答卷者的信赖，努力消除他们的种种顾虑，使所得资料更为真实。
- 每个题目只问一个问题，避免在一个题目中要求答卷者表示两个以上的意见。
- 设计的问题应保证答卷者能够正确理解其含义并作出有效回答。
- 问题的形式以选择式答题为主，开放式为辅。
- 将填写说明写于问卷的醒目位置，如在开头或结尾进行明确指示，便于答卷者明确答卷，防止出现无效答卷。

表 8－14 是培训需求调查表的举例，表 8－15 培训前行为分析表是为了比较培训的效果。

表 8－14　培训需求调查表

部门：　　　　　　　　　　　　　　　　　　　　　　　　　填表日期：　　年　　月　　日

培训类别	培训内容（各部门员工可根据各自的岗位特点提出需求）	是否同意	参加人员			培训方式				
			自愿参加	指定人员参加	部门全体员工参加	课堂授课	在实践中演示	标杆	座谈提问	其他（请说明）
公共教育	1. 公司简介（发展史、组织结构、主要业务）									
	2. 公司规章制度及福利待遇									
	3. 让客户完全满意和客户驱动									
	4. IT 行业动态									
	5. 其他（在旁边栏中请详细说明）									
专业知识	培训内容（各部门员工可根据各自的岗位特点提出需求）	是否同意	参加人员			培训方式				
			自愿参加	指定人员参加	部门全体员工参加	课堂授课	在实践中演示	标杆	座谈提问	其他（请说明）
	建议									

填表说明：

1. 用于向员工征求培训内容的意见，以加强培训的针对性。
2. 所列内容仅供参考，在同意的项目栏中打“√”，还可以列出自己需要的内容，若篇幅有限，可以另附纸说明。
3. 请您根据您所在部门员工的需求填写此表。

表 8－15　××公司员工培训前行为分析表

_______部：

为了使我们即将开展的培训工作更有针对性，同时便于培训结束时对比分析，现将《员工培训前行为分析表》发给你们，请你们给每一位即将参加培训的职员打分，问题越严重的分值越高，每一项中 5 分为最高，1 分为最低。

谢谢合作！

人力资源部

年　　月　　日

填表日期：　　年　　月　　日

评价内容		评价分值	实际评分
工作态度	无故缺席、迟到、早退的情形增加	5 4 3 2 1	
	上班时间沉浸在娱乐场所	5 4 3 2 1	
	工作的内容不变，业绩却急剧下降	5 4 3 2 1	
	有事外出，碰到紧急要事却联络不上	5 4 3 2 1	
	热衷于兼职或副业	5 4 3 2 1	
交友、生活态度	私人的访问变多	5 4 3 2 1	
	很多私人的电话	5 4 3 2 1	
	突然变得奢侈，挥金如土	5 4 3 2 1	
	未经报告上司而接受别人的招待	5 4 3 2 1	
	有花边新闻或家庭不和的传言	5 4 3 2 1	
金钱、物品的处理	没写出货单就出货	5 4 3 2 1	
	没写退货单就处理退货	5 4 3 2 1	
	申请费用时，没有收据的情形很多	5 4 3 2 1	
	伪造收据的日期或金额	5 4 3 2 1	
	销售的折扣或更改价格的理由不正当	5 4 3 2 1	
抱怨	顾客对业务活动抱怨增多	5 4 3 2 1	
	怀疑给顾客的回扣是否合理	5 4 3 2 1	
	应收账款未收回是不正常的状况	5 4 3 2 1	
	负款人发牢骚	5 4 3 2 1	
	是否挪用收回的款项	5 4 3 2 1	
个人谈话或传言	经常扬言说要辞职	5 4 3 2 1	
	谈话中透露为借钱而苦恼	5 4 3 2 1	
	参与赌博	5 4 3 2 1	
	有敲诈顾客的传言	5 4 3 2 1	

填表人：　　　　　　审核人：

填写说明：

此表可以用于收集并分析培训需求，也可以用于培训结束时对比分析。

由部门主管填写。

（三）关键人物访谈法

关键人物访谈法可按图 8－10 所示流程进行。

（四）小组讨论法

小组讨论法可按图 8－11 所示流程进行。

（五）记录报告法

记录报告法包括：组织的图表、计划性文件、政策手册、审计和预算报告、工厂记

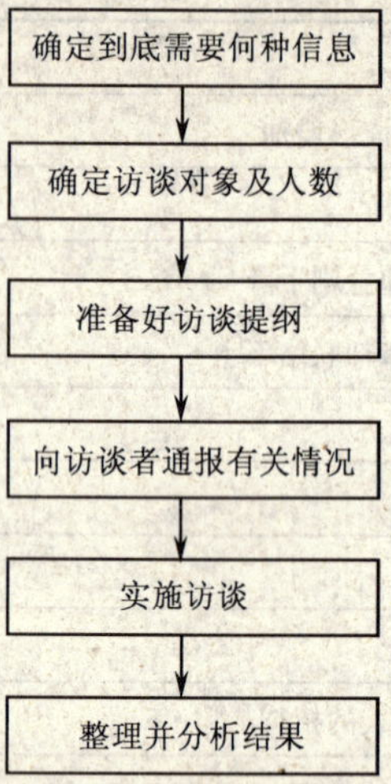

图 8－10　访谈法实施程序图

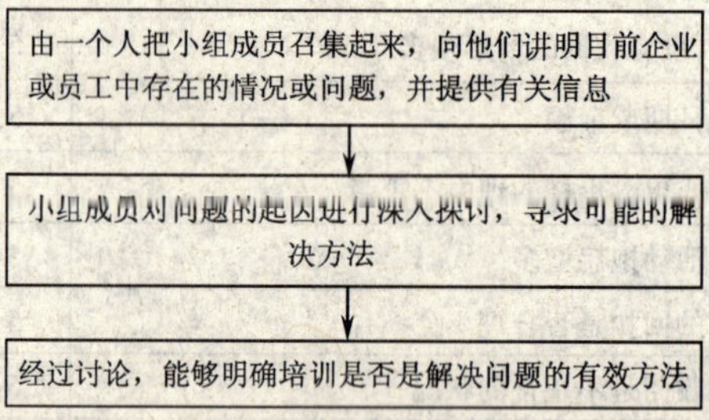

图 8－11　小组讨论法的实施步骤

录、日程安排、工作日志、采购订单、进度报告、数据分析、伤亡报告、录音电话记录等。

记录报告法的优点是：操作简便，能为分析麻烦问题提供极好的线索。

（六）全面性分析方法

全面性分析方法是通过对组织及其成员进行全面、系统的调查，以确定理想状况与现实状况之间的差距，从而确定是否进行培训，进而确定培训内容的一种方法。全面性分析方法的流程如图 8－12 所示。

全面性分析方法的优点是：提供了许多新的信息资料，对已有资料也十分看重。

全面性分析方法的缺点是：耗费较多的资源和时间；相对于工作变革的发展速度，其反应明显不及时。

（七）培训需求的绩效差距分析方法（问题分析法）

培训需求的绩效差距分析方法主要集中在问题而不是组织系统方面，其推动力在于解决问题而不是系统分析。该方法被广泛采用，非常有效。该方法实施的程序如图 8－13 所示。

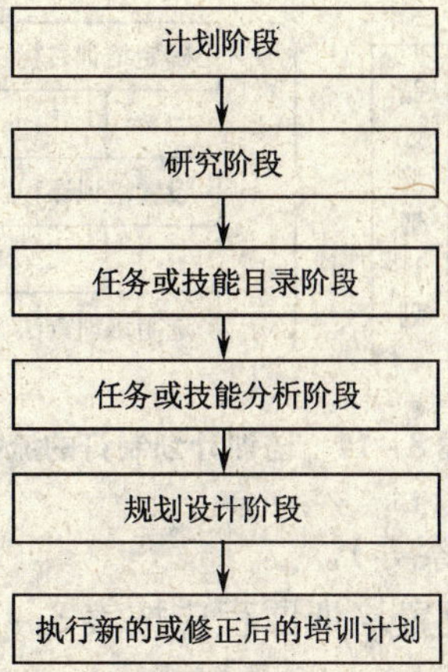

图 8－12　实施全面性分析方法的程序图

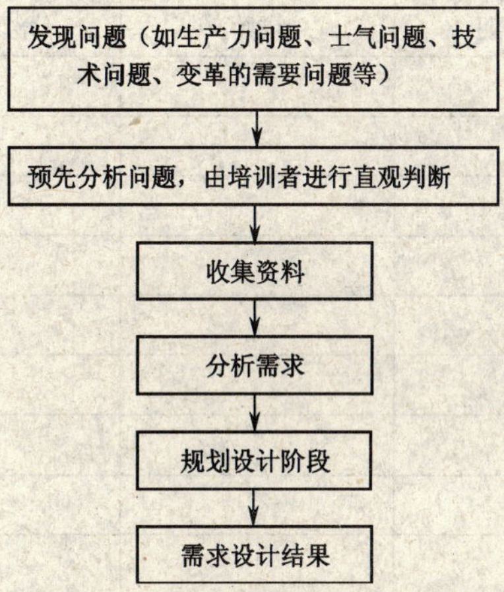

图 8－13　培训需求的绩效差距分析法的实施程序图

第三节　制订培训计划

一、培训计划制订的流程

培训计划的制订通常采用如下三种方法：培训计划会议、部门经理沟通和领导决策。制订培训计划按图 8－14 所示流程进行。

步骤一：确定培训目标。即确定受训者在培训后应发生怎样的变化。通常以掌握新知识或新技能为目标。

培训目标的种类：技能目标、知识目标、态度目标、工作表现目标、企业目标。

确定培训目标应坚持如下原则：明确而具体、富于挑战性、要有子目标（如培训者

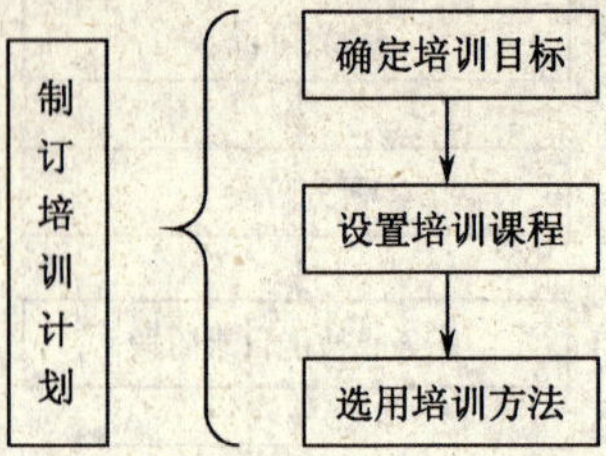

图 8－14　培训计划制订的流程

的评价、工作样本测验、阶段考察等）。

步骤二：设置培训课程。设置培训课程应按表 8－16 所示的方式，确定各个要素。

表 8－16　员工培训课程安排表

单位名称：　　　　　　　　　　　　　　　　　　　填表日期：　　年　　月　　日

培训课程名称	培训日期	讲师	培训对象	备注

填表人：　　　　　　　　　　审核人：　　　　　　　　　　批准人：

填表说明：

此表是企业安排员工培训的简表，由培训专员填写，人力资源部经理审核。因篇幅有限，必要时可另附纸说明，此表在人力资源部存档。

步骤三：选用培训方法

常用的培训方法如表 8－17 所示。

表 8－17　员工培训方法比较表

培训方法	操作阐释	培训对象	培训师	适用范围
单项工作检查	用说明书让受训人按部就班地去做	所有员工	直接上司	强化目标管理广泛适用于各岗位

续表

培训方法	操作阐释	培训对象	培训师	适用范围
头脑风暴	自由讨论,强调创新,而非理性分析	中、高层领导	中、高层领导	经营决策、技术创新
分组讨论	以5~10人为一组围绕主题讨论	所有员工	部门领导	征求意见,对某一问题达成一致意见
个案研究	利用书或影片,讨论完整的案例	管理人员	管理专家	提高管理人员分析问题、解决问题的能力
临床实验	以会议的形式分析特殊问题的解决途径	管理人员或技术人员	高层管理者或技术专家	提高技术人员、管理人员分析问题、解决问题的能力
专家讨论	受训人向“专家”咨询	中、高层管理人员	外聘专家	决策咨询、拓宽决策者的知识面
演示示范	由演讲人实际操作演示过程	基层员工	企业内部培训师	基本技能和基本知识的培训
现场参观	组织访问团到成功企业或科研机构现场观摩学习	高层领导、中青年骨干员工	成功企业	学习新经验、新技术
角色扮演	受训人员扮演假想角色,通过实际操作来培训	根据讲演主题确定受训对象	企业培训师、咨询专家、管理顾问	公文处理、业务技能、安全教育等多种培训均适合此法
讲座	有针对性地请人对受训人员作口头陈述	根据讲演主题确定受训对象	依演讲主题确定培训师	企业文化、新思想、新概念、新实践的传播
设立副职	设立副职对有前途的员工进行实践培训	拟予晋升的员工	直接上司	职务晋升前的准备培训
职务轮换	对受训人员进行职务轮换,以期获得丰富的工作经验	长期培养的员工	人力资源部	着眼于企业的长期发展,培养全能型人才
拟采取培训方法				

在制订培训计划时,应针对不同的培训对象选取不同的方法。下面列出几种常用的培训方法及其应注意的事项。

案例研究培训方法:

- 培训环境必须为受训者提供机会,让他们自己去准备并讨论自己对于案例所作的分析;
- 安排受训者之间进行面对面的沟通或者通过电子邮件进行沟通;
- 要求学习者能对案例进行分析并且有充足的理由来证明自己的观点;
- 案例通常是企业实际问题,问题没有“对”或“错”的答案。

课堂讲授培训方法:对教师水平要求较高;受训者要积极参与;在课堂讲授要引用较多例子;练习要多。

游戏培训方法：游戏培训方法比较特殊，因为游戏培训是通过与受训人作游戏的方式给受训人灌输知识，加深他对抽象理论的理解或体验以达到培训的目的，所以必须精心设计培训的游戏。首先要制定培训游戏规则的范文和一个培训游戏的实例，作为实施游戏培训方法的参考。示例8－7是一个培训游戏规则的实例，示例8－8是一个培训游戏的实例。

[示例8－7]

培训游戏规则

第一条　目标

根据企业不同的培训需求，设计或选择相应的培训游戏，让受训人员在游戏互动中体会团队精神、创新性等。

第二条　原则

1. 培训游戏要服务于企业文化和经营哲学，在设计和挑选游戏时，要以企业文化和经营哲学为中心。

2. 培训游戏要与企业的整个培训体系融为一体。

3. 重视培训师与学员的互动。

第三条　实施程序

1. 培训师向受训人员宣布游戏规则。

2. 根据学员对游戏规则的理解程度向学员提问，对疑问处逐一解释清楚。

3. 在游戏进行过程中，培训师通过观察，如发现偏离游戏规则的情况，应通过提问确认情况，及时辅导。

4. 在游戏阶段性小结以及游戏结果的分享时进行小组讨论。小组讨论由组长来引导并把时间控制在10～20分钟内。同时，由专人用大白纸或投影片进行要点记录，以便大组分享。

5. 一般在小组讨论之后进行大组分享。让每个小组派代表上台演讲小组的讨论结果，时间大约为每人3分钟。对演讲精彩处，应给予掌声鼓励，对演讲的闪光点，应加以发挥和总结。大组分享交流时需注意要点提炼和时间的把握。

6. 在游戏结束分享时，培训师通过向学员提问事先设计的问题，让学员自己领悟答案，即让学员用自己的话说出他们应学到的内容。

第四条　角色扮演的程序

1. 培训师事先准备好角色说明书。

2. 角色的产生。一般用主动报名方式，不宜采用培训师点名的方式，以避免出现尴尬场面。

3. 角色产生后，培训师酌情给予各角色必要的辅导。

4. 角色扮演者作几分钟的简短准备。

5. 进行角色扮演。在这个过程中，由观察员观察结果。在有条件的场所，还可以把角色扮演的过程，用摄像机拍摄下来。让扮演者自己看总结。

6. 表演结束后，先由表演者自己谈感想，然后由观察员给予赞赏性和建设性两方面的反馈。

7. 由讲师进行总结性辅导。

第五条　附则

1. 培训游戏的进行，应以尽量不影响工作为原则。

2. 本制度呈总经理核准后颁布实施，修改时亦同。

××公司人力资源部

××××年××月××日

[示例8-8]

培训游戏举例

团队游戏——集体智慧
* 形式:集体参与 * 时间:10~20分钟 * 材料:无 * 场地:不限 * 应用方面: (1)团队协作 (2)创造性地解决问题 (3)交流技巧 (4)活跃现场气氛
目的 1. 在团队完成游戏过程中，体会团队合作的重要性。 2. 在学员锻炼自己的应变能力的同时，达到活跃现场气氛的目的。
程序 1. 请大家一起编一个故事，每人一次说一个词。提示:每个人都必须尽可能选择那些有趣的、新颖的词。 2. 选一个志愿者给大家演示一下。主持人和志愿者一起虚构一个以“很久以前”开头的故事。 (1)主持人首先开始，说“很久”，接着让志愿者说下一个词(“以前”)。这样每人轮流说一个词，直到得到一个正常的故事结尾。 (2)用“这个故事的寓意是……”作为故事的结尾，主持人和志愿者轮流说出一个词，提出一个有深刻意义的结尾。 3. 现在重新开始讲一个故事，并先提一个新要求，这次说的词必须满足下面的特点: (1)通俗易懂，要敢于说出单调、乏味的词。 (2)尽可能给前面的人说的词圆场。

续表

团队游戏——集体智慧
讨论(主持人要有意识地引导大家认识团队和团队协作方式的成效) 1. 你们注意到第一个故事与第二个故事有什么不同了吗？如果你们认为第二个故事更好,为什么呢？ 2. 是否有人曾有过这样的经历:看到大家利用集体的智慧提出了一个全新的、完全没有预料的方式方法,并很好地完成了任务——甚至会更加出色。如果有,请大家举手示意说说你们的感觉。 3. 从本游戏中所获得的这些知识对你的团队的运作有什么启示？当有人不同意或不理解你的想法时,你会怎么做？要对集体的智慧有信心——相信大家正朝着一个正确的方向前进,即使你们还没有看到它。在这些方面,你们学到了什么？ 4. 如果每个人都努力使他人感觉良好,为他人着想,你的团队会发生什么变化？
总结与评估 1. 一个优秀的团队不可缺少的部分就是合作精神,而合作精神最重要的就是要注意听取他人的意见——像对你自己的想法一样,给予他人的想法和念头足够多的关注。整个团队也许最终决定采用你的想法,但是在集体讨论会上这不是最重要的,最重要的是要注意听团队中其他成员的发言。 2. 从另一个角度来看,如果你能够提出自己的见解,那你就是一名优秀的集体讨论参与者。切忌把这些想法放在心里,不说出来。 3. "集体智慧"游戏实际上并不限人数,可以在任意大小的房间内进行。玩游戏时,大家最好站成一个圈,如果像剧院或教室那样的环境,大家可以围坐在圆桌旁。在这些情况下,主持人要在学员之间走动,轮到谁说时,可以提醒他一下。 4. 要求学员说的时候尽量大声,尽量清晰！如果他们不是面对面,主持人就有必要把每个词重复一下,以便他人能够听到。 5. 游戏应该保持较快的节奏,这样参与者更容易跟上故事情节和集中注意力。

行为模仿培训方法：通过演示、电影或录像等来提供有关知识或技能的示范,受训者观察并模仿示范的行为,并由培训人及时反馈。如培训流程图 8－15 所示。

程序化教学培训法:程序化教学培训方法是指在没有培训人员的情况下,利用教材或计算机来进行培训的方法。

- 培训实施前确定好培训目标和要求；
- 使受训者自愿组成小组；
- 选择那些心理承受能力较强的人参加；
- 慎重地选择有能力的培训师；
- 必须对所有可能参加培训的人介绍培训的目的和方法。

其他培训方法：其他培训方法还有在职培训、远程培训、情景模拟等。

二、培训计划的内容

培训计划的内容一般包含如下要素:培训名称、培训目标、培训内容、培训方式、培训师、培训对象、培训场所、培训用具及教材、费用预算等。但对于某些特殊情况,也可以只将可能出现异议的要素列举出来。如示例 8－9 列出的项目开发培训方案就只把

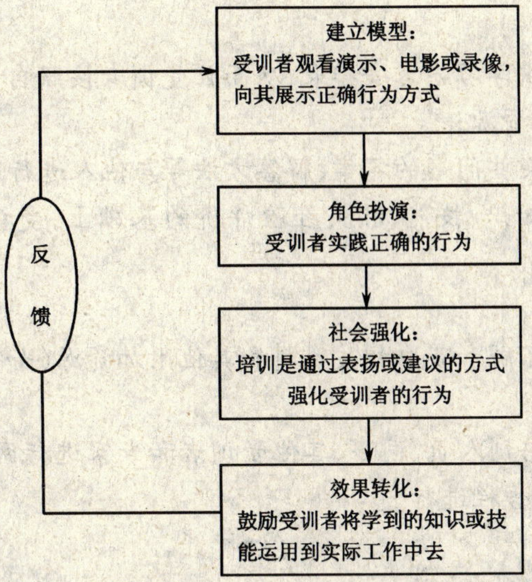

图8－15　行为模仿的培训流程

培训目的、培训内容、资源共享等罗列出来，并且对可能产生的资源技术私有现象作出了明确的否定。

［示例8－9］

××公司网络培训项目设计方案

一、项目开发培训要求

1. 培训目的是提高公司整体项目开发工作的绩效；

2. 项目的开发应以对受训者的需求、技能、知识和工作环境分析为基础；

3. 使用音乐、图表、图画、动画和录像等应以促进学习而又不会产生副作用为原则；

4. 培训内容要与现实紧密结合；

5. 要对终端用户（经理、潜在的受训者、专家）进行开发项目的检测培训；

6. 要通过员工和专家来提供与内容相关的案例、练习及作业。

二、成效指导

1. 受训者拥有练习的机会，并能通过问题、练习、作业和测试来获得反馈；

2. 项目中要加入对学习结果的评估；

3. 通过真实的案例来阐明抽象的概念；

4. 要让受训者了解在工作中运用培训成果将会遇到的障碍，以及克服这些障碍的方法；

5. 要通过多种案例、练习和实践来达到培训目标。

三、学习者自行控制

1. 要为受训者提供学习内容安排表，从而让受训者按照自身的需求自行控制培训进度，便于其了解其他资源；

2. 受训者可以就某些问题的答案、解答方法等与他人进行比较；

3. 在对受训者的知识、技能、相关经验评价的基础上，受训者可以选择在任何时间、地点接受培训。

四、资源链接

受训者可以充分了解和获取相关资料和其他附加资源(如图、表及其他网址)。

五、培训共享

受训者有机会同培训人员、同事、其他受训者和专家进行网上沟通，这些可以通过电子信箱、聊天室或公告栏进行。

[示例8－10]

培训计划示例

团队精神培训

培训目标与要求：

通过培训，改进员工之间的关系及其对企业的认识，提高工作效率，促进个人目标与企业目标统一，充分发挥团队精神。

培训内容：

(1)团队的角色、关系及其任务；

(2)领导、影响及决策方式的选择、评估；

(3)内部矛盾及危机的化解、处理；

(4)个人与团队的关系。

培训重点：如何认识及改善个人与团队之间的关系

培训时间：2天。

培训对象：

企业(公司)副总经理(厂长)及其所属的下一级主管人员、部门主管及其所属的下一级主管人员。

培训教师：咨询顾问师。

表8－18～表8－30是培训工作中常用的表格。

表 8－18　在职员工培训计划表

单位名称：　　　　　　部门名称：　　　　　　填表日期：　　年　　月　　日

培训名称		培训时间	自　　年　月　日　至　　年　月　日
培训课程时数		培训负责人	
项目	培训时间	负责人	起止时间
参加人员（共　　人）			
部门	职务	姓名	备注
费用预算		每人分摊费用	
部门意见			
领导意见			

填表人：　　　　　　审核人：　　　　　　批准人：

填表说明：

此表用于安排员工培训工作计划，由培训专员负责填写。培训中若有新增加内容，可在备注栏添加。此表在人力资源部存档。

表 8－19　在职员工培训计划表

单位名称：　　　　　　部门名称：　　　　　　填表日期：　　年　　月　　日

<table>
<tr><td colspan="2">培训名称</td><td></td><td>课程编写</td><td></td></tr>
<tr><td colspan="2">项目</td><td>举办日期</td><td>培训对象</td><td>参加人数</td></tr>
<tr><td colspan="2"></td><td></td><td></td><td></td></tr>
<tr><td colspan="2"></td><td></td><td></td><td></td></tr>
<tr><td colspan="2"></td><td></td><td></td><td></td></tr>
<tr><td rowspan="6">培训费用</td><td>项目</td><td>预算金额</td><td>实际金额</td><td>备注</td></tr>
<tr><td>课时费</td><td></td><td></td><td></td></tr>
<tr><td>教材费</td><td></td><td></td><td></td></tr>
<tr><td>实验费</td><td></td><td></td><td></td></tr>
<tr><td></td><td></td><td></td><td></td></tr>
<tr><td></td><td></td><td></td><td></td></tr>
</table>

续表

培训检讨及呈核	学员意见		
	讲师意见		
	财务部		

填表人：　　　　审核人：　　　　批准人：

填表说明：

此表用于安排员工培训工作计划，着重突出培训费用。由培训专员负责填写，一式两份交财务部和人力资源部。培训中若有新增加内容，可在备注栏添加。

表 8－20　员工培训计划表

单位：　　　　编号：

工号	项目		培训类别						备注
	姓名	工作类别							

批准人：　　　　审核人：　　　　拟订人：

表 8－21　培训工作年度计划表

单位名称：　　　　部门名称：　　　　填表日期：　年　月　日

培训班名称		本年度培训次数		培训地点		培训师	
培训目的					预算费用		
培训对象		培训人数		培训时间		主办单位	
预算费用							
培训目标							
培训性质							
培训科目	科目名称	授课时数	教师姓名	教学大纲	教材来源	备注	

续表

<table>
<tr><td rowspan="1">培训方式</td><td colspan="3">1. 上课实习同时进行：每日上课　小时，实习　小时
2. 上课实习分别进行：上课　周(月)，每日　小时
3. 全部培训时间在现场实习：每日　小时
4. 讲授方式：□讲课　□座谈　□讨论</td></tr>
<tr><td rowspan="4">培训进度</td><td>周次</td><td>主要培训内容</td><td>备注</td></tr>
<tr><td></td><td></td><td></td></tr>
<tr><td></td><td></td><td></td></tr>
<tr><td></td><td></td><td></td></tr>
</table>

填表人：　　　　　　　　　　　　　　　　　　　　　　审核人：

填表说明：

1. 此表是一种比较详尽的企业培训计划表，用于安排企业年度培训工作。

2. 此表由培训专员填写，因篇幅有限，必要时可另附纸说明，在人力资源部存档。

表 8－22　年度培训计划汇总表

<table>
<tr><td>部门</td><td>班次</td><td>人数</td><td>时间</td><td>费用(元)</td><td>备注</td></tr>
<tr><td></td><td></td><td></td><td></td><td></td><td></td></tr>
<tr><td></td><td></td><td></td><td></td><td></td><td></td></tr>
<tr><td></td><td></td><td></td><td></td><td></td><td></td></tr>
<tr><td></td><td></td><td></td><td></td><td></td><td></td></tr>
<tr><td></td><td></td><td></td><td></td><td></td><td></td></tr>
<tr><td colspan="2">人力资源部</td><td colspan="2">主管</td><td colspan="2">经办</td></tr>
<tr><td colspan="2"></td><td colspan="2"></td><td colspan="2"></td></tr>
</table>

表 8－23　团体培训申请表

<table>
<tr><td>培训名称</td><td></td><td>时间</td><td></td></tr>
<tr><td>培训执行人</td><td></td><td>培训地点</td><td></td></tr>
<tr><td>受训部门</td><td></td><td>培训方式</td><td></td></tr>
<tr><td colspan="4">预定参加人员</td></tr>
<tr><td colspan="4"></td></tr>
<tr><td colspan="4">培训目标</td></tr>
<tr><td colspan="4"></td></tr>
</table>

续表

培训内容及课程概述						
培训所需经费预估						
审核	姓名	日期	姓名	日期	姓名	日期

表 8－24　在职培训费用申请表

申请单位	受训人员	人员代号	科目	教材费	培训费	食宿费	总计(元)	备注
财务部			人力资源部			单位		

注:本表一式三联:第一联本单位留存,第二联人力资源部留存,第三联财务部留存。

表 8－25　培训课程报表

单位名称:　　　　　　　　　　部门名称:　　　　　　填表日期:　　年　　月　　日

培训项目名称		学习资料		预期目的	
培训对象		培训讲师		培训期限	
培训内容		说明		备注	

填表人:　　　　　　　　　　　　　　　　　　　　　　审核人:

填表说明:

1. 此表用于企业对培训工作进行计划,由培训专员填写,人力资源部负责人审核。

2. 因篇幅有限,必要时可另附纸说明。

表8-26　新员工岗前培训安排表

单位名称：　　　　　　　　　　部门名称：　　　　　填表日期：　　年　　月　　日

所属部门		新员工数量		
新员工职位		上岗日期		
培训项目				
一单元	1. 培训计划简介			
	2. 工作环境简介			
	3. 公司简介			
二单元	4. 公司历史、精神、经营理念和未来发展			
	5. 公司组织结构说明			
三单元	6. 各级主管自我介绍			
	7. 员工自我介绍			
四单元	8. 作息及签到规则			
	9. 休息和用餐规则			
	10. 服饰礼仪和接待规定			
	11. 办公自动化使用规定			
	12. 休假和加班规定			
	13. 奖罚规章制度			
	14. 主要财务制度说明			
	15. 差旅出差规程			
部门本职位工作内容介绍：				
备注				

填表人：　　　　　　　　　　　　　　　　　　　　　　审核人：

填表说明：此表用于安排将从事某部门中某个职位的新员工的岗前培训工作，由培训专员负责填写，培训中若有新增加的内容，可在备注中添加。此表在人力资源部存档。

表8-27　员工外部培训申请表

单位名称：　　　　　　　　　　部门名称：　　　　　填表日期：　　年　　月　　日

姓名		工号		部门		职位	
课程名称：				培训费	元		
				交通费	元		
				住宿费	元		
主办单位：				膳食费	元		
				杂费	元		
				……	元		
培训地址：				合计	元		
申请理由：							

续表

课程内容	名称	开始日	结束日	学费
备注				

填表人： 部门经理： 总经理：

填表说明：此表用于员工申请外部培训，一般由申请员工自行填写，经本部门同意，向人力资源部报批。重要岗位员工的外部培训，须经总经理批准。

表8－28 员工外部培训申请表

姓名		部门		职位	
受训机构		受训课程			
备注					
申请说明					
我个人希望参加上述机构所举办的培训，培训课程如下，所需经费希望由公司负担，此项培训一定能使我未来的工作效率有所提高。其中课程培训时间如有改变，我必依照公司规定通知有关部门。期间如果本人触犯公司规定，愿意由公司扣除本人薪水以抵公司代付的学费。					
课程内容	名称	日期起	日期止	学费	
审核	姓名	日期	姓名	日期	

表8－29 员工外部培训保证书

单位名称： 部门名称： 填表日期： 年 月 日

姓名		职位	
培训时间		主办单位	
培训地点		使用资料	
保证内容： 签字： 年 月 日			
所在部门意见	签字： 年 月 日		

续表

人力资源部意见	签字： 年 月 日

填表人： 审核人：

填表说明：

此表用于员工外部培训之前向企业作出保证或承诺。

请根据所在部门的具体情况，填写此表。因篇幅有限，必要时可另附纸说明。

表8-30 员工分层培训方式比较表

单位名称： 部门名称： 填表日期： 年 月 日

分类标准	受训人员分类	方法	特点	拟采用的培训方式
按层次划分	高层员工	适时培训法	适时、研究、决策咨询	
	中层员工	目标培训法	解决问题、实现目标	
	基层员工	入模子培训	基本知识与概念、“三基培训”（基本理论、基础知识、基本技能）	
按质量划分	优秀员工	激励性培训	内训与外训相结合，重视外训	
	合格员工	提高性培训	重在提高工作效率	
	不合格员工	纠错性培训	具体、实用	
按岗位划分	在岗员工	适应性培训	重在规章和知识培训	
	转岗员工	持续性培训	重在技能和观念更新	
	待岗员工	集中性培训	“两结合”：规章与知识结合；技能与观念更新结合	
（建议栏）				
备注				

填表人： 审核人：

填表说明：

此表用于企业确定培训方式时征询意见、呈报审核时使用，确定培训方式时一定要注意因企业而异，因岗而异。

制订培训计划的原则和注意事项：

培训计划制订应以培训需求、部门工作计划、企业发展目标、可以支配的资源以及员工素质结构为依据。其中，员工素质结构包括：知识机构、专业结构、性别结构、年龄结构、部门结构、职务结构、管理权限和性格结构。

制订培训计划的注意事项：

- 让员工参与设计和决定培训计划。
- 让管理者参与制订培训计划。
- 需要考虑员工的时间是否配合培训的时间计划。要准确预测培训所需时间以及该时间内员工调动是否影响组织的运作。

- 节约成本。

撰写培训策划书的注意事项：

- 简单明了。
- 大胆描绘实施该培训计划后企业的未来蓝图，以打动领导的心，使其支持该培训计划。
- 对于一个培训计划，要同时作出几个策划方案，"别把所有的鸡蛋放在一个篮子里"。
- 突出重点，切勿面面俱到。

三、如何制定培训预算

（一）培训费用分析表的制定

表 8－31 是培训费用分析表的举例。

表 8－31　××公司培训费用分析表

计划编号：

一、分析要素
1. 每 1 工作小时所需的管理费用 2. 每 1 工作小时的设备装置费用 3. 其他费用
二、分析发展
1. 分配给____元/工作小时给专家(a) 2. 分配给____元/工作小时给助理(b) 3. 估计专家分析的时间________小时(c) 4. 估计助理分析的时间________小时(d) 5. 估计专家分析费用(a×c) 6. 估计助理分析费用(b×d)7. 旅游支出费用 8. 辅助和资料费 9. 咨询商议费用 10. 其他开支 全部估计费用：
三、资料和交通、住宿
1. 资料费 2. 机票、车船费用 3. 住宿费用 4. 招待费用 5. 其他开支

培训费用分析表是为了尽量准确地预算培训工作可能发生的各种费用，而对各种因素进行的分析。

培训费用分析表包含的必备要素：分析因素、分析发展、资料和交通等。

编写培训费用分析表的注意事项：

- 分析要素应列全，不能有遗漏；
- 分析要全面；
- 标明计划书编号及其名称。

（二）培训成本分析表的制定

表 8－32 是企业人力资源投资成本分析表的举例。

表 8－32　企业人力资源投资成本分析表

部门名称：　　　　　　　　　　　　　　　　填表日期：　　年　　月　　日

工作岗位	投资			成本								投资成本分析
	预计投资额		实际投资额	获得成本		开发成本			离职成本			
	实际成本	应付成本	总成本	招聘	选拔	录用	在职培训	专业培训	离职管理	离职补偿	效率损失	

填表人：　　　　　　　　　　　　　　　　　　　　审核人：

1. 培训费用的构成：

- 受训员工的工资；
- 受训人员交通、饮食及其他各项开支；
- 受训人员因参加培训而减少工作的损失；
- 购买或租用器材、场地、教材及训练设备的费用；
- 负责培训的管理人员和主管的工资和时间；
- 外聘讲师、教师、演讲者、培训机构的酬劳。

2. 企业收回培训投资的方法：

（1）培训前收回投资。在培训开始前，从员工薪酬中扣除培训费用。该方法可以最大限度地降低企业的培训投资风险，并迫使员工主动参加培训。

方法一：制定企业的薪酬政策时，将员工薪酬的一部分划为培训费用。员工的薪酬水平越高或者在职时间越长，培训费用的积累就越大。该政策同时保证了骨干员工和工作稳定的员工在培训方面的优先权。

方法二：将员工年终奖励的一部分划为培训费用，在第二年培训时使用。该方法保证该企业中业绩突出的员工优先得到培训。

方法三：先由员工个人承担培训费用，企业根据培训效果决定是否为员工报销。该方法对员工有很强的约束性。

（2）培训时收回投资。例如，向试用期内的新员工支付试用期薪酬。在试用期内，企业要通过岗前管理培训、岗前技术培训、工作指导等培训方式使员工的知识和技能更快地适应新岗位的要求。试用期薪酬与相同岗位正式薪酬的差异就是新员工为试用期培训所支付的费用。

（3）培训后收回投资。这是很多企业常用的方法，但是风险较高。企业与员工签订培训协议，在协议上明确规定，受训员工只有在企业工作满若干年后，才能离开公司，否则需要按比例补偿企业的部分培训费用。

（三）制定培训预算的方法

制定培训预算的方法有两种。一种方法是企业先制订培训计划，根据计划的要求推算出培训预算，然后再根据企业的实际承受能力，对预算进行调整。这种方法的操作流程如图 8－16 所示。

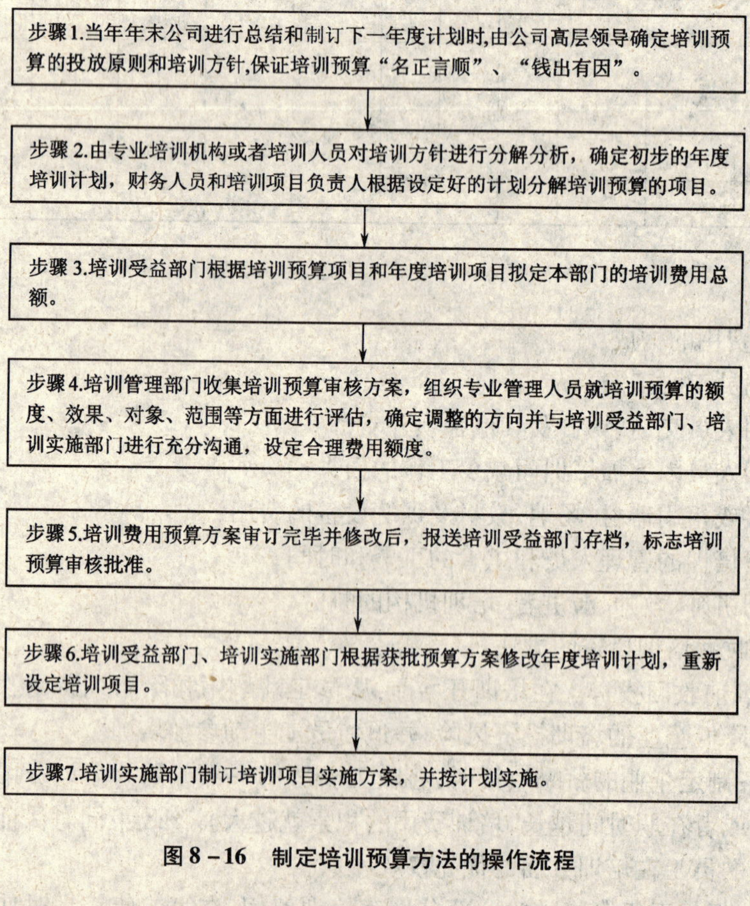

图 8－16 制定培训预算方法的操作流程

另一种确定培训预算的方法是企业事先划定培训预算的范围，比如，按企业上年度纯利润的5%计算，或者按人均1 000元/年计算等，人力资源部要根据企业既定的培训预算来制订培训计划。该方法的重点是确定培训预算的额度。

制订培训预算方案应注意的事项：

- 严格执行已经被通过的预算。加强对预算项目的监控。
- 避免过繁过细。预算过繁过细会导致各职能部门缺乏应有的调整余地。
- 保持灵活性。实施预算的过程中，可根据当时的实际情况进行检查、修订和调整。

第四节 培训的实施

一、实施前的准备工作

实施前的准备工作包括：编写培训准备工作要点和培训准备工作检查表，以使准备工作依序进行。

编写准备工作要点时应注意以下几点：

- 明确培训计划的重要性；
- 安排好各门课程的讲师；
- 阐明讲义资料的种类及制作原则。

示例8－11给出一个培训准备工作要点的案例，以资参考。

[示例8－11]

××公司培训准备工作要点

一、教学计划的重要性

（一）增强讲师对授课内容的自信。讲师的自信心是影响教学成功与否的重要因素。制作教学计划、教学内容或实例引用的检查、资料的收集等过程都会增强讲师的自信心。

（二）保障在预定的时间内达到培训的目的。考虑内容和重点的组成，减少多余和不相关的话题，明确地强调重点，使听讲者获得培训目标所要求的系统知识。

（三）控制授课时间。内容和实例引用可以分开来，以实例引用来调整时间。

（四）可以应用在各种对象上。做成一次教学计划后，以后的授课也可以再使用，实例引用略作改变的话，也可以应用到别的授课上。

（五）有利于讲师的自我启发。制订教学计划时，必须作充分的准备。对内容融会贯通将有利于讲师的自我启发。

二、各部门主管担任的讲课题目

教学计划可以分为个人使用的和定型(指南)的两种计划。由讲师自己制订的计划属于个人用的教学计划。

下面以新进员工的教育为例来介绍部门主管的讲义内容,这是由讲师自己制订的教学计划。

(一)高级干部:致欢迎词,介绍公司的历史、公司的方针和理想、在同行业中的地位、经营思想等。

(二)总务经理:讲授公司的组织、人力资源管理及各项规定、就职规则、资历和薪水、劳资关系、就职合同。

(三)业务经理:讲授公司的经营活动、经营网络、商品构成、业务员心得、销售技术。

(四)生产经理:讲授公司的生产管理、研究开发体制、关于质量管理、生产部门的概要。

(五)教育部主管:讲授职业礼仪、待客礼节、电话礼仪、人际关系、公司活动心得、各种手续、命令报告、电脑技术等。

三、教学计划的制作顺序

(一)确定讲义目的。确定课程整体的结构和内容,明确教学重点和教学目的。

(二)决定授课题目(教学名称)。题目最好能清楚明白并具有弹性。例如,以"公司的生产管理"代替"生产管理体制的概要"。

(三)检查教材内容。要检查教材全部内容是否符合培训目的要求,并将重点项目列举出来。内容难易程度以是否能为听讲者接受为准,一般是稍微简单一点比较好。

(四)决定教学方法。以教材为主进行还是以边教边讨论的方式进行。

(五)选定教材和辅助工具。为了提高教育效果,使用辅助工具和教材是必要的。在制订教学计划时就必须决定要使用幻灯片或放映机,并作好相应的准备工作。

(六)设计教学的进行方式。设计教学的进行方式是整个教学计划的重心,所以必须多花一些时间来讨论。

(七)时间的分配。完成所有程序之后,最后就是计算分配时间,使整个课程能很顺利地进行。最好在课程结束前5分钟做总结,使时间不会显得太紧或过多。

四、教学计划书的写法

范围和每个项目都决定之后,最后就是填写教学计划书,可以将计划书当做是讲义的笔记。其写法如下:

(一)项目栏里写上讲座名称,训练栏里写上新进员工教育,或女性员工教育等名称。

(二)时间栏里写上所需要的时间,形式栏里写上授课或讨论,或是案例研究等形式。

(三)强调点栏里写上这次讲义中所强调的几点。

(四)内容按照每个要点、项目(细项)分类记入左边的栏里,中间栏写上说明。项目前面的数字是所需要的时间,和下一个项目之间要空一行。

(五)要强调的地方划红线。

(六)每个项目的举例写在右边空栏里,讲课时间多出来时可以利用这些举例来控制时间。

五、讲义资料的整理

完成教育计划的同时也要开始整理讲义资料。整理讲义资料有一些原则,为了提高教学效果,希望能照此原则来整理。

(一)资料的种类。资料分类的方法:有按照讲课目的来区分的,也有用颜色来区分的,主要是为了容易区别。

1. 整理资料,通常所谓的资料就是指整理资料,就是将讲义的要点或补充说明经过整理写出来的资料。包括分别写上所有讲义内容和只写重点的资料两种。

2. 课题资料,又称作业资料,是假设性案例或思考问题的资料,在授课过程中发给大家,当做习题。

3. 资讯资料,又称情报资料,主要是靠讲课无法完全说明的内容或专门用语的解说资料,用来补充讲课的不足,所以多在讲课前分发。

4. 摘要,所谓摘要就是只记下讲义的项目名称的资料,不写具体的内容,项目和项目之间可以记录讲义的内容,可以当作笔记簿兼资料。摘要也有资料之外的讲义目录的意思。

(二)讲义资料制作的原则。

1. 按照是在教学中使用,还是教学后当参考来决定内容的量与组合。

2. 教学中的资料最好是整理成一页。

3. 在上面写上标题或项目名,以40~100字左右的短文来进行说明。

4. 分项目来写,越简洁越好。

5. 资料不要在事前全部一次分发,说明的时候才分发。

6. 附上装订夹,便于大家保管。

表8-33 培训前准备工作检查表

部门名称: 填表日期: 年 月 日

培训课程名称		培训讲师	
培训地点		培训时间	
培训课前检查			
类别	检查项目	检查结果	备注
A	培训通知		
	培训协议		

续表

类别	检查项目	检查结果	备注
A	学员名单		
	教室钥匙		
	室内卫生		
	教学计划书		
	教材制作		
	教具		
	培训评估表		
	行动计划书		
B	笔		
	笔记本		
	投影笔		
	白板笔		
	白板		
	白板擦		
	订书机		
	打孔机		
	胶带		
	刀片		
	照相机		
	胶卷		
	数码摄像机		
	热水		
	纸杯/茶包		
	礼品/赠品		
	奖品		
C	教鞭		
	激光指示笔		
	麦克风		
	电视机		
	录放机		
	投影仪		
	幻灯机		
	海报		
	红布条幅		

续表

类别	检查项目	检查结果	备注
D	场地布置		
	住宿名单		
	餐饮		
	休闲娱乐位置		
	交通车		
E	培训师接送		
	培训师费用		

填表说明：

此表用于培训组织在培训课程开始之前对培训文件、培训场所、培训设备、后勤工作等的检查。由培训专员填写。

我们通过上面的培训前准备表的内容，可以总结出培训前的准备工作包括：起草培训通知书、起草培训协议书、选择培训场所、准备培训设备和培训的后勤工作。

（一）起草通知书的要素

1. 培训通知书的要素：培训课程，会晤安排，注意事项。

2. 培训通知书依功能划分，有“信息采集型”培训通知书和“信息发布型”培训通知书两种类型。

（1）“信息采集型”培训通知书是人力资源部为了获得各部门参加某项培训活动的人数而下发的通知，如示例8－12所示。

[示例8－12]

“信息采集型”培训通知书举例

××公司第八期员工基础素质培训通知

各部门：

我公司第八期员工基础素质培训即将开始，为搞好本次培训活动，请各部门于2008年3月10日前，确定本部门参加培训的人员，并汇总到培训助理王×处。

感谢您的配合！

人力资源部

××××年××月××日

附：课程说明

编写说明：

- “信息采集型”培训通知书的目的是通过下发通知，来获得需要的信息。
- 编写时的注意事项：要明确时间限制，要对培训项目有详细地说明，一般以附件的形式附录在通知的后面。

（2）“信息发布型”培训通知书。在对即将开始的培训活动有了统筹安排之后，就采取这种类型的通知书，将培训信息发布出去。示例8－13就是“信息发布型”通知书的举例。

［示例8－13］

××公司第八期员工基础素质培训通知

各位同事：

欢迎您参加公司第八期员工基础素质培训！

现将有关事项通知如下：

一、时间和地点

	项目	时间	地点
3月15日上午培训	签到	8:15－8:30	上课地点：大地会所二楼会议事 就餐地点：大地会所二楼餐厅
	上课	8:30－9:40	
	课间休息	9:40－9:50	
	上课	9:50－11:00	
	课间休息	11:00－11:10	
	上课	11:10－12:20	
	培训反馈	12:20－12:30	
	午餐	12:30－13:30	

（乘车路线：24，32，823，175；免费停车证请在大地会所一楼前台办理）

二、纪律要求

按时上下课，如有特殊原因不能参加或中途离开时，请向有关工作人员请假（名单见附件）。上课专心听讲，保持安静；关闭手机或调到震动位置。

保持环境卫生，上课期间请勿吸烟。

感谢您的配合！

人力资源部

××××年××月××日

附：参加培训人员名单

（二）起草培训协议书

培训协议书分为针对员工的员工培训协议书和针对培训公司的培训协议书两种。

1. 员工培训协议书。员工培训协议书中包含的要素：培训费用的支付说明、培训学习期限的说明、纪律要求、员工的待遇、福利规定、奖惩规定、违约、免责声明。员工培训协议书参见示例8－14和示例8－15。

[示例8－14]

××有限公司员工培训协议

甲方（单位）全称____________________

乙方（员工）姓名__________岗位__________

根据《中华人民共和国劳动法》和《中华人民共和国劳动合同法》等法律、法规的规定，经过甲乙双方平等协商，统一签订本协议，共同遵守执行下列条款：

一、甲方的责任权利义务

（一）甲方根据业务需要，自____年____月____日起至____年____月____日止，安排或同意乙方在____________________参加培训。培训费用（包括____________________）为____元，其中有甲方承担____元（本协议中货币单位均为人民币）。

（二）甲方保证乙方在培训期间享受规定的培训条件和各项待遇。

（三）甲方负责在培训期间与培训实施机构的工作协调、业务沟通，维护乙方的合法权益。

（四）甲方根据培训周期和培训费用支付情况有权要求乙方自培训结束后之日起在甲方指定岗位服务____年。

二、乙方的责任权利义务

（一）乙方在培训期间必须自觉遵守甲方有关规章制度和培训实施机构的各项管理规定，珍惜培训机会，勤奋学习，维护甲方的权益和声誉，不得作出有损甲方企业形象的任何行为，凡出现乙方由于言行举止损害到甲方的利益和声誉，甲方经过确认后有权中止乙方的培训，并要求乙方全额偿还培训费用。

（二）乙方在培训期间如违反培训实施机构的管理规定，应自觉接受甲方和培训实施机构的处理。乙方如中途退学，或被培训实施机构责令退学或取消培训资格的，乙方应承担向甲方偿还培训全额费用。乙方经过培训，若考核不合格或未取得相应资格证书，应向甲方偿还培训全额费用。

（三）乙方在培训结束后向甲方提供完整、翔实的培训报告，并有义务在公司内传授其学到的知识和技能。

（四）培训结束后，乙方必须按规定在甲方指定的岗位服务相应的年限。

（五）乙方在培训期间享受甲方规定的各项待遇。

三、乙方若违纪被甲方解除劳动合同，乙方应向甲方赔偿甲方所负担的全部培训费用作为赔偿金。乙方要求提前解除劳动合同，若争得甲方同意，可以不赔偿培训费用；若未争得甲方同意，则应向甲方赔偿所负担的全部培训费用。

四、约定的服务期长于劳动合同期限或超过劳动合同尚未履行期限的，甲乙双方应在本协议签订后七日内相应变更劳动合同等相关内容，劳动合同未变更或履行本协议发生劳动争议，根据国家有关规定处理。

五、本协议未尽事宜，国家和集团公司有规定的，按相关规定执行，国家和集团公司没有规定的，由甲乙双方协商后确定。

六、本协议作为劳动合同附件与劳动合同具有同等法律效力。

七、本协议一式两份，甲乙双方各执一份，自签字之日起生效。

甲方（签字）：　　　　　　　　乙方（签字）

年　月　日　　　　　　　　　　年　月　日

［示例8－15］

员工教育培训协议书

为了提高员工基本素质及职业技能，公司鼓励并支持员工参加职业培训。为确保员工圆满完成培训学业，并按时返回公司工作，公司与受训员工订立如下协议：

一、公司同意该员工赴______学习______，学习期自______年______月______日至______年______月______日，实计为期______。

二、受训员工应按公司指定或公司约定的学校及专业就学。如需要变更，应事先及时通知公司，并得到公司的批准，否则，以旷工论处。

三、受训员工学习时间计入工作时间之内，按连续工龄累计。

四、受训期间的工资视情况按照原工资的______%支付；奖金按通常支付额的______%支付。在晋级或工资办法修订时，受训员工作为在册人员处理。社会保险、劳动保险，原则上按有关规定作为在册人员处理。受训员工受训其内不享受年度休假。

五、受训期间医药费用按在职人员对待，但由于本人过失或不正当行为而致病（伤）者除外。当受训人员患有不能继续学业的疾病时，应接受公司指令，终止学习，返回公司，并依有关规定处理。

六、受训员工在学习期间，必须每隔______天（即每年______月______日前）向公司人力资源部书面报告学习情况，并附学校有关成绩等记录。

七、受训员工应自觉遵守培训方的各项规定与要求。凡因违规违纪受到培训方处分的，公司将追加惩处，视同在本公司内的严重过失。

八、受训员工的学费由本人承担______元，由公司承担______元。

九、受训员工辞职，其工龄在一年以内则需向公司交纳公司负担部分的全部培训费用；两年以内向公司交纳公司负担培训费用的50%；3年以内缴纳25%；3年后则可免交培训费；因违纪被公司辞退的受训员工亦照此办理。

十、在培训期间，受训员工接受公司交付的出差工作，差旅费按员工差旅费规则支付。

十一、培训结束，受训员工应及时返回并向公司报到。

十二、为确保上述协议规定的执行，受训员工应在就学前向公司交付人民币（大写）______元（小写）______元作为保证金。受训员工如有逾期不归，受训期间从事超越学习范围的业余活动或擅自更改培训方向与内容等行为，若涉及法律责任，由该员工自负，与本公司无关，其保证金归公司所有。受训员工圆满完成学业，无任何违反上述规定的行为，按时返回，在向人力资源部报到后半个月内，公司退还保证金。受训员工若未通过结业考试，公司将从其保证金中扣除与本次培训相关费用（含学杂费、书费、调研费、实习费、上机费、住宿费、交通费等）后，退还其保证金余额。

十三、受训员工在学习期间成绩优异，由杰出表现，公司将视情况给予奖励。

××公司（签章）：　　　　　　受训员工签字：

年　月　日　　　　　　年　月　日

2. 针对培训公司的培训协议书。针对培训公司的培训协议书是企业向社会上的专业培训公司聘请培训师时所签订的协议。

协议书中包含的要素：教授的课程、讲课的人选、课程的大纲和内容、培训的时间和地点、培训形式、培训费用、违约以及其他事项。

需要注意的是：针对培训公司的培训协议书是企业与培训公司签订，而非与培训师签订。

3. 选择培训场所。例如：会议室、室外空地、野外、教室、车间、酒店宾馆，等等。

4. 培训的后勤工作。例如：交通、准备教学设备及辅助工具、确定技术维护人员、茶点膳食安排、熟悉培训现场的周围环境。

二、培训实施的控制及跟进工作

在培训实施中发生异常情况时，应填写表8-34的报告单及时向上级报告。

表 8－34　企业员工培训异常情况报告单

部门名称　　　　　　　　　　　　　　　　　　　　　　　　　　填表日期：　年　月　日

姓名		性别		年龄	
培训课程			培训地点		
培训异常情况					
培训讲师签名：			培训项目负责人签名：		
公司处理意见					

填表人：　　　　　　　　　　　　　　　　　　　　　　　　　　审核人：

填表说明：此表用于记录和报告培训过程中发生的异常事件及处理意见，由当事人填写或培训专员填写，人力资源部负责人负责审核。

培训实施过程注意事项：

培训实施过程中，应做到如下几点：

- 把握培训目标，保证明确的方向性。
- 保持对学员的跟踪观察，获得第一手资料，从而发现问题并采取有针对性的措施。
- 及时与受训者进行深入的心得交流，获得真实有效的深层信息。
- 随时与培训师保持良好的沟通。

培训结束后，要及时向受训员工所属部门寄送培训跟进信息反馈表（表 8－35）以便评估培训效果。

表 8－35　培训跟进信息反馈表

各部门经理：

你们好！

贵部门的员工×××按照原定计划已经参加了我部于×年×月×日组织的××培训项目，本次培训活动重点学习以下几个方面的内容：

1. ______________________________

2. ______________________________

3. ______________________________

为达到学以致用的目的，请您在工作中尽量安排其实践，同时请您费心观察、统计参加培训后的效果，并于三个月后将有关内容汇总填写下表。

谢谢合作！

培训部

××××年××月××日

<table>
<tr><td>学员姓名</td><td></td><td>培训项目</td><td></td><td>培训时间</td><td></td></tr>
<tr><td colspan="2">培训内容</td><td colspan="2">应用情况</td><td colspan="2">工作成绩</td></tr>
<tr><td colspan="2"></td><td colspan="2"></td><td colspan="2"></td></tr>
<tr><td colspan="6">主管总评：
签名：　　　　　　　　　　　　　　　　　　年　月　日</td></tr>
</table>

三、特定人员的培训

（一）新进人员培训（导向培训或职前教育）

1. 实施。新进人员导向培训通常分为以下两个阶段。

第一阶段：岗前导向阶段，在新进人员正式工作之前进行岗前教育。一般几天时间，安排较多脱产的专门活动（培训行为活动和礼仪性活动）。

第二阶段：岗上导向阶段，从试用期到正式转正前对新进人员的培训。从几个月到半年时间，以在职的培训活动为主。新进人员导向培训的主要安排如图 8－17 所示。

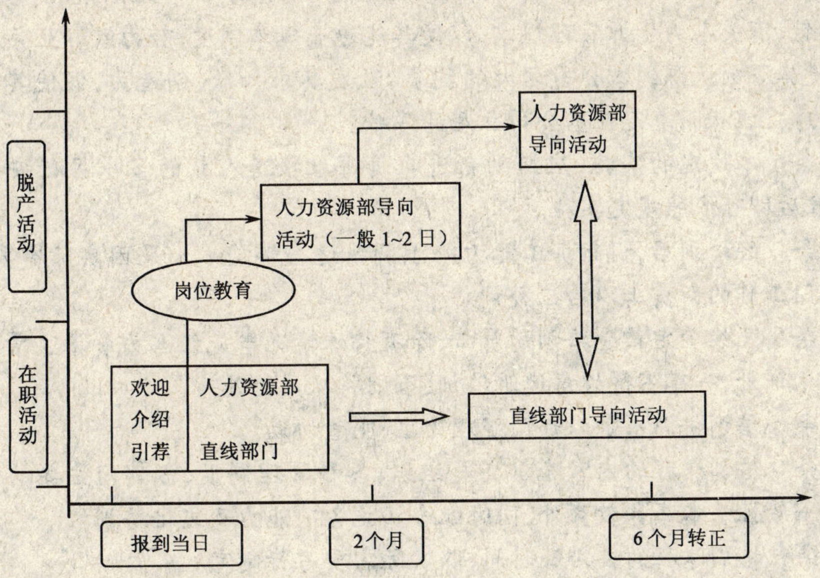

图 8－17　新进人员导向培训的安排与实施

2. 内容。新进员工培训工作的内容、制度及表格应用如下。表 8－36 为新进员工的培训内容。

表8－36　新进员工培训内容

导向培训		主要内容
企业总体导向	企业概况	企业的历史、文化、价值观、经营范围、运营方式和组织结构等
	规章制度	薪酬福利制度、培训制度、考核制度和行为规范等
	安全教育	关于工作安全和个人安全等方面的教育
	部门介绍	介绍与员工有关的各个部门及其位置
部门与岗位导向		新进人员所在的直线部门有关情况的介绍、部门情况、部门成员、工作要求、工作环境和注意事项等

[示例8－16]

新员工培训规定

第一条　为了新员工能够迅速掌握本职工作所应具备的技能以及尽快熟悉工作环境，特制定本培训规定。

第二条　本规定中的新员工系指临时职员、试用人员、临时雇用人员以及其他认为应接受训练的员工。

第三条　公司新员工教育培训的宗旨与目的如下：

一、应让新员工了解企业结构的组织系统，进而了解本公司组织概况，各部门的业务经营方针，有关人力资源管理规章，以使其能遵守规章制度，努力做好业务工作。

二、使其深刻认识到本公司远大的抱负，激发其求知欲、创造力，促使其不断充实自己，努力向上，从而奠定在本公司立足的基础。

第四条　本规定的实施，应斟酌新进人员每批报道人数的多少另行安排训练时间，经核准后即可依照规定实施。

第五条　经培训后，视新员工能力给予调派适当部门。如果因实际需要，先行调派至各部门工作的新员工以后应补训。

第六条　凡经确定接受培训的员工，除有特殊情况事先经人力资源主管签报核允许请假或免训外，一律不得故意逃避培训，否则将从严论处。

第七条　培训讲课人员以部门经理为主，主管协助。

第八条　培训课程的内容除以公司组织、各种管理制度、各部门主要的业务及经营方针等一般性基本事务教育外，同时配合实施各项能力及文化培训。

第九条　培训课程的编排及时间，以实际需要另行制定。

第十条　本规定经董事长核准后生效，修改时亦同。

[示例8－17]

企业新员工岗前培训制度

第一章 总则

第一条 宗旨

职前培训是要使新进入员工了解公司概况及公司规章制度，以便于新进入人员能更快更好地胜任未来工作。

第二条 凡公司新进人员必须参加本公司举办的新进人员职前培训，其具体实施均需依本制度办理。

第三条 职前培训包括以下几个方面的内容：

1. 公司发展历史；
2. 公司业务；
3. 公司组织机构；
4. 公司管理规定；
5. 所担任岗位的工作介绍、业务知识。

第四条 凡新进人员利用7～10天时间进行培训，每隔一周举行一次，每次1～2天。

第五条 人力资源部应对新进人员的培训制定日程和安排计划表、培训进度表及工作技能评定标准表。

第二章 培训阶段

第六条 对于新进人员的职前培训，按工作环境和程序可分为以下三个阶段：

1. 公司总部的培训；
2. 分支机构的培训；
3. 实地训练。

第七条 公司总部的培训以获得知识为要点并对受训者强调以下各点：

1. 公司的状况；
2. 参观公司的各部门及受训者未来的工作岗位；
3. 介绍其岗位特征及如何与其他部门配合；
4. 熟悉公司产品的性能、包装及价格；
5. 市场营销情况的分析；
6. 对市场上同类产品及厂家要有相应的了解；
7. 聘请专家实施口才培训。

第八条 公司总部培训的主持人员，应对受训者的优缺点作出评论，为未来的技术培训和实地培训负责人提供参考资料。

第九条 新进人员在接受公司总部培训之后，必须紧接着进行分支机构的培训。

第十条　分支机构的培训重点在于受训者学习掌握未来实际工作所需要的技能，并应在下列几方面加强培训：

1. 使受训者了解其未来工作概况；

2. 了解每天的例行工作和非例行工作；

3. 强调时间与效率的重要性；

4. 各部门之间的协调与配合。

第十一条　分支机构培训的负责人员必须是新进人员未来的主管和实地培训的负责人。

第十二条　分支机构培训的示范者必须具有丰富的工作经验和精湛的技术，切忌教导新进人员投机取巧。

第十三条　分支机构培训必须与实地培训密切配合。

第十四条　实地培训即是见习期，是在一位资深员工的指导下去实践未来所担负的工作。

第十五条　实地培训应尽量让受训者实际练习，指导员仅是在旁协助，在受训者作完某项工作后再告诉他应改进的地方。

第十六条　凡担任实地培训指导的人员，公司一律发给特殊奖金，以促进其更好的指导受训者。

第十七条　为有效的利用时间和达到培训目的，对于上述三个阶段的培训，要酌情灵活运用，混合安排，拟订培训计划。

第三章　培训内容

第十八条　职前培训的内容应视各部门的性质、工作种类的不同而由各部门自行决定，但都应包括下列基本内容：

1. 建立有关方面的知识体系；

2. 有关技术方面的培训；

3. 一些制度、程序方面的培训；

4. 新进人员态度与自信心的培训。

第十九条　对于新进人员，首先必须向其提供其所需知道的一切知识，包括公司的结构、目标、政策、产品及其性质、市场情况，使其对公司工作性质及进展有一个初步的了解和心理准备。

第二十条　对新进人员应予以“程序化的培训”，培训期的时间支配和培训计划能做适当的组织，按一定的程序来达到培训工作的目标。

（省略签署）

为了贯彻公司的新员工岗前培训制度，人力资源部还必须制订公司岗前培训方案。公司岗前培训方案是公司对新进人员在其上岗前进行的培训所作的计划安排。下面给出两种计划安排表可供选用，详见表 8 - 37 和表 8 - 38。

表 8－37　新员工职前培训计划表

部门名称：　　　　　　　　　　　　　　　　　填表日期：　年　月　日

日期	培训步骤	培训内容
月　日至　月　日	第 1 阶段： 提高对公司的关心，培养归属意识	公司介绍 产品目录 庆祝会 参观会 受训者和辅导者的恳谈会 受训者和管理者的恳谈会 公司业绩报告书
月　日至　月　日	第 2 阶段： 培养适应能力以及职场基本礼仪	学习职员培训教材 与受训者父母的恳谈会 消除受训者的内心不安 集训 讲习会（新员工对公司看法）
月　日至　月　日	第 3 阶段： 专业技能提升	讲授 笔试 比赛
月　日至　月　日	第 4 阶段： 基础学习	入职典礼 岗位所需基本知识
月　日至　月　日	第 5 阶段： 现场学习	岗位现场观摩学习和练习
备注		

填表人：　　　　　　　　　　　　　　　　　　　　审核人：

表 8－38　××公司新员工职前培训日程表

部门名称：　　　　　　　　　　　　　　　　　填表日期：　年　月　日

时 日	9:30	10:30	11:30	12:00	13:00	14:00	15:00	16:00
第一日	报导并办理相关手续	（谈话） 1. 公司现状及展望 2. 员工应有的心理准备		休息	1. 公司概况 2. 业务概要		公司创业史	
第二日	人力资源管理规定	公司的产品及其制造过程概要		休息	工作所需知识		参观工厂	
第三日	1. 工资制度 2. 人身保险	1. 安全卫生 2. 福利		休息	工作所需知识		进行讨论，制定以后工作目标	
备注	1. 讲师原则上由同授课内容相关的主管担任。 2. 第二、三日，有关本工作所需知识的讲授，应当且尽可能配合现场的情况就产品、制造过程、质量、成本、工程管理进行授课。 3. 午餐时众人可以聚集在一起，相互交流。							

填表人：　　　　　　　　　　　　　　　　　　　　审核人：

表8－39，表8－40，表8－41，表8－42为新进员工培训中的一些常用表格。

表8－39　新员工岗前培训记录表

部门名称：　　　　　　　　　　　　　　　　填表日期：　年　月　日

<table>
<tr><td>部门名称</td><td></td><td>新员工数量</td><td></td><td rowspan="2">培训负责人</td><td rowspan="2"></td></tr>
<tr><td>培训课时</td><td></td><td>培训日期</td><td></td></tr>
<tr><td>培训类别</td><td colspan="3">培训内容</td><td colspan="2">实施情况</td></tr>
<tr><td rowspan="3">准备</td><td colspan="3">1. 了解工作经验、教育程度与所受的专业训练</td><td colspan="2"></td></tr>
<tr><td colspan="3">2. 提供工作职责的说明</td><td colspan="2"></td></tr>
<tr><td colspan="3">3. 提供工作场所，所需用具</td><td colspan="2"></td></tr>
<tr><td rowspan="3">欢迎</td><td colspan="3">1. 放松心情</td><td colspan="2"></td></tr>
<tr><td colspan="3">2. 说明从属关系</td><td colspan="2"></td></tr>
<tr><td colspan="3">3. 指派工作场所，发放工具</td><td colspan="2"></td></tr>
<tr><td rowspan="4">表示关切</td><td colspan="3">1. 讨论该受训者的背景与兴趣</td><td colspan="2"></td></tr>
<tr><td colspan="3">2. 了解居住有无问题</td><td colspan="2"></td></tr>
<tr><td colspan="3">3. 了解在发工资前财务上有无困难</td><td colspan="2"></td></tr>
<tr><td colspan="3">4. 了解上下班交通有无问题</td><td colspan="2"></td></tr>
<tr><td rowspan="5">解释任务</td><td colspan="3">1. 本单位之任务</td><td colspan="2"></td></tr>
<tr><td colspan="3">2. 组织概况</td><td colspan="2"></td></tr>
<tr><td colspan="3">3. 在本单位之职责</td><td colspan="2"></td></tr>
<tr><td colspan="3">4. 与其他同事的关系</td><td colspan="2"></td></tr>
<tr><td colspan="3">5. 直属主管与雇员</td><td colspan="2"></td></tr>
<tr><td rowspan="3">介绍</td><td colspan="3">1. 原有同事介绍并说明他的职责</td><td colspan="2"></td></tr>
<tr><td colspan="3">2. 解释每位同事的工作并略加赞许</td><td colspan="2"></td></tr>
<tr><td colspan="3">3. 上岗第一天安排同事与他一起行动，以熟悉情况</td><td colspan="2"></td></tr>
<tr><td rowspan="8">指示工作和可以帮助他的人</td><td colspan="3">1. 逐次指示他的工作</td><td colspan="2"></td></tr>
<tr><td colspan="3">2. 解释工作标准</td><td colspan="2"></td></tr>
<tr><td colspan="3">3. 指示工作场所</td><td colspan="2"></td></tr>
<tr><td colspan="3">4. 指示当工作发生困难时，何人可以帮助他</td><td colspan="2"></td></tr>
<tr><td colspan="3">5. 将有关工作规定、员工手册等交给他阅读</td><td colspan="2"></td></tr>
<tr><td colspan="3">6. 指导工具与装备的使用</td><td colspan="2"></td></tr>
<tr><td colspan="3">7. 强调工作安全</td><td colspan="2"></td></tr>
<tr><td colspan="3">8. 强调公司机密不可外泄</td><td colspan="2"></td></tr>
<tr><td rowspan="3">绩效追踪</td><td colspan="3">1. 查看进步情况</td><td colspan="2"></td></tr>
<tr><td colspan="3">2. 鼓励提出疑问</td><td colspan="2"></td></tr>
<tr><td colspan="3">3. 纠正错误并给予鼓励与赞许</td><td colspan="2"></td></tr>
</table>

续表

培训类别	培训内容	实施情况
备注		

填表人： 审核人：

填表说明：

此表用于对企业新进员工的职前培训的内容检查。此表可作为部门培训新员工的培训提纲，也可以作为制订新员工培训计划的辅助材料。

表8－40 新员工岗位实习缺点检查表

编写日期： 年 月 日

姓名		部门		编号	
项目	负面评价计分	评语	指导		
经验	5 4 3 2 1				
执行能力	5 4 3 2 1				
完成能力	5 4 3 2 1				
技术能力	5 4 3 2 1				
分析能力	5 4 3 2 1				
观察能力	5 4 3 2 1				
说服能力	5 4 3 2 1				
指导能力	5 4 3 2 1				
判断能力	5 4 3 2 1				
包容能力	5 4 3 2 1				
忠诚心	5 4 3 2 1				
守秘能力	5 4 3 2 1				
交涉能力	5 4 3 2 1				
决断能力	5 4 3 2 1				
忍耐能力	5 4 3 2 1				
迟到缺席	5 4 3 2 1				
缺乏干劲	5 4 3 2 1				
错误太多	5 4 3 2 1				
效率太低	5 4 3 2 1				
临阵脱逃	5 4 3 2 1				
容易发脾气	5 4 3 2 1				
容易攻击别人	5 4 3 2 1				

续表

项目	负面评价计分	评语	指导
变得喜欢喝酒	5 4 3 2 1		
顾客的评语不好	5 4 3 2 1		
在金钱上有纠葛	5 4 3 2 1		
有花边新闻的传言	5 4 3 2 1		
因家庭问题而烦恼	5 4 3 2 1		
健康状况不佳	5 4 3 2 1		
其他	5 4 3 2 1		
总计分数	5 4 3 2 1		
总评：			

填表人： 审核人：

填表说明：

在1~5分中,分数越高表示该新员工某项缺点越严重。各类新员工通用。

表8-41 新员工岗位实习指导重点表

实习部门： 填表日期： 年 月 日

姓名	序号	目前完成	商品知识	技术知识	意见沟通	顾客应付	评价统计
	1						
	2						
	3						
	4						
	5						
	问题重点						
	指导重点						
姓名	序号	目前完成	商品知识	技术知识	意见沟通	顾客应付	评价统计
	1						
	2						
	3						
	4						
	5						
	问题重点						
	指导重点						

续表

姓名	序号	目前完成	商品知识	技术知识	意见沟通	顾客应付	评价统计
	1						
	2						
	3						
	4						
	5						
	问题重点						
	指导重点						
姓名	序号	目前完成	商品知识	技术知识	意见沟通	顾客应付	评价统计
	1						
	2						
	3						
	4						
	5						
	问题重点						
	指导重点						

填表人： 审核人：

表 8－42　××公司新进人员培训实施记录表

部门名称： 填表日期：　年　月　日

<table>
<tr><td>姓名</td><td></td><td>报到日期</td><td></td><td>培训时间</td><td></td><td>培训部门</td><td></td><td>讲师</td><td></td></tr>
<tr><td>月份</td><td>项次</td><td>安排培训工作项目</td><td>培训人员</td><td>起止日期</td><td colspan="3">实施培训及异常原因说明（说明人员填表）</td><td>讲师意见</td><td>经理批示</td></tr>
<tr><td rowspan="3"></td><td></td><td></td><td rowspan="11"></td><td rowspan="11"></td><td colspan="3" rowspan="11"></td><td rowspan="11"></td><td rowspan="11"></td></tr>
<tr><td></td><td></td></tr>
<tr><td></td><td></td></tr>
<tr><td rowspan="3"></td><td></td><td></td></tr>
<tr><td></td><td></td></tr>
<tr><td></td><td></td></tr>
<tr><td rowspan="2"></td><td></td><td></td></tr>
<tr><td></td><td></td></tr>
<tr><td rowspan="3"></td><td></td><td></td></tr>
<tr><td></td><td></td></tr>
<tr><td></td><td></td></tr>
</table>

续表

姓名		报导日期		培训时间		培训部门		讲师	
月份	项次	安排培训工作项目	培训人员	起止日期	实施培训及异常原因说明（说明人员填表）			讲师意见	经理批示
费用预算：				每人分摊：				实际费用：	

填表人：　　　　审核人：　　　　总经理：

填表说明：此表用于记录新员工培训实施情况。若篇幅不够，可另附纸说明，此表在人力资源部存档。

（二）管理人员培训

示例 8－18 是一个管理人员培训制度的实例，以资参考。

[示例 8－18]

管理人员培训制度

第一章　高层管理人员培训

第一条　通过培训，使公司高层管理人员树立创新和开拓的思想观念。

第二条　高层管理人员都必须具有下列共识：

1. 引进新产品或改进原有产品。
2. 掌握新的生产方法，了解公司开发的新技术。
3. 努力开拓新市场、新领域。

第三条　每位高层管理人员必须随时提高自身素质，重点是：

1. 高层管理者的责任心、使命感。
2. 独立经营的态度。

3. 严谨的生活态度。

4. 诚实、守信的经营思想。

5. 热忱服务社会的高尚品质。

第四条　本公司高层管理人员必须以企业经营效益的提高为目的，形成创造利润的思想观念。

第五条　高层管理人员应随时进行市场调查，研究营销方案，以推进营销活动，促进效益的提高。营销研究的基本步骤是：

1. 确定研究主题，决定研究的目标。

2. 确定所需资料及资料来源。

3. 选择调查样本。

4. 实地搜集资料。

5. 整理、分析所搜集的资料。

6. 进行总结并写出报告。

第二章　中层管理人员培训

第六条　中层骨干管理人员的教育培训的基本目标是：

1. 明确公司的经营目标和经营方针。

2. 培养相应的领导能力和管理才能。

3. 培养良好的协调、沟通能力。

第七条　本公司中层管理人员必须坚持以下标准：

1. 为下属的工作、晋升提供足够的支持和机会。

2. 适当地分派工作，使下属有公平感

3. 所定的计划，能够得到下属的理解和衷心的支持。

4. 信守诺言。

5. 妥善考虑自己的命令和指导。

第八条　中层管理人员的基本条件：

1. 具有相关工作的知识。

2. 掌握本公司的管理方法。

3. 熟练掌握教育培训技术。

4. 努力培养作为领导者应具备的人格。

第九条　中层管理人员的基本能力：

1. 计划能力

(1) 明确工作的目的和方针。

(2) 了解有关事实。

(3) 以科学有效的方式从事调查。

(4) 拟订实施方案。

2. 组织能力

(1)分析具体的工作目标和方针。

(2)分析并决定职务内容。

(3)设置机构,制作组织图表。

(4)选任下属人员。

3. 控制能力

(1)制定执行的客观标准和规范。

(2)严格实施标准,及时向上级反馈。

第十条　中层管理人员常用的指示方法:

1. 口头指示

(1)条理清楚,切合主题。

(2)指明实行的时间、期限、场所等。

2. 书面指示

(1)明确标示目标,逐条列举要点。

(2)提前指示应注意的问题。

(3)核查命令是否已被下属接受。

第十一条　中层管理人员贯彻指示的要求:

1. 整理指示内容。

2. 严格遵循、贯彻程序。

3. 确认下属已彻底理解指示。

4. 使下属乐于接受指示,并改变他们的工作态度,提高其工作积极性。

第十二条　中层管理人员人际关系的处理要求:

1. 善于同其他管理人员合作,彼此协助。

2. 乐于接受批评建议。

3. 彼此交换信息,不越权行事

4. 对上级与下属的关系处理,应以工作效果为原则,不得将个人情绪带到工作中来。

第十三条　中层管理人员接见下属的要求:

1. 选择恰当的场所,以亲切的态度缓和下属的紧张情绪。

2. 涉及私人问题时为下属保密,使其减少顾虑。

3. 留心倾听,适当询问,使下属无所不谈。

第十四条　中层管理人员为维持正常的工作关系的要求:

1. 认识到人人平等,尊重下属的人格。

2. 把握工作人员的共同心理和需要。

3. 公平对待下属。

4. 培养下属的工作积极性,重视他们的意见和建议,并且对他们的正确意见予以采纳。

5. 妥善解决下属工作和生活中遇到的问题。

第十五条　中层管理人员配置要点:

1. 根据每位员工的知识、能力安排合适的职位，做到人尽其才，才尽其用。

2. 给下属以适当的鼓励，使其在工作中具有成就感，增强其工作的积极性。

第十六条　中层管理人员评价下属的工作能力的原则：

1. 不要对下属抱有成见和偏见。

2. 不以个人偏好衡量别人。

3. 冷静观察实际工作情况，不要使下属产生受人监视的感觉。

4. 利用日常的接触、面谈，从侧面了解下属，严守下属的秘密。

第十七条　中层管理人员应注意从以下几个方面发挥下属积极性：

1. 适时对员工加以称赞，即使是细微行为也不要忽视，同时不可以忽视默默无闻、踏实肯干的下属。

2. 授予下属权责后，不要做不必要的干涉，同时尽可能以商量的口气而不是下命令的方式分派工作。

3. 鼓励下属提出自己的见解，并乐于接受，尊重下属的意见。

4. 鼓励并重视下属的研究、发明，培养其创造性。

5. 使下属充分认识到所从事工作的重要性，自己是不可或缺的重要一员，从而产生荣誉感。

第十八条　中层管理人员批评下属的技巧：

1. 要选择合适的时间，要冷静，避免冲动。

2. 在适当的场所，最好是无其他人在场的情况下。

3. 适可而止，不可无端的讽刺或一味指责。

第十九条　中层管理人员培养后备人选的要求：

1. 考察后备人选的判断力。

2. 考察后备人选的独立行动能力。

3. 培养后备人选的协调、沟通能力。

4. 培养后备人选的分析能力。

5. 提高后备人选的责任感和工作积极性。

第三章　基层管理人员培训

第二十条　基层管理人员是负责公司实际工作的最基层管理者。他们与公司内部各级的关系是：

1. 和上级的关系——协助上级。

2. 和下级的关系——指挥监督下属。

3. 横向关系——与各部门同事互相协作。

第二十一条　基层管理人员的基本责任：

1. 按预定工作进度、程序组织生产。

2. 保证产品的质量。

3. 降低生产成本。

第二十二条　基层管理人员的教育培训职责：

向新员工解释公司有关政策、传授工作技术，指导新员工工作。

1. 培训下属使其有晋升机会。

2. 培训候补人员。

3. 其他教育培训职责。

第二十三条　基层管理人员处理人际关系的内容：

1. 对下关系：进行家庭调查，举行聚会、郊游，为下属排忧解难。

2. 对上关系：反映员工意见，听取上级要求，报告自己的建议和看法。

3. 横向关系：与其他部门同事通力合作。

4. 积极开展对外活动，树立良好的公司形象，形成良好的公共关系。

第二十四条　基层管理人员基本能力：

1. 领导、管理能力。

2. 丰富的知识和熟练的工作技能。

第二十五条　基层管理人员教育培训的种类：

1. 后备管理人员教育培训。

2. 培训发展计划。

3. 再培训计划。

4. 调职、晋升教育培训。

第二十六条　考核基层管理人员教育培训的内容：

1. 出勤率。

2. 员工的工作积极性。

3. 产品的质量。

4. 原材料的节约情况。

5. 加班费用的控制。

第二十七条　高层管理人员和中层管理人员须给予基层管理人员适当的权力，并且进行必要的教育培训。

第四章　附则

第二十八条　凡公司管理人员（包括高层、中层、基层）的培训均按本制度执行。

第二十九条　本制度自下发之日起施行，解释权归公司人力资源部。

表 8－43　企业经理人培训内容设置表

培训项目及内容	学习资料	预期达到的目的
1. 企业经营现状与未来发展 • 相关市场的需求分析 • 本产业的发展方向		
2. 经营管理原则 • 经理人的任务 • 管理的概念与经理人应具备素质		

续表

培训项目及内容	学习资料	预期达到的目的
3. 提高领导能力的办法 • 作为领导者的行为科学 • 提高领导能力的关键		
4. 人际关系 • 人际关系的重要性 • 如何协调人际关系 • 如何建立威信		
5. 工作创新与改善		
6. 其他		

通过上述制度和表格举例,我们可以总结出培训管理人员的目的、内容和方法如表 8-44 所示。

表 8-44 管理人员培训的目的、内容和方法

培训目的	培训内容	培训方法
• 掌握必要的管理知识 • 学习新的管理知识和技巧 • 提高管理效率 • 建设积极的企业文化 • 提高企业社会效益和经济效益 • 其他	• 领导能力 • 人际关系能力 • 决策能力 • 组织能力 • 战略管理 • 计划控制 • 激励能力 • 时间管理 • 追求卓越的心态 • 其他	• 研讨会 • 案例研究 • 行为模仿 • 角色扮演 • 情景扮演 • 游戏 • 敏感性培训 • 其他

(三)技术人员培训

技术人员培训的目的、内容和方法详见表 8-45。

表 8-45 技术人员培训的目的、内容和方法

培训目的	培训内容	培训方法
• 开发出适合市场需求的产品 • 主动为实现企业战略目标作贡献 • 完成企业各项技术任务 • 其他	• 特定专业技术 • 创造性思维 • 财务知识 • 营销知识 • 团队精神 • 其他	• 研讨会 • 课堂讲授 • 案例研究 • 程序化教学 • 行为模仿 • 其他

（四）操作人员培训

操作人员培训的目的、内容和方法详见表8－46。

表8－46　操作人员培训的目的、内容和方法

培训目的	培训内容	培训方法
• 培养工作热情和积极性 • 全面完成各项任务 • 掌握做事的正确原则和方法 • 提高工作效率 • 其他	• 特定知识和技能 • 质量控制 • 安全意识 • 节约意识 • 企业文化 • 团队精神 • 时间管理 • 其他	• 研讨会 • 游戏 • 行为模仿 • 课堂讲授 • 其他

（五）对培训师的培训

培训企业内部培训师的流程如图8－18所示，实施培训的原则如表8－47所示。

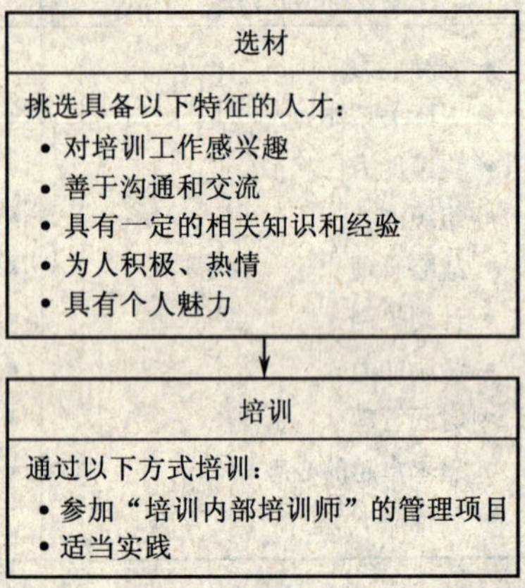

图8－18　培训企业内部培训师的流程

表8－47　实施培训的原则

原则	说　　明
战略原则	树立战略眼光，从企业长远观点看待人员培训
激励强化	激励员工的学习欲望和学习热情，及时强化学习行为
主动参与	调动员工参与学习、培训的主动性与积极性
因材施教	根据不同的培训对象选用不同的培训内容和培训方法
及时反馈	在培训过程中，及时反馈学习效果，及时采取调整措施
学以致用	培训的内容和方式要与实际工作紧密结合，满足培训需求，使培训效果能够对实际工作真正发挥作用

续表

原则	说　明
注重效益	注重投资收益，使培训的产出大于投入
全员培训与重点提高相结合	对全体员工都要进行培训，但要分轻重缓急，有重点、有次序地进行不同内容不同形式的培训

第五节　评估培训效果

一、评估培训效果的流程

评估培训效果的目的是总结经验，改进今后的培训工作。同时也是对培训工作人员的业绩考核。评估工作按图 8－19 所示的流程进行。

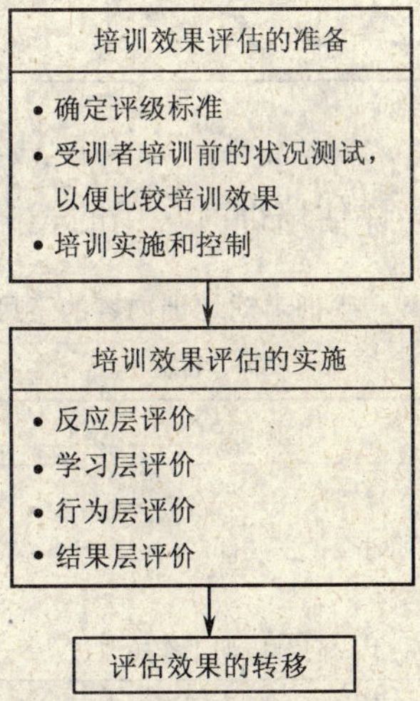

图 8－19　培训效果评估流程图

具体评估时，按 8－48 培训评估体系安排表执行。

表 8－48　培训评估体系安排表

单位名称：　　　　　　　　　　　　　　　　　填表日期：　年　月　日

层次	评估标准	评估过程	评估内容	评估方法	评估单位	评估时间
一级	反应层评价标准	学习过程	受训人员对培训的反应	问卷调查法 面谈法 观察法 （综合座谈、学习测验）	评估单位	课程进行中

续表

层次	评估标准	评估过程	评估内容	评估方法	评估单位	评估时间
二级	学习层评价标准	学习过程	受训人员学到了什么内容	测验或考试 调查问卷 培训心得 报告	评估单位	课程解说
三级	工作行为层评价标准	行为转变过程	受训人员的行为变化	学员问卷访问、主管问卷访问、同事问卷访问	学员的主管	三个月后或现行绩效追踪系统的运作
四级	组织成果	行为转变过程	受训人员工作绩效的提高	绩效考核法	学员的主管	一年或半年后，或是与培训内容相关的绩效考核
企业评估体系建设建议						

填表人：　　　　　　　　　　　　　　　　　　　　审核人：

以下表 8－49～表 8－69 为评估培训时常用的表格，在此一一举例，以供参考。

表 8－49　受训者对培训内容的意见调查表

单位名称：　　　　　　部门名称：　　　　填表日期：　年　月　日

训练课程名称：________________　　主办部门：________________________

说明：

1. 本表请受训人据实填写，并请于结训时交予主办部门。
2. 请在□内打“√”
3. 请给予率直的反应及评价，这样有助于我们对培训工作的改进。

一、你认为本次培训课程内容对你的工作是否有帮助？　□很多　□很少　□没有

二、你觉得受益最大的课程是：________________

三、你认为所授课程内容是否充实？　□很充实　□尚可　□空洞

四、教学方法如何？　□好　□尚可　□劣

五、对培训设备的安排感到如何？　□好　□尚可　□劣

六、讲课时间是否适当？　□太长　□适合　□不足

七、参加此次培训的收获是________________

□获得了实用的新知识

□可以用在工作上的一些有效的研究技巧及技术

□可帮助我改变工作态度

□帮我印证了某些观念

□给我一个很好的机会，客观地观察自己以及工作

□其他（请自行填写）________________

八、将来如有类似的培训，你是否愿意再参加？　□是　□否　□不确定

九、本次培训的优缺点是：________________

续表

建议事项：
1. 你认为今后应该举办哪些培训课程？ 2. 你认为承办单位应加强哪些服务项目？ 3. 你认为在本次培训课程中，哪些项目需要增加学时数，哪些项目需要减少学时数？ 4. 你对本次课程设计和安排、所聘的教师、授课的内容和方法等方面有何改善建议？ 5. 其他建议： （如所填内容较多，可另附纸填写）

填表人：　　　　审核人：

调查问卷的编写要点：

调查问卷的问题设置直接关系到调查结果的准确性及获得信息的有用性。编写过程中应注意：

- 标明培训课程及时间；
- 问题设置应充分考虑调查的目的；
- 问题应易于回答；
- 根据需要反馈的信息类型及信息的简繁，问卷可以设计为多种格式，根据需要选定。

表 8－50　受训人员对培训课程的意见反馈表

单位名称：　　　　部门名称：　　　　填表日期：　年　月　日

课程名称		讲师	
课程时间		培训地点	
受训对象		参训人数	
课程内容			
课程资料评价：（培训课程资料对培训的效果；资料的表现形式；对课程资料工作的改进意见）			
课程内容：（课程内容设计；哪些课程的内容你认为最好；课程内容还有什么地方可以改善；哪些地方可以删除；哪些地方可以添加东西）			
教材与教学设施：（与你所见过的课程的教材相比，此课程教材的优势与劣势；本次培训的场所与环境；需要增加哪些教学设备）			

续表

教师评价:(培训讲师在哪些方面做得好,哪些方面做得不好,应如何改进;培训结束后,你对讲师的总体评价如何)
培训的总体评价:(概括此次课程结束给你的第一感觉,例如,在课上发生了什么有趣的事情;你认为讲师、设备、助教之间协调与配合的程度如何;关于课程的相关管理规定,你有什么看法;对于参加培训的人员来讲,你认为他们的心情及感觉会是怎样的;你与同学们之间的交流如何;培训中你有什么收获;你认为对于日后的工作,以及对于公司的发展,此次培训能起到多大作用)

填表人: 审核人:

填表说明:此表用来收集员工对培训的反馈意见,由员工自己填写。

因篇幅有限,必要时可另附纸说明。

此表在人力资源部存档,人力资源部在收集员工反馈意见的基础上,对培训工作进行总结。

表 8－51　受训人员对培训课程的意见

单位名称: 部门名称: 填表日期: 年 月 日

培训名称及编号		受训人员姓名	
培训时间		培训地点	
培训方式		使用资料	
培训者姓名		主办单位	
受训人员意见	反馈项目		
	1. 课程的时间安排		
	2. 课程的场所安排		
	3. 课程的教材内容		
	4. 课程的讲师表达		
	5. 课程的生活服务		
	6. 课程内容适用性		
	7. 课程内容重要性		
	8. 课程整体满意度		
主办单位意见			

填表人: 审核人: 总经理:

填表说明:此表用于收集员工对培训的反馈意见,由员工根据自己的真实感受填写。

因篇幅有限,必要时可另附纸说明。

此表在人力资源部存档,人力资源部在收集员工反馈意见的基础上,对培训工作进行总结。

表 8－52　受训人员对本次培训意见的反馈表

单位名称: 部门名称: 填表日期: 年 月 日

培训名称及编号		受训人员姓名	
培训时间		培训地点	
培训方式		使用资料	
培训者姓名		主办单位	

续表

<table>
<tr><td>受训人意见</td><td>1. 课程安排是否合理？________
2. 所学内容与工作联系是否密切？________
3. 主管是否支持本次培训？________
4. 对所学内容是否感兴趣？________
5. 所学内容是否适用于工作？________
6. 对教师的授课方式是否满意？________
7. 教师授课是否认真？________
8. 教师是否能够针对学员特点安排课程活动？________</td></tr>
<tr><td></td><td>受训心得和应用于本公司的建议：</td></tr>
<tr><td></td><td>将来如有类似的培训，你是否愿意再参加：</td></tr>
<tr><td></td><td>对公司下次派员参加本训练课程的建议：</td></tr>
</table>

填表人：　　　　　　　　　　　　　　　　　　　　审核人：

填表说明：此表用于评估培训效果，对培训进行评估和建议，由员工自己填写。

因篇幅有限，必要时可另附纸说明。

此表在人力资源部存档，人力资源部在收集员工反馈意见的基础上，对培训工作进行总结。

表 8-53　受训人员对培训课程的意见反馈表

单位名称：　　　　　　　　部门名称：　　　　填表日期：　年　月　日

<table>
<tr><td colspan="2">培训名称及编号</td><td></td><td>受训人员姓名</td><td></td></tr>
<tr><td colspan="2">培训时间</td><td></td><td>培训地点</td><td></td></tr>
<tr><td colspan="2">培训方式</td><td></td><td>使用资料</td><td></td></tr>
<tr><td colspan="2">培训者姓名</td><td></td><td>主办单位</td><td></td></tr>
<tr><td rowspan="2">受训人员意见</td><td colspan="4">受训心得（值得应用于本公司的建议）：</td></tr>
<tr><td colspan="4">对下次选派人员参加本培训课程的建议</td></tr>
<tr><td>主办单位意见</td><td colspan="4"></td></tr>
</table>

填表人：　　　　　　　　　　　　　　　　　　　　审核人：

填表说明：此表用来收集员工对培训的反馈意见，由员工自己填写。

因篇幅有限，必要时可另附纸说明。

此表在人力资源部存档，人力资源部在收集员工反馈意见的基础上，对培训工作进行总结。

表 8-54　受训人员对培训课程的意见反馈表

单位名称：　　　　　　　　部门名称：　　　　填表日期：　年　月　日

<table>
<tr><td>姓名</td><td></td><td>部门</td><td></td><td>职务/职位</td><td></td></tr>
<tr><td colspan="6">培训课程名称：</td></tr>
<tr><td colspan="6">填写说明：请从下列方面对你参加的培训课程进行评估，并将评估分数和意见写在相应的栏目中；
A—非常满意；B—比较满意；C—可以接受；D—比较不满意；E—非常不满意</td></tr>
</table>

续表

培训地点	评价意见
培训日期	评价意见
培训时间	评价意见
培训教师	评价意见
培训内容	评价意见
培训工具	评价意见
每次授课的关联性	评价意见
总体课程的关联性	评价意见
……	
备注：	
填表人：	审核人：
日期：	日期：

表 8－55 受训人员报告书

单位名称： 部门名称： 填表日期： 年 月 日

培训课程：		培训日期： 年 月 日至 月 日
所在部门：		培训师：
受训人员姓名：		记录日期： 年 月 日
培训内容	培训内容汇总	启发和感想
实习内容	实习内容汇总	启发和感想
意见	成功之处	受训者的提案
	失败之处	指导者的建议
上司意见	部门主管意见	部门经理意见

填表人： 审核人：

表 8－56 培训效果调查表

单位名称： 部门名称： 填表日期： 年 月 日

编号	培训调查内容	劣	差	可	良	优
	会务组织，整体安排					
	会场环境，休息环境，膳食状况					
	培训师素质情况					
	课程内容清晰明确状况					
	传达的思想和观念有效性					
	培训师所提要求或传递观念的吸引力和说服力					
	培训过程中笑声不断，高潮迭起					
	培训的内容对你的吸引					
	经常用故事及案例来表达思想及观念					
	内容或例子生活化					
	故事细节的详细说明（when，where，what，who，why）					
	用情绪带动课堂气氛					
	培训师声音及语调生动					
	肢体动作具有影响力					
	培训师有亲和力					
	培训过程中与听众间的互动（举手，发问，肢体带动……）					
	对所提出的问题能给予充分满意的答复					
	培训师对于问题回答的准确性（是否离题）					
	课程教学轻松性，教室气氛					
	班级同学的交流程度					
	课程整体安排的合理性					
	授课速度适合你的理解					
	培训师布置的作业实用性如何					
	课堂讨论的状况					
	课堂讲授视觉化（通过幻灯等帮助理解）					
	编写的教材实用性及效果					
	教学辅助设备					
	培训场地、培训内容和培训方式是否相适应					
	课堂的费用与效果在你心中的性价比					
	培训师的整体表现评价					
总体评价						
备注						

填表人： 审核人：

填表说明：

此表用来收集员工对培训效果的评价，由员工自己填写，在相应的方格内打“√”，因篇幅有限，必要时可另附纸说明。

此表在人力资源部存档，人力资源部在收集员工反馈意见的基础上，对培训工作进行总结。

表 8－57　受训人员笔试成绩表

培训课程:　　　　　　　　　　　　　　　　　　　　　　　　考试日期:

编号	姓名	分数	签到次数	编号	姓名	分数	签到次数
财务部		人力资源部		教育培训部		单位	

填表人:　　　　　　　　　　　　　　　　　　　　　　　　填表日期:　年　月　日

填表说明:此表用于统计某门课程的所有学员的分数及出勤情况。

表 8－58　受训人员培训成绩登记表

填表日期:　年　月　日

学号	姓名	培训课程的成绩(百分制)						
		课程 1	课程 2	课程 3	课程 4	课程 5	课程 6	……

填表人:　　　　　　　　　　　　　　　　　　　　　　　　审核人:

填表说明:此表用于记录所有受训人员在培训中各门课程的成绩。

表 8－59　员工演讲或者当众讲话比赛评分表

部门名称:　　　　　　　　　　　　　　　　　　　　　　　填表日期:　年　月　日

姓名	仪容仪表(10 分)	动作举止(20 分)	口音音量(10 分)	语调语速(10 分)	连贯性(10 分)	内容(40 分)	总分

评委:　　　　　　　　　　　　　　　　　　　　　　　　　审核人:

填表说明:

此表用于员工演讲或当众讲话比赛的评分记录,员工业务技能比赛的纪录也可参照此表。

表 8－60 新员工培训评估表

填表日期： 年 月 日 编号：

姓名		专长		学历				
培训时间		培训项目		培训部门				
评估内容				评估结果				
				优	良	中	差	劣
1. 对培训工作目的的了解程度								
2. 对专业知识/技术/技能/语言的掌握程度								
3. 对各项规章制度了解的程度								
4. 对企业提出合理化建议的能力水平								
5. 在本次培训过程中的总体表现								
6. 本次培训的考核成绩								
7. 分析新进人员工作专长，判断其是否适合工作，举例说明								
8. 辅导人员评估								

总经理： 评估者：

表 8－61 新员工培训成效考评表

对公司的经营理念的掌握	第 1 次评语	第 2 次评语
1. 了解公司的经营理念		
2. 能随口背出经营理念		
3. 会逐渐喜欢经营理念		
4. 以经营理念为荣		
5. 以经营理念为主题，写出感情		
对公司存在意义的了解		
1. 了解公司的社会存在意义		
2. 了解本公司的社会使命		
3. 了解公司利益与社会利益的关系		
4. 了解创造公司利益的重要性		
5. 了解自己的利益与公司的利益的关系		
对公司概况的了解		
1. 以简单的图例表示出公司的组织结构		
2. 了解各部门的职能		
3. 了解公司的产品		
4. 了解公司产品的特征		
5. 能说出公司的资产、市场占有率等基本数据		

续表

对公司历史的了解	第1次评语	第2次评语
1. 了解公司历史		
2. 了解创业者的信念和创业历程		
3. 认同公司优良传统		
4. 了解并接受公司标志、代表色和标准字		
5. 热爱公司		
对业界的理解		
1. 能说出公司所属的业界		
2. 了解业界的状况		
3. 了解公司在业界的地位		
4. 能提出如何提高公司在业界的地位的建议		
5. 强烈地关心业界的整体动向		
修饰外表的考评		
1. 着装干净整洁、稳重		
2. 不浓妆艳抹		
3. 服饰配件或手表等搭配不会不对称或过于华丽		
4. 头发不脏乱、不随便染发		
5. 鞋子不脏		
上班、下班的规则		
1. 比上班时间更早到公司		
2. 早晨的问候很清脆、有精神		

注：评语可以用优，良，中，可，劣或5，4，3，2，1评价。

表8－62　新员工培训成效考评表

考评内容		第1次评价	第2次评价
工作流程	是否了解工作流程？		
	是否了解公司上下级关系的重要性？		
	是否了解公司横向的联系、合作关系？		
	是否了解与同事间和睦的重要性？		
	是否认识到做一件工作必须有始有终？		
指示、命令的重要性	是否了解工作流程？		
	是否将上司的指示、命令记录备忘？		
	指示、命令若有不明了之处，是否确认到懂为止？		
	是否复诵指示、命令，加以确认？		
	是否遵守指示、命令？		

续表

考评内容		第1次评价	第2次评价
工作步骤、准备	是否了解工作步骤的重要性?		
	是否了解工作准备得当,进展就顺利?		
	是否了解工作步骤的组织方式?		
	是否了解工作的准备方式?		
	是否按照步骤、准备程序完成工作?		
报告、联系、协商	是否了解报告、联系、协商是工作的重点?		
	报告时,是否先讲结论?		
	联系是否应适时,简要?		
	是否了解通过协商可以使工作顺利完成?		
	是否将被挨骂的事向上司报告、联络、协商?		
工作基本认识	是否学会工作上使用的机器、工具的操作方法?		
	是否了解公司的工作大部分都要靠团队合作来完成?		
	是否了解会议或洽谈的重要?		
	是否了解会议或洽谈时应有的态度?		
	是否了解工作上完成期限或交货期的重要性?		

注:评语可以用优,良,常,可,劣或5,4,3,2,1评价。

表8-63 员工理念培训效果测验表

单位名称: 部门名称: 填表日期: 年 月 日

通过培训,你知道了有关公司的情况,请你回答:
1. 公司的企业的宗旨是:
2. 公司的服务观念是:
3. 公司的学习观念是:
4. 公司的创新观念是:
5. 公司的节约观念:
6. 公司的标志的意义是:
7. 公司将要在未来开拓的领域有:
8. 谈一谈你对公司口号的理解:
9. 请为公司的内部管理(行政、人力资源、培训、财务)提出几条合理化建议:
10. 请为公司的市场运作(投资项目、营销管理、业务流程)提出几条合理化的建议:

填表人: 审核人:

表 8－64　员工培训后行为分析表

＿＿＿＿＿部：

为了测试本次培训效果，现将《员工培训后行为分析表》发给你们，请你们给每一个参加培训的员工打分，问题越严重的分值越高，每一项中 5 分为最高，1 分为最低。

谢谢合作！

人力资源部

年　　月　　日

填表日期：　年　　月　　日

评价内容		评价分值	实际评分
工作态度	无故缺席、迟到、早退的情形增加	5 4 3 2 1	
	上班时间沉浸在娱乐场所	5 4 3 2 1	
	工作的内容不变，业绩却急剧下降	5 4 3 2 1	
	有事外出，碰到紧急要事却联络不上	5 4 3 2 1	
	热衷于兼职或副业	5 4 3 2 1	
交友、生活态度	私人的访客变多	5 4 3 2 1	
	很多私人的电话	5 4 3 2 1	
	突然变得奢侈、挥金如土	5 4 3 2 1	
	未经报告上司而接受别人的招待	5 4 3 2 1	
	有花边新闻或家庭不和的传言	5 4 3 2 1	
金钱、物品的处理	没写出货单就出货	5 4 3 2 1	
	没写退货单就处理退货	5 4 3 2 1	
	申请费用时，没有收据的情形很多	5 4 3 2 1	
	伪造收据的日期或金额	5 4 3 2 1	
	销售的折扣或更改价格的理由不正当	5 4 3 2 1	
抱怨	顾客对业务活动抱怨增多	5 4 3 2 1	
	怀疑给顾客的回扣是否合理	5 4 3 2 1	
	应收账款未收回是不正常的状况	5 4 3 2 1	
	付款人发牢骚	5 4 3 2 1	
	是否挪用收回的款项	5 4 3 2 1	
个人谈话或传言	经常扬言说要辞职	5 4 3 2 1	
	谈话中透露为借钱而苦恼	5 4 3 2 1	
	参与赌博	5 4 3 2 1	
	有敲诈顾客的传言	5 4 3 2 1	

填表人：　　　　　　　　　　　　　　　　审核人：

注意：此表与 8－15 格式完全一样，表 8－15 是培训前由受训者所属部门主管填写，而表 8－64 是评价受训者在培训后的表现，前后两个表对照，不仅能看到培训效果，也能看到受训者的进步。

表 8－65　员工培训后行为态度分析表

××××部：

本部已于××××年××月××日对你部门员工×××进行了培训，现对其业绩进行调查，以利于我们今后改进培训工作。请你部填写下表，并于××××年××月××日前交我部员工×××处。

人力资源部

年　　月　　日

测评项目	改变很好	略有改变	无改变	变差	很差	不明确
工作量提高情况						
工作质量提高情况						
安全意识变化情况						
成本意识变化情况						
出勤情况						
团队合作情况						
敬业精神						
忠诚度						
奉献精神						
工作主动性						
责任意识						
宽容心						
感恩意识						
自信心						
意志力						
工作热情						
个人品性						
其他						
综合评价：						

填表部门：　　　　　　　　　　　　　　　　　　填表人：

表 8-66　员工培训后工作作风测评表

××××部：

本部已于××××年××月××日对你部门员工×××进行了培训，现对其工作作风进行调查，以利于我们今后改进培训工作。请你部填写下表，并于××××年××月××日前交我部员工×××处。

人力资源部

年　　月　　日

评价内容		评定
工作流程	了解工作流程的意义	
	学会上下合作、横向合作	
	了解同事和睦的重要性	
	团队精神明显增强	
	做事有始有终	
对指令的认识	了解指令的重要性	
	立即记下指令	
	正确理解指令	
	未发生遗忘指令的行为	
	严格执行指令	
工作态度	提前上班	
	珍惜时间，不提前下班	
	整理工作现场后方才离开	
	态度端正	
	精神饱满，充满干劲	
报告与复命	了解及时报告和及时回复命令的重要性	
	报告时条理清楚、思路清晰	
	能及时报告和复命	
	对工作中的困难能主动提出解决办法	
	勇于承担责任	
其他	仪表整洁	
	重视礼节	
	勤于学习	
	会客不胆怯	
	能虚心接受批评	

表 8－67 （在职）培训实绩测评表

<table>
<tr><td colspan="7">本部已举办过的在职培训</td></tr>
<tr><td>1.</td><td colspan="6">5.</td></tr>
<tr><td>2.</td><td colspan="6">6.</td></tr>
<tr><td>3.</td><td colspan="6">7.</td></tr>
<tr><td>4.</td><td colspan="6">8.</td></tr>
<tr><td colspan="7">请各单位主管就所属学员参加训练以后，已经注意到的改变，在调查表所示各项目的适当栏内打“√”，请于__月__日前交人力资源部。</td></tr>
<tr><td>绩效标准</td><td>很好</td><td>略好</td><td>无改变</td><td>略差</td><td>很差</td><td>不知道</td></tr>
<tr><td>1. 生产的数量（工作量的提高）</td><td></td><td></td><td></td><td></td><td></td><td></td></tr>
<tr><td>2. 生产的质量（工作的质量）</td><td></td><td></td><td></td><td></td><td></td><td></td></tr>
<tr><td>3. 工作安全</td><td></td><td></td><td></td><td></td><td></td><td></td></tr>
<tr><td>4. 环境维护</td><td></td><td></td><td></td><td></td><td></td><td></td></tr>
<tr><td>5. 员工的态度和士气</td><td></td><td></td><td></td><td></td><td></td><td></td></tr>
<tr><td>6. 员工出勤情况</td><td></td><td></td><td></td><td></td><td></td><td></td></tr>
<tr><td>7. 其他（由培训实施人员补充）</td><td></td><td></td><td></td><td></td><td></td><td></td></tr>
</table>

填表部门： 填表人：

表 8－68 各部门培训实施情况记录表

部门	项目	培训的班次	受训人数	时间	费用	备注
	预定					
	实际					
	预定					
	实际					
	预定					
	实际					
	预定					
	实际					
	预定					
	实际					
	预定					
	实际					

盖章：单位： 人力资源部： 财务部：

表 8－69　某个员工培训实施情况记录表

姓名		报到日起	培训时间	培训部门	讲师	
月份	项次	培训人员	起止日期	实施培训及异常原因说明 （由培训人员填写）	讲师意见	经理批示
	1					
	2					
	3					
	1					
	2					
	3					
	1					
	2					
	3					
费用预算：			每人分摊：		实际费用：	

（一）培训评估的原则

1. 培训效果应在实际工作中（而不是培训过程中）得到检验。

2. 培训评估时要肯定员工通过培训后的进步，找出不足，采取相应的措施，帮助员工进一步提高自己，而不是“找错”。评估实施人员要撇弃自己的偏见，做到实事求是，客观、公正地评估培训效果。

3. 不做表面文章。

4. 实用第一，不要把评估搞成科学研究。

（二）培训评估的注意事项

1. 培训评估具有局限性：培训委托方易使培训带有太多主观感情色彩；评估往往由内部人自己进行，他们可能不愿报告培训方案的消极因素；难以运用培训评估的结果。

2. 需要进行评估的五个时机：

- 培训项目经费超过一定的警戒线时；
- 培训项目需要 3 个月或更长时间时；
- 培训项目的效果对组织很关键时；
- 一个单元的培训会对组织其他业务单元产生很大影响时；
- 企业面临一系列重大改革举措，需要评估结论作为依据时。

3. 关于把握培训评估时机的“五不要”：

- 培训项目目标不明确或对目标尚缺乏共识时，不要进行培训。
- 培训项目评估结果不能得到利用时，不要进行培训。具体包括下述两种情况：①评估决策者动机不纯，其动机不是为了项目决策提供科学依据，而是出于公关或装饰门面;②决策者缺乏把评估结论予以实施的权威和能力。

• 时间有限,不能保证评估质量时,不要进行培训。具体内容是:①评估决策者给的评估时间太紧;②培训项目的效果还未充分展示出来,进行评估难以得出科学结论。

• 评估资源(主要是资金)不足,不能保证评估质量的,不要进行培训。

• 培训项目本身缺乏价值,不能增进组织的绩效时,不要进行培训。

4. 培训评估应坚持不懈。不能是一次性的短期行为。

(三)增强培训效果的措施

表 8 - 70 是有助于增强培训效果的一些措施。

表 8 - 70 有助于增强培训效果的措施

目的	措施
培训内容便于理解和记忆	• 培训开始时,给受训者提供资料概览,了解学习资料的整体状况 • 在介绍资料时运用相似实例 • 按逻辑顺序组织、整理资料,有目的地划分成便于讲解的单元 • 尽量使用受训者熟悉的概念和术语 • 尽量使用直观教具 • 分阶段反复练习
培训与实际相结合	• 尽量使学习环境与实际工作环境相似 • 提供适当的实习机会 • 培训知识或技能能立即用于实际工作 • 确保培训的知识或技能得到组织认可
激励受训者	• 尽量寓学于做、寓学于乐 • 对受训者正确的回答或行为及时给予肯定和赞赏 • 尽量由受训者自定学习进度

二、评估培训效果的方法

(一)测试比较评价法

测试比较评价法是指在员工教育培训项目实施前和结束时分别用难度相同的测试题对受训者进行测试。如果受训者在培训结束时的测试成绩明显高于开始时,则表明经过培训确实使受训者获得了较多的知识、技能和经验。

(二)工作绩效评估法

工作绩效评估法是指在员工教育培训项目结束后,每隔一段时间(如 3 ~ 6 个月)以书面调查和面谈的形式,了解受训者在工作上取得的成绩。例如,工作量增加与否、工作素质提高与否、人际交往能力增强与否等。

(三)工作态度考察评价法

工作态度考察评价法是指对受训者在培训前后工作态度的变化进行考察。例如,通过培训，受训者在工作上明显出现热情高涨、工作态度积极、组织纪律性和工作责任心较以往有大幅度的增强，则表明培训有成效。

（四）工作标准对照评价法

工作标准对照评价法是指通过了解受训者在工作数量、工作质量、工作态度等方面能否达到工作标准来判定培训工作有无成效。

（五）同类员工比较评价法

同类员工比较评价法是指通过比较受训者和未受训者的工作，用比较结果来对培训工作的成效作出评价。如果两者在同样的工作岗位上，培训前他们的工作成绩没有明显差别，而经过培训后受训者工作成绩明显提高，则表明培训工作有成效。

（六）参考主管或下属意见评价法

参考主管或下属意见评价法是指在培训结束一段时间后，通过以书面调查和面谈的形式，向受训者的主管或下属了解其工作上的表现。

三、培训效果评估的报告

培训结果要形成书面材料向有关部门或上级报告。培训效果评估可以用评估总结形式，也可以简单地用总结表格的形式，到底采用何种形式应根据目的和实际需要而定。下面给出了几个示例，详见示例8-20和表8-71，8-72，8-73。

[示例8-20]

××公司培训工作评估报告

20××年×月至20××年×月，我公司培训中心与××企业顾问公司和美国××学院合作，共同对本公司的中层管理领导及营销主管进行了为期××个月的培训。现对该次培训活动总结如下。

一、培训取得的经验

（一）内容设计系统而实用

课程内容设计上以专业营销理论和技能为核心，结合MBA工商管理基本知识，融入××行业的专业课程，并加入专题研讨，同时安排为期一个月的出国考察，理论与实际有效结合体现了培训内容的系统性。培训中融入职业心态和观念调整等方面的内容，增强了学员学习的积极性和乐趣。

（二）形式应用较为灵活

采用集中—分散—集中，面授与实践相结合的培训模式，并结合实战营销专家、跨国公司老总、成功企业家的经验分享式讲座，专业培训顾问课程更是采用提高学员参与性的互动式、案例研习式的授课模式，真正使学员愿意学、学得到和会应用。

（三）培训对象选择较为适合

年龄：××岁以下。这一年龄层经过培训后能成为企业发展的中流砥柱，并且符合企业长远发展需要。

学历：大学本科。具备学习本次培训课程所需的知识基础。确保培训内容的难度适合学员水平。

工作：多年从事相关工作和即将从事相关工作的人员。确保了培训的针对性。

（四）师资实力强大

部分基础课程和与××行业有关的课程充分利用该行业所属管理干部学院的授课资源；MBA 工商管理相关课程、跨国公司老总、企业家、实战营销专家，职业培训顾问公司的授课讲师从××培训顾问公司的资源中优中选优；合理整合双方师资，实现优势互补，保障了培训的师资力量。

（五）方案具有较强的操作性

因为方案在未进入执行阶段就由××集团培训干部和××培训专家顾问组以及学员代表组成的论证组，经过多次论证和修改，不仅对执行的时间、地点、课程、主要授课老师等实施的各项因素进行了反复修改，而且对培训过程应用的学员手册、教师手册、系统评估工具、支持性工作的分工、主要教材的编写形式都作出了安排，在执行的过程中基本没有做大的调整，保证了培训方案的顺利实施。

（六）培训过程全程跟进，控制到位

在整个培训过程中，不仅在学员参与面授期间进行了评估调查、阶段性的测试，还对发现的有些不够实用的授课内容及时进行了调整，对掌握不够的内容配发了自学指导资料，而且在学员返回工作岗位进行实习过程中也进行了跟进和指导，做到了培训过程的全程跟进，从而大大提高了最终的培训效果。

（七）考察与实习交流解决了企业实际问题

在学员参加完阶段性实习后，组织学员进行了集中性的培训实习交流活动，期间发现了企业存在的许多实际问题，针对这些问题，学员与专家进行了讨论，并制订相应的整改措施，使培训不仅提高了员工素质，同时，解决了企业长期存在的一些实际性问题，使培训的投入效益倍增，通过出国考察和海外培训，更使学员的思路得到拓展。

二、培训存在的不足

（一）培训需求分析不够

现代培训需求定位不仅仅要体现企业需求、了解学员的实际水平并因材施教，同时对学员的需求的了解也是不可忽视的，有经验的学员与没有经验的学员不同，有专业知识基础的学员与没有专业知识基础的学员不同，只有充分了解这些需求才能够制订符合需要的培训计划。本培训因为学员范围分布的局限，在培训需求的研究方面只采用了需求调查的单一方法，而没能够发挥观察、访谈等培训需求信息的收集方法。

（二）每期参加培训的人数较少

培训资源共享，在不影响培训效果的情况下，降低单个人员培训成本，是培训效益控制的基本原则。而在本培训项目中每期的学员安排较少，从资源利用的角度来说，还不够经济。

（三）室内培训为主，培训形式单一

室内的培训，即使是结合案例分析讲授课程，给学员的仍然多数是理性知识；而在室外通过活动、游戏等形式的培训则可以给学员以感性的认识，对强化培训效果更加有利。在本培训项目中，室内培训几乎占98%以上，授课形式方面还没有达到最佳应用效果。

（四）培训效率较低，应该安排两个班交叉进行

按原方案的安排，每期计划招收×××人参加培训，到××××年计划办×××期同样的培训，但以这样的培训产出效率是无法满足企业需要的。到××××年培养出的营销专家是否能够满足中国××集团发展的需要呢？如果安排两个同样的培训班交叉进行授课，一方面可以充分利用资源，另一方面也可以提高培训效率。

编写说明：

- 评估报告的内容：通常为培训的经验总结及存在的不足两方面。
- 撰写评估报告时应本着科学、客观的态度，对培训工作如实作出评价。

表8－71　××公司培训总结表

部门：_________部门_________单位　　　　年　月　日

<table>
<tr><td colspan="2">课程名称</td><td colspan="2"></td><td>课程编号</td><td></td></tr>
<tr><td colspan="2">项目</td><td colspan="2">举办日期</td><td>培训时数</td><td>参加人数</td></tr>
<tr><td colspan="2">计划</td><td colspan="2"></td><td></td><td></td></tr>
<tr><td colspan="2">实际</td><td colspan="2"></td><td></td><td></td></tr>
<tr><td rowspan="5">培训费用</td><td></td><td>预算金额</td><td></td><td>实际金额</td><td>异常说明</td></tr>
<tr><td>讲师费</td><td></td><td></td><td></td><td></td></tr>
<tr><td>教材费</td><td></td><td></td><td></td><td></td></tr>
<tr><td>其他</td><td></td><td></td><td></td><td></td></tr>
<tr><td>合计</td><td></td><td></td><td></td><td></td></tr>
<tr><td rowspan="3">培训的检讨及呈核</td><td>学员意见</td><td colspan="4"></td></tr>
<tr><td>讲师意见</td><td colspan="4"></td></tr>
<tr><td>财务部</td><td colspan="2"></td><td>教育培训部</td><td></td></tr>
</table>

编写说明：

培训评估总结的内容：

- 阐述工作：培训评估工作开展的背景、培训评估人员、工作流程。
- 评估结果：培训预算评估结果、委托方评估结果。

表8－72　委托方培训评估

序号	项目	评价
1	培训内容总体评价	
2	培训管理评价	
3	明显不足之处	

表8－73　培训管理评估

序号	项目	评价
1	资源分配及时间管理	
2	培训工具检测	
3	培训对象调查及评估	
4	培训现场管理	
5	明显不足之处	
6	最大收获	

四、评估结论及意见

作出评估结论、分析问题、建议或意见。

案例回顾

一个培训体系改进方案

培训体系改进方案

拟订：　　　　　　　　　　审核：　　　　　　　　　　批准：

一、前言

（一）企业培训管理现状与问题分析

1. 企业培训的现状

- 目前企业有一个基本的培训制度，但缺乏一个完整的能够支持企业发展的培训体系。
- 培训以企业内训为主，外训很少；内训主要是员工的技术培训，基层管理人员和专业技术人员的培训很少；外训主要是高层管理人员的EMBA培训，中基层管理人员和技术人员缺乏必要的外训。

- 培训注重课程讲授，忽视培训需求调查和培训效果评估。
- 部门主管培训意识淡薄，以应付的心态对待培训，从而造成培训质量无法保证。
- 培训只带来个别员工技能的提高，而非企业组织整体能力的提升。

2. 培训问题分析

存在以上问题的主要原因有：

- 培训的目标不清，没有清晰统一的培训指导方针。
- 培训责任不清，培训组织建设滞后。
- 缺乏有效的培训资源，内部培训人员责任心不足。
- 缺乏有效的培训工作流程和清晰的培训标准。
- 缺乏培训考核制度，培训效果差。

（二）企业培训管理的四个阶段

一般，企业会经历四个发展阶段，相应每个阶段，都有不同的培训特点和存在的问题：

第一阶段：了解学习阶段。企业处于创业期或整合初期，管理不规范，以生存为重点。

- 培训特点：业务和销售培训为重点；内部培训为主；负责人以兼职为主。
- 存在的问题：凭领导感觉作决定；无明确的经费预算；效果无法评估。

第二阶段：引入课程阶段。企业处于整合期或规范初期，初步开始规范管理，规模快速扩张。

- 培训特点：管理培训和全员培训为重点，外部培训为主，有专职培训负责人。
- 存在的问题：以补课和应急为主，培训评估难以推行，专业水平较低。

第三阶段：资源建设阶段。企业处于整合后期和规范期，管理基本实现规范化，持续稳定成长是重点。

- 培训特点：培训体系建立为重点，内部培训为主，外部培训为辅，管理机构完整，计划性强。
- 存在的问题：重点不明确，没有有效推动组织变革，管理人员缺乏有效配合。

第四阶段：精细发展阶段。业处于规范后期和精细期，管理体系完整，提高核心竞争力。

- 培训特点：培训体系完整，整体协调，效果明显，专业化分工。
- 存在的问题：需要增加创造力，人员综合能力需提高。

目前，公司的发展正处于第二阶段和第三阶段之间，但公司的培训并没有跟上阶段要求，这样必然会阻碍公司的健康成长，因此，为了使培训工作成为支持企业持续稳定发展的有力保障，建议做到以下几个方面：

• 体系建设:培训机构建设;课程目录体系建设;技能管理体系建设;课程内容体系建设。

• 讲师队伍培养。

• 培训重点:管理人员培训、全员培训、内部讲师、推进管理改善、提高员工技能。

• 发展方向:推进管理变革;开展与战略配合的培训项目。

二、培训体系构成

(一)技能管理体系

技能管理体系包括:①生产岗位的基本技能标准,②专业人员的专业技能标准,③管理人员的管理素质要求。

1. 生产员工的技能培训

• 目的:每个合格的生产员工都必须达到严格的技能标准。

• 培训对象:试用期间的生产员工。

• 技能标准:①每小时完成的数量;②每小时完成的合格产品;③其他。

• 培训课程:车位、查衫、查片、裁剪、粘补、专机、修剪、剪线、包装、中查、尾查、执改、查货、配片、车花、中烫、大烫……

• 培训讲师:车间组长、主管。

• 培训方式:现场操作培训、分散培训或集中培训。

• 培训时间:①试用期间由车间组长或主管进行分散的现场操作培训并记录;②第一次考核不达标者,由培训专员组织,车间组长或主管进行集中培训并记录。

• 考核方式:根据技能标准进行现场考核,由培训专员监督并记录。

• 考核时间:试用期满前的最后一个星期。

• 奖惩:第一次考核不达标者延长试用期一个月;第二次考核不达标者予以辞退。

• 培训师责任:①实施培训之责任;②作好培训记录之责任。

• 培训师福利:晋升、加薪及年终奖的依据。

2. 专业人员的技能培训

• 目的:提高专业人员的技能和知识,提高工作效率。

• 培训对象:生产及非生产岗位的专业人员。

• 标准划分:按不同的岗位要求划分为3~4个技能标准,如表8-74所示:

• 培训课程:纸样制作、品管、跟单、仓管、采购、统计、出纳、会计、客户服务、市场营销、企业文案、平面设计、终端培训、人力资源、电脑技术。

• 培训讲师:企业内部培训师、部门主管、经理、总监、聘请外部讲师、派外培训。

• 培训方式:现场操作、课堂讲授、案例分析、小组讨论、模拟练习、游戏。

• 培训时间:①根据年度培训计划;②根据部门及培训师的时间安排。

• 考核方式:现场操作、考核试卷、模拟练习考核。

表 8-74

课程	技能项目	技能层次			
		1	2	3	4
交流与沟通	语言	能理解他人的讲话内容	能正确简练地表达意图	能宣传业务课题	能主持会议和演讲
	文字	能看懂书面公文和资料	能填写与业务相关的表格	能书写与业务相关的公文	能书写专题分析报告

- 考核时间：每一个培训课程结束后3个工作日内考核，由培训专员监督记录。
- 奖惩：根据受训人员达到的不同层级标准，作为晋升、降职、加薪等的依据。
- 培训讲师责任：

① 内部培训师责任：编制与开发培训课程；讲授培训课程；培训考核；培训效果评估。

② 非内部培训师责任：讲授培训课程；作好培训记录。

- 培训讲师福利：①培训课程报酬；②晋升、加薪及年终奖的依据。

3. 管理能力培训

(1) 基层管理人员培训：

- 目的：通过提高基层管理人员的管理能力来提高团队的工作绩效，支持企业策略目标的实现。
- 培训对象：车间组长、部门副主管、主管。
- 素质要求：具备基本的管理知识和技能，懂得管理和激励团队的技能方法，能够有效地完成本小组、本部门的目标。
- 培训课程：计划、组织、控制、激励、管理心理学、人际关系处理技巧、沟通技巧、如何做一个合格的管理者、团队协调技能、流程管理、文化素养、企业文化、技术革新、业务拓展及市场发展策略、改革管理、目标管理。
- 培训讲师：企业内部培训师、部门经理、总监、副总经理、总经理、聘请外部讲师、派外培训。
- 培训方式：课堂讲授、案例分析、小组讨论、角色扮演、培训游戏。
- 培训时间：①根据年度培训计划；②根据部门及培训师的时间安排。
- 考核方式：培训心得报告；考核试卷；案例分析。
- 考核时间：每次培训结束后3个工作日内，提交培训心得报告。
- 奖惩：根据上课记录、心得报告或考核成绩，作为个人晋升、加薪、年终奖金等的依据。
- 培训讲师责任：

① 内部培训师责任：编制与开发培训课程；讲授培训课程；培训效果评估；培训考核。

② 部门经理、总监有培训下属管理人员的责任，担任部分培训课程讲师，并作好

培训记录。

● 培训讲师福利:①培训课程报酬;②晋升、加薪及年终奖的依据。

(2)中高层管理人员培训:

● 目的:加强中高层管理人员的综合管理能力,为实现企业的战略和策略目标服务。

● 培训对象:经理级以上管理人员。

● 培训课程:国内外形势、经济动向、市场环境、经营思想、技术革新、执行力、战略管理、企业价值及前景。

● 培训讲师:总监、副总经理、总经理、聘请外部讲师、派外培训。

● 培训方式:课堂讲授、案例分析。

● 培训时间:按实际情况安排。

● 奖惩:作为个人晋升、加薪、年终奖金等的依据。

(二)搭建支持培训体系落实的资源基础

1. 成立培训管理机构

(1)培训管理委员会:

● 成立目的:培训工作的最高管理机构,确定培训工作的指导方针,支持培训工作的全面落实。

● 成员组成:总经理、副总经理、人力资源及行政总监。

● 职责:①审批人力资源培训与开发计划。②审批培训资金预算。③负责部分重点培训项目的培训。

(2)培训专责小组:

● 成立目的:制订培训计划,组织推动培训计划的落实。

● 组成成员:人力资源部主管、培训专员、培训助理。

● 职责:①拟订培训战略和计划;②执行培训计划;③日常培训营运管理(培训需求调查、实施培训、培训效果调查及分析等)。

(3)内部培训师队伍:

● 成立目的:确保培训课程质量和培训效果。

● 成员组成:内部竞选,或者从各部门中挑选管理人员、业务尖子组成。

● 职责:①内部培训课程的编制与开发;②负责企业内部培训课程的讲授;③培训效果调查与分析。

2. 培训课程编制与开发

课程的编制是对公司已有培训课程的资料加以整理,使课程内容更充实和规范化。课程的开发是对公司需要的但还没有资料的培训课程进行开发,满足培训需求。

课程开发流程包括五个步骤:

第一步,课程需求调查:分析和确认问题;确认原因及解决方法;分析并确认技能标准;受训者技能评估与差距分析;确认培训方向。

第二步，制定课程大纲：确定课程目标；编排课程内容；选择培训方法和技巧；确定培训资源。

第三步，编写课程资料：编写课程大纲；编写讲师手册；编写练习手册；编写学员手册；编写演示文件；设计评估内容与评估方法。

第四步，试讲和课程评估。

第五步，课程修订与确认。

根据以上五个步骤，分别对岗位技能课程、专业技能课程、管理课程举一个例子加以说明。

(1) 岗位技能培训课程体系：

- 培训课程：查衫。
- 技能项目：操作技能。
- 培训目标：2 件/分钟；出错率 1%。
- 培训内容：查衫工作指引；速度培训。
- 培训方法：现场培训。
- 培训讲师：车间组长、主管、内部培训师。
- 讲师手册：略。
- 学员手册：略。
- 练习手册：查衫工作步骤；练习指引。
- 考核方式：现场操作考核。

(2) 专业技能培训课程体系：

- 培训课程：绩效考核。
- 技能项目：绩效考核知识，绩效考核操作，绩效面谈技巧。
- 标准层次：见表 8－75。

表 8－75

培训课程	技能项目	标准层次		
		1	2	3
绩效考核	绩效考核知识	知道绩效考核基本流程	懂得绩效考核的各种方法及利弊	懂得考核方法、权重确定方法、评分方法等系统知识
	绩效考核操作	能够根据要求进行绩效考核	能够制订绩效考核方案	能够根据企业的实际情况制订考核方案并推动实施和改进
	绩效面谈技巧	知道各种绩效面谈技巧	能够针对员工实际情况进行绩效面谈	能够通过面谈，帮助员工改进不足，提升绩效

- 培训内容：绩效考核、绩效面谈。
- 培训方法：课堂讲授，案例分析，培训游戏。

- 培训讲师：企业内部培训师、人力资源主管、人力资源总监。
- 讲师手册：略。
- 学员手册：略。
- 练习手册：案例练习手册。
- 演示文件：绩效考核教材。
- 考核方式：考核试卷、案例分析。

(3) 管理培训课程体系：

- 培训课程：人际关系与沟通技巧。
- 技能项目：人际关系处理技巧、沟通技巧。
- 课程目标：提高管理人员的沟通能力和团队协调能力。
- 培训内容：人际关系与沟通技巧。
- 培训方式：课堂讲授，案例分析。
- 培训讲师：企业内部培训师、聘请外部讲师、派外培训。
- 讲师手册：略。
- 学员手册：略。
- 练习手册：实际案例、课程资料。
- 考核方式：培训心得报告。

3. 培训资金预算

(1) 课程培训报酬：

- 部门培训课程：20 元/课时。
- 公司培训课程：30 元/课时。
- 课程开发费用：岗位技能课程 20 元/门；专业技能课程 50 元/门；管理课程 100 元/门。

(2) 购买培训课程资料费用：

- 购买计划内培训课程资料费用；
- 购买计划外所需的培训课程资料费用。

(3)培训培训师费用：

- 派外培训费用；
- 聘请外部讲师进行培训的费用。

预计费用明细如表 8－76 所示：

(三)培训考核制度

1. 管理人员考核

- 目的：为了增强管理人员对培训的重视和责任意识，保证培训的顺利进行。
- 内容：各级管理人员有责任和义务配合落实培训计划；管理人员有提高下属员工素质之责任；管理人员有承担部门部分培训课程之责任。
- 奖惩：与个人的晋升、年度调薪和年终奖金挂钩。

表8-76　培训费用明细表

项目		单价	数量	小计
课程开发	基础岗位技能课程	20元	30/门	600元
	专业人员培训课程	50元	20/门	1 000元
	管理知识培训课程	100元	20/门	2 000元
培训师授课	部门培训课程	20元	40课时	800元
	公司培训课程	30元	40课时	1 200元
培训师训练课程		外训一次	2 000元	2 000元
购买培训资料费用		书本、光盘	2 000元	2 000元
合计				9 600元

- 考核者:培训专责小组。
- 考核方式:培训记录为考核依据。

2. 内部培训师队伍考核

- 目的:为了保证培训质量和培训效果,增强内部培训师的责任意识。
- 内容:①培训课程编制与开发的数量、质量。②培训课程讲授的情况。③培训效果调查、评估与跟踪。
- 考核者:培训专责小组。
- 考核方式:以培训记录为依据。

3. 受训人员考核

- 目的:确保受训人员达到标准要求。
- 内容:根据培训课程和岗位要求进行考核。
- 考核者:部门主管、内部培训师、培训专员。
- 考核方式:根据培训课程和岗位要求进行。

(四)培训实施

1. 培训需求调查

培训需求调查一般从三个方面进行:组织分析、人员分析和任务分析。

组织分析是从公司发展战略、培训资源和培训可能获得的支持的角度来考虑的。企业经营战略与培训之间存在着紧密的关系,培训的主题会因企业经营战略的不同而存在很大的差异。因为企业的发展,员工在工作中会承担更多的责任,部门职责的扩大或调整都会带来培训需求的改变。培训资源是指公司是否具备足够的预算、时间和培训的专业人员。被培训员工的同事和上级管理者的支持是培训成功的关键。如果受训者的上级管理者和同事对于参加培训活动的员工的态度和行为是不支持的,那么受训员工将培训内容应用于工作之中的可能性就很小,也就直接影响到培训效果。

人员分析是指管理者决定要不要培训以及哪些雇员需要接受培训。人员分析的“压力点”主要表现在业绩不良或者业绩低于标准,比如,技能达不到标准、顾客的抱怨次数增加、绩效评价水平低和工作中的不安全行为等。在这里必须先分析造成员工绩效不佳的真正原因,如果是由于设备的问题而引起业绩不佳,培训也是无效的。

任务分析是指雇员在某种具体工作中以及要完成工作所需要的知识、技术和能力的情况,这些是制订培训计划和课程规划的基础因素。

在制订培训计划和开发培训课程前,一定要做好培训需求调查,通过不同的调查方法(如访谈法、问卷调查法、观察法等)对培训目的、培训对象、培训内容、培训方法、培训时间等作出调查分析,才能够使培训切实满足部门和个人的真实需求。

2. 培训效果评估

- 目的:了解及改善培训效果,提高培训质量。
- 评估内容:课程质量、课程实用性、培训师技巧、培训方式、培训时间安排、学员反馈、部门反馈、个人绩效、部门绩效、企业效益。
- 评估层次:①学习层:学员学到了什么。
  ②行为层:培训后对工作的实际指导作用或帮助。
  ③结果层:对个人工作效率、部门效益与企业效益的提高。
- 评估工具:培训效果调查表、访谈问卷、生产及绩效记录。
- 评估人员:内部培训师、部门主管、培训专责小组。
- 评估资料来源:受训者、部门主管。

(五)培训计划落实时间表

培训计划落实时间表如表8-77所示。

表8-77 培训计划落实时间表

内容	实施时间
培训组织机构	(1)2000年10月份成立培训管理委员会;审批体系。 (2)2000年11月份建立内部培训师队伍,并对其进行培训。 (3)2000年12月份制订2001年培训计划。
培训课程开发	(1)2000年11月份进行基础岗位技能课程培训需求调查。 (2)2000年11月份、12月份编制基础岗位技能课程体系。 (3)2001年2月份进行专业人员培训课程需求调查。 (4)2001年3月份、4月份编制专业人员培训课程体系。 (5)2001年5月份进行管理人员培训课程需求调查。 (6)2001年6月份、7月份编制管理人员培训课程体系。
培训课程实施	(1)2001年2月份开始实施基础岗位课程体系。 (2)2001年5月份开始实施专业人员课程体系。 (3)2001年8月份开始实施管理人员课程体系。
年度培训计划	(1)2001年12月份编制2002年年度培训计划。 (2)2002年2月份开始实施2001年年度培训计划。

三、2002年培训体系改善计划

(一)完善培训课程开发与培训师队伍建设

1. 进行内部培训师队伍的考核与认证。

2. 与大专院校或培训机构联合开发培训课程。

(二)加强管理人员的培训

1. 中高层管理人员培训(外训为主)。

2. 基层管理人员培训(内训、外训结合)。

(三)建立后备接班人制度

1. 各部门必须建立部门人才梯队,明确后备接班人人选。

2. 对后备接班人加强培训。

四、2003 年度培训体系改善计划

2003 年度培训体系改善计划的主要内容是组建人力资源培训与开发部;推动培训体系向精细化发展;引入高素质人才作为重点培训(高校毕业生)。

在专业技术人员和管理人员岗位上,成批引进本科以上学历的高素质人才,作为企业的后备人才,重点培养。

五、培训体系实施效果预计

在每年 12 月份要对整个年度的培训结果做一个整体评估,由培训专责小组主持,内部培训师参加。总结在整个年度中公司的培训计划执行情况,培训效果调查情况,员工的反馈意见、部门的反馈意见以及企业高层的反馈意见等,评估培训是否达到了预期的效果,存在哪些问题和不足,如何去改善等。在总结之后,提交总结报告给总经理办公室。

预计要达到的效果如表 8-78 所示:

表 8-78

评估项目	预计效果	预计实现时间
培训师队伍建立	1. 基本形成第一支内部培训师队伍(兼职性质)。 2. 全面负责培训课程开发和讲授。 3. 严格按照岗位技能标准进行培训和评估,确保培训质量。	2000 年第四季度
基础岗位培训	1. 确保每个合格的员工都能达到岗位技能标准。 2. 确保基础岗位员工具有过硬的技能素质。	2001 年第一季度
专业人员培训	1. 着重提高专业人员的素质,建立专业人员素质标准等级梯队。 2. 建立一支专业素质高,竞争力强的专业人员队伍。	2001 年第二季度
基层管理人员培训	1. 全面提高基层管理人员的综合素质,提高基层管理人员管理能力、团队协调能力。 2. 通过提高基层管理人员的管理能力,为实现部门目标、企业目标奠定坚实的基础。 3. 为企业的持续、高速发展提供管理人才储备。	2001 年第三、四季度
中高层管理人员培训	1. 提高中高层管理人员的综合素质,确保企业战略目标制定的正确性和得到有力执行。 2. 带领企业和部门团队更上一层楼。	2002 年第一季度

续表

评估项目	预计效果	预计实现时间
接班人计划	1. 为企业提供持续发展的最宝贵的资源支持——人才资源。 2. 提高企业凝聚力和员工的忠诚度，留住关键人才。	2002 年第一季度
培训部建立	1. 培训部组织健全，人员搭配得当，分工明确，责权清楚，各司其职。 2. 确保企业培训计划的有效落实。 3. 提高企业培训的质量。	2003 年第一季度
高素质人才引进	1. 为企业的持续、高速发展奠定人才基础。 2. 通过引进高素质人才，提高企业人力资源的整体竞争力。	2003 年第二季度

图书在版编目(CIP)数据

人力资源管理文案/宋湛编著. —北京:首都经济贸易大学出版社,2008.6
ISBN 978 - 7 - 5638 - 1300 - 1

Ⅰ.人… Ⅱ.宋… Ⅲ.劳动力资源—资源管理—文书—写作 Ⅳ.H152.3

中国版本图书馆 CIP 数据核字(2008)第 018464 号

人力资源管理文案
宋 湛 编著

出版发行	首都经济贸易大学出版社
地 址	北京市朝阳区红庙(邮编 100026)
电 话	(010)65976483 65065761 65071505(传真)
网 址	http://www.sjmcb.com
E - mail	publish@cueb.edu.cn
经 销	全国新华书店
照 排	首都经济贸易大学出版社激光照排服务部
印 刷	河北廊坊市时嘉印刷有限公司
开 本	787 毫米×1092 毫米 1/16
字 数	640 千字
印 张	25
版 次	2008 年 6 月第 1 版第 1 次印刷
印 数	1～4 000
书 号	ISBN 978 - 7 - 5638 - 1300 - 1/H·63
定 价	37.00 元

图书印装若有质量问题,本社负责调换